カナダの多文化主義と
移民統合

加藤普章

東京大学出版会

Multiculturalism and Immigrant Integration in Canada
Hiroaki KATO
University of Tokyo Press, 2018
ISBN 978-4-13-030164-0

カナダの多文化主義と移民統合──**目　次**

はじめに ………………………………………………………………………… v

 1. 本書の目的と課題 v

 2. 本書の構成 ix

 主要略語一覧 xv

 医師の養成に関係する組織の役割と名称（略号） xviii

第Ⅰ部 カナダの姿を探る──歴史・政治制度・社会

第1章 カナダという国──データからみる連邦国家 …………………………3

 はじめに 3

 1. 州別にみた人口と面積 5

 2. 民族・人種構成 10

 3. カナダの貿易と経済活動 14

第2章 カナダの歴史と政治を理解するポイント ………………19

 はじめに 19

 1. カナダの歴史的発展 19

 2. カナダの憲法と政治制度 40

第3章 カナダの発展を理解する3つのテーマ ………………………57

 はじめに 57

 1. 領土拡大のメカニズム 58

 2. 植民地から独立国家へ──外交的展開 65

 3. 政府の役割と市民社会の貢献 74

第Ⅱ部 多文化主義と移民統合をめぐる理念と取り組み

 第Ⅱ部のアウトライン 91

第4章 カナダの移民受け入れ体制──現状分析と課題………………95

 1. イントロダクション 95

 2. 移民政策の歴史的展開 98

3. 現在の移民の受け入れ制度　112

4. 移民政策とカナダ社会の変貌　126

第5章　政策プログラムとしてのカナダ多文化主義……………135

1. 多文化主義の実像　135

2. 多文化主義政策をとりまく環境　137

3. 年次報告書からみる多文化主義政策の特徴　147

4. 時代とともに変化する多文化主義行政　158

第6章　カナダの多文化主義の理解・アプローチ・批判……165

1. 多文化主義の多義性　165

2. カナダにおける多文化主義の理解　168

3. カナダにおける多文化主義成功の要因　181

4. 多文化主義の新展開　185

第7章　カナダにおける移民の定住支援政策の展開……………195

1. 新しい研究課題——移民の定住支援政策　195

2. 歴史的にみた定住政策　198

3. 1974年以降の定住政策の展開　206

4. 2000年代後半以降の政策動向　216

5. 国際比較の観点からみたカナダの政策展開　221

第8章　移民が持つ資格・能力の認定制度　………………227

1. 移民の能力判定　227

2. 連邦政府とオンタリオ州政府の試み　231

3. データからみるオンタリオ州の状況　234

4. 新規メンバーの認定過程　239

5. ポイント制度の変容と移民の能力判定　251

6. 容易でない移民の資格や能力の判定　256

あとがき…………………………………………………………265

巻末資料 ··269

図1 カナダ全図（271）／図2 カナダの歴史的発展（州の連邦加入）（272）／図3 連邦結成以来の移民受け入れ実績（273）／図4 西部カナダにおける土地配分方法（273）／年表 カナダの移民政策の流れ（274）／表1 州別にみた面積・人口・州首府・GDP の割合（275）／表2 民族構成の変化（276）／表3 非営利団体の活動領域別にみた実数とその比率（276）／表4 慈善団体の活動領域と州別分布状況（277）／表5 移民受け入れ実績（277）／表6 移民送り出し国トップ10（278）／表7 移民・多文化主義を担当する連邦官庁の変遷（279）／表8 市民権・移民省の組織構成と予算配分（280）／表9 移民・難民が有する英語とフランス語の理解度（281）／表10 オンタリオ州において資格を必要とする職業人口（281）／表11 資格を必要とする職業への応募者数（282）

インターネット資料一覧　　283

文献ガイド　　286

第Ⅰ部（第1章〜第3章）の文献ガイド（286）／第4章の文献ガイド（289）／第5章の文献ガイド（295）／第6章の文献ガイド（301）／第7章の文献ガイド（308）／第8章の文献ガイド（314）

人名索引（319）／事項索引（321）

はじめに

1. 本書の目的と課題

　本書はカナダにおける多文化主義政策に関する考察にとどまらず，多文化主義政策の背後にある移民の受け入れ，移民の定住支援政策，そして移民の資格認定のプロセスについて分析をまとめたものである。雇用の機会や生活の安全・向上を求めるグローバルなヒトの移動は従来の国民国家の枠を超えて，いまや普遍的な現象になりつつある。本来，移民を受け入れる国ではなかった日本や韓国でも，移民の「導入」や外国人労働者の「活用」は避けられない重要な政策課題になっており，これは先進国において共通する課題となっている。

　カナダは建国以来，移民の受け入れに取り組んできた国であり，これまでさまざまな体験や知見を積み重ねてきた。連邦国家を結成した 1867 年当時，移民としてヨーロッパからの白人が歓迎されたが，労働力不足という事態に直面するとアジアからの移民も受け入れる決断をくだしてきた。ただし，中国や日本などからの非白人の移民たちは厳しい差別を受けてきた。また中国からの移民については入国時には特別な条件を課す（ヘッド・タックスと呼ぶ人頭税の徴収）など，正直なところ公平とはいいがたい移民の受け入れ政策を展開してきた。

　その点でカナダは他の白人主体の移民国家（米国やオーストラリアなど）と同じように，人種差別的な対応を歴史的にとってきたことは明白である。しかし，第二次世界大戦後になると差別的な慣行や制度を維持してきたことを反省し，少しずつではあるが，改善の道を歩んできた。たとえば移民受け入れについては，非白人の入国を拒否してきた人種差別的な規定を自らの決断で削除し，よりオープンな基準による受け入れる体制を 1960 年代末から導入してきた。これが有名な 1967 年の「ポイント制度」（Points System）の導入であり，カナダの社会が次第に変化する契機となった。

他方，カナダはイギリス系とフランス系住民の共存を目指して連邦制度を構築してきた。フランス系の人々は州政府に認められてきた自治権を活用し，自分たちの生き残りに苦心してきた。また連邦政府の中においても，フランス系の人々の権利や意見を尊重するため，政党や指導者たちが共存のために努力を重ねてきた。

　その後，ケベック州の人口の大半を占めるフランス系カナダ人のナショナリズムの高まりが 1960 年代以降，きわめて顕著になり，激しい論争や運動が展開されてきた。これはケベック州内部において分離主義運動・独立運動を目指すケベック党（Parti Québécois: PQ）がライバルの自由党を抑えて州政権を掌握できるかどうか，そして PQ が権力を掌握してから州民に分離の是非を問うレファレンダム（1980 年 5 月 22 日と 1995 年 10 月 30 日に実施）がどのような結果を示すかどうか，政治的対立が表面化してきた。同時にケベック州の政治的な分離・独立は PQ の目論見どおりには容易に達成されないが，言語政策という別の側面では急速に進展した。それは言語ナショナリズムというべき動きである。ケベック州においては仏語系住民が多数派を占めてきたが，ビジネスについては少数派の英語系住民の発言力が強く（経済力が強いこともあり），フランス語はマイナーな位置に置かれていた。そのため英語ではなく，フランス語を英語に代えて州の主要言語に据えていく動きがナショナリズムの高まりと連動して進展した。具体的にはフランス語憲章（Charte de la langue française）が 1977 年に制定され，これが現実のものとなっていった。いわばフランス系カナダ人の言語ナショナリズムは（英語を政治的に追放したわけではないが），フランス語をかれらの中心的な言葉に転換させるという大きな実績を残すことになった。

　ところで連邦制度の中でケベック州はどのように位置づけられるのだろうか。これは 1970 年代から 1980 年代初頭にかけて，カナダ憲法の諸課題を改善する取り組みの中で議論されてきた。1867 年に誕生した連邦国家の憲法（英領北アメリカ法，以下，BNA 法）はおもに連邦制度の概要を定めていたが，憲法改正のルールが欠落しており，またカナダ国民の権利を明確に定めていない，という問題を抱えていた。こうした憲法上の課題にカナダ政府が取り組むと同時にケベックの独自性を憲法でどのように認めるか，という新しい動きが始ま

った。最終的には連邦政府と州政府（ケベックを除く9つの州）の間で合意が成立し，解決策を盛り込んだ「1982年憲法」が生まれた。フランス系カナダ人であるがケベックの排他的なナショナリズムに反対の姿勢を取った連邦首相ピエール・エリオット・トルドー（Pierre Elliot Trudeau）は連邦憲法の改正を推進し，普遍的な国民の権利の確立を求めた。他方，PQ政権のルネ・レベック（René Lévesque）州首相はケベックの独自性をカナダ連邦のなかで確立することを求め，両者は激しく対立した。カナダ憲法の位置づけや連邦制度に関する議論はカナダ政治の基幹となる研究テーマであり，筆者は『カナダ連邦政治』（東京大学出版会，2002年）という著書にまとめた。

　カナダ政治の面白さは連邦制度や憲法が現在でもダイナミックに動き，時代的変化と連動している点にある。政治や憲法改正の中にあって，マイノリティや先住民が発言力を次第に確保していることも最近の大きな特徴である。1982年憲法ではカナダ国民の普遍的権利を認めて確定する作業が行われ，これが「カナダ人権憲章」（Canadian Charter of Rights and Freedoms）と呼ばれるものであり，これによりカナダもようやく近代的な憲法を手にしたことになる。また憲法改正ルールを定め，英語とフランス語を公用語として認定する動きを強化するなど他の面でも大きな実績を残してきた。

　この時，インディアンや，イヌイットというカナダに固有の先住民の権利も1982年憲法で認められるというユニークな副産物も生み出している。先住民たちは通常の政治過程において非力な存在であるが，1982年憲法を当事者が議論する際，彼らが重要なアクターとして登場した。いわば憲法制定過程においては例外的に発言権を保持していたことによる。こうした動きの結果，かれらの権利は1982年憲法の第25条と第35条において認められた。ただし，権利の内容や自治政府の設立などについては不明確であったため，1982年憲法の制定以後，先住民の代表たちは3回にわたり連邦政府および州政府と会議を重ねた。この結果，先住民の諸権利をカナダ憲法において明確に規定することは残念ながら失敗したが，とりあえず抽象的な意味で特別な権利を有することについての合意は確定した。筆者はオタワにあるカールトン大学に留学中，このテーマを博士論文として取り上げ，帰国後には『多元国家カナダの実験』（未來社，1990年）という著書にまとめることができた。憲法改正の動きと先

住民の権利や自治政府の要求がクロスする，という珍しいテーマに筆者なりに苦心して研究課題として取り組んだ。

カナダは英国系とフランス系の2つの集団により構築されてきた，ということがカナダ史の通説であった。しかし1982年憲法の制定過程の中において，先住民が登場し，3番目の柱としての特別な地位を確立し始めた場面と考えることができる。先住民の権利や自治政府論はこれまでの二元的なカナダ（英仏の共存）から，多元的なカナダ（二元的カナダに先住民も関与）への転換が起こり始めた事例として考えられる。

本書は筆者のこれまでの研究の延長線上にあり，多文化主義に関する多面的な考察，そしてその背景となる移民の受け入れや定住支援に関する実証的な分析を試みている。アジアやアフリカからの非白人の移民をカナダは1970年代以降，多数受け入れてきた。もちろん，こうした試みはよいことばかりではなく，多民族化による摩擦や紛争なども発生してきた。最近ではイスラム教徒との関係でカナダ国内でも小規模ながらもテロ事件が起こっており，それなりの問題があることは事実である。しかし，移民や難民の受け入れについては，歴史的にみてもさまざまな努力や工夫をしてきた。加えて多文化主義を導入したい，という首相演説をトルドーが連邦下院ですでに1971年10月8日に行っている。ところで多文化主義とはいったい，何を意味するのだろうか。トルドー演説からすでに40年以上も時間が過ぎたが，（興味深いことに）いまだに明確な定義や合意はないようである。曖昧なままで果たして多文化主義政策なるものを維持し，展開できるのだろうか。

本書は移民政策，移民の定住支援政策，そして移民の専門的な資格認定の試みを取り上げて分析することを目的としている。さらに多民族化と並行して進展してきた「多文化主義の是非をめぐる議論」を新しい視点から検討していく。多文化主義については，内容や定義が不明確（あるいは不確定）なため，賞賛される時もあれば反対に激しく批判されることもある。政策の観点からみれば時代とともに多文化主義と関連する内容も変化するので，ある意味でミステリアスな対象である。筆者は基本的に多文化主義についてプラスの評価をする立場にあるが，単純な賛成論や反対論には加わらず，一定の条件なり枠組みの中で検討したいと考えている。

2. 本書の構成

　まず本書は2部構成をとっている。第Ⅰ部はカナダの歴史や政治，あるいは基本的な地名などを紹介することを目的としている。カナダに少し関心はあるが，歴史や政治制度が複雑なため十分に理解できていない読者向けの入門的ガイドであり，カナダの多文化主義の前提とダイナミズムの源を明らかにする部である。カナダの10の州はどのように連邦に加入したのか，あるいは州名はどのような意味を持つのか，人口規模はどのようなものか，などごく一般的なテーマについてシンプルに紹介する。また脚注なども最低限にとどめ，読みやすさを優先した。具体的には第Ⅰ部は3つの章で構成してあり，第1章はカナダの基本的な統計データを紹介しながらカナダの実像を描こうとした。ついで第2章は歴史と政治制度についての概説，そして第3章は（第2章の理解を踏まえ）複雑なカナダ史の中で筆者が重要と考える3つのテーマを取り上げて紹介した。3つのテーマとは，領土拡大のプロセスとそのしくみ，英領植民地から自立した外交政策を展開した動き，そして市民生活を支えるNGOや民間慈善団体の役割である。カナダは人口が少ない（米国の10分の1程度）し，軍事力も限られているにもかかわらず，広大な領土をほぼ平和的に確保してきた。なぜだろうか。こうした疑問に答えるべく，第3章はカナダ発展の理由について簡単に紹介する。また英領植民地としてスタートし，20世紀に入ると軍事大国である米国の背後にあってカナダはどのようにして外交的主体性を確立したのだろうか。さらに公的な部門（政府や公営企業など）だけでは支えきれないカナダ社会をNGOや慈善団体が支えており，その基本的な特徴を紹介していく。

　ついで第Ⅱ部に配置した5つの章を読んでいただきたい。第4章はカナダの歴史形成と重なる部分もあるが，移民とカナダ史という観点でまとめてある。移民を受け入れるためにカナダはどのような努力を重ねてきたのかを読者にご理解いただけるようなイントロダクションにもなっている。なおカナダの移民政策を論じる場合，他の先進国の事例も興味を引く。同じ英語圏の国として英国，米国，オーストラリアなどとは共通性もあり，比較研究をしてみたい事例である。さらにフランスやドイツにおいては近年，多文化主義への批判もあり，

はじめに　　ix

移民政策の動向が興味深い。しかし本書ではカナダの事例に焦点を絞りまとめることにした。ただし，米国の移民政策や移民統計については，最低限ながら本書でも触れる。北米移民国家の対比ということで必要な限り，米国のことも紹介した。

　つづく第5章と第6章はペアになっており，多文化主義の行政的・政策的な実態の分析，そして多文化主義の理念や理解を考察した。まず第5章では連邦政府が掲げる多文化主義政策の流れを紹介し，政策的な実態について解明している。このため，まず連邦政府の中での移民政策や多文化主義を担当してきた官庁を取り上げた。具体的には移民の受け入れを軸としつつ，市民権の養成（国民意識の形成）を目指す政策，他方では雇用や職業訓練を図る政策という3つの異なる政策ベクトルの中で担当官庁が変動してきた。さらに連邦政府は1971年，トルドー首相による多文化主義政策の導入を宣言したが，行政的には連邦政府の管轄領域として該当するものがなく，しばらく迷走を続けることになった。1983年には連邦下院の特別調査委員会が設立され，増加するマイノリティへの政策的対応が検討された。この委員会報告書には多文化主義政策を推進する政治的メカニズムが必要とされ，そのための提案が盛り込まれた。1988年には連邦議会が多文化主義法を制定し，ようやくこの政策の方向性が公的に定められることになった。したがって第5章では政府報告書などを取り上げ，カナダにおける多文化主義政策の実態を解明しようと試みた。

　多文化主義の理念という点ではカナダにはW・キムリッカという優れた研究者（政治哲学を専攻）がおり，すでに多数の著作や論文を発表している。第6章では彼の研究のすべてを紹介することはできないが，彼の分析について簡潔に触れる。また意外なことに彼は多文化主義政策の「実態的な分析」にも優れ，ある論文ではこの政策がカナダで成功した理由に触れており，ここでも筆者なりにコメントする。ところでカナダのメディアでは多文化主義批判が時折行われる。そのためカナダにおける批判的立場からの代表的な著作を紹介し，それらの論点を紹介する。それらは多文化主義批判といいながら，正直なところ，ポイントが少しずれているというのが筆者の感想でもある。他方，多くの世論調査ではカナダ市民は比較的，冷静に移民政策や多文化主義を受け入れており，ここから一般の考え方がうかがえそうである。

第7章と第8章も実態分析という点ではペアとなる考察である。第7章は政府による移民の定住支援の歴史的な展開についてまず触れる。ついで移民の支援を連邦政府が本格的に実施するのが1970年代後半になるので，その代表的な3つのプログラムを取り上げて紹介する。3つのプログラムとはISAP（移民定住適用プログラム），LINC（新規移住者のための言語指導），ホスト・プログラム（移民を歓迎し支援するホスト・プログラム）である。移民の定住支援というと何か複雑なことを連邦政府が行っているような印象を受けるが，実際にはかなりシンプルである。また連邦政府だけで定住支援を行うことは事実上，不可能なので，カナダ各地の民間支援団体の協力を得て実施している。民間団体の協力があってこそ成り立つのがカナダ式の移民支援策である。第8章は移民が持つ専門的な資格をどのようにカナダ社会が活用しているか，具体的に考察している。専門性の高い職業として，オンタリオ州における医師，看護師，エンジニア，そして教員の資格認定がどのように行われているか，データを利用しつつ分析した。カナダ国内においても移民の資格認定に関する先行研究は少なく，この章はかなりパイオニア的な貢献をなすものと自負している。また第8章の後半ではハーパー政権のもとでポイント制度が事実上，後退し崩壊しつつあることを指摘している。

　巻末には各章に関連する文献や政府の報告書などについて，コメントをつけてリストアップした。筆者の個人的な判断も入ったリストであるが，関心のある読者にはご利用いただければ幸いである。また本文中に掲載できなかった年表や図表などは巻末に一括して載せてある。

　文章中，なにかの金額なり予算額を示す場合，基本的にはカナダドルによる表記であるが，国際比較や貿易額などを示す場合に限り米ドルによる表記とする。そうした場合には米ドル表記ということを明示した。また英語のスペルについてはカナダ式の表記を使っている。単語によっては米国式とは異なることにご注意いただきたい（たとえば labour と labor など）。

　また図表については，本文中に組み込むことが難しい場合，次のように工夫した。つまり図表を簡略化できる場合には本文中にそれらを（可能な限り）小さくして配置した。あるいは図表を入れず，本文中で詳しい統計数字などを盛り込むこともある。ただし読者には是非とも見ていただきたいデータを組み込

はじめに　xi

んだ図表については，巻末に一括して掲載した。このため本文中のデータ紹介
と説明，および巻末の図表も併せてお読みいただければ幸いである。

　第Ⅱ部で考察する内容について，学問的にはどのような意義があるのだろう
か。基本的には筆者として3つの意義があると考えている。第一の意義はカナ
ダが移民をどのように受け入れて，またどのように支援をしているか，という
政策的な試みの解明である。カナダにおいて移民政策の受け入れについての関
心は高いが，いったん入国した移民たちをどうするのかの研究は意外と少ない。
いわば入口部分での考察（移民政策）はあるとしても，カナダへ入国してから
の関心（移民の定住支援政策）はあまり高くない，というのが筆者の考えであ
る。どのようなことが移民たちに対して展開されているのだろうか。
　移民たちはカナダの公用語である英語とフランス語を知らない場合が多いの
で，まず言葉の訓練が必要である。実際にどのように移民たちの言葉の訓練を
しているのだろうか。かつてカナダに留学した筆者も言葉でいささか苦労した
ので，ISPA の内容をみると，興味深いものを感じている。筆者なりに評価す
れば，それなりの工夫がなされていると思われる。また第7章の結論部分では
カナダを含む先進国の移民定住政策の国際比較を紹介したが，カナダの試みは
一応，合格点をもらえそうな評価となっている。移民の定住支援策については
カナダを含め，どの国においてもテキストや模範例があるわけではない。その
ためカナダが手探りで進めてきた諸政策がそれなりの評価を得ているのは，学
問的にも重要なことと思われる。またハイスキルな移民の資格や専門性の活用
は重要であるが，分野によれば困難であり，簡単に行えることでもない。これ
らの状況を第7章において考察している。
　第二の意義として，移民定住支援政策については最近では連邦政府と州政府
が公式に協力して進める段階にあり，これは連邦制度に関する新しい研究課題
と位置づけられる。そのため，カナダの政治学者たちもこれを取り上げて研究
を開始している。これまでカナダ連邦制度の研究として，憲法改正問題，連
邦・州間の財政関係，そして福祉政策や環境保護など多方面にわたる政策協力
などが取り上げられてきた。今後は移民の受け入れについて連邦政府と州政府
がどのように協力してゆくのか，カナダにとって新しい課題となろう。

第三の意義として，カナダが目指すべき目標なり政治文化に関する議論を深めることができることにある。一般的には多文化主義は多様な価値観を広く認めること，という理解や合意があり，これがカナダの寛大さを示すポイントとされる。しかし，多くの多文化主義批判論者はこれが無原則な「相対主義」に陥り，カナダの自己像が歪むという主張をしている。またフランス語圏であるケベックでは（州内ではナショナリズムの高まりはあるが）移民の受け入れが重要となり，州政府も積極的な姿勢を示してきた。ただし，連邦政府の多文化主義政策に対してケベック政府は否定的である。それは移民たちが（英語の習得を優先するため）フランス語を学ばず，またケベック固有の文化や価値観を理解しないと移民がいつまでも異質な存在に留まる危険性があるためとされる。移民たちが持つ文化や価値観の多様性は尊重されるべきであるが，同時にケベックのことを積極的に学び，フランス語も修得することでこの州のメンバーとして統合される，という期待があることによる。したがってケベックでは移民の受け入れや定住支援には熱心に取り組むが，移民にはフランス語修得を強く勧め，ついでケベック的価値観を移民に学ばせるというインターカルチャリズム（Interculturalism）が提唱されている。多文化主義は今後，カナダを無原則な相対主義に陥れるのか，あるいはケベック式の限定付きの統合を進めるべきか，自己像についての悩ましい議論を見て取ることができる。カナダのこうした議論はカナダ以外の先進国においてもおそらく当てはまる議論であり，学問的にも政策的にも興味深いものである。

　さて執筆にあたり，次のような点を考慮した。まず第II部の各章はそれぞれ単独でも読んでいただけるように執筆した。そのため，1967年のポイント制度導入や1971年のトルドー首相による多文化主義導入演説などが（必要な限り）各章においても触れられている。そのため，読者には繰り返しが多いという印象を与えるかもしれないが，それはご容赦いただきたい。

　また第II部において第I部の内容と関係する箇所についてはそれを明示した。第I部が第II部を理解していただく上でそれなりに関係することが読者に簡単にお分かりいただけるようにするためである。

　ついでカナダに固有な人名や組織の名称の表記については次のようにした。政党名や官庁名など一般的なものは，巻頭に一括して原語と日本語訳を掲載し

た。また必要と思われる項目に限り，簡単な説明をつけてある。他方，あまり一般的でない人名や団体名については，本文中においてのみ名称のあとに括弧をつけて日本語訳を表示した。多くの場合，団体名は日本ではまだ知られていないので，筆者による暫定的な邦訳としてご理解いただきたい。そして巻末には人名，団体名，そして項目についての索引を作成した。

　巻末では各章ごとに関係する一次史料や文献についてリストアップしたが，第Ⅰ部に関係するカナダ史関係の文献はごく一般的なものに限定した。他方，第Ⅱ部の各章については基本的な文献を含めより包括的なものを目指している。連邦政府の報告書については（特に第Ⅱ部の各章では政府報告書などに触れることが多いので），筆者の判断で重要と思われるものを選んでリストアップした。あとがきにおいても指摘したが，多文化主義政策に関係する連邦政府の報告書は1988年まではかなり断片的で恣意的である。1988年に多文化主義法が制定されることで，ようやく定期的に国民に報告されるような慣例が定着してきた。なぜ本来ならば刊行されてもよさそうな多文化主義政策に関する報告書が近年まで存在していないのか，本文中において詳しく触れているので，ご参照いただきたい。

主要略語一覧 （アルファベット順）

略語	原語表記	日本語
AFMC	Association of Faculties of Medicine of Canada	カナダ医学部協会
AIT	Agreement on Internal Trade	州間通商協定
BNA 法	British North America Act	英領北アメリカ法
CaRMS	Canadian Resident Matching Service	カナダ研修医紹介サービス
CBSA	Canada Border Services Agency	カナダ国境管理庁
CCCM	Canadian Consultative Council on Multiculturalism	カナダ多文化主義協議会
CCF	Cooperative Commonwealth Federation	協同連邦党
	（結党は 1935 年で穏健な社会主義を目指す。1961 年には労働組合との連携の強化を視野に入れて新民主党（NDP）として再編成した）	
CEHPEA	Centre for the Evaluation of Health Professionals Educated Abroad	海外で教育を受けた医療専門職者の能力評価センター
	（2015 年より担当機関の交代あり。The Touchstone Institute へ変更）	
CFPC	College of Family Physicians of Canada	カナダ家庭医協会
CHRP	Community Historical Recognition Program	コミュニティを主体として歴史的な多様性を認識するプログラム
CIC	Citizenship and Immigration Canada	市民権・移民省
CLB	Canadian Language Benchmark	カナダ言語能力判定基準
CMA	Canadian Medical Association	カナダ医師会
CNR	Canadian National Railway	カナダ国有鉄道
	（1960 年以後，CN と社名のロゴを変更）	
CNO	College of Nurses of Ontario	オンタリオ看護師資格認定・規制機関
CPR	Canadian Pacific Railway	カナダ太平洋鉄道
CPSO	College of Physicians and Surgeons of Ontario	オンタリオ内科医・外科医資格認定・規制機関
CRA	Canada Revenue Agency	カナダ歳入庁
CRRF	Canadian Race Relations Foundation	カナダ人種関係基金
CSIS	Canadian Security Intelligence Service	カナダ安全保障調査庁
ELT	Enhanced Language Training	上級言語訓練

FCRO	Foreign Credentials Referral Office	外国で認定された資格に関する事務局
FCRP	Foreign Credential Recognition Program	外国において認定された専門資格をカナダでも認定させるプログラム
GCP	Global Centre for Pluralism	多元主義を推進するグローバル・センター
HBC	Hudson's Bay Company	ハドソン湾会社
HRSD	Human Resources and Skills Development	人的資源・技能開発省

（2013 年，Employment and Social Development へ改組，雇用・社会開発省）

IBC	International Boundary Commission	国際国境管理委員会

（米加の国境を共同で管理する委員会）

IJC	International Joint Commission	国際合同委員会

（米加の国境に位置する河川や湖を共同管理する委員会）

IMGs	International Medical Graduates	カナダ以外の国の医学部卒業生
IRB	Immigration and Refugee Board of Canada	移民・難民審判所
ISAP	Immigrant Settlement and Adaptation Program	移民定住適用プログラム
LCP	Live-in Caregiver Program	住み込み家事介護者プログラム
LINC	Language Instruction for Newcomers to Canada	新規移住者のための言語訓練
LMO	Labour Market Opinion	労働市場確認証
MCC	Medical Council of Canada	カナダ医学評議会
MIPEX	Migration Integration Policy Index	移民統合政策指標
NAFTA	North American Free Trade Agreement	北米自由貿易協定

（米加による自由貿易協定＝FTA は 1989 年発効，これにメキシコを入れた NAFTA が 1994 年に発効。2018 年より別の協定へ）

NDP	New Democratic Party	新民主党

（協同連邦党が 1961 年に NDP へ名称変更したもの）

NNAS	National Nursing Assessment Service	全国看護師評価サービス
NOC	National Occupational Classification	全国職業分類
NORAD	North American Air Defense Command	北米防空司令部

（1981 年，North American Aerospace Defense Command に改称，北米航空宇宙防衛司令部）

OCFP	Ontario College of Family Physicians	オンタリオ家庭医資格認定・規制機関
OCT	Ontario College of Teachers	オンタリオ教員資格認定・規制機関

OFC	Office of the Fairness Commissioner	公平さを実現する事務局
OMA	Ontario Medical Association	オンタリオ医師会
PCP	Progressive Conservative Party （保守党が 1942 年に進歩保守党に変更。1990 年代には分裂し 2003 年に再編）	進歩保守党（現在は保守党）
PEO	Professional Engineers of Ontario	オンタリオ・エンジニア資格認定・規制機関
PNP	Provincial Nominee Program	州政府選定移民プログラム
PQ	Parti Québécois	ケベック党
RCMP	Royal Canadian Mounted Police	連邦騎馬警察
RCPSC	Royal College of Physicians and Surgeons of Canada	カナダ内科・外科医協会
RN	Registered Nurse	看護師
RPN	Registered Practical Nurse	准看護師
SAWP	Seasonal Agricultural Worker Program	季節農業労働者プログラム

医師の養成に関係する組織の役割と名称（略号）

カナダ国内で認可されている 17 の医学部の全国組織：AFMC
医学部を卒業した学生の基礎学力を判定する全国試験を実施：MCC 　　① MCCQEI　　MCC Qualifying Examination Part I 　　② MCCQEII　 MCC Qualifying Examination Part II
IMGs 向けの研修・学習支援機関（オンタリオ州に限定）：CEHPEA ここでの研修に合格すると CaRMS へ応募できる。 2015 年より別組織に交代（Touchstone Institute）
分野ごとに全国統一試験を実施（資格認定機関ではない）： 　　① RCPSC　　内科医・外科医の専門分野 　　② CFPC　　　家庭医の専門分野 　⇒これに合格すると病院で研修医として働ける 　　（卒後教育資格＝postgraduate education certificate を得られる）*
研修先を紹介する全国的な組織：CaRMS
研修を終えて各州の分野別の資格認定・規制機関へ医師免許を申請： 　　資格が認定されると医師として開業できる＝オンタリオ州の場合 　　　（実践資格と呼ぶ，Practice Certificates）* 　　① CPSO：内科医・外科医 　　② OCFP：家庭医
全国的な医師の互助団体・利益団体である組織：CMA 　（オンタリオ州であれば Ontario Medical Association: OMA）

　＊本書第 8 章，表 8-1 も参照．出典：筆者作成

第 I 部

カナダの姿を探る

歴史・政治制度・社会

第1章　カナダという国
——データからみる連邦国家

はじめに

　カナダの姿を統計数字やデータを通して紹介することがこの章の目的である。紹介すべきデータや細かい数字などは多数あるが，ここでは地理や地勢，人口や民族・人種構成，経済，そして社会的特質などに限定した。より詳細なデータなどは連邦政府のカナダ統計庁（Statistics Canada）と呼ばれる専門機関が紹介しているし，テーマ別の分析なども公開しているので，それらをご参照いただきたい[1]。

　カナダをどのように紹介すれば日本の読者には理解を深めてもらえるだろうか。日本人にとり，カナダにはプラスのイメージが多数あり，また外交的にも友好関係にあるので，かえって学問的にも政策的にも日本人がカナダに特別な問題関心を持つ状況にはないかもしれない。カナダは1年を通して姿を変えるナイアガラの滝，秋には燃えるように美しい紅葉のケベック，冬でも温暖な西海岸のヴァンクーヴァー，少し遠いが沿海部にある赤毛のアンで有名なプリンス・エドワード島など日本人にはなじみの観光地が知られている。経済面では日本はカナダからおもに石炭や食品（大豆や豚肉など），鉄鉱石などを輸入し，日本からカナダへは自動車や一般機械などの工業製品などを輸出する，ということで相互補完的な役割を果たしてきた。2012年度の金額でみれば，日本からカナダへの輸出額が8189億円，逆にカナダから日本への輸出額は1兆125億円という数字になっている。日本にとりカナダは20番目の輸出相手国，また17番目の輸入相手国になっている[2]。

　カナダの大都市は米国と比べれば，治安もよいことから最近では日本から学生や若者が語学研修に赴く国として人気も出てきている。英語やフランス語の語学研修をしつつ，現地で就労可能なプログラム（ワーキングホリディ）を実施する対象として，カナダはオーストラリアについで人気のある国でもある。他方，カナダの若者にとり，日本に滞在し，JETプログラム（The Japan

Exchange and Teaching Programme, 1987 年開始）により日本の学校で英語を教えるプログラムに人気がある。イギリス人でもアメリカ人でもないが，英語の先生として，カナダの若者が日本の多くの中学や高校で教鞭をとっていることも新しい傾向である。

　多くの日本人にとりカナダはアメリカの隣に位置し，観光地に恵まれ，英語とフランス語を公用語とする平和な連邦国家ということが一般的なイメージであろうか。そこでまずカナダをひとつのまとまった存在としてみることにしよう。カナダの人口（2013 年 7 月推計データ）は 3515 万 8404 人で日本の約 4 分の 1 程度，国土は 998 万 4670 ㎢で日本の約 27 倍の広さとなる。国土の広さではロシアにつぎ世界第 2 位である。ただし人口密度（2006 年度データ）では，1 ㎢あたりカナダではわずか 4 人（日本では 350 人）という少なさである。米国の人口密度は 33 人（面積はカナダとほぼ同じであるが人口はカナダの 9 倍弱）を示し，カナダの約 8 倍の数字を示している [3]。

　カナダ全体の国土利用（1995 年度データ）については，農地面積は 6.6%，都市部の面積は 0.3%，そして（鉄道の敷地など）交通関係の面積は 0.4% と続く。他方，山岳地帯は 14%，北方圏のツンドラや凍土地帯は 27.4%，森林地帯は 43.7% である。さらに，大きな河川や湖がカナダの国土面積に占める比率が 7.6% もあり，カナダを「森と湖の国」と呼んでも間違いはなさそうである [4]。また河川が多いことから電力供給は水力発電に依存することが多く，オンタリオ州やケベック州では州政府が電力開発を進めることで産業化への歩みを推進してきた。ただし，農地の開拓や宅地向けの土地が無限ではなく，意外と限られていることに注目しておきたい。

　また西部の各州では面積が広いことから，州内のすべての地域に自治体が設立されているわけではなく，自治体が存在しない場合もある。少し古いデータ（1982 年）になるが，ブリティッシュ・コロンビア（BC）州では州全体のうち自治体が設立されていた地域は州の面積のうちわずか 1% にとどまり，そこに 80% 前後の住民が住んでいた（自治体数は 168）。逆にいえば，州の面積のうち 99% には自治体が置かれず，そこに約 20% の住民が住んでいたことになる。こうした事情により，自治体が存在しない地域に住む住民への行政サービスは個々の地方自治体に代わり州政府が提供することになる [5]。ちなみに BC

4　第 I 部　カナダの姿を探る

州の面積は 94 万 4735 km² もあり，これは日本の約 2.5 倍，フランスとスペインの合計よりやや少ない程度である。カバーする面積が広いことでカナダにおける地方自治の制度は州ごとに独自な発展を遂げてきたことにも留意しておこう。

　しかし人口の少なさにもかかわらず，カナダの経済力は高く，1 人あたりの国民総所得（GNI，2012 年度，米ドル表示）は 5 万 1346 ドルに達しており，これは米国よりやや少ない数字（5 万 2013 ドル）を示している。他の先進国と比較すれば日本（4 万 8324 ドル），ドイツ（4 万 2364 ドル），フランス（4 万 0297 ドル），英国（3 万 9248 ドル），イタリア（3 万 2828 ドル）であり，カナダの経済力が高いことがわかる[6]。

1．州別にみた人口と面積

　ところで本章では，カナダを広大な領土をもちつつ人口密度の低いひとつの国家としてではなく，「10 の州と 3 つの準州の集合体」が連邦を構成しているという観点から眺めることにしたい（巻末の表 1，および図 1 を参照）。連邦に加盟している 13 の単位はそれぞれ独自の個性を持ち，政治や経済を作り上げてきた。また州政府は連邦政府の下部機関ではなく，憲法上，連邦政府も介入できない行政的な権限を持つ存在である。そのため，州政府ごとに異なる判断を行い，歴史的に政治や経済の発展を進めてきた。ただし，強い州政府が勝手に政策を展開すると国家としての統一性やまとまりに欠ける，という危険性もある。このため連邦政府は外交や安全保障などを自分の守備範囲としてその権限を行使しつつ，他方では州政府へ働きかけをしてカナダ全体の統一を図るような努力を重ねてきた。たとえば医療などは州政府の権限であるが，州ごとに異なる制度では問題が生まれるので，公的な皆保険制度の導入にあたり，一定の基準を設定し，それを州政府が尊重するという合意のもとで必要な費用を負担（州政府と連邦政府で半分ずつ）してきた。医療保険は州政府の権限であるが，連邦政府が費用を一部負担することでカナダ全体の統一を図る，ということが可能になった。この結果，カナダでは（各州が個別に制度を実施しているが）結果的には全国的に統一のとれた公的な国民皆保険制度が実現したことになる。本書第 3 章でもみるとおり，米国とは異なる対応をとることで医療保

険制度を確立してきた。

こうした意味でもカナダを無個性なひとつの存在としてみるのではなく，異なる個性や気質を有する10の州，そして3つの準州が共存している存在としてみることが適切と思われる。本章でもこの観点から各データを紹介していきたい。

まず面積と人口をみると10州のうち，ケベック州とオンタリオ州の存在が大きいことがわかる[7]。他方3つの準州の面積は広いが，人口数はきわめて少ない。たとえば3つの準州の合計面積はカナダ全体の39.3%を占めるが，人口は約11万人である。ただし，広大な領土には豊富な鉱物資源などが存在しており，今後の可能性を秘めた地域である。連邦制度の中で準州という地位はまだ「半人前」ということを意味しており，ある程度の自治権（公選制の議会）を認められているが，連邦政府の監督下に置かれている存在である。1999年4月に生まれたヌナブット準州は北西準州の東部を切り離して作り出したもので，住民の大半をイヌイットが占めており，残りの準州とはやや異なる特徴となっている。

10州のうちでケベック州の面積は一番広く，カナダ全体の15.4%をも占めている。他国との比較でみれば，これはインドの半分弱程度，あるいはモンゴルとほぼ同じ広さである。またケベック州の面積の11.4%は湖水や河川となっており，これを生かした水力による電力開発で実績を残してきた。他方，オンタリオ州はカナダで最大の人口を占めており，文化や経済の中心地でもある。トロントとその近郊に住む州民は約560万人もあり，オンタリオ州の半分弱がここに住んでいることになる。トロントにつぐ都市としては連邦首都が置かれているオタワがある。オタワはオンタリオ側に位置するのに対し，オタワの反対側にあるケベック側の主要都市はガティノー（Gatineau，かつてハルと呼ばれていた）があるが，経済的にはかつて開発が遅れていた。そのためケベック側の開発も進めるという意味で「連邦首都圏」（National Capital Region）をケベック側まで拡大する，という政策を1958年から採用してきた。その結果，最近ではケベック側にも連邦官庁の巨大な建物が建設され，また観光名所のひとつとして有名な文明博物館（現在，歴史博物館と改称）も建設され発展してきた。現在では連邦首都圏の人口は2つの州にまたがり約120万をこえて

6　第I部　カナダの姿を探る

いる。ケベック州の人口分布はオンタリオ州と同じようにひとつの都市（モントリオール，約381万人）に集中する傾向があり，州首府が置かれているケベック・シティは約76万人である。

長い歴史を誇る東部沿海部の4州は人口が比較的少ない。もっとも有力な州としてノヴァ・スコシア（NS）があるが，州首府のハリファックス（Halifax，約40万人）が政治や経済の中心地としての地位を築いている。ついでニュー・ブランズウィック（NB）では人口の約3分の1をフランス系住民が占めており，沿海部でもユニークな存在である。その州首府はフレデリックトン（Fredericton，人口数は約5万6000人）である。プリンス・エドワード島（PEI）は人口，わずか14万人と少ないが，農業や漁業，そして観光で経済を支える州である。州首府のシャーロットタウン（Charlottetown）は人口約3万4000人となっている。ここでは自治体や州政府，そして連邦政府というような公的機関で就業の機会を得る州民が多く，政治や行政が雇用の機会を生み出していることが指摘されている。ところでPEIは人口も面積も小さいが，興味深いことに人口密度に関してはカナダで一番稠密な州である。カナダ全体の人口密度は1km²あたりわずか4人であるが，PEIでは25.6人という高い数字を示している。ちなみにオンタリオ州の人口密度は12.6人である[8]。日本からカナダを訪問すると自然の雄大さに感動を覚えるが，人口密度が日本の約90分の1にとどまり，感覚的には広大なスペースを感じることも魅力のひとつともいえるだろう。

カナダ連邦に10番目（1949年）に加入したのがニューファンドランド州で，その州首府はセント・ジョンズ（St.John's，約19万人）である。ここでは漁業をおもな産業としており，経済的にも遅れた州であるが，最近では沖合に石油が発見されたことで，開発ブームを迎えつつある。なお2000年，本土側に位置するラブラドル（ケベックとも隣接している）がこの州の一部であることをより明確にするため，「ニューファンドランド・アンド・ラブラドル」という正式名称に変更されている（ただし本書ではニューファンドランドと表記を統一する）。

平原三州は面積においてそれぞれほぼ同じ広さ（ドイツとノルウェーの面積を合計した程度）を有しているが，連邦加入はマニトバ州がもっとも早く

1870年，そして北西準州の一部を切り取る形でサスカチュワン州とアルバータ州が1905年に成立した。人口規模や経済力ではアルバータが有力な州で，人口は約402万5000人になっている。他方，サスカチュワン州はこれまで100万人前後で推移してきたが，最近では増加傾向にある（110万人）。マニトバ州では州首府のウィニペッグ（Winnipeg）が人口（約76万人）も多く，この州の中心都市である。しかしウィニペッグ以外の都市の規模は小さく，州人口の約半数は州首府に集中していることになる。歴史的には交通の要衝（大陸横断鉄道など）であり，小麦の先物取引所などが置かれ，かつては経済的に重要な役割を担っていた。

アルバータ州は畜産や放牧などで栄えたが，戦後も石油発見に伴い，大きく発展してきた。アルバータの石油埋蔵量を世界的にみると，一州単位でありながらヴェネズエラ，サウジアラビアなどの国に続き第3位（2013年）とされ，大きな可能性を占めている。最近ではオイルサンドの開発と精製で経済も活発である[9]。平原カナダでは珍しく，アルバータではほぼ同じ規模の2つの都市が発展し，ライバル関係（人口はそれぞれ約110万人）にある。それはエドモントン（Edmonton）とカルガリー（Calgary）であり，カルガリーは近年，成田空港から直行便で結ばれるようになった。サスカチュワン州は平原三州ではやや地味な存在であるが，カナダの社会主義政党が政権を初めて獲得した州である。1944年，協同連邦党（Cooperative Commonwealth Federation: CCF，のちにNew Democratic Party: NDPと改称）が政権の座についた州でもある。この州において公的な医療保険制度がカナダで最初に実験的に試みられ，のちにそれが周辺の州やカナダ全体にまで拡大したという興味深い実績もある。なお農業州であるためか，都市の形成はやや遅れており，最大の都市がサスカツーン（Saskatoon）で25万7000人，二番手には州首府のレジャイナ（Regina）が約22万人である。産業化は遅れているが，北部では豊富な資源が発見されており，ここも今後の可能性が高い州でもある。

西海岸に位置する州がブリティッシュ・コロンビア（BC）州である。19世紀末にはこの英領植民地は東部カナダとは距離も遠く，連邦の一員になる必然性もあまりなかったといえる。しかしここが米国に編入されることを恐れた東部カナダの政治家たちの決断により，1871年，BC州をある条件つきで連邦に

迎え入れることになった。その連邦加入の条件とは 10 年以内に連邦政府の責任で大陸横断鉄道を建設することであった。大陸横断鉄道の建設は財政的にも技術的にも当時は困難であったが，1885 年に完成している。この点で大陸横断鉄道こそがカナダ連邦を生み出した影の立役者であり，国家的な夢でもあった。その後，天然資源などが州の北部や内陸部で発見され，経済的にも有力な州として発展してきた。2013 年の州人口は 458 万 1978 人となり，国内では 3 番目に人口が多い州となった。

　BC 州の主要都市はヴァンクーヴァー（Vancouver）であり，ここを発見した探険家の名前に由来している。人口は 232 万 8000 人を超え，現在ではカナダで 3 番目となる大都市である。またアジア系移民が多いこともあり，市内にはチャイナ・タウンがあるが，最近では中国系住民が郊外に多く住む地域（リッチモンド，Richmond）が目立ち，周辺住民との摩擦が表面化することもある。州首府はヴァンクーヴァー島の南部にあるヴィクトリア（Victoria，約 36 万人）であり，州議事堂など歴史的建造物も多い。冬でも温暖な気候で知られ，本土からも老後を過ごす住民の移住が多い。

　太平洋岸に位置するユーコン準州では 1896 年にドーソン・シティ（Dawson City）で金が発見され，ゴールド・ラッシュが始まり，数年の間に人口が 4 万人ほどの町が出現したという。ただし，この騒動はすぐに終わりを告げたが，この地域はユーコン準州としてカナダ連邦の一員として残ってきた。カナダ最高峰のマウント・ローガン（標高 5959 m）など 5000 m を超える雄大な山脈，そして氷河など雄大な自然が観光客を迎えている。中心都市は人口約 2 万 5000 人のホワイトホース（Whitehorse）である。北西準州の中心都市であるイエローナイフ（Yellowknife，1 万 9000 人）はかつて毛皮交易で栄えたが，現在では観光やダイヤモンド採掘でにぎわっている。オーロラの観光では世界的に有名であり，日本からの観光客も多い。1999 年 4 月，北西準州から分離して生まれたのがヌナブット準州である。住民の多数を占めているのがイヌイット（Inuit，以前の名称としてはエスキモー）であり，独自なライフスタイルを維持してきたが，都市化の流れを受けている。中心となる都市はイカルイト（Iqaluit，約 7200 人）である。

　準州に長く定住してきた「歴史的な住民」はインディアンやイヌイットたち

であるが，現在ではヨーロッパ系の白人も多く住む。準州政府は連邦政府から
さまざまな行政サービスを提供されていることもあり，白人も南部から移住し
定住するようになってきた。また資源開発や観光サービスなどでも（政府関係
者でなくとも）白人が多く住むようになってきている。一般的に物価も高いが
給料も高いことから，資源開発や建設関係では南部から白人の労働者が流入す
る傾向が強いとされる。

　カナダ経済（GDP）に占める州ごとの割合をみると，オンタリオ州が圧倒
的に大きく，36.7％ を占めている [10]。人口の比率ではオンタリオ州は 38.5％
となっているので，これはほぼ人口比に応じた GDP の割合となろう。ついで
ケベック州が 19.2％（人口比では 23.2％）であり，人口比を考えると少し低い
数字である。3 番手はかつて BC 州であったが，最近では石油ブームのアルバ
ータ州が台頭してきた。アルバータ州は GDP 比では 17.9％ だが人口比では
11.4％ であり，人口に占める割合よりも経済的な貢献度は大きいことになる。
4 番目が BC 州となり GDP 比は 12.1％，人口比では 13.0％ である。これも人
口比に応じた経済力ということになろうか。

　労働力の面では失業率が高い州と低い州という対照的なグループ分けが可能
である [11]。失業率が高いグループとしてニューファンドランド（12.5％），プ
リンス・エドワード島（PEI）（9.8％），ニュー・ブランズウィック（NB）
（9.6％），ノヴァ・スコシア（NS）（8.7％）などがあり，東部沿海部地域では
共通して数字が高い。逆に平原州では比較的低い数字が出ており，サスカチュ
ワン（3.9％），アルバータ（4.9％），マニトバ（5.4％）と続く。2 つの州の
GDP 比率を合計すると 58％ にもなるオンタリオ（7.5％）とケベック（8.1％）
の失業率はさほど低くなく，平原三州や BC 州と比べるとやや低迷しているよ
うにも考えられる。

2. 民族・人種構成

　2001 年の国勢調査以来，カナダ国民は自分の民族的・人種的な出自につい
ては（主観的な判断により）複数の回答をすることが可能となった。たとえば，
両親の民族的・人種的な出自がそれぞれ異なる場合（たとえばフランス系とド

イツ系など），その子どもはフランス系なり，あるいはドイツ系と回答することが可能である。さらに両親が複数の出自である場合（たとえばイタリア系とギリシア系，およびウクライナ系とポーランド系など），その子どもはどれを選ぶか，判断に迷う場合もある。さらに複数の出自を選ぶことが困難な場合には最近では「カナダ人」（Canadian）という回答も可能になってきた。したがって最近の国勢調査のデータから民族・人種構成の概要を知ることは可能ではあるが，明解な答えはみえにくいことに留意しておこう。

　そこで過去の国勢調査のデータをみながら歴史的な変化や現状について紹介したい（巻末の表2参照）。連邦が結成されて4年後に実施された1871年度国勢調査ではいわゆる英国系が多数（60.6%）を占め，ついでフランス系（31.1%），その他（8.4%）となっている。英国系を細かく見るとイングランド（20.3%），アイルランド（24.3%），スコットランド（15.8%），その他（0.2%）という構成になっている。20世紀に入ると西欧や北欧以外からのヨーロッパ系の移民（南欧や東欧など）が次第に増加していく（歴史的変化については本書の第4章を参照）。第二次世界大戦後の1951年の国勢調査では英国系が47.9%と多数であることに変化はないが，英国系でもフランス系でもない民族的・人種的な出自であるカナダ人は21.1%にまで増大してきた。つまり，5人のうち1人が東欧系や南欧系の人々で占められるようになった。他方，フランス系カナダ人の割合は30.8%と1871年調査とあまり変わらず，一定の存在感を維持している。

　ところが移民の受け入れについて人種差別的な基準を廃止する1967年以降になると，非白人のアジア系などの比率が増大してきた。1971年の調査において英国系の比率は44.6%，フランス系の比率は28.6%であるが，その他の比率は26.7%と次第に増加する傾向を示している。2001年の調査から複数の出自を選ぶことが認められたことで全体の様子が大きく変化した。たとえば英国系は24.3%，フランス系は11.5%へと半減し，その他の比率は64.2%と急増している。これに従えばカナダ人の半数を超える3分の2近くの人々が英国系でもフランス系でもない，ということになり，これまでのカナダのイメージを転換させる数字とも読める。

　しかし2006年度の国勢調査によれば，特定の民族的・人種的な出自を選ぶ

第1章　カナダという国　11

よりはカナダ人（カナダ系）を選ぶ人々が全体の3分の1近い約1000万人を超えており，興味深い状況となっている。単一の民族的・人種的出自を選んだカナダ人の中で多い順でみると英国系，フランス系，スコットランド系，アイルランド系，ドイツ系，イタリア系と続く。アジア系でみれば中国系がイタリア系に続く第7位となっている。しかしこれは複数の出自との対比で検討することも必要であり，相対的な意味での比率として理解すべきかと思われる[12]。

　特定の出自を選ばず，3分の1程度のカナダ人が「カナダ系」という項目を選択したということは，多民族カナダの統合がある程度，うまく進行していることを示す手がかりと考えることもできる。カナダの多文化主義は民族・人種集団の独自な個性を認めるとともに人種差別を禁止したり積極的な統合への試みを展開する政策でもある。これらについては多文化主義の理念を検討する章において詳しく議論する予定である。

　なお先住民系カナダ人には，連邦政府が定める居留地（Reserve）に定住しかつその地位が認められている「認定インディアン」，ついで人種的にはインディアンであるが伝統的な生活を放棄して都市生活を送る（居留地には定住していない）「非認定インディアン」（Non-status Indian），北方で伝統的な生活を送る「イヌイット」，そしてインディアンと白人の混血である「メティス」（Metis，メティと呼ぶ場合もある）に大別される。2006年の国勢調査によれば，先住民と回答した人々の総数は117万2785人であり，うち過半数にあたる53%は認定インディアンとなっている。残りのうち，30%はメティス，11%は非認定インディアン，4%はイヌイットとなる。他のエスニック集団と対比すると，先住民系カナダ人は人口が増加傾向にあり，平均年齢も若いことが特徴である。居住地域としては8割前後がオンタリオ州から西側（4州）に住んでおり，ウィニペッグでは都市人口の1割を占めるほどの比率となっている[13]。

　認定インディアンとして連邦政府が認めると，医療や教育などは無料で提供されるが，居留地に定住すること，そして所属する部族からその一員であると認められていることも求められている。ただし居留地では自立していける経済的基盤や雇用の機会が限られており，失業やアルコール中毒など多くの社会問題が顕在化している。行政的には連邦議会が制定した「インディアン法」によ

り認定インディアンに関する事柄が管轄されており，インディアン関係・北方開発省（Department of Indian Affairs and Northern Development, DIAND）が担当してきた（2017年8月，DIANDを2つの省に分割した）。認定インディアンが（教育や雇用の機会を求めて）居留地を離れて都市生活を送るようになると，連邦政府のケアは打ち切られ，州政府や自治体のサービスを（他のカナダ人と同じように）受けることになる。また歴史的にはインディアン部族の父祖伝来の定住地を離れ，そこを白人開拓者に開け渡していくためインディアン条約（Indian Treaty）が結ばれてきた。インディアンたちは条約をむすぶことで，わずかな金銭を与えられ，自分たちの生存を保障されたが，事実上の収奪政策でもあった。

　北方圏（おもに北西準州とヌナブット準州），そしてケベック州北部に住むのがイヌイットたちである。かれらには認定インディアンと異なり，居留地とかイヌイット法という公的な受け皿は用意されていないが，1930年代以降，連邦政府が同じようにケアをする体制が整えられてきた。ただし，カナダの北方圏の主権を確実にするため，イヌイットを政策的に特定の地域へ移住させることを連邦政府は実施してきた。

　カナダ西部において毛皮交易を行うためフランス系やスコットランド系の白人男性が登場したが，かれらとインディアン女性との婚姻も進み，その子孫であるメティスも新しく登場してきた（第2章参照）。かれらの独自な存在はマニトバ州が誕生する前後，公的に認知される可能性も出てきた。ただし，連邦政府とメティスの間の交渉は平和的に進まず，1870年にはメティスが反乱を起こすことになった。ルイ・リエル（Louis Riel）を指導者とするこの反乱はただちに連邦政府に鎮圧され，西部の新しい州としてマニトバ州がカナダ連邦に加入した。マニトバよりさらに西部（おもにサスカチュワン）に逃れていたメティスたちは1885年に再び反乱を起こしたが，これもただちに鎮圧された。経済的には採算がとれないと不評であった大陸横断鉄道によりカナダ東部から連邦軍の兵士を乗せて，迅速な鎮圧が可能となった。現在，連邦政府はメティスに対して認定インディアンに提供しているようなサービスは提供していない。ただし，憲法上，1982年憲法において認定インディアンと同じように独自の権利を有することを認めている。ユニークな例外として，西部のアルバータ州

第1章　カナダという国　13

においてメティスの存在が公的に認知され，認定インディアンの居留地のような「メティス・コミュニティ」が設立されている。これは小規模な自治体のような役割を果たしているといえよう。

　1960 年代後半の移民政策の転換により，非白人の移民が次第に増加してきた。カナダ社会では彼らが差別の対象になり，雇用の機会に恵まれないなどといった問題が表面化するようになってきた。こうした新しい移民の存在を考える際，現在では「ヴィジブル・マイノリティ」（Visible Minority）という用語が使われるようになってきた。2006 年の国勢調査によれば，全体の 6 分の 1 に該当する約 506 万人がこれに該当している。特に南アジア系（インドやパキスタンなど）は 126 万 2865 人，ついで中国系が 121 万 6565 人となり，それぞれ 100 万人を超える規模となってきた。二大グループに続くのが黒人（78 万 3795 人），フィリピン系（41 万 0700 人），ラテン・アメリカ系（30 万 4245 人），アラブ系（26 万 5550 人），東南アジア系（23 万 9935 人）である。日系人は全体では 10 番目となる 8 万 1300 人であり，BC とオンタリオに多く住んでいる。

　ヴィジブル・マイノリティが多く住む州はオンタリオ，BC，そしてケベックであり，全体の 87% が集中していることになる。さらにこの集中傾向は都市においても顕著である。三大都市（その合計は約 1076 万人）にはこうした人々が 364 万人も定住しており，その比率は 33.8% である。また都市別にみると，トロントでは 42.8%，ヴァンクーヴァーでは 41.7%，モントリオールでは 16.5% の住民がヴィジブル・マイノリティたちである。カナダの都市政策や経済を考える場合，かれらはいまや無視することができないほどの大きな存在となっていることに留意したい [14]。

3. カナダの貿易と経済活動

　カナダ外務・国際貿易省が刊行する年次報告書において，カナダ貿易について多角的なデータが紹介されている。まず商品貿易（Merchandise Trade）に関しては輸出（2012 年度）では世界の 2.5% を占め，金額では 4450 億米ドルである [15]。世界的なランキングでみると，2012 年度の商品貿易の輸出におい

14　第 I 部　カナダの姿を探る

て，カナダは第 12 位にランクされている（上位 3 か国は中国，米国，ドイツ）。
カナダはヨーロッパの国と比較するとどの程度の実力だろうか。興味深いこと
に英国の世界の輸出に占める比率は 2.6% で金額は 4680 億米ドルである。約
8% のドイツには遠く及ばないが，輸出に関してカナダは英国とほぼ同じ程度
の実力を持っていると考えられる。他方，商品貿易の輸入についてもカナダは
世界の中で第 12 位にランクされ，比率では 2.6% を占め，輸入金額は 4750 億
米ドルとなっている（上位 3 か国は米国，中国，ドイツ）。カナダの総人口が
約 3515 万人（英国やフランスの半分弱程度）という実態を考えると，カナダ
経済は大きくないとしても一定の存在理由を持つだけの力を有すると考えられ
る [16]。

　ついでカナダの貿易相手国を紹介しよう。2012 年度の商品貿易の輸出に関
しては第 1 位が米国（74.5%），第 2 位が中国（4.3%），3 番目には英国
（4.1%），そして日本（3.0%）と続く。北米自由貿易協定の効果もあってか，
最近ではメキシコも重要な相手国として登場しつつある。他方，輸入について
は米国（50.6%），中国（11.0%），メキシコ（5.5%）となっている。輸出品目
としては原油，自動車，機械や部品，貴金属，電気製品，航空機関係などが世
界各地へ輸出されている。輸入品目としても機械や部品，自動車，そして原油
となっている。工業製品や自動車を一方では輸出しつつも，同時に輸入もして
いる，というユニークな傾向にも注目しておこう [17]。原油の輸出入について
は，カナダ東部（オンタリオ州やケベック州など）はヴェネズエラなどから輸
入するが，他方，西部のアルバータ州からは米国などへ輸出するという構造が
あり，ひとつの国の中で石油の消費と生産（あるいは輸入と輸出）が同時に行
われている。

　さて州別に輸入と輸出における比率を検討してみよう（データは 2012 年度
のもの）。輸出面でのリーダーはオンタリオ州で全体の 41.2% も占めている。
これは工業製品や自動車など米国経済と結びついた形で強い経済が形成されて
いることによる。ついで石油資源開発で知られるアルバータ州は 21% を占め
ている。雇用の機会を求めてカナダ東部からアルバータへのカナダ人の州間移
動が最近では増えているが，移民もアルバータ経済の景気につられて流入する
という側面も出ている。第 3 位はケベック州で 14% であり，アルミニウムや

紙パルプ製品，航空機，銅などが主力品目である。第4位にはそれまでのBC州を抜いてサスカチュワン州（7.2%）が登場してきた。原油，キャノーラオイル，小麦などがおもな品目である。第5位に入るのがBC州（7.0%）で石炭や天然ガス，紙パルプ製品などが中心である。その他の州は比率が小さいが，州ごとに得意な輸出品目などが用意されている。

　輸入に関しても，オンタリオ州の存在感は圧倒的である。この州はカナダの輸入全体の過半数を占める（56.7%）ほどの実績をあげており，第2位のケベック州は16.2%にとどまっている。オンタリオ州はBC州やアルバータ州のような原油や資源の輸出はないが，工業製品の製造，あるいは商品の消費という点ではカナダの中心地ということになろう。ケベックにつぐのがBC州（9.2%），アルバータ州（5.9%），マニトバ州（4.1%）である[18]。

1)　定期的な刊行物として，カナダ統計庁は毎年統計データをまとめ年鑑を発行している。Statistics Canada, *Canada Year Book, 2010*, Ottawa: Minister of Industry, 2010. インターネットでも詳細なデータを紹介している。www.statcan.gc.ca/

2)　外務省北米局北米第2課『カナダ経済と日加経済関係』，平成25 [2013] 年2月（2: 日加経済関係）。

3)　Statistics Canada, *Canada Year Book, 2011*, Table 15.7 (Population, Land and Freshwater area of OECD countries), Ottawa: Minister of Industry, 2011, p. 221.

4)　*Canadian Geographic*, January/February 1995, p. 14.

5)　"British Columbia, Local Government," in *Canadian Encyclopedia*, Edmonton: Hurtig, 1985, p. 224.

6)　『世界国勢図会，2014/15』，矢野恒太記念会，2014年，129–131頁。

7)　総面積については陸地面積と河川や湖水が占める面積を合計したもの。総面積に占める河川や湖水の面積は8.9%（2010年データ）あり，ケベック（11.4%）やオンタリオ（14.7%）でもこれが州の総面積に占める割合は大きい。

8)　人口は2013年7月1日の推計データによる。

9)　アルバータ州政府『カナダ・アルバータ州オイルサンド産業の最新動向』(Alberta Oil Sands Industry, Quarterly Update), Spring 2014, p. 2.

10)　州別GDP（2013年度）については統計庁データから入手して計算した。"Gross Domestic Product, Expenditure-base, by Province and Territory," www.

statcan.gc.ca/tables-tableaux/sum-som/101/cst01/econ15-eng.htm　アクセスは
2015 年 1 月 17 日。

11)　州別の失業率については統計庁データから入手した。"Labour Force Charac-
teristics, Seasonally Adjusted, by Province (monthly)." www.statcan.gc.ca/
tables-tableaux/sum-som/101/cst01/lfss01-eng.htm　アクセスは 2014 年 8 月 31
日。

12)　Statistics Canada, Table 13.5 (Population, by selected ethnic origins, 2006),
Canada Year Book, 2010, p. 167.

13)　Aboriginal Affairs and Northern Development Canada, "Fact Sheet: 2006
Census Aboriginal Demographics," www.aadnc-aandc.gc.ca/eng　アクセスは
2014 年 9 月 16 日。

14)　Statistics Canada, *Canada Year Book 2010*, Ottawa: Minister of Industry,
2010, Table 13.6 (Visible Minority Population by province and territory,
2006), pp. 168–169; Table 13.7 (Visible Minority Population, census metropoli-
tan area, 2006), pp. 170–171.

15)　Department of Foreign Affairs, Trade and Development, *Canada's State of
Trade: Trade and Investment Updates, 2013*, Ottawa: Minister of Foreign Af-
fairs, Trade and Development, 2013, Table 1–2 (World Merchandise Trade by
Region and Selected Counties), p. 5.

16)　*Ibid.*, Table 2–1 (Leading Exporters and Importers in World Merchandise
Trade, 2012), p. 26.

17)　*Ibid.*, Trade by Top 10 Partners, pp. 78–84.

18)　*Ibid.*, Table 5–2 (Merchandise Trade by Province and Territory, 2012), pp.
104, 103–106.

第 1 章　カナダという国　17

第2章 カナダの歴史と政治を理解するポイント

はじめに

　カナダの歴史は分かりにくいという声を聞くことが多い。そこでこの第2章において，簡単にその姿を描くことにする。すでにカナダ史の概説書などは日本語でも刊行されているので，ここでは歴史と政治の発展過程に絞り，複雑なカナダ像をコンパクトに説明したい。

　まず本章前半部分ではカナダが歴史的発展を遂げるプロセスを概略する。フランスと英国という2つのヨーロッパの大国がどのようにして北米大陸へ進出してきたのか，のちに米国となる13植民地とカナダの関係はどのようなものか，そしてカナダはなぜ自治領としての道を選んだのか，さらにその自治領はどのようにして経済的発展を実現したのか，といった大きなテーマを取り上げ，まとめることにする。

1. カナダの歴史的発展

旧大陸と新大陸の接点

　カナダを理解する最初の鍵は，旧大陸と新大陸がクロスしてカナダが生まれたことにある。当時のヨーロッパの大国，特にスペイン，フランス，英国は旧大陸内での抗争や対立にとどまらず，それぞれが南北アメリカという新大陸へも進出し，その覇権を確立することに苦心していた。スペインはおもに中米から南米地域において覇権を築いたが，フランスと英国はおもに北米大陸において覇権を確立しようとした。加えてスペインも北米大陸に野心を抱き，英仏とも競争をすることになった。17世紀初頭，英国はヴァージニアのジェームズタウン（Jamestown）を拠点として入植を開始し（1607年），フランスはケベック・シティ（Québec City）に1608年に拠点を置き，開拓を開始している。スペインは北米大陸の南西部や西部，そしてフロリダ半島などを占有し，

拠点を確保していった。

　フランスは先住民と友好関係を維持しつつ，毛皮交易などを行い，利益を確保する方法をとっていた。またセントローレンス河（St. Lawrence River）の流域から五大湖などの水路を活用し，毛皮交易などを進めていた。さらにある時期にはミシシッピ河の流域も確保して先住民との毛皮交易を進めることにも成功していた。他方，英国は大西洋岸の植民地に入植者を送り，開拓することで拠点を確保していった。もちろん，13 植民地での経済活動は多様であり，南部においてはアフリカから黒人奴隷を移住させることで木綿栽培などが行われた。

　カナダにおいて英国は，初期には先住民と友好関係を維持していたが，次第に征服し服従させていく過程へと変化させていく。白人入植者のためにインディアンから土地を奪い，一定の土地（保留地，カナダでは「リザーヴ」，米国では「リザヴェーション」と呼ばれる）に囲い込むという方法が採用されてきた。インディアンに軍事的な圧力をかけて土地を収奪するだけではなく，いわゆるインディアン条約を結び，僅かな金銭補償をすることで立ち退きをさせ，白人がその土地を入手していった。ただし，インディアンは一方的に収奪の対象にとどまったわけではない。白人に対して相対的に武力や攻撃力を有していた時代には，各植民地と軍事同盟を結び，戦闘に加わることもあった。米国独立革命時には英国側に加担するインディアン勢力も，また革命勢力に加担するインディアン勢力も存在していた。アメリカ東部では「イロコワ同盟」（Iroquois Confederacy）と呼ばれるインディアン部族間の同盟関係も生まれていた。

　カナダでもインディアンとの軍事抗争が存在したが，米国ほど多くの血生臭い虐殺や悲劇は起きていない。またカナダという名前が示すように，インディアン由来の固有名称などが現在でも多く使われている。カナダはイロコワ族の言葉で「集落」，ケベックはアルゴンキン族の言葉で「狭い水路」，オンタリオはイロコワ族の言葉で「美しい湖水」，西部のサスカチュワンはクリー族の言葉で「急流の川」に由来する。そして都市の名称としてトロントは，複数の説があるが，有力なものはモホーク族の言葉で「水面に立つ木々」であるというもの，そしてマニトバ州の州府であるウィニペグはクリー族の言葉で「靄の

かかった水面」とされ，インディアンの言葉に由来するものが多い。

　他方，カナダが英領植民地であったことから，英国と関係する地名も多い。ニュー・ブランズウィック（NB）やノヴァ・スコシア（NS），プリンス・エドワード島（PEI），そしてアルバータ（ヴィクトリア女王の娘）やブリティッシュ・コロンビア（BC）など，州名に目立つ。BC の州首府の名前はヴィクトリア，サスカチュワンの州首府名もレジャイナ（ビクトリア女王の称号）というように，英国の君主制と関係の深い名称もつけられている。もちろん，ケベック州に行けばフランス的な色彩の強い固有名称が残っており，地名や名称などに示されているように，カナダが先住民，フランス系，そして英国系という 3 つの異なる文化や集団から生まれたことに注目しておこう。

英仏の植民地として

　英国は（13 植民地に加え）北米大陸の東部沿海部も植民地として確保していた。たとえば 1583 年，H・ギルバート（H. Gilbert）という探検家がニューファンドランドを発見し，ここをイギリス領と宣言した。これが北米大陸における英国の最初の植民地とされる。また 1621 年，スコットランド人の W・アレキサンダー（Sir William Alexander）が沿海部地域を英領植民地とする許可状を与えられ，新しい植民地を設立した。この植民地は「新しいスコットランド」という意味をこめて「ノヴァ・スコシア」と名づけられた。首府となるハリファックスは地勢にも恵まれ，天然の良港を生かして発展してゆく。これ以降，ハリファックスは英海軍の重要な拠点となっていく。同時に北米の英領植民地についてフランスも野心を抱き，両国の対立は次第に表面化していく。英仏間の対立はヨーロッパ大陸でも起こるが，北米大陸で同じように起こっている。アン女王戦争を終わらせたユトレヒト条約（Treaty of Utrecht, 1713 年）において，ニューファンドランド，アカディア，ハドソン湾岸は英領とされた。さらに英国はハドソン湾岸を自国の領土として確保し，これに伴い「ハドソン湾会社」（Hudson's Bay Company）を 1670 年に設立しこの地域の維持と管理を開始した。

　他方，ニューファンドランドの南端にある海岸地域についてユトレヒト条約はフランス領とした。現在でもニューファンドランド島沖の島々が不思議なこ

第 2 章　カナダの歴史と政治を理解するポイント　　21

とにフランス領として存在しているのはこうした歴史的な事情による。ニューファンドランド島の南沖に存在するフランス領はサンピエール島とミケロン島（St. Pierre and Miquelon）であり，現在住民たちは漁業や観光などで生計を立てている。

　大西洋岸の沿海部は英国領として確定していくが，フランスもサミュエル・ドゥ・シャンプレーン（Samuel de Champlain）という人物を派遣して探索させた結果，セントローレンス河沿いに 17 世紀初頭から入植を開始している。具体的には 1608 年に今のケベック・シティに砦を置き，本格的な開拓を始めた。ここを拠点として先住民との毛皮交易を開始することになった。なお英国が 13 植民地開拓の手始めにジェームズタウン（ヴァージニア）を置くのが 1607 年であり，ほぼ同じ時期に英仏が開拓の拠点を築いているのは歴史の偶然であろうか。

　現在の沿海部三州（ニューファンドランドを除く）にケベック州南東部，メイン州東部を加えた地域については，フランスが管轄する地域として 16 世紀末ごろに確立した。この地域の名称としては「アカディア」（Acadia）と呼ばれたが，英仏の抗争のため，領有は大きく変動した。英国はノヴァ・スコシアという植民地を 1621 年に設立し，次第にその影響力を確実なものにし，さらに先にのべたように 1713 年のユトレヒト条約により，この地域は英国の支配下に置かれることが確定した。ただし，この地域に住むフランス系住民に対しては英国への忠誠心が疑われ，政府から不信の目で見られることが多くなっていた。そして最終的には 1755 年から 1763 年にかけて，この地に住む約 1 万 5000 人のアカディア人（フランス系住民）の追放が断行された。150 年近くこの地域で生活を続けてきたかれらは一方的に追放されるという悲劇的な事件となった。この結果，かれらは北米各地に分散して住むことになったが，遠くはルイジアナに安住の地を求めたアカディア人もいたとされる。

　セントローレンス河に沿って構築されたフランスの植民地は「ニュー・フランス」（あるいはヌーヴェル・フランス）と呼ばれたが，フランス本国からの入植者は少なく，本格的な開拓の取り組みが求められていた。そのため，1627 年には「百人会社」（フランス語の表記では Compagnie des Cent-Associés）が設立され，これは 100 人におよぶ有力者が出資する政府公認の植民会社であ

った。出資者たちは北米における特権と引き換えにフランス本国からヌーヴェル・フランスへフランス人を入植させること，あるいはインディアンをカトリックに改宗させることなどが求められていた。このフランス領植民地では教育や医療などはカトリック教会に依存することが多くなり，信仰にとどまらず，カトリック教会が統治にも大きな役割を担っていくことになる。土地の管理についてはフランス本国のような封建制度ではなかったが，土地をベースとして領主と農民という関係も導入されていった。

　フランス本国でも内外の危機や紛争が多発したが，1661年にはルイ14世が登場し，いわゆるブルボン王朝の最盛期を迎えた。ヌーヴェル・フランスもより本格的な開拓を進めるため，国王の直轄地とする政策の転換が進められた。また統治制度も整備され，本国の意向に沿った運用が開始された。ケベックに加え，モントリオール（1634年）とトロワ・リヴィエール（Trois-Rivières, 1642年）という新しい町が設立された。しかし，フランス本国からの入植者はいまだ少なく，人口の増加も緩慢であった。フランスが植民地を維持していた期間中，ヨーロッパからの移民数はわずか1万人（うち兵士は3500人，若い女性は1100人など）に限定されていた。そのため，結婚をして多産であることが奨励された。入植者が不足する分を，現地での自然増による方法で補おうとしたわけである。その後の人口増は驚くべき数字を示している。1666年には3200人，1673年には6700人，1713年には1万8000人，1730年には3万4000人，1760年には7万6000人という増加ぶりである。本国からの移民が少ない中で，100年間に20倍以上も増加している。多産社会という特徴はその後も続き，1820年には34万人，1850年には65万人という驚異的な増加率を示してきた[1]。

英仏の激突とケベック植民地

　ヨーロッパ大陸では1756年から強国群が2つのグループに分かれて対立し，衝突した。ひとつのグループはフランス，スペイン，ロシア，オーストリア，他方では英国とプロイセンが同盟を組み，7年間も抗争を続けた。これが7年戦争と呼ばれる国際紛争であるが，北米大陸でも英仏が対立し，いわゆる「フレンチ・アンド・インディアン戦争」が始まった。この対立は英国軍に有利に

動き，2つの主要都市であるケベック・シティ（1759年）とモントリオール（1760年）が陥落し，英国側の勝利に終わった。最終的には1763年のパリ条約において英仏間の講和が成立した。また英国は旧フランス領を手に入れて，ここを新しい英領植民地（ケベック植民地 Province of Quebec と呼ぶ）として統治を開始することになった。

　英国政府はフランス系住民を統治するにあたり，カトリック教会を利用するといういわば「間接統治」の方法を採用した。当時のフランス系の人々はカトリックによる信仰だけでなく，カトリック教会を通して社会や文化の維持を前提として生活を続けていた。英国政府はここに注目し，カトリック教会の権限をそのまま認めることとし，これが1774年の「ケベック法」（Quebec Act）に盛り込まれた。フランス系の人々からすれば，政治上の統治者は英国に替わったが，自分たちの宗教や文化がこれで保護されることが約束されることになった。ケベック法はフランス系住民の信仰をこれまでどおり認めるだけではなく，その領土を以前より西部へ拡大する（結果的には13植民地の西部開拓を妨害するような意味を持つ）という面もあった。

　他方，13植民地の住民からすれば，「ケベック法」によりフランス系住民の要求を英国当局は認めておきながら，英国系人たちの要求は認められず，またケベック植民地の領土も拡大されたことになり，不満が募ることになった。13植民地の代表たちが集まり大陸会議が1774年に開催され，1775年には独立戦争が起こっており，ケベック法も反英意識を高める要因のひとつになったといえよう。

　英国にすれば，対仏抗争に勝利をおさめパリ条約を結ぶことで，北米大陸には東部沿海部に以前から存在していた英領植民地（ノヴァ・スコシアとニューファンドランド）に加えてケベック植民地を新しい領土に加えることが可能になった。また13植民地も次第に発展しており，北米大陸での覇権を確保したといえよう。しかし，13植民地は反英意識を高めて独立革命が起こり，のちに13植民地はアメリカ合衆国となり，英国は重要な拠点を失うことになった。外交的には1783年のパリ講和会議で米国の独立は確定した。

米国独立革命のカナダへの影響

　北米の英領植民地にとり，米国の独立革命が思わぬ影響をもたらした。それが「王党派」（Loyalist）と呼ばれる人々のカナダへの移住（あるいは亡命）であった。13 植民地における統治のエリートたちは独立革命のあと英国へ帰国すればよかったが，入植者たちで革命に賛同しない者たちは，北方に存在していた英領植民地への移住を求めたのである。王党派は独立革命に賛同しないという意味では政治亡命者であるが，同時に土地を求めて移動する，実利を求めての移住者という側面もある。こうして興味深いことに，米国の独立革命がカナダの歴史を大きく左右させる動きを生み出すことになった。

　王党派の人々は地理的にみて 2 つの流れ（移住先）に分かれた。ひとつはケベック植民地（西部），もうひとつは沿海部のノヴァ・スコシア（西部）への移動である。1783 年のパリ条約が締結された頃，約 5 万人の王党派の人々が13 植民地から英領植民地へ移動したとされる（5 万人のうち約 4 万人は沿海部地域へ，約 1 万人はケベック植民地の西部へ）。ケベック植民地にはすでにフランス系住民（またカトリック系の信仰）のための統治の枠組みが用意されていた。しかしここに到着した王党派の人々は英語を話し，プロテスタント系という性格のため，ケベック植民地の枠組みはいささか不都合なものであった。このため，英国当局はケベック植民地を 2 つに分割することで問題への対応を図った。つまりケベック植民地を西側と東側に分割するという方法である。セントローレンス河の上流地域（ケベック植民地の西側，現在のオンタリオ州）をアッパー・カナダ，下流地域（ケベック植民地の東側，現在のケベック州）をロワー・カナダとし，それぞれの住民に適合した統治の枠組みを導入した。これを定めたのが 1791 年の立憲条例（The Constitutional Act，あるいはカナダ法とも呼ぶ）である。

　他方，ノヴァ・スコシアの西側部分へ入植した王党派も多かったので，英国はこれを分割し，西側部分にニュー・ブランズウィックという新しい植民地を創設して対応した。東側部分はこれまでどおりノヴァ・スコシアとした。王党派は独立革命には反対したという意味ではやや保守的な人々であったかもしれないが，植民地支配を無批判に受け入れるというような人々でもなかった。そのため，王党派の到来により，英領植民地の地位向上や民主化が次第に進めら

第 2 章　カナダの歴史と政治を理解するポイント　　25

れることにもなった。たとえばノヴァ・スコシアに（王党派の到来より早い
が）1758 年，プリンス・エドワード島には 1773 年，ニュー・ブランズウィッ
クには 1785 年，そしてアッパー・カナダとロワー・カナダでは 1791 年にそれ
ぞれ議会制度が導入されている。急激な革命ではないが，王党派の到来が英領
植民地に民主化をもたらしたといえよう[2]。

1837 年の反乱と連合カナダ

　その後，英領植民地は順調な発展を遂げるが，1837 年 11 月から 12 月にか
けてアッパー・カナダとロワー・カナダで小規模ながらも反乱が勃発した。当
時の統治機構は，英国政府が任命した総督，任命制の行政評議会（Executive
Council，これが事実上の内閣を構成）と任命制の議会（立法評議会，Legis-
lative Council），そしてあまり権限を持たない公選制の立法議会（Legislative
Assembly）というものになっていた。公選制の立法議会が持つのは名目的な
権限に限られ，ひと握りのビジネス・エリートと政治エリート（総督や行政評
議会のメンバー）が政治を独占していた。アッパー・カナダではこうしたエリ
ートに加えて英国教会（Church of England）の聖職者たちも排他的な政治に
加担しており，政治改革や政教分離も改革派から求められていた課題であった。
　こうした政治状況のなかで改革を求める勢力が増加しつつあったが，
1837 年末にはロワー・カナダで反乱が発生した。反乱の首謀者はルイ＝ジョ
セフ・パピノー（Louis-Joseph Papineau）であり，当時，彼は立法議会の議
長にも選ばれていた。しかし反乱といいながら組織的なものではなかったため，
すぐに鎮圧された。他方，アッパー・カナダでもウィリアム・L・マッケンジ
ー（William L. Mackenzie）を指導者として 1837 年末に反乱を起こした。マ
ッケンジーはトロントの初代市長にも選ばれた改革派の政治家であり，旧態依
然とした保守政治にはきわめて批判的であった。ただし彼を中心とする反乱も
すぐに鎮圧されたが，英当局には大きな衝撃となった。革命的な反乱としては
小さいが，「政治的な異議申し立て」としてはきわめて大きなショックを植民
地の支配層やイギリス政府に与えたのである。
　英国政府は事態を重視し，リベラルな政治家でもあったダラム伯ジョン・ジ
ョージ・ラムトン（John George Lambton, 1st Earl of Durham）を 1838 年

26　第 I 部　カナダの姿を探る

3月に英領北アメリカ全体を監督する総督として任命した。ダラムは現地で調査を行い，とるべき対応策などを報告書に盛り込んだ。これがカナダ史の中では有名な『ダラム報告書』（*Report on the Affairs of British North America*, 1839 年）であり，カナダを理解するうえでは不可欠な公式文書のひとつである。彼の北米での赴任はわずか半年未満であったが，報告書において 2 つの提案を行った。ひとつはアッパー・カナダとロワー・カナダの統合である。フランス系カナダ人を同化させるためには，英国系カナダ人と同じ政治制度にまとめることが必要と認識していた。そのため，両カナダをまとめた統治機構が望ましいと考えたわけである。他方，現地住民の政治的不満（英国系カナダも含めて）を解消するには公選制の立法議会に政治的実権を持たせるべき，という意見である。カナダではこれを「責任政府」（Responsible Government）という表現をしており，これまで名目上の権限しかない立法議会に新しく実質的な権限を認める（つまり内閣を構成させる）ことを意味した。

　英国政府はダラムの提言のうち，両カナダの統合案を受けいれ，いわゆる「連合カナダ」が 1841 年からスタートした。これは連合カナダ法（Act of Union of Upper and Lower Canada, 1840 年制定）に詳細が規定され，英国系とフランス系の共存を想定した制度を目指した。アッパー・カナダは西カナダ，ロワー・カナダは東カナダと名称を変更し，連合カナダを構成する単位となった。人口数は西カナダ（約 48 万人）が東カナダ（約 67 万人）より少ないが，公選制の議会ではそれぞれに同数の 42 議席を配分するという西カナダに有利な制度を構築した。ただし，責任政府の導入について英国政府は否定的であり，その実現はしばらくあとになる。

　現地の民主化要求に理解のある総督が就任すると，連合カナダでは 1848 年の選挙のあと，立法議会に内閣を構成させることが認められた。これが責任政府の登場であり，連合カナダ以外でもこれが続々と誕生した。ノヴァ・スコシア（NS）とニュー・ブランズウィック（NB）では 1848 年，プリンス・エドワード島（PEI）では 1851 年と続いた。また連合カナダでは複数存在するプロテスタント系の宗派の中で，英国教会だけを優遇する慣行（「聖職者保留地」^{クラジー・リザーヴズ}を英国教会が保持し，そこから収入を独占できる制度）に批判が高まり，1854 年にはこれを廃止した。いわゆる政教分離とは異なるが，それまで特定の宗派

第 2 章　カナダの歴史と政治を理解するポイント　27

にだけ特権的な権限を認めてきた慣行をここで廃止したという意義は大きい。カナダの歴史において，これは責任政府の登場と同じように民主化という目的を実現したことになろう。

人口の推移

　植民地ごとの人口の変化について紹介しよう[3]。19世紀初頭（1806年）にはロワー・カナダの人口が一番多く約25万人であり，ついでアッパー・カナダ（7.1万人），ノヴァ・スコシア（NS）（6.8万人），ニュー・ブランズウィック（NB）（3.5万人），ニューファンドランド（2.7万人），プリンス・エドワード島（PEI）（1万人）と続く。これらの6つの植民地人口の合計は約46.1万人である。南の米国の総人口（1810年）は722.4万人もあり，英領植民地は米国の15分の1程度にとどまっていた。

　その後，英領植民地の発展もあり，1831年にはロワー・カナダの人口は55.3万人に増加していた。ついでアッパー・カナダ（23.7万人），NS（16.8万人），NB（9.4万人），ニューファンドランド（7.6万人），PEI（3.3万人）と続く。6つの植民地人口の合計は約116.1万人である。他方，1830年度の米国の総人口は1290.1万人に達していたが，英領植民地の約11倍と差は少しばかり縮んだようである。

　カナダ連邦が結成されるころには英領植民地人口もかなり増加してきた。1861年の調査によれば，西カナダ（アッパー・カナダ）の人口が急増しており，139.6万人となり，東カナダ（ロワー・カナダ）（111.2万人）を追い越している。沿海部の植民地ではNS（33.1万人），NB（25.2万人），ニューファンドランド（12.3万人），PEI（8.1万人）と続く。6つの植民地人口の合計は約329.5万人である。1860年度の米国の総人口は3151.3万人と増えており，英領植民地の約9.5倍程度である。

カナダ連邦の結成へ

　連合カナダの政治制度には両カナダの共存を目指して複雑な制度が盛り込まれていた。しかし，両カナダには時代の経過とともに保守派と改革派という形で意見の対立が顕在化してきた。また英国系とフランス系は宗教的にみればプ

ロテスタント系とカトリック系ということで意見が異なることもあり，対立の構図は次第に複雑になってきた。時として両カナダの保守派が協力し，また改革派が手を組むということも出てきた。しかし，政治的には不安定な状況が続いた。

　こうした内的な要因に加え，となりの米国では南北戦争が1861年に勃発した。連合カナダや他の英領植民地にとってみれば，南北戦争とは本来のところ無関係であるが，母国英国の対米政策の関係から不本意ながら巻き込まれることになった。英国は南北戦争に関しては中立という立場を表明していたが，北軍（連邦政府）からすれば，これは自分たちを支援しないことを意味しており，英国だけではなく英領植民地に対しても敵意が高まったとされる。さらに1861年には有名な「トレント号事件」が起こり，英米の対立が表面化した。これは北軍海軍が公海上において英国船のトレント号を停止させ，乗船していた南部の対英特使を拉致したという事件である。のちに北軍が特使を解放することで英米対立という危機は回避されたが，トレント号事件のために北米の英領植民地も紛争に巻き込まれる危険性も出てきた。

　さらに米国在住のアイルランド系住民（フェニアンと呼ぶ）が，英国を攻撃するかわりに北米の英領植民地を攻撃するという面倒な事態も生まれた。ゲリラ的な攻撃をかける程度であるが，米国政府はフェニアンを厳格に取り締まる姿勢をみせず，事実上黙認という態度をとっていた。フェニアンの攻撃は1865年に始まり，1871年前後まで続いた。軍事力の弱い英領植民地にとって，フェニアンのゲリラ的な襲撃も頭の痛い問題であった。

　ところで北米の英領植民地は米国との経済関係を強化する方向を1850年代から明確にしてきた。英国は植民地との貿易関係を優遇させる体制をとっていたが，1846年には「穀物法」（Corn Laws）を廃止し，そうした優遇政策を廃止した。これにより，英領植民地が本国へ輸出していた木材の特恵的措置も廃止されることになった。こうしたこともあり，1854年には米国と互恵通商条約（Reciprocity Treaty）を結び，両国の貿易を拡大させる（関税をかけない）という合意を生み出していた。しかし米国は1865年，一方的にこの互恵通商条約を破棄するという通告を行った（失効するのは1866年）。こうなると米国とではなく，英領植民地間での経済協力を進める必要性も高まってきた。

第2章　カナダの歴史と政治を理解するポイント　29

連合カナダの中では多くの意見が出てまとまることはなかった。連合政府の不安定な政治状況もあり，今後の対応についてはなかなか合意が生まれることがなかった。しかし最終的には英領植民地をまとめる，という連邦結成案について，西カナダの改革派が東西カナダの保守派グループとともに合意することで1864年に問題に終止符を打つことになった。これがカナダ連邦を推進する政治的な合意のルーツである。西カナダ保守派の指導者の代表がJ・A・マクドナルド（Sir John A. Macdonald）であり，かれが後には連邦カナダの初代首相に就任している。また西カナダ改革派の代表がG・ブラウン（G. Brown）であり，かれはカナダを代表するトロントの新聞（現在の『グローブ・アンド・メイル』紙）を創設した人物でもある。ただし，東カナダの改革派はこの合意からは排除されており，連合カナダ内における全面的な合意成立ではないことを強調しておこう。

　こうした危機的な状況を受けて，規模の小さい複数の英領植民地が個別に対応するよりもまとまって対応する方法も検討されてきた。沿海部ではその動きがすでに始まり，1864年9月にプリンス・エドワード島（PEI）のシャーロットタウンで会議が開催された。この会議に連合カナダも参加し，より大きな規模で連邦国家を目指す構想が議論された。さらに詳細を詰めるための会議がケベック・シティで同年10月に開催され，ケベック決議により連邦結成案が決定した。1866年12月には英領植民地の代表と英国政府の間でロンドンにおいて連邦結成案についての最終確認の会議が行われた。連邦結成の構想は「英領北アメリカ法」（British North America Act: BNA法）という憲法にあたる文書にまとめられ，これが英国議会にて審議された。最後は英国女王の勅許を得て1867年3月29日に成立した。この結果，英領北アメリカ法が発効するのは同年7月1日であり，ようやくカナダ連邦が正式に誕生した．

連邦国家の経済発展──ステープル理論

　内外の問題を解決する手段として，複数の英領植民地が連邦国家としてまとまるというのが連邦結成の大きな意義である。沿海部の植民地では鉄道建設などに費用がかさみ，財政的には厳しい状況であった。連合カナダはそうした負債を肩代わりするかわり，沿海部の小さい植民地の連邦加入を進めたという経

済的理由を指摘する説もある。また新国家の憲法となる英領北アメリカ法には連邦政府と州政府の権限を明示し，州政府にも一定の権限を認めるという形で連邦制度が組み立てられた。

　ところでカナダは植民地時代からどのようにして経済発展を実現することができたのであろうか。となりの米国との対比でみれば，人口数は歴史的にみても米国の1割程度で推移してきたし，カナダは世界の資本主義経済の中心からも遠いと思われる。しかし，植民地時代から英領植民地は一次産品，いわゆる「ステープル」（Staple）を採取し，加工してそれをヨーロッパなどへ輸出するということで発展を遂げてきた。ステープルに該当する品目としては，鱈，毛皮，木材，小麦などの農作物，そして鉱物資源などである。鱈は捕獲したあとは塩漬けにしたり，乾燥させたりして（日本風にいえば）干物として長期保存や輸送が可能になり，ヨーロッパへ輸出された。ヨーロッパではおもにカトリック教徒が獣肉の代用品として鱈を食したとされる。鱈に加えてインディアンとの物々交換で得た毛皮も重要なステープルであった。北米の寒冷地で取れた毛皮はヨーロッパ産の毛皮と異なり，毛足が長く，防寒用には最適であった。また北米からヨーロッパへの運搬も比較的容易というメリットもあった。

　それぞれのステープルがカナダの輸出品目として有力であった時期は異なる。毛皮は18世紀，木材はおもに19世紀前半，そして小麦は19世紀末から1920年代までがそれぞれ主要な時期となる。毛皮はもともとカナダ国内で加工していたが，木材は家具や船などに加工することで付加価値をつけることができるので，そうした取り組みも沿海部地方で行われた。流通のチャンネルとしても，ステープル品目の運搬にはセントローレンス河を利用できるという特徴も生かすことができた。ただし，冬季にはこの河も凍結するので季節的にはやや不便という点も留意しておく必要があろう。

　カナダ経済史の研究では，こうしたステープルが経済発展に大きく貢献したという「ステープル理論」（Staple Theory）という考え方がある。代表的な学者としてハロルド・イニスやW・A・マッキントッシュが知られている。米国では歴史発展を西部開拓やフロンティアの発展と結びつけた考え方（フロンティア理論）が有名である。ちょうど19世紀末に歴史家のJ・ターナーがこの理論を提唱し，学問的な意味にとどまらず，アメリカの文化や社会を特徴

づける理論としても歓迎されたことは有名である。もちろん，カナダでもフロンティアが存在しないわけではないが，むしろ一次産品をヨーロッパに輸出することで発展してきたとするステープル理論へ関心が向けられてきた。カナダの西部地域は無人であったかもしれないが，英国が土地の所有を明示していたし，またハドソン湾会社は毛皮交易などを通して土地の利用を行っていた。こうした点がカナダのフロンティアがアメリカの西部とは大きく異なる特徴だったといえよう。

しかし，経済学理論としてステープル理論は実証性に欠けるという問題点，そして特定の地域や時代に限定して説明できるもの，という批判も指摘されている。現代でもカナダは小麦やウランなどの一次産品を輸出する形で経済発展を進めており，ステープル理論がまったくの過去の話ということではないことを強調しておこう。

連邦国家の経済政策

初代首相となるJ・A・マクドナルドは「ナショナル・ポリシー」（National Policy）と呼ばれる有名な政策を提言し実行した。当時の政党の路線としてはマクドナルドの保守党が保護貿易を，そしてライバルの自由党は自由貿易をそれぞれ主張していた。カナダが工業化・産業化を進めるためにはどうすべきか，という点での意見の相違である。保守党の考えからすれば，米国から無制限に工業製品などを輸入すれば，カナダの工業化にとりマイナスの影響が出ることが予想される。反対に自由貿易の体制を構築しておけば，カナダは（国内にとどまらず）米国の市場や消費者を対象とすることができるので大きな可能性を見出すことができる。マクドナルドは野党党首の時代に保護関税政策を採用すべきという提案をしている。米国からの商品の流入に対して関税をかけることでカナダの産業を保護し，カナダ人の雇用も守ることができるという考え方である。実際のところ，連邦下院において保護関税政策案が1879年に可決されている。また保護関税を設定しておけば，外国企業（おもに米国企業）はカナダ国内にも工場を置き，操業することが期待できるので，カナダの工業化にもプラスの効果がもたらされるという。

のちに「ナショナル・ポリシー」は国内産業を保護する「関税政策」だけに

とどまらず，「西部カナダへの移民の誘致，大陸横断鉄道の建設，そして保護関税」という相互に連動した政策の三点セットとしても考えられるようになってきた。マクドナルドは 1878 年に政権に復帰すると大陸横断鉄道の建設を決意し，1880 年にはカナダ太平洋鉄道会社と建設を認める契約を結んでいる。大陸横断鉄道の建設には多大なコストや労力がかかるので，連邦政府として公的に支援する形でこれを認可したわけである。先にみたように西海岸のブリティッシュ・コロンビア（BC）州がカナダ連邦への加入を進める条件として大陸横断鉄道を建設する，ということを BC 州に対して約束していた。当時，BC 州がカナダではなく，米国へ併合される可能性もあったので，カナダ東部と BC 州を結ぶ大陸横断鉄道の建設は政治的にも重要な意味を持つ事業であった。

　1885 年には BC 州まで大陸横断鉄道の鉄路が建設された。これで野心的な計画が実現したことになる。広い意味でのナショナル・ポリシーはそれなりに合理的な政策であった。ヨーロッパから大西洋を渡ってきた移民たちは，ハリファックスやケベック・シティまで汽船で到着し，西部に向けて鉄道を使いカナダ国内を移動した。カナダ政府にとり，都市部に移民が集中するよりは西部カナダへ定住させて，開拓を進めることが何よりも優先させるべき事業であった。鉄道を利用し，時間的にもコスト的にも簡単に移民を西部まで移動させることは重要であった。西部開拓については，一定の条件のもとで西部の土地を開拓民に無料で付与する，というホームステッド政策が 1872 年に導入されている（巻末の図 4 を参照）。

　連邦政府は西部開拓地を事前に測量し，1 辺が 6 マイル（約 9.6 km）の正方形を多く用意しておく（第 4 章：移民政策の歴史的展開，移民に関する法律や政策も参照）。この土地を 36 分割（縦 1×横 1 マイル，36 分割された最小の単位となる土地の広さは 640 エーカー）しておき，その一部を鉄道会社用の土地や公有地として確保しておく。そして残りの土地を開拓者用に用意しておくものである。開拓者は 160 エーカーの土地（640 エーカーを 4 分割したもの）について 10 ドルの登録料を払い，自力で開拓に取り組むことができる。10 ドルは登録料になるので，160 エーカーの土地を形式上は無料で手にすることができる。ただし，一定の期限内（3 年以内）に開拓し，住居を建築しないと無料の土地

を手放すことになるので、容易な作業ではないことになる[4]。移民たちの暮らしぶりを手記や日記などを通して分析した研究によれば、1880年代、西部の農民たちは500ドルから700ドル前後の費用（農耕具や種の購入費用）を必要としたのではないかと推察している。天候不順となれば、さらに時間と費用がかさんだものと指摘している[5]。

　ところで鉄道の利用者は移民だけにはとどまらない。西部開拓により生産された小麦などが鉄道を使いカナダ東部へ運搬されて消費者の手へ渡る。また東部カナダの都市で生産された工業製品などが鉄道を使い西部へ運搬される、という利点も見出される。次の章でも紹介するが、1885年にはサスカチュワンにおいてメティスが反乱を起こすという事件が発生した。この際、連邦政府は大陸横断鉄道を利用し、東部から兵士を派遣して反乱を迅速に鎮圧して鉄道の軍事的な意義を見出すことにもなった。

　1885年に大陸横断鉄道が完成するが、鉄道会社と政府による有名な汚職事件について触れておこう。1871年、連邦政府はBC州政府に対して10年以内に大陸横断鉄道を建設するという公約をして連邦の一員に加えることに成功した。東部や沿海部では都市の発達や都市化もあり、鉄道建設は比較的順調に進んでいた。しかし、西部はまだ開拓が進んでおらず、公約を実現することは容易ではなかった。1872年、連邦政府は特定の投資家に対して建設を認める認可を下している。ただし、この決定が下された背後には鉄道会社から保守党政治家（J・A・マクドナルドを含む）への不正な献金があったというスキャンダルが1873年7月に発覚した。加えてマクドナルド首相から鉄道建設を希望する投資家へ献金を求める電報もリークされ、カナダ世論を揺るがす大事件となった。この結果、マクドナルド首相は1873年11月に辞任し、総選挙で次の政権担当者を選ぶことになった。選挙では野党の自由党が勝利し、A・マッケンジー（A. Mackenzie）が首相に就任した。ただし、経済的には不況もあり、鉄道建設は期待どおりには進むことがなかった。1878年9月の総選挙では保守党のマクドナルドが政権に復帰し、より大胆で具体的な鉄道建設のプランを提示した。保守党政権のプランでは鉄道会社（カナダ太平洋鉄道）にさまざまな優遇措置を与え、20年以内に完成させるということになっていた。優遇措置には2500万ドルの資金提供、2500万エーカーの土地の付与、そして20年

間の法人税免除などが約束され，驚くほどの優遇策が含まれていた。これを受けて 1881 年にカナダ太平洋鉄道会社が設立され，建設に向けて歩みが始まった。

　自由党も時折，選挙で勝利を収めるとみずからのリーダーシップのもとで鉄道建設を進めることもあった。そのため鉄道建設は政党政治の動向にも左右されるというカナダ史に固有の特徴が生まれることになった。1903 年にはローリエ首相のもとでグランド・トランク・パシフィック鉄道（ウィニペッグから太平洋岸のプリンス・ルパートを結ぶ），そしてナショナル・トランスコンチネンタル鉄道（ウィニペッグからケベック・シティを結ぶ）という新しい鉄道建設案も認可されている。

貿易相手国の変化

　連邦結成から 19 世紀末までは基本的に英国がカナダにとり最大の貿易相手国であった。19 世紀のカナダの貿易相手国をみると，1886 年データ（カナダドル）に従えば，カナダから英国への輸出金額は 3700 万ドル，また米国への輸出金額も 3400 万ドルとほぼ均衡していた。だが次第に英国への輸出額が増加し，19 世紀末になる 1896 年には 6300 万ドル（対英輸出）と 3800 万ドル（対米輸出）と英国への輸出の比重が重くなる。他方，輸入については，1886 年にはほぼ同じ金額（英国からは 3900 万ドル，米国からは 4300 万ドル）であるが，輸入相手国の比重は米国へ傾いてゆく。1896 年には米国からの輸入額が英国からの輸入額の 2 倍弱（英国からは 3300 万ドル，米国からは 5400 万ドル）にまで拡大している。また英米以外の国々との貿易は少なく，貿易パートナーは事実上，限定されている。たとえば 1886 年度の輸出については，英米の 2 か国で 91.0% を占め，その他の国々については 9.0% にとどまっている。同じ傾向は 1896 年でも見出される（91.8%，8.2%）。ついで 1886 年の輸入については英米の 2 か国で 85.4%，その他の国々で 14.6% となっている。同じような傾向は 1896 年の輸入相手国に見出される（82.0%，18.0%）[6]。

　その後，20 世紀に入ると米国が英国を抜き，カナダにとり重要なパートナーとして登場してきた。表 2-1 は貿易相手国とカナダへ資本投資をした国の年次別変化をまとめたものである。カナダにとり輸出相手国は長く英国が首位の

第 2 章　カナダの歴史と政治を理解するポイント　　35

表 2-1　貿易相手国とカナダへの外国資本（1901 年～1960 年）

	1901	1926	1939	1945	1955	1960
輸出相手国　（%）						
英国	60	36	37	30	18	18
米国	27	37	42	38	60	56
その他	13	27	21	32	22	26
輸入相手国　（%）						
英国	24	16	15	8	8	11
米国	60	66	66	77	73	67
その他	16	18	19	15	19	22
外国資本（%）						
英国資本	85	44	36	25	18	15
米国資本	14	53	60	70	76	75
英米以外の資本	1	3	4	5	6	10

出典：P. K. Kresl, "An Economic Perspective," *Understanding Canada*, New York: New York University Press, 1982, p. 248.（一部，データの修正をした）

座を占めていたが，1926 年には米国が逆転する。さらに第二次世界大戦後は米国が圧倒的な首位の座を維持している。1945 年には対米輸出が 38% であったが，1955 年には 60%，そして 1960 年には 56% となっている。1960 年には対英輸出はカナダ全体の 18% にまで低下している。他方，輸入については，すでに米国が 1901 年には 60% を占めており，その後も高い比率を維持してきた。1960 年には 67% となっている。英国については 1901 年には全体の 4 分の 1 程度を占めていたが，1960 年には 11% まで低下している。

　カナダ経済の規模は小さいとしても，鉄道などのインフラ整備や資源開発を行ううえで，多額の資本を必要としていた。これを担ったのはおもに英国資本と米国資本であった。1901 年においては英国からの資本投入がカナダ全体で 85% を占め，米国資本は 14% にとどまっていた。英米の首位の座の逆転は 1926 年にみられる。その後，米国資本の存在が顕著となり，第二次世界大戦後は大半（1960 年に 75%）を占めるようになった。カナダ人の雇用や資源開発，そしてインフラ整備には米国資本の存在をもはや無視できない状態になったといえよう[7]。

36　第 I 部　カナダの姿を探る

人口の推移と移民の受け入れ

　カナダ統計庁は毎年，統計データをまとめて年鑑として刊行している。その年鑑には「人口と人口統計学」という章があり，興味深いデータが紹介されている。ナショナル・ポリシーとの関係において人口を増加させることはどの程度，重要だったのだろうか。

　2007年度の年鑑データ（Table 24.6）は10年ごとの人口増減を分析しており，4つの要因（出生，死亡，移民増，そして国外への流出）により増減がどのように発生しているかをまとめている。連邦が結成されるのは1867年であるが，統計データは1861年から始まっており，以後，10年おきの変化が紹介されている。19世紀末は外国から入ってくる移民よりもカナダから国外に出て行く人々（英語では emigration）が多く，死亡や出生による変動を除き，事実上はマイナスの状態が続いていた。たとえば1861年から1871年までは移民による増加分は26万人であるが，流出分は41万人であり，マイナス分は15万人となる。その後も同じ傾向が続き，1871年から1881年まではマイナス5万4000人（移民増は35万人，流出分は40万4000人），1881年から1891年まではマイナス14万人（移民増は68万人，流出分は82万人），1891年から1901年まではマイナス13万人（移民増は25万人，流出分は38万人）となっている。ようやくこうした傾向が止まるのが1901年から1911年であり，プラス81万人（移民増は155万人，流出分は74万人）という成果を達成している。それ以降，1回だけ（1931年から1941年）9万2000人マイナスという数字を出しているが，あとはプラスの数字が出ている。最近のデータ（2001年から2006年の5年間）では106万7000人という実績を残している。19世紀末から20世紀初頭にかけて，カナダが移民を多く受け入れ，また定住させることは大きな課題であったことは明白であろう[8]。

20世紀のカナダ

　19世紀末になるとW・ローリエ（W. Laurier）を首相とする自由党政権が生まれ，積極的な移民誘致が進められた。西部開拓を進めるためには東欧からの移民も受け入れることが必要になり，これまで避けていた東欧系移民についても次第にカナダ政府は受け入れることになった。また大陸横断鉄道の建設に

第2章　カナダの歴史と政治を理解するポイント　　37

は白人労働者だけでは不足するので，中国からの労働者を受け入れるという決定を行っている。ただし，大陸横断鉄道が完成すると中国人労働者は不要となるので，次第に人種差別的な色彩の強い政策を導入していく。中国人の入国を制限するため1人あたり10ドルの「人頭税」徴収制度が1885年に導入されている。金額はその後も増額され，1903年には500ドルまで増額されている。ただし，こうした制限では不十分と見たカナダ政府は中国人移民の全面的な入国を（一部例外を除き）1923年に禁止している。一部例外に該当するのは外交官や留学生であるが，この法律により中国からの移民はこれで事実上，停止した。こうした人種差別的な法律が廃止されるのは第二次世界大戦後の1947年である。

1980年代，筑波大学や慶應義塾大学に客員教授として滞在し，日本におけるカナダ研究の発展に貢献した歴史学者のジョン・T・セイウェルによれば，ナショナル・ポリシーは1920年代に入るとその役割を終えたという[9]。西部カナダは開拓され，農業地域としての役割を確立していた。さらに2つの大陸横断鉄道会社は第一次世界大戦中に破産し，国有化される（カナダ国鉄 Canadian National Railway: CN の設立）ことになった。また高関税政策の維持は消費者にとり，高い価格を意味することになり，これを廃止するべきとする意見が強くなってきた。先にみたように三点セットとしてのナショナル・ポリシーが意味を持たなくなってきたことになる。その後，民間企業としてのカナダ太平洋鉄道（Canadian Pacific Railway: CP），そして破産したほかの鉄道会社を合併させて生まれたカナダ国鉄，という2つのライバル企業がカナダの交通網の整備で火花を散らしていく。たとえば国営企業にあたる「エアー・カナダ」は1937年，CN が中心となり作られた航空会社であり，1942年には「カナダ太平洋航空」が CP が主体となり設立された。

国内政治の観点では1920年，自由党から西部農民の声を代弁する政治勢力として「進歩党」（Progressive Party）が生まれてきた。当時，W・L・M・キングが自由党政権の代表として実権を握っていたが，進歩党議員たちは新しい声をオタワであげることになった。西部農民たちは高い鉄道貨物料金（小麦を西部から消費地である東部へ運搬する必要があった）に抗議し，また高関税政策にも反対していた。ただし，進歩党は1930年の連邦総選挙を最後として

連邦政界から次第に姿を消し，自由党に事実上，吸収されていった。ところで1935年には西部カナダから2つのユニークな政党が出現した。ひとつは穏健な社会主義を目指す協同連邦党（Cooperative Commonwealth Federation），もうひとつは右派的な立場から金融制度の改革を主張する社会信用党（Social Credit Party）である。自由党と保守党という二大政党に挑戦する政党としてこうした新政党がおもに西部カナダを基盤として出現したことは興味深い。

　第二次世界大戦後，カナダは米国との経済関係を以前よりも強化していく。同時にカナダにとり有利な鉱物資源などが発見されていく。工業などの基幹産業は米国系の大手企業に握られるという特質は変化していないが，ウラン，石油，塩化カリウムなど重要な資源が発見され，カナダ経済の発展に寄与してきた。

　本章ではカナダ経済の発展について詳しく触れるスペースはないが，栗原武美子によれば，次のような3つの特徴があるとされる[10]。ひとつは「豊富で多様な天然資源の存在」であり，ここにはウランや石油など先進国には珍しい資源産出国としてのメリットがある。ついで継続的に移民を受け入れて労働力を確保してきたことである。人口規模は歴史的に米国の1割程度にとどまってきたが，時代ごとに必要な労働力を移民の受け入れで確保できる政策を展開してきた。ただし，移民の受け入れについてはヨーロッパ系の人々が中心という特質があったが，1960年代に入り，人種差別的な対応についてなくす努力を積み重ねてきた。1967年にはいわゆる学歴や言語能力，そして職歴などを点数化したポイント制度という申請者の能力に応じて選ぶ新しい移民政策がスタートしている。ただし，近年ではポイント制の改革も大胆に進められている。最後の特徴となるのが，外国資本の投入である。国内のインフラ（社会基盤）整備にせよ，工業化にせよ，カナダ国内だけでは資本が不足するので，これを英国や米国からの資本を受けいれることで対応してきた。カナダは経済規模や資本が小さくともおもに英米からの資本を受け入れることで大きな課題を歴史的には乗り越えてきたといえよう。またインフラの整備などについては民間企業に依存せず，連邦政府や州政府が主体となり進めてきた。

　ただし，1960年代以降になると，カナダにおけるアメリカ資本や企業の存在が顕著に過ぎるのではないか，という批判が高まった。これに応えるため，

連邦政府が主体となりさまざまな実態調査が何回か行われた。トロント大学の教授を主査とする『ワトキンス報告書』（1968 年），連邦政府のハーブ・グレイ財務大臣を主査とする『グレイ報告』（1972 年）などはその代表例である。カナダ経済がアメリカ資本により必要以上にコントロールされているという意識も高まり，連邦自由党のトルドー政権は外国投資審査法（Foreign Investment Review Act）という法律を 1973 年に制定した。この法律の目的は外資をストップさせることではなく，外資がカナダ経済にプラスとなるかの審査を行うという趣旨であった。実施機関として外資審査庁が設立された。外資の審査といいながら，事実上，カナダ・ナショナリズムの高まりを受けて，カナダ政府がアメリカ資本の規制を開始したといえよう。

　しかし，トルドー政権の反米的な政策には批判的な保守党の B・マルローニー政権が 1984 年に誕生すると，政策の転換が始まった。具体的には外国投資審査法に代わる「カナダ投資法」（Investment Canada Act）が 1985 年に制定され，外資の規制よりは促進するような手続きが導入された。マルローニー政権の親米的立場もあり，外国資本の事前審査という対応策が撤廃され，さらに米加経済の統合へと舵がきられた。米加自由貿易協定（1989 年），そして米加の両国にメキシコを加えた 3 か国による北米自由貿易協定（NAFTA, 1994 年）などがそれぞれ発効して現実のものとなった。

2. カナダの憲法と政治制度

立憲君主制度

　カナダの政治制度を理解する最初のポイントは，英国式の立憲君主制がカナダでも再現されたという特徴である。たとえば，日本人にとり分かりにくいのは総督と首相の違いである。総督（Governor-General）は英国の君主（国王や女王）のカナダにおける代理人として置かれている。この総督は長く英国の軍人や政治家，そして高級官僚のポストになっており，ある意味で天下り先のひとつであった。英国人ではなくカナダ人が総督にはじめて任命されたのが，1952 年である。それ以降はカナダ人が任命されるようになってきた。近年ではシニアな「白人男性」に限らず，フランス系の女性（1984 年，Jeanne Sauvé,

40　第 I 部　カナダの姿を探る

ジャン・ソーヴェ），ドイツ系白人男性（1979年，Edward Schreyer，E・シュライヤー，元マニトバ州首相），元難民でジャーナリストとして活躍した女性（1999年，Adrienne Clarkson，A・クラークソン＝中国系；2005年，Michaelle Jean，M・ジャン＝ハイチ系）というように，異なるバックグラウンドを持つ人物が任命されている。総督は時代遅れの形式的な存在ではないことを理解しておこう。

　歴史的にみると，英領植民地にそれぞれ1名の総督を配置し，あるいは総督のなかでも代表格の人物が全体の植民地を統括する総督となるという配置もあったようである。英国政府は植民地統治のために総督へ指示を出し，総督がそれらを現地の植民地政府へ伝達して監督することになる。また現地の議会が法律を制定した際には総督が署名をすることで正式に法案が成立するという役割も担っている。カナダ以外でもオーストラリアやニュージーランドなどかつて英国植民地であった国などに総督が今日でも置かれているので，これは共通する制度として考えればよい。

　連邦議会は任命制による上院（Senate），公選制による下院（House of Commons）という二院制が採用された。上院では地域や州に一定の議席を配分し，議員たちを首相が任命する。連邦結成時，東部沿海州2つ（ノヴァ・スコシア（NS）とニュー・ブランズウィック（NB））で合計すると24議席，オンタリオとケベックにそれぞれ24議席という配置とした。上院議員には一定の財産を有する人物が任命され，任期は終身（のちに75歳定年制と変更される）であった。他方，下院では州の人口に応じて議席を配分し，小選挙区制度により議員を選ぶ方式が採用された。カナダ全体では181議席（1867年）であったが，最近では338議席（2015年）となっている。人口に応じて下院議員数が配分されるため，オンタリオとケベックの政治的発言力は他の州と比べるとかなり大きいという特徴がある。西部カナダは近年では経済力を高めているが，連邦下院においてはまだ政治的発言力は限定的である。

　州レベルに視点を移すと，同じように「副総督」あるいは「州総督」（Lieutenant Governor）が任命されている。これは州レベルでも連邦と同じように君主制を再現するという意味があり，歴史的には一定の役割を担ってきた。副総督は英国君主の州レベルにおける代理人であるが同時に，その任命をしてか

第2章　カナダの歴史と政治を理解するポイント　41

つかれらに給料を支払うのは連邦政府という制度になっており，事実上は「連邦政府の代理人」という性格も有する。最近ではほとんど行使されないが，かつては州議会が制定した法案について連邦政府が賛同しない場合，副総督が「留保」ないしは「却下」という方法でコントロールすることが可能であった。州議会が制定した法案を承認する場合には副総督が署名するという手続きを取ればよい。しかし法案を認めない場合，2つの方法がある。まずひとつの方法は留保（reservation）であり，法案の内容について州議会が修正を加えれば承認し署名する，という対応である。他方，却下（disallowance）は法案そのものを認めず署名しないという対応である。連邦政府が（立憲君主制のレトリックを用いながら）州法案の内容に関して介入できるという興味深い権限を副総督に認めていたわけである。

　総督も副総督も法案の署名を除けば儀式的な役割を担うことになるが，それだけに限定されないこともある。総選挙のあと，議会で過半数を占めた政党の指導者に総督や副総督が次の内閣を構成するように指示するという役割もある。選挙の結果から単独の政党が議会の過半数を占めていれば総督の判断は簡単である。しかし，どの政党も過半数を占めない場合，総督（副総督）はだれを首相（あるいは州首相）に任命すべきであろうか。一般的には過半数を占めないとしても，議席数が一番多い政党の指導者，あるいは選挙前に政権を担っていた政党の指導者を任命することになる。

　また議会の開会にあたり，首相の施政方針演説にあたるものを総督が表明する習慣がある。英語では「スローン・スピーチ」（Throne Speech）と呼ばれ，演説の内容については首相が執筆するが，読み上げるのは総督という慣例である。野党はこれについて批判やコメントを加えて議会での審議が本格的にスタートする。こうしたスタイルは英国政治で確立したものであり，これがカナダでも導入されていることになる。さらにカナダ政治では英国式の用語や儀式が今でも多く使われている。

　他方，カナダでは英国式のシンボルなどを第二次世界大戦後，カナダ化する傾向にある。たとえばカナダ人という国籍概念は 1947 年まで存在せず，「カナダに在住する英国臣民」が基本であった。これに対してよりカナダ化した国籍概念が 1947 年法に盛り込まれ，「カナダ人」という独自の規定，そして「カナ

42　第 I 部　カナダの姿を探る

ダに在住する英国臣民」が両立するという方式へ変更した。これにより，英国人がカナダへ移住すれば，英国臣民ということで，自動的にカナダでの参政権を得られるというこれまでどおりの特権を享受できることを意味した。ただし一挙に英国臣民の概念を廃止すると混乱を招く危険性があったので，二本立てとしたのである。

しかし1977年（新市民権法）において最終的に英国臣民を廃止し，カナダ人という概念規定だけで進めることになった。英国人がカナダへ移住すると，他国からの移民と同じように帰化の手続きをとらないとカナダの国籍を得られない（優遇措置は廃止された），という結果になった。これはカナダだけの動きであったが，英国や他のコモンウェルスの国々にも影響を与えたといわれている。

連邦結成以来，カナダには正式に国旗が定められていなかった。国旗に代わるものとして英国国旗（ユニオン・ジャック）を使っていたが，これはフランス系カナダ人にとって受け入れられるシンボルではなかった。第二次世界大戦中，英国商船旗に少し手を加えた旗も使われたとされる。第二次世界大戦後になると，英国系カナダにもフランス系カナダにもユニオン・ジャックをカナダの国旗として掲げることは認めがたいことであった。こうした歴史的流れの中で，1964年，議会での激しい論争のあとに白地に赤い楓の葉を描いた現在の旗が正式に採用された。英国との繋がりを重視する保守党議員は新しい旗に反対し，自由党議員はこれに賛成したといわれる。連邦を結成してから100年以上たってようやく自前のシンボルたる国旗をカナダは採用できたのである。市民権概念や国旗が示すように，カナダは英国式の立憲君主制の原則やシンボルを維持しつつ，カナダ的色彩を持つものへと変化させる努力を積み重ねていると考えたい。

限定的な司法の役割

カナダの司法制度は連邦結成時に，かなり変則的なスタートをした。連邦裁判所は配置されたが，いわゆる連邦最高裁判所は1875年までカナダに存在していなかった。他方，カナダを含む英領植民地全体の最高裁判所としての役割を英国の「枢密院司法委員会」（Judicial Committee of the Privy Council）

が担っていた。この枢密院司法委員会には英領植民地の最終的な司法判断を下す任務が与えられ，カナダでもそうした司法チャンネルが確立していた。連邦が結成されてから連邦政府と州政府の間での管轄範囲に関する訴訟が起こり，多くの場合，州政府寄りの判断が英国枢密院司法委員会の手によってくだされてきた。このため，カナダ連邦の権限強化を求める学者や知識人，政治家にとって枢密院司法委員会は中央集権を妨げる目障りな存在であった。1875年に連邦最高裁が設置されているが，これを無視して司法委員会にて最終決着を求めるという制度は1947年まで続いた。連邦最高裁がカナダにおける最終審としてその地位を確立するのは1947年以後になる（なお枢密院司法委員会はBNA法やカナダ連邦制の理解に欠け，連邦よりは州政府寄りの判決をくだしたといわれている）。

憲法のしくみと連邦制

　カナダの憲法のしくみもいささか分かりにくい。イギリス式の「不文憲法」に加えて，アメリカ式の「成文憲法」を組み合わせたものである。英国は歴史的な事件や決定をへて憲法の原理を構成してきた。マグナ・カルタや権利章典のように「文書化」された憲法もあるが，慣習的な事柄も憲法原理として認められている。たとえば，下院で最も多く議席を占める政党の代表が首相として内閣を構成する，という議院内閣制の原則は，慣例に基づくものである。加えて統治機構に関する重要な制定法（議会法）も憲法の一部を構成するとされている。さらに重要な司法判決の一部も憲法を構成するとされ，すべてが法典化されていないイギリス憲法の複雑さがある。

　カナダでは成文憲法として「英領北アメリカ法」（BNA法）を1867年から施行している。このBNA法の序文には「連合王国と同じ原理の憲法を有する一つの連邦制自治領として統合したい」という文言が盛り込まれている。カナダの政治原理とは何か，という質問があれば，おそらくこの文言を指摘することが適切な答えといえよう。イギリスで確立した政治原理や憲法原則をカナダでも適用していく，ということになろうか。

　BNA法の内容としては，連邦制度のアウトラインを規定したものが大半である。政治原則を述べた序文に始まり，執行権を規定した第3章，連邦議会の

構成や特徴をまとめた第4章，州政府のしくみをまとめた第5章，司法制度に触れた第7章，財政や債務について規定した第8章，そして他の英領植民地のカナダ連邦への加入方法を定めた第11章などが盛り込まれている。さらに別表（Schedules）が5点添付されており，これは連邦政府を設立するうえで必要となる補足的規則というべきものである。具体的にはオンタリオ州の選挙区一覧（別表1），ケベック州の選挙区一覧（別表2），連邦結成にあたり連邦と州（オンタリオとケベック）の財産として配分される資産や施設（別表3と4），そして忠誠の宣誓（別表5）と続く。全体ではBNA法において147の条文が規定された。

　カナダ連邦制度を考えるうえで一番重要なのは，連邦議会と州議会の管轄範囲を定めた第6章（第91条から第95条）である。カナダ建国の父祖たちは，BNA法を検討する際，となりの米国では（強すぎる州政府の権限などもあり）南北戦争による国家分裂の危機に瀕していたことを十分に認識していた。そこで彼らが考えたのは中央集権的な連邦制度である。米国は憲法において連邦政府の権限を明示したが，州政府の権限は具体的に明示せず，「残余権限」（Residual Powers，憲法の条文がカバーしていない未開拓の政策領域を意味する）とした。このため一方では州政府の権限が拡大していく可能性を持つことになった。もっとも連邦政府の権限もその後は拡大していくので，州政府の権限だけが拡大するわけではないが，カナダ憲法の起草者たちは州政府の権限に一定の歯止めをかけることが重要と判断したとされる。

　この結果，BNA法第91条では連邦議会の権限を明示し，同時に第92条において州議会の権限を確定した。これにより，州議会の権限が無制限に拡大するという危険性を防止できたのである。さらに第91条29項において，残余権限は連邦議会にあると追加の予防措置を施した。もっとも州議会にもいろいろ拡大解釈できる「財産と私権」（Property and Civil Rights，第92条13項）についての権限を認めたので，連邦議会だけに強い権限を認めたわけではないという意見もある。実際のところ19世紀末にはカナダは最低限の行政サービスしか提供しない夜警国家であったが，20世紀にはいると福祉国家に変化するので，連邦と州の権限配分や政策領域の拡大は複雑になるので注意したい。

　また第93条において，教育は州政府の権限としたが，これは条件つきとし

第2章　カナダの歴史と政治を理解するポイント　45

た。この条件とはオンタリオとケベックにおいてすでに成立していた宗派教育（Separate or Dissentient Schools, プロテスタントやカトリックの教会が主体となり行う教育制度）を尊重するということである。仮に宗派教育を州政府が勝手に損なうような事態が起これば, 連邦政府が救済のために介入できるというユニークな規定である。教会が主体となる教育であれば, 普通であれば私立学校という分類になる。しかしオンタリオやケベックでは宗派教育に公費を投入することを認め, 事実上公立学校のように機能することを意味した。ケベックではプロテスタント系の宗派学校とカトリック系の宗派学校が存続し, 州の多くの児童・生徒の教育を担当した。ただし, オンタリオ州では無宗教の公立学校に加え, カトリック系の宗派学校が存続するというスタイルとなった。オンタリオ州政府がカトリック系の宗派学校への公費負担を仮に拒否すれば, 対抗措置としてケベック州政府はプロテスタント系の宗派学校への公費負担を拒否するという対立が生まれる可能性もあった。幸いそうした宗教対立は生まれなかった。

　宗派教育には宗教にとどまらず, 教授言語を何にするかという複雑な要因も絡んでいた。特にモントリオールのカトリック系学校にはフランス系カナダの児童・生徒にとどまらず, アイルランド系の児童・生徒も通学したため, 教授言語はフランス語と英語（アイルランド系）という二本立てで制度が構築された。他方, プロテスタント系の学校にはヨーロッパからの移民の児童・生徒が多く通学したため, 英国系カナダ人のためだけの学校にはとどまらない性格を持つようになった。いずれにせよ, イギリス系カナダとフランス系カナダの共存のシンボルとして BNA 法第 93 条が大きな役割を果たしてきた。

　ところで BNA 法は大きな問題を抱えていた。それは表現の自由や政治的権利など, 通常の成文憲法であれば盛り込まれている国民の権利が明示されていなかったことである。なぜそうした問題を抱えていたのか。これに対する回答は簡単である。先に述べたように, カナダは英国式の憲法原理を採用したので, BNA 法の中に国民の諸権利という形で条文化する必要がなかったためである。ただし英国式の方法では不十分という認識が強まり, 国民の権利を明確に盛りこんだ米国式の成文憲法が必要ということに変化してきた。特に 1968 年に首相に就任した P・E・トルドーは自身が憲法学者でもあり, 人権規定を盛り込

んだ憲法が必要ということでさまざまな行動を起こした。

さらに BNA 法には問題が内在していた。たとえば憲法改正のルールを規定していなかったので，連邦結成以来，憲法改正の必要があればケース・バイ・ケースで対応してきた。この方式はよくいえば柔軟であるが，別の表現をすれば複雑な改正方式が時間の経過とともに累積するという結果が生まれてきた。また BNA 法を制定したのはカナダ議会ではなく英国議会であるという歴史的な事情も問題を複雑にしていた。つまり，連邦結成までカナダはまだ英国植民地であったので，英国議会により新しい政治単位を作ることを認めてもらう必要があった。その結果，カナダ連邦が生まれ，カナダ連邦議会が作られることになった。カナダは自身の誕生を母国の議会に委ねたわけである。その結果，BNA 法を改正しようとすると，（カナダ連邦は成立していても）カナダ議会ではなく（BNA 法を制定した）イギリス議会に依頼するという手続き上のルールを尊重することになる。BNA 法の「現住所」はオタワの連邦議会であるが，「本籍地」はロンドンにあるので，改正にあたり，ロンドンで改正を行うことになる。これではいささか不都合な改正方式といえよう。

トルドー首相の強いリーダーシップのもとでこれらの諸問題解決を目指した新憲法が 1982 年に成立した。これには国民の権利を盛り込んだ「カナダ人権憲章」（Canadian Charter of Rights and Freedoms）があり，またカナダ的な規定が明文化された。先住民の独自の権利や多文化主義的伝統の尊重といった規定がそれに該当する。また憲法改正権を英国からカナダへ移管させる手続きや改正ルールが明確に規定された。ただし，1982 年憲法の内容に関しては連邦政府とケベックを除く 9 つの州政府の政治的合意で確定しており，ケベック州政府はこれを当時，認めていなかった。ケベックの独自性を新憲法においても認めるべきという意見を州政府がもっていたため，合意しなかったのである。

その後，ケベックの要求を盛り込んだ新しい憲法改正案が 2 回ほど議論されたが，全国的な合意を得るにいたらず，不成立となった（1987 年＝ミーチ湖憲法改正案，1992 年＝シャーロットタウン憲法改正案）。分離主義志向の強いケベック州政府は 1982 年憲法を「政治的」には認めていないが，「法的，あるいは憲法的」にはケベックをすでに拘束しているので，州政府の不合意は政治

第 2 章　カナダの歴史と政治を理解するポイント　47

的な課題として理解することができよう。

連邦首相と政党政治の展開

カナダの政党政治は連邦結成から1935年までは基本的に自由党と保守党を軸とする二大政党制の時代である。1935年以降は他の政党も舞台に登場し、多党化へ進む時期と考えられる。ただし、自由党と保守党がオタワでは政権政党の座からすべり落ちることはなく、継続してどちらかが権力の座についてきた。他方、州レベルでは二大政党以外の政党も政権の座につくことが多く、政策やイデオロギーなどで多彩な貢献をしてきた。1935年におもに西部カナダを基盤として登場してきた社会信用党はアルバータ州で政権の座につき、ユニークな保守主義を展開してきた。アルバータ以外ではブリティッシュ・コロンビア（BC）州でも社会信用党は政権の座についている。他方、穏健な社会民主主義を掲げる協同連邦党（のちに新民主党（NDP）と名称変更）は1944年にサスカチュワンで政権の座につき、社会民主主義的な政策を展開してきた。カナダを代表する公的な健康保険はこの協同連邦党の試みにルーツがあることを強調しておこう。またケベック州の分離・独立をかかげる政党としてケベック党（Parti Québécois）が1968年に初登場している。当初は議席を獲得できない時期が続くが、1976年には州議会で過半数を獲得し、初めて政権の座につくことに成功した。このように連邦レベルでは自由党と保守党による二大政党、州レベルでは二大政党に加えて左右のイデオロギー政党も活躍する、という状況になってきた。この点ではカナダは民主党と共和党が政党政治の中心を占める米国と異なり、多党化がごく普通となっているヨーロッパ的な状況に類似しているといえよう。

歴史的に政党政治や首相の流れを概観してみよう。連邦結成から19世紀末までの保守党はオンタリオやケベックの保守陣営の支持を得た強力な政権政党であった。指導者としてもカナダ連邦の建国の祖父のひとりでもあり、長期政権を維持したJ・A・マクドナルド（J. A. Macdonald, 首相在任1867〜73年、および1878〜91年）がリーダーシップを発揮し、多くの実績を残している。他方、自由党は人材不足や政策アイディアに欠けることもあり、有権者の支持を得ることはあまりなかった。ただし、保守党の長期政権の下では、先にみた

48　第I部　カナダの姿を探る

カナダ太平洋鉄道会社からの不正な政治献金事件も示すように，政治腐敗やスキャンダルも発生しており，弊害も目立つといえよう。

　自由党は野党時代を長く過ごすが，19世紀末から20世紀初頭にかけてW・ローリエ（W. Laurier，首相在任1896〜1911年）が指導者となり，移民誘致やカナダ経済の発展で実績を残すことになる。19世紀末に起こった南アフリカでのボーア戦争では（英国からの兵力派遣要求もあり），カナダ兵の派遣に消極的なフランス系カナダの有権者，他方，兵力派遣を支持する英国系カナダの有権者との間で板挟みとなるが，志願兵を派遣するという両者の要望を取り入れた巧みな解決策を提示した。これ以降，連邦政府はフランス系カナダ人の要望を無視して政策を強行することがむずかしいという教訓が定着した。

　ローリエのあとには保守党からR・ボーデン（R. Borden，首相在任1911〜20年），A・ミーエン（A. Meighen，首相在任1920〜21年），R・ベネット（R. B. Bennett，首相在任1930〜35年）が連邦首相となるが，内外の危機には十分に対応できないという結果となっている。自由党からは慎重な政権運営，そして英系カナダとフランス系カナダ間のバランスの維持に腐心して長期政権を実現したW・L・M・キング（W. Lyon Mackenzie King）が登場している。首相としての在任期間は歴代第1位であり，21年以上にも及ぶ（首相在任は1921〜26年，1926〜30年，1935〜48年）。国内のバランス維持，対米関係の改善，そしてカナダの国際的な発言力の確保など，かれの実績は多岐にわたる。

　第二次世界大戦後も自由党は有力な政権担当者を送り出してきた。キング政権では外務大臣も務めたフランス系のルイ・サン＝ローラン（Louis St. Laurent，首相在任は1948〜1957年），スエズ危機では国連総会で平和維持の多国籍軍を派遣することを提案した元外交官のL・B・ピアソン（L. B. Pearson，首相在任は1963〜68年），そして憲法改正やケベック・ナショナリズムの高まりに意欲的に対処したP・E・トルドー（P. E. Trudeau，首相在任は1968〜79年，1980〜84年）と続く。トルドー政権において法務大臣かつ憲法改正の実務的責任者として活躍したJ・クレティエン（Jean Chrétien）は1993年から2003年まで首相の座につき，財政赤字の改善や行財政改革で大きな実績をあげた。

　保守党は自由党の優位に対抗するひとつの方法として1942年には進歩保守

党と名称変更した（ただし，2003年には保守勢力の再統一のため，発展的「解党」をしている）。西部出身でドイツ系のJ・G・ディフェンベーカー（J. G. Diefenbaker，首相在任は1957～63年）は自由党にない政策革新を試みるが，対米関係で大きな批判を浴び，失意の中で引退している。また前任者のトルドーが憲法改正や政治に重点を置きすぎたと批判し，カナダ経済の再建を掲げて当選したB・マルローニーはレーガン大統領とも親しい関係を築き，対米経済関係の強化に実績をあげた（B. Mulroney，首相在任は1984～93年）。

　ただし進歩保守党の内部路線の対立もあり，まずケベックのナショナリスト系の党員は1990年に離党してケベック連合（Bloc Québécois）を結成した。ついで1993年選挙では進歩保守党は2つに分裂し，一時は消滅する危険性にも直面した。進歩保守党の中の西部ポピュリスト系党員は「改革党」（Reform Party）を結成し，名門の進歩保守党は当選議員がわずか2名という危機的な状況に追いやられた。進歩保守党の惨敗とは対照的にケベック連合は54議席，改革党は52議席という予想外の勝利を収めた。その後，政権与党の自由党は圧倒的な政治力を維持し，野党勢力は分断される状態が長く続いた。野党側で中軸となるため，旧保守勢力（進歩保守党）と新保守勢力（改革党）の間で協議が進み，2003年に再統合する方向へ進んだ。これにより2006年総選挙で再生した保守党が下院で議席を多数獲得し，13年ぶりに政権の座に復帰した。保守党党首のS・ハーパー（S. Harper）は内政や外交ともに保守的な傾向を強め，連邦首相としてのリーダーシップを発揮した。

　なお2012年の連邦総選挙においてケベック連合は大幅に議席を失い，連邦政党としての存在感も失いつつある。この時，ケベック州においてこれまで有権者の支持がなかった新民主党（NDP）が（ケベック連合から議席を奪い）多くの議席を獲得し，野党第一党に躍進した。多くの州でも（自由党を抑えて）新民主党が議席を獲得したことで，自由党も存在感を弱める方向にある。

　2015年10月に行われた連邦総選挙では久しぶりに自由党が政権の座を奪い，P・E・トルドーの息子であるジャスティン・トルドーが首相となった。自由党は338議席のうち184議席を獲得するという安定政権を実現したが，ハーパーの保守党は99議席，NDPは44議席，復活したかに思われたケベック連合は10議席という結果であった。トルドー新政権は閣僚数30名のうち，ちょう

50　　第I部　カナダの姿を探る

ど半数を女性に任命したり，エスニック・マイノリティ議員を任命したりと大
胆な人事を行いスタートしている。

ケベックの動き

　カナダ政治の中でケベックを理解するには2つの場面設定を想定すると理解
しやすい。ひとつは，カナダ連邦の中でのどのように自己主張を行い，自分た
ちの利害を確保してきたかを考察することである。すでにみたように「英領北
アメリカ法」（BNA法）においてケベックを含む州の自治権が認められ，フ
ランス系カナダ人たちは連邦制度に加わる意義を見出していた。しかし時代の
変化とともに連邦制度も変容していくので，時代や争点ごとに考察することが
必要でもある。もうひとつの場面設定は，ケベック内部において，英国系カナ
ダ人とフランス系カナダ人がどのようにして共存や対立をしているかをみるも
のである。歴史的にいえば，フランス系カナダ人はカトリック教会を中心とし
て生き残りを図るため，保守的なナショナリズムを維持してきた。

　最初の場面設定について触れてみよう。フランス系カナダ人の多くがケベッ
ク州に住んでいるが，ニュー・ブランズウィック（NB）やオンタリオにも一
定数，それぞれ一定の割合（2009年度データ）でフランス語系住民が住んで
いる事実を確認しておこう[11]。NBでは州民の3分の1（32.8%，23万7575
人）はフランス系であり，現在でもこれは重要な意味を持つ。他方，オンタリ
オ州では州内に占めるフランス系の人口の比率は小さい（4.4%）が，州人口
が多いこともあり，フランス系住民の実数は53万2855人である。同じように
州内での比率は小さいとしてもすべての州にはフランス系住民が住み，かれら
の権利をどのように尊重するか困難なテーマとなっている。東部沿海部のニュ
ーファンドランドでは0.4%（2225人），ノヴァ・スコシア（NS）で3.9%（3
万4920人），プリンス・エドワード島（PEI）では4.4%（5875人）と続く。
平原州カナダでもフランス語系住民が定住しており，マニトバで4.1%（4万
7110人），サスカチュワンで1.8%（1万7575人），アルバータで2.1%（6万
8435人），ブリティッシュ・コロンビア（BC）で1.5%（6万3295人）である。
準州も含めるとケベック以外の地域に住むフランス系住民は101万2530人で
あり，そのカナダ全体に占める割合は4.3%である。

第2章　カナダの歴史と政治を理解するポイント　　51

連邦結成時に英国系カナダ人とフランス系カナダ人の共存を目指して導入された制度はつぎの2つとなろう。ひとつは州政府に市民生活や社会生活を送るうえで必要な権限が認められ，BNA法の規定にこれが盛り込まれたことである。BNA法第92条において規定された州議会の権限は十分ではないとしても，当時のカナダにおいてはフランス系カナダ人たちの生き残りを保障する重要な答えになっていた。ついで言語面ではBNA法第133条において，英語とフランス語が連邦政府の議会と裁判所，およびケベック州政府の議会と裁判所において公用語として認められたことである。のちにこれだけでは不十分ということになり，1969年には連邦公用語法（Official Languages Act）が制定され，連邦政府の行政機関においても英語とフランス語が公用語として使われることになった。ケベックのフランス系住民からすれば，連邦政府の官庁もこれ以降，フランス語で対応したり，報告書など印刷物もフランス語で印刷され刊行されることになるので，アクセスが容易になった。BNA法第133条はその意味で連邦政府の司法部と立法部に公用語を限定していたので，行政官庁にまで広げた1969年公用語法の意義は大きいといえよう。

　1982年憲法により公用語政策の枠組みはより整備された。また新しく盛り込まれた第23条により，一定数のフランス語系住民がいることが必要であるが，州政府はフランス語による公教育を提供する義務を負うことになった。もっとも第23条はすぐに効果を持たず，カナダ各地でこれの実現を求める親たちが訴訟を起こした。カナダの司法判決としては第23条の規定をより明確に定義し，実効性あるものとする動きが1990年代初頭には確立した。その結果，現在では沿海部の州にとどまらず，西部カナダのアルバータやBCにおいてもフランス語を教授言語とする公立学校が設立されるという変化が生まれてきた。次の世代を育成していく公立学校において（ケベック以外の州において）フランス語による教育制度が確立したことは大きな成果といえよう。

　ついで簡単に2番目の場面設定を紹介してみよう。ケベックの内部では，カトリック教会，保守政治家，英国系経済エリートの3つの勢力による奇妙な協力関係が成立していた。奇妙というのは，それぞれが異なる利害を代表していたが，ケベックの統治という点では共通性があり，暗黙の協力関係が成立していたことによる。たとえばカトリック教会は信仰にとどまらず，フランス系の

人々の文化や福祉，そして社会生活を送るうえでの重要な指針を示し，指導的役割を果たしていた。仮にフランス系カナダの労働者たちが労働運動などに関心を持てば，それらはカトリシズムの精神から逸脱するものと批判した。保守的で内向きのナショナリズムを維持することがカトリック教会にとり，重要な任務でもあった。政治面ではフランス系の保守的な政治家たちが大きな役割を担当した。特に1936年にケベックの政権を握ったユニオン・ナショナル党（UN党）のM・デュプレシ（M. Duplessis）は強権的な政治スタイルを確立していた。UN党による政治は1960年まで続き，閉鎖的な政治がケベックを支配した。他方，ケベック経済を握っていたのは少数派の英国系ビジネス・エリートであった。カトリック教会は本来，経済活動に関心を示さず，金儲けには批判的であったため，英国系が経済活動を握ることになった。こうして3つの利害を代表する勢力が協力することでケベックの大衆をコントロールし，長く閉鎖的で保守的な社会を維持することが可能であった。

　こうした状況を打破しようとする勢力は自由党に結集し，1960年の州総選挙でUN党を破り政権の座に就いた。J・ルサージュ（Jean Lesage）が率いる州自由党はケベック社会の近代化や民主化を進め，その実績が大きいことを表現する言葉として「静かな革命」が使われるようになった。のちにケベック党の指導者として出てくるルネ・レベック（René Lévesque）も当初は州自由党政府の閣僚として，ケベックの電力会社の公有化政策を試み，州経済の発展に寄与している。他方，近代化・民主化路線だけでは満足せず，よりラディカルな路線を求める勢力も1960年代末になると登場してきた。これは要人の誘拐やテロ行動を行うケベック解放戦線（FLQ）という事実上のテロ組織である。FLQは1970年10月5日，モントリオール駐在の英国商務官（外交官）ジェイムズ・クロスを誘拐し，ついでケベック州政府の労働大臣ピェール・ラポルトを誘拐した。ほかにも爆破事件などを起こした。州政府はこうした事態に自力で対処できないと判断し，連邦政府に支援を求めた。こうした緊急事態に対応するため，トルドー首相はテロ組織との交渉を拒否し，連邦法のひとつとして「戦時措置法」（War Measures Act）を発動させた。具体的にはモントリオールに戒厳令を発し，連邦軍が治安維持にあたった。また約400名近い市民が戦時措置法のもとで逮捕されるという前例のない事態が生まれた。ラポ

ルトは残念ながら死体として発見され，犯人たちの一部が逮捕された。しかし最終的にはクロスの解放と引き換えに，犯人たちをキューバへ脱出させるという結末をたどった。これが「10月危機」と呼ばれるドラマチックな事件の顛末である。トルドー首相は就任前，人権擁護を求める憲法学者であったが，10月危機では人権の尊重よりは治安維持や強引な捜査活動を行ったことでカナダ国内では批判的な声もあがった。しかし，FLQによるテロ事件へのやむを得ない対処ということで世論の一定の支持も得ていた。

　10月危機とは直接関係しないが，テロや急進的な方法をとらず，平和的手段でケベックの独立を目指そうという組織もすでに生まれていた。歴史的にみてケベックの分離や独立を掲げた団体が存在しなかったわけではないが，政党としてそれを目指したケベック党（PQ）が1968年に結成された。指導者としてはかつての自由党政権の閣僚であり，また州民には人気のあるレベックが選ばれた。1970年の州総選挙では与党の自由党は70議席を獲得したが，ケベック党はわずか7議席，保守的なUN党も17議席を獲得している。この結果を見ると，PQの可能性や期待については，当時，あまり高くないことが認識されていたと言うべきであろう。しかし，次第に議席を獲得できるようになり，3回目の州選挙（1976年）でPQが議会の過半数を占める（70議席）という予期しない出来事が生まれた。民主化のチャンピオンである自由党は27議席に沈み，UN党も11議席にとどまった。これ以降，UN党はケベックの政治舞台から姿を消すことになり，現在では自由党とPQが相互に政権の座につくというライバル関係が確立した。

　ケベックの分離や独立ということは果たして可能であろうか。レベックのPQは政権の座につくと社会民主主義的な立場からの政治・政策改革を進め，有権者の信頼を得る方法をとった。性急に分離主義を進むことに不安を覚える有権者へ配慮したものと思われる。まず1979年には分離．独立に向けたシナリオを発表した。ついで1980年5月にはこのシナリオに基づき，「主権・連合」構想（Sovereignty-Association）についての州民投票を実施した。これによればケベックは政治的に主権国家を目指すが，経済的には今までどおりカナダとの協力関係を維持していくという。独立による経済的混乱や不安をなくすため，経済的にはこれまでどおりで変化がないというわけである。従来どお

54　第Ⅰ部　カナダの姿を探る

りカナダドルが使われ，「ケベック・フラン」などは使用されないことになる。

　州民投票はカナダ内外の関心を大いに集めた。ところで内容については「主権・連合」構想の是非を有権者に問いかけたのではなく，この構想（交渉原案）により州政府が連邦政府と交渉を始めてよいかどうかを問う，という慎重な手続きについての問いかけであった。仮に賛成が多いとしても，PQ 政府がオタワと交渉を開始して，連邦政府との交渉の結果では分離・独立が不発に終わる可能性もあり，ただちにケベック州が一方的に独立を宣言する，ということではなかった。これはレベックらしく慎重に段取りを整えていたことになる。州民投票の結果，反対派（59.6％）が賛成派（40.4％）を上回り，勝利を得た。

　その後，自由党と PQ が政権の座に交互につくという構図が定着してきた。1994 年に政権を獲得した PQ は 2 回目のレファレンダムを 1995 年 10 月に実施した。今回は「主権」構想というシナリオを掲げたが，政治的独立・経済的協力ということで 1990 年とほぼ同じことを州民に問いかけた。レファレンダムの投票率が 93.5％ と州民も高い関心を示し，今回も反対派（50.6％）が賛成派（49.4％）を上回る結果となった。しかし票差は 6 万票程度で僅差であった。当時，PQ の首相であったパリゾー（J. Parizeau）は，「連邦政府の反対キャンペーンとケベックに移住してきた分離反対の移民票に負けた」と率直な意見を述べ，批判を受けることにもなった。

　ケベックは今後，3 回目の州民投票を行うのだろうか。PQ の立場からすれば，結果を恐れることなく実施すべきであろう。分離・独立を目指すという結党の理念からすれば，賛成派が次第に増えてきたので，レファレンダムを行うべきとなろう。しかし，ケベックは以前と異なり，経済的にはフランス系カナダ人が主導権を握るようになってきた。加えて独自の文化や芸術も花が咲くようになってきたので，政治的な分離が必ずしも必要ではない，という環境の変化もある。加えて 2 回ともケベックの有権者には分離のシナリオを拒否されてきたので，3 回目も拒否されれば，PQ の存在価値が問われる（なくなる）というリスクも伴う。どのような展開になるか予想はつかないが，興味深い事例である。

1)　B. M. Gough, *Historical Dictionary of Canada*, Lanham: The Scarecrow

Press, 1999, pp. 149–150.

2) "Constitutional History," *Encyclopedia Canadiana*, Vol. 3, Toronto: Grolier, 1975, pp. 72–85.

3) D. G. G. Kerr, ed., *A Historical Atlas of Canada*, Toronto: Thomas Nelson, 1961, p. 50 & p. 53.

4) R. B. McKercher, "Legal Land Survey," in *The Encyclopedia of Saskatchewan*, Regina: Canadian Plains Research Centre, 2005, p. 547; Elizabeth Mooney, "Dominion Lands Act/Homestead Act," *ibid.*, p. 251.

5) D. Hoerder, *Creating Societies: Immigrant Lives in Canada*, Montreal: McGill–Queen's University Press, 1999, p. 154.

6) "Foreign Trade, exports, excluding gold, by destination, major areas, selected year ends, 1886 to 1946" (Series G389–395), and "Foreign Trade, imports excluding gold, by major areas, selected year ends, 1886 to 1946" (G389–400), *Historical Statistics of Canada*, G389–400.

7) 栗原武美子『現代カナダ経済研究』, 東京大学出版会, 2011年, 21頁（表2–1：1901年から1914年までのカナダの輸出額および輸入額）。

8) Statistics Canada, *Canada Year Book, 2007*, Ottawa: Minister of Industry, 2007, Table 24.6 (Components of Population Growth, 1861 to 2007), pp. 388–389.

9) John T. Saywell, *Canada: Pathways to the Present*, Toronto: Stoddart, 1994, p. 47.

10) 栗原武美子『現代カナダ経済研究』, 第3章。

11) Fédération des communautés francophones et acadienne du Canada, *Profiles of the Francophone and Acadian Communities of Canada*, Ottawa: FCFA, 2009, p. 6.

第3章 カナダの発展を理解する3つのテーマ

はじめに

　これまで歴史的な概説と政治制度の特徴についてまとめてきた。これにより，読者にはカナダの基本的な姿をご理解いただけたと考えたいが，本章ではさらに特定のテーマに絞り，カナダの発展過程について紹介したい。3つのテーマと問題意識は次のとおりである。

　1. **領土拡大のメカニズム**——カナダの発展の拠点は東部沿海部から始まり，次第にケベックやオンタリオという中央カナダへ移っていった。しかし，米国との人口や経済力の対比ではおよそ10分の1程度のカナダは，どのようにして広大な領土を確保し，維持してきたのだろうか。現在のカナダの領土は米国とほぼ同じであるが，歴史的にみて人口や軍事力のとぼしいカナダは広大な領土の確保をどのように進めてきたのだろうか。

　2. **植民地から独立国家への変化**——1867年の連邦結成（Confederation）は内政面での独立を意味しており，対外的にカナダはまだ英国の支配下にあった。これは13植民地が独立革命を起こし，英国との関係を主体的に断ち切り，内政面でも外交面でも独立を達成した米国とは対照的である。しかし連邦結成以来，カナダは外交的に英国の支配に置かれることを甘受せず，漸進的に発言力を強化してきた。英国とは対立ではなく協力関係を維持することで主体的な発言力を確保する，というユニークな方法でカナダは独自性を達成してきた。これはどのような方法であったのだろうか。

　3. **市民社会の出現**——カナダの統治システムを考えると，それは憲法の権限配分に従い，連邦政府，州政府，そして地方自治体という三層構造になっている。それぞれの役割分担を理解することが重要である。ただしカナダ人の市民生活を考えると，これらの公的機関だけではなく，統治システムとしては4層目にあたるNPOや民間の慈善団体が担う役割や機能も大きい。こうした統治の受け皿はどのようなしくみになっているのだろうか。またなぜカナダでは民

間団体が大きな役割を担うのだろうか。

1. 領土拡大のメカニズム

ハドソン湾会社の役割

　カナダは人口が限られていながら，なぜ広大な領土を確保し，維持できたのだろうか。しかも対外勢力との武力対立や紛争も少ないということも重要である。米国の西部や南西部への領土拡大については，スペインやメキシコなどとの軍事的な対立を経てのことであった。メキシコとの戦争（米墨戦争，1846～48 年），テキサス共和国の併合（1845 年），キューバというスペイン植民地を「解放する」という大義名分のもとでのスペインとの戦争（米西戦争，1898年），またスペインの統治下にあったフィリピンの併合（1898 年）など，国内にとどまらず領土の拡大には対外的な戦争や軍事介入が伴ってきた。

　しかしカナダではアメリカとは異なる領土拡大の歴史が展開されてきた。この米加の違いを解く鍵として，カナダと関係していた広大な領土は，「英領植民地」というカテゴリーにとどまらず，ハドソン湾会社（Hudson's Bay Company, HBC）という英国王から商業上の権利を独占的に行使することを認められた会社の存在が大きい。また北方圏地域はヨーロッパの列強による激しい領有権争いもなく，事実上，英国が単独で所有をしていたことによる。のちに英国は HBC の土地をカナダ連邦へ移管させ，また北方圏についても英国からカナダへ管轄を移管させる，という方法により平和的に拡大を実現した。英国による領有権をカナダは軍事的な対立を伴わず，時代の経過とともに入手していったのである。

　1670 年，英国のチャールズ 2 世により HBC の設立が認可された。この時，HBC に与えられた領域を「ルパーツランド」（Rupert's Land）と呼び，広さは約 390 万㎢，現在のカナダの領土の 3 分の 1 も占める。本来 HBC には北米の土地が与えられたというよりは，そこで毛皮交易など商業的な取引を独占的に行使できる権利が認められたにすぎない。しかし HBC は民間企業という存在でありながらも，ルパーツランドを管理する事実上の政府のような役割を担っていた。ルパーツランドという名称はチャールズ 2 世の甥にあたる王子ルパ

58　第 I 部　カナダの姿を探る

ートの名前に由来し，実際に HBC の初代総督としてルパート王子が着任している。時間的にみれば，1760 年は北米においてフランスがニュー・フランスという植民地をフランス国王の直轄地にした 1663 年の約 100 年後ということになる。

HBC による活動をみてモントリオールの商人たちも「北西会社」（North West Company）の設立を 1783 年に認めてもらい，HBC のライバルとして活動を開始した。しかし，毛皮交易などは 2 つの会社による激しい競争のため，資源枯渇という危険性もでてきた。そのため，英国当局は 1821 年に両社を合併させることとし，新会社は HBC として活動を引き継いだ。

太平洋岸についても簡単に触れておこう。18 世紀後半はスペインと英国がこの地の領有を争っていたが，まだ確定的ではなかった。しかし 1792 年，英国人であるジョージ・ヴァンクーヴァーが，3 年ほどかけてオレゴンからアラスカにいたる沿岸地域の測量を行い，また湾や入り江などに地名などをつけることで英国の領有をより確実にする作業を進めた。この人物の名前をとり，のちにカナダ西海岸の主要都市が生まれることになる。また内陸地への探検や探索も進み，毛皮交易を求める北西会社の商人たちがこの地に足跡を残すことにもなった。英国当局はこの広大な地域の管轄を HBC に委託していた。

ただし，米国からも西部開拓の動きがあり，英国がこの地域を単独で占有することができないことになり，オレゴン地方を英国と米国で共有するという妥協案が 1818 年の両国の合意により生まれた。ここでいうオレゴン地方とは，現在のブリティッシュ・コロンビア（BC）州，そして米国のワシントン州やオレゴン州までを含む地域を示す。その後，オレゴン地方の南部に米国からの入植者が入るようになり，英米共同管理という原則が揺らぐことになりはじめた。その結果，1846 年に両国はオレゴン条約を結び，英国領と米国の境界は（ヴァンクーヴァー島を除き）北緯 49 度線によることを定めた。ヴァンクーヴァー島はこれまでどおり，英国領とした。

1849 年，英国政府はヴィクトリアを中心として形成されていた植民地（ヴァンクーヴァー島植民地）の管理を HBC に委託することになった。HBC は植民地を借り受ける形で管理し，その賃借料を英国政府に支払う，というユニークな方式での管理であった。HBC は英国政府に代わり地域住民の世話をす

るという必要もでてきた。他方，本土側のヴァンクーヴァー地域も発展してき
たので，1858 年に英国政府はこれを「ブリティシュ・コロンビア植民地」と
して維持することを定めた。1866 年，英国政府は小さな植民地を 2 つ維持す
るコストも大きいので，これらを統合することを決めた。この太平洋岸の英領
植民地は東部と同じカナダ連邦に加わる可能性もあったが，どのように実現す
るか困難な問題でもあった。

　さて東部カナダに視点を転じてみよう。1868 年，英国議会はルパーツラン
ドを HBC からカナダへ移管させることを定めた法律を制定した。カナダ政府
は HBC からルパーツランドを購入する（購入金額は 1 万 5000 ドル）が，同
時に HBC にはルパーツランドの 20 分の 1 にあたる土地を与えることになり，
HBC がその後も民間企業として存続することが可能となった。ルパーツラン
ドのカナダ移管により，カナダの領土は約 7 倍も拡大するという結果をもたら
している。米国も 1867 年にはアラスカをロシアから金銭的に購入しているが，
こうしてカナダはあまり苦労せずに領土拡大に成功したわけである（巻末の図
2 を参照）。

　1870 年，HBC の領地に編入されていなかった北西部の地域（北西領，
North-Western Territory）とルパーツランドを統合し，カナダ連邦の新しい
メンバーとして加えるという決定が取られた。この新しいメンバーを「北西準
州」（Northwest Territories）と呼び，定住者こそ少ないが，広大な領土をカ
ナダ連邦に編入させることに成功した。のちにこの北西準州からユーコン準州
の分離（1898 年），隣接する 3 つの州への領土割譲（1912 年，マニトバ，オ
ンタリオ，ケベック），そしてアルバータ州とサスカチュワン州の分離（1905
年）と続いた。

　近年では北西準州の東部地域にはイヌイットが多いこともあり，土地や資源
の所有権に関する議論が高まっていた。そのため 1993 年には「ヌナブット協
定」が連邦政府とイヌイットの間で結ばれ，イヌイットへの金銭補償やかれら
の土地所有が認められた。またこの協定を基礎として，新しい準州を作ること
が決まり，1999 年 4 月，3 番目の準州としてヌナブット準州が作られた。歴史
的にみると，北西準州の領域が部分的に削られることで他の州や準州が新しく
形成される，ということになる。この手法はカナダ連邦にとり，広大な領土を

60　第 I 部　カナダの姿を探る

柔軟に使えるという重要な貢献をしてきたことになる。

1880 年には凍土あるいはツンドラ地域である北方圏については，英国から領有をカナダへ移す，という形で移管された。この領有の移管についてはルパーツランドとは異なり，金銭的な補償などは伴わなかった。この地域に隣接するロシア，米国，デンマーク（グリーンランド）に対して，カナダは有利な形で領土を拡大できたことになる。さらに 1925 年，セクター理論という考え方により，北極点を起点として西経 60 度から西経 141 度までの地域をカナダ領とすることをカナダ政府は宣言した。1880 年の決定は領有権をカナダへ移管するということにとどまっていたが，1925 年の宣言はその地域がカナダ領となることを内外に宣言したことになる。こうしてカナダの北方圏や北西準州については，平和的な手段をとおして獲得していくという過程を見出すことができる。

国境を接する米国との関係はどのように規定されたのだろうか。カナダの西部については，1818 年に成立した「英米協定」（British-American Boundary Settlement of 1818）により，カナダ東部からロッキー山脈までは北緯 49 度を国境とすることが定められた。同時にオレゴン地方（現在の BC 州の南半分，そしてワシントン州やオレゴン州を合わせた地域）については国境を定めることができなかったので，暫定的に英米の両国が共同管理することとなったことは先にも触れた。北米史上，共同管理とはユニークな措置といえよう。そして 1846 年に締結されたオレゴン条約（Oregon Boundary Treaty）において，同地方も北緯 49 度に沿って分割して国境線を定めるという決定が行われた。これにより北緯 49 度より北に位置していた地域は英領植民地（ヴァンクーヴァー植民地も含む）として組み込まれることになった。

メティスの反乱

ところでカナダの領土拡大についてはトラブルや武力対立がまったく存在しなかったということではない。マニトバ州は 1870 年に創設されてカナダ連邦の一員となるが，その前後には「メティス」と呼ばれる白人と先住民の混血の人々の苦悩が表面化している。オンタリオ州より西部に位置するマニトバ州はすでに 1811 年から開拓・入植が進められていた。セルカーク伯という人物が

第 3 章　カナダの発展を理解する 3 つのテーマ　61

ハドソン湾会社（HBC）から土地を取得し，「レッド・リバー植民地」と呼ばれる開拓地を開いていた。定住者は少なかったが次第に人数も増える傾向にあった。しかし1836年にはHBCがセルカーク伯からレッド・リバー植民地を買い戻し，再びHBCの管轄下に置かれることになった。この地域に登場してくるのがメティスたちである。毛皮交易を進めるためには，インディアンとの友好関係や信頼関係を築くことが必要であり，毛皮交易に従事していた白人男性がインディアン女性と結婚することもあった。白人男性はフランス系に限らず，スコットランド系など多様であったとされる。

　ここでメティス中心の社会が構築されることになり，レッド・リバー植民地も事実上，メティス中心の植民地として発展をとげるようになった。しかし，ルパーツランドのHBCからカナダへの移譲に際し，メティスたちの存在を無視して決着が図られ，これにはメティスたちは反発を強めた。さらにオンタリオからの白人入植者も新しく増えるという事態につながった。連邦政府はレッド・リバー地域の測量隊を派遣したが，メティスたちはこれを追い返してルイ・リエル（Louis Riel）を指導者として臨時政府を1869年11月に樹立した。リエルはレッド・リバーで生まれ，ケベックで教育を受けた人物であった。リエルたちは連邦政府と自分たちの要求が認められるように交渉を進め，連邦政府もそれに譲歩して平和的解決を目指していた。その結果がマニトバ州の憲法に該当する「マニトバ法」（Manitoba Act）であり，英語とフランス語を公用語とすること，そして宗派教育（カトリック系の分離学校の制度）が認められた。これはいわば小型のケベック，西部のケベックとしての特質を持つ州としてマニトバ州を創設したことになる。しかし，メティスと，メティスに反発する白人入植者との対立が1870年3月に表面化した（メティスの臨時政府が非妥協的な白人を処刑）。最終的には連邦政府はメティスの臨時政府を武力鎮圧することとし，反乱はすぐに終結した。リエルは逃亡し，メティスたちは土地を求めて米国やマニトバより西部へ移動した。

　メティスたちの反乱は無駄に終わったのだろうか。英語とフランス語を州政府の公用語にすることや宗派教育が認められことで，一定の成果がマニトバ法に盛り込まれており，無駄に終わったわけではない。ただし，1870年以降，オンタリオから英語系・プロテスタント系の住民が多数移住することでマニト

バ州の性格が変化した結果，1890年には州議会において宗派教育を廃止する決定が行われ，カトリック系の住民の児童・生徒の教育をカトリック教会が担うという制度は姿を消すことになった。

　メティスたちは1885年に再び反乱を起こすことになった。かれらは北西準州の西へ移動し狩猟（バッファローなど）などで生活をしていたが，白人入植者との対立が顕在化してきた。そこで彼らの土地への権利を認めてもらうべく連邦政府と交渉を進めたが，政府の回答は否定的であった。こうした中で彼らはリエルを再び指導者として北西準州のバトーシュにおいて反乱を起こした。連邦政府は建設途中の大陸横断鉄道を利用して兵士を現地へ派遣して鎮圧に成功した。リエルは政府に逮捕され，裁判の結果，死刑判決がくだされた。

国境の管理体制

　つぎは太平洋岸の国境問題に目を向けてみよう。先にみたように米国は1868年，ロシアからアラスカを720万ドルで購入した。その後，1896年にクロンダイク川で金鉱が発見され，いわゆるゴールドラッシュが始まった。国境にかかわりなく金鉱を求めて多数の人間が来るとブリティッシュ・コロンビア（BC）やカナダの権益が侵される危険性もあり，大西洋岸の国境を明確にする必要がでてきた。そのため，英国と米国は1903年に委員会を設立して検討することになった。カナダはまだ外交上の権限を有しておらず，英国に対外交渉を依存していたため，米加の国境問題は英米で協議してもらう，という対応になっていた。6名の委員（米英各3名）のうち英国人委員が米国寄りであり，米国に有利な決定がくだされた。カナダ自身に外交交渉が認められていない時期にはこうした不利な決定が生まれる，という点でカナダは受身の存在であった。

　米加の国境は8891 kmという長さにおよび，その管理をどのように進めるかが重要な課題であった。これについては2つの興味深い組織が20世紀の初頭に設立されている。まず長い国境については，標識を置き，森林地帯では伐採して国境であることを示すなどの作業が必要である。そうした業務を担当する組織が国際国境管理委員会（International Boundary Commission: IBC）であり，両国が条約を締結したうえで1908年に発足した。国境からそれぞれ

3メートル以内の地帯では建造物を禁止し，森林地帯にある国境では継続的に樹木を伐採していく作業などを実施している。1818年協定やオレゴン条約（1846年）などをとおして歴史的に議論や交渉を積み重ねてきた両国の国境については，こうして平和的かつ実務的に管理することが可能になってきた。

　他方，両国の国境を跨ぐ形で湖水や河川が存在しており，これをどのように管理するかを担当する組織が国際合同委員会（International Joint Commission: IJC）である。1909年に米国とカナダの間で国境水域条約（Boundary Waters Treaty）が締結され，最近では水質管理や大気汚染の防止，そして河川の利用など多面的な機能を担うようになってきた。具体例として1909年，米国・モンタナの農業関係者がある川の水流を別の川へ入れようとした事件がある。この変更により，カナダ・アルバータの農家にマイナスの影響が出ることが予想されたため，アルバータ側は対抗手段をとった。モンタナからアルバータへ川の流れを戻すという対抗手段であり，これで流水が平等になるようにした。一方が川の流水を独占しないで，双方に同じように流水が渡るようにするという解決方法である。その後はコロンビア川の管理を定めた条約（1961年），五大湖の水質管理を定めた協定（1978年，2012年）などこの国際的な機関は守備範囲を広げてきた。

　今日，両国への観光客や移民などの出入国については，治安維持的な意味を持つので，特別な組織が担当している。カナダでは以前は複数の行政機関（歳入庁による関税徴収，市民権・移民省による出入国管理，連邦警察による警備など）が連携して管理をしていたが，9.11事件を受けてより厳格な国境管理や移民の管理が行われるようになった。メインの行政官庁としてはカナダ国境管理庁（Canada Border Services Agency: CBSA）と市民権・移民省（Citizenship and Immigration Canada: CIC）が置かれている。移民へのビザの審査や発行はCICが行うが，空港や港，あるいは国境チェックポイントではCBSAが個別に審査を行っている。9.11事件後は，カナダは米国からの要請を受けて，移民の管理をより厳しくし反テロ法を制定して，法的な枠組みも整備してきた。

2. 植民地から独立国家へ——外交的展開

英国との関係から

1867年の連邦結成は複数の英領植民地が内政面での主権を得たものであるが，対外的には英国が権限を行使しており，完全な独立ではなかった。その後，カナダは政治の歩みには英国との協力関係を維持しながら対外的な主権を獲得していくというプロセスが見出される。また英国も20世紀に入ると，カナダやオーストラリアなど他の白人自治領の協力を必要とする時期が生まれ，双方からの歩み寄りが生まれてきた。英国とその植民地との結びつきや協力関係を維持する英連邦（のちにコモンウェルスと名称も変化）という枠組みが有意義なものとなっていく。

カナダが米国と交渉し問題の解決を図ろうとする場合，まずは英国に交渉を代行してもらうことが求められた。1871年のワシントン条約では英米が交渉し，カナダの漁業権や水路の航行権について協議した。英国としてはカナダの利害を尊重することも必要であるが，同時に米英の協調も考慮する必要があった。その結果，カナダが求めていたものより後退し，米英の利害を優先する形で決着した。こうなるとカナダとしては自ら国際的に発言する権限を手にすることが緊急の課題となってきた。また先にみたように，ブリティッシュ・コロンビア（BC）とアラスカの国境問題については，6名の委員（米国側3名，英国側3名＝うち2名はカナダ人で1名は英国人）のうち，キャスティング・ボートを握った英国人委員が米国寄りの判断を下して，カナダに不利な結論が出された。この事件の教訓はカナダが対外的な発言力を強化する必要性であった。

他方，英国が世界的な大国になるプロセスにおいて，単独では覇権のコストを負担しきれない，ということもあった。そこで国際紛争や戦争が起これば英国は白人系の植民地に支援を求めるということがしばしば起こった。1899年には南アフリカに存在していた2つのオランダ系の共和国を制圧するという「ボーア戦争」に際し，英国はカナダへ派兵するよう要請してきた。当時のカナダ首相はフランス系カナダ人として最初の連邦首相になったW・ローリエであった。多くのフランス系カナダ人は遠い南アでの戦争とは無関係という立

場で協力には消極的であった。他方，英国系カナダ人は母国の戦争には協力すべきという意見が多く，これによりカナダの国内世論は2つに分裂していた。ローリエは対英協力の必要性を認めつつ，ケベックの反対を無視して兵力を送ることまでは難しいと考えていた。そこで出された解決方法は「徴兵制」による派遣ではなく，「志願兵」による派遣という，両者の主張を満たすものであった。派遣した兵力は約7300名で90名ほどの戦死者という犠牲を払った。

　その後，第一次世界大戦が始まると，英国はカナダなどの植民地に協力を求めたが，一方的な協力要請では不十分であった。そのため，各白人系植民地の代表をロンドンに招集し，戦争遂行を協議する会議（帝国戦時会議，1917年）を開いた。また1917年と1918年には名目的な協議だけではなく，戦争遂行のための実質的な協議を行う場として「帝国戦時内閣閣議」を開催した。会議から内閣閣議と格上げして，統一のとれた政策や作戦を検討したわけである。こうした協力関係を積み重ねた結果，英国は『バルフォア報告書』という有名な報告書を1926年の帝国会議に提出することになった。ここでは植民地は英国の従属下に置かれない「ドミニオン」であるとされ，「地位において平等」であり「国王に対する共通の帰属心で結ばれたブリティシュ・コモンウェルス」となることが盛り込まれた。さらにこの原則を文書化して明確にしたものが1931年に出された「ウェストミンスター憲章」（Statute of Westminster，英国議会で可決）である。これによりカナダなど英国の植民地であった国々は対外的にも主権を確保したとされている。

　ただしウェストミンスター憲章の条文を読むと，英国とカナダなどの議会の法律の関係に触れており，外交上の権限を認めるという文言はないので注意が必要である。つまりカナダなど元植民地の議会で制定された法律が英国議会で制定された法律と合致しないという理由から無効にされることはない，ということが規定されている（第2条2項）。また英国議会で制定した法律が今後はドミニオン各国に適用されることはない（第4条）としている。単純に解釈すれば英国議会の法律がこれまでのように元植民地に自動的に効力を持つことはないということになる。

　対外的な発言力を得るという点ではカナダは対英協力を軸として実績を積み重ねたが，戦争への貢献という点ではさまざまな課題に直面した。第一次世界

66　　第Ⅰ部　カナダの姿を探る

大戦では英国系カナダ人のR・ボーデン（保守党）が当時の首相を務めていたが，志願兵だけではヨーロッパに派遣する戦力が不足していた。そのため1917年には徴兵制の導入を行う法律を制定させた。派兵は翌年の1918年からになるが，自由党のなかの徴兵賛成派は党を割り，保守党へ合流した。その結果，保守党と自由党徴兵賛成派による連立政権というカナダでは珍しい政権スタイルが生まれた。ヨーロッパにはカナダから約42万人の兵士が送られ，犠牲者も6万1000人という大きな代償を背負うことになった。

　ところで第二次世界大戦はボーア戦争のようなローカルな局地戦ではないので，志願兵という対応では不十分である。しかしながら当時のキング首相（自由党）は1938年と1939年の2回にわたり徴兵制を導入しないことを表明していたが，内外から徴兵制を導入するように圧力が高まっていた。そこでキングが取った方法はかれ自身で決めることではなく，「国民投票」による決定であった。こうすれば徴兵制に消極的なフランス系カナダの有権者の意見を尊重する形になるので，ボーデンのような一方的決定にはならない，という姿勢を打ち出すことができる。1942年4月には国民投票を行い，大半は賛成でケベックでは反対，という結果となった。ただし，すぐに徴兵制を施行せず，本格的に行うのは1944年11月と「時間稼ぎ」をしてケベックの有権者には配慮した。最終的には約109万人のカナダ兵を海外へ派遣し，戦死者は約4万2000人，負傷者も約5万4000人と大きな犠牲をはらった。

外交的な主体性の確立

　カナダはウェストミンスター憲章が制定されるまで正式には対外的な発言力は限られていた。しかし，小刻みながらカナダは対外的な発言力や地位を確保していた。英国との連絡や調整役として総督がカナダに派遣されていたが，カナダ政府の英国における窓口として1880年にはロンドンに関係者を派遣した。連邦政界では有力政治家のA・ガルトがそのポストに任命された。ただし公使という名称をイギリスが嫌ったので，「高等弁務官」（High Commissioner）という名称で合意が得られた。大使や公使というポストは正式な外交関係がある国家間で派遣するポストになり，カナダはまだその段階にないというのが英国側の意向であろう。これを前例として，カナダと英国の間の大使は現在でも

第3章　カナダの発展を理解する3つのテーマ　67

この名称になっている。

　ついで 1909 年には「対外関係省」（Department of the State for External Affairs）という窓口をカナダ政府は設立した。当初の業務は外交文書の保存や管理ということに限られていたが，とりあえずそうした窓口が連邦政府の中に設けられたのである。ここでも「外務省」という用語は誤解を招くので，対外関係を取り扱う用語が選ばれたのである。

　1922 年，トルコがギリシアを攻撃し，在ギリシアの英軍基地のあるチャナッカレも攻撃するという警告をトルコが行った。これに驚いた英国政府はカナダに現地へ兵力を派遣するように要請してきた。キング首相はこの要請を拒否し，英国からの派遣要求は自動的に受けることがないという意思をこれで明確にした。

　米国とは 1923 年，北太平洋地域における漁業権問題について交渉のすえ，国際条約を締結した。本来であれば英国の監督のもとでこうした国際交渉を進めるべきであるが，カナダは独自に交渉することに成功した。これは対象とした魚類の名称をとって，「オヒョウ条約」（Halibut Treaty）と呼ばれている。

　ついでカナダは正式な外交関係を結ぶことは本来のところできないが，1927 年には米国に公使を派遣する（正式に国交を結ぶ）ことを決め，また 1928 年にはフランスと日本へ公使を派遣することも決めている。日本は 1927 年，カナダは翌年の 1928 年にそれぞれ公使を派遣しているが，公使派遣がそれぞれ 1 年ずれており，正式な国交開始年はどの年になるのか，いささか悩ましい問題でもある。

　カナダは英国から次第に自立していくが，並行して第二次世界大戦の前後には米国との関係が強化されていく。1940 年には両国の防衛政策を統一していくための防衛委員会が設立された（オグデンズバーク協定）。さらに 1941 年には戦争遂行に向けた両国の経済協力を進めるための合意が成立した（ハイドパーク宣言）。またヨーロッパ各地は戦争の被害を受けるが，米国とカナダは戦争の被害を受けていないので，食糧生産，武器製造，そして工業製品の製造などで大きな貢献を成すことになる。連合国側の空軍パイロット（英国，カナダ，オーストラリア，そしてニュージーランド）を共同で養成し，訓練するという計画が 1939 年に提案され，その実施をカナダが引き受けることになった。訓

練はおもにカナダ西部で行われ，訓練生の総数は 13 万 1000 人にも達したという。

　キング首相は 1944 年 8 月，連邦下院で有名な演説を行った。これは戦後世界が大国主導で進められることにキングが危惧し，カナダの戦争への貢献度を考えると，カナダにも一定の役割なり評価が与えられるべきであるという考え方を表明したものである。カナダの立場からすれば，国連は米ソなどの大国に独占されるべきではなく，それぞれの国の役割や機能が反映されるべきであるということになる。

カナダの軍事的能力の展開

　外交的な権限の拡大と合わせて検討すべき事柄はカナダの軍事的な能力や方向性である。簡単に軍事能力について紹介しよう。カナダでは兵力の調達にあたり，基本的には志願兵制度がとられてきた。連合カナダでも 1855 年に法律を制定したが，18 歳から 60 歳までの男子が志願兵として採用されることになった。主力として英国の陸軍や海軍が英領植民地の防衛にあたっていたので，カナダ側は志願兵で対応できたと思われる。連邦が結成された翌年の 1868 年にも志願兵制度を規定した法律を制定している。

　しかしながら，北米の英領植民地を防衛していた英国は自国の負担軽減ということもあり，英国軍は次第に撤退する方向に進んだ。具体的には 1871 年にケベックの要塞から英国軍が撤退している。ただし，リエルの反乱（1870 年と 1885 年）といった有事の際には英国政府は軍隊を派遣しており，完全に兵力を置かないということではなかった。また 1905 年にはカナダの東海岸に配備していた基地（ハリファックス），ついで 1906 年にはカナダの西海岸に配備していた基地（エスクィモルト＝ブリティッシュ・コロンビアのヴィクトリア近郊）から英国軍を撤退させた。この結果，カナダ東西に海軍基地が不在となるので，カナダとしての対応を明確にすることが求められてきた。

　陸軍は志願兵制度で対応できるとしても，問題は海軍をどうするかである。カナダは大西洋と太平洋に面しているので，海軍も本来ならば両海岸に配備して対応できるようにすべきである。しかし軍艦の購入コストや訓練などを考えると「自前の海軍」は容易ではない。場合によってはイギリス海軍に駐留を続

第 3 章　カナダの発展を理解する 3 つのテーマ　69

けてもらい，カナダはその費用を分担する，という方法もありうる。ローリエ政権になるとこの選択をどうすべきか，国内世論が大きく分かれた。

　カナダの自立を英国と米国との「三角関係」から歴史的に考察した細川道久の分析によれば，カナダ海軍の登場はかなり実務的な理由が大きいようである[1]。つまりカナダ海軍のルーツは 1870 年の海事警察（Marine Police）の「武装化」にあるという。大西洋沿岸では漁場をめぐり米加間の対立がすでに存在していたが，英国海軍は対米関係を重視するあまり，米国漁船の取り締まりには消極的であったとされる。その結果，カナダ政府は（内政上の権限行使のひとつとして）海事警察を武装化して対応したのである。また 1886 年には海事警察を強化するため漁場警備隊（Fisheries Protection Service）を設置して米国の密漁船の取り締まりを実施した。他方，五大湖に関しては，英米間の合意により，船舶の武装化を禁止する協定（ラッシュ＝バゴット協定）がすでに 1817 年に結ばれていた。しかし 19 世紀末には米国側で艦船を増やしたいという要望も高まり，カナダ側の新しい対応も望まれていた。

　1896 年に総選挙で勝利を収めたローリエ首相は，米国を刺激しないものの，対米脅威への備えとして「海防市民兵の育成と訓練船の購入」，あるいは「漁場警備隊の格上げ」という方法を検討した。当時の外交上の権限を考えれば，自前の外交権や防衛権を持たないカナダが持ちうる現実的な政策として，こうした方法が検討されたわけである。英国海軍への資金的貢献を行うよりも，こうしたカナダ的なローカルな対応方法をローリエ首相は好んでいたということになる。カナダにとって幸いなことは，20 世紀に入ると（以前とは異なり）米国政府の指導者たちもカナダの立場に理解を示すようになり，両国の軍事的な緊張が次第に緩和されていった。また国境管理に関する協定や合意も生まれ，平和的な共存を目指す方向へと進んだ。またローリエの指導のもとでカナダ海軍を創設する法案が 1910 年 5 月に議会を通過し，カナダ海軍が誕生することになった。しかし，これに反対する声も強く，1911 年の総選挙ではローリエの自由党は敗北し，R・ボーデンの保守党が新しく政権の座についた。保守党は母国への貢献がローリエの方法では不十分と批判しており，これが選挙の争点になっていた。

　政権の座についたボーデンは英国とも協議を重ねたが，英国へ多額の資金を

提供することについて国内世論は批判的であった。そのため，ボーデンはロー
リエが設立したカナダ海軍を事実上，承認していくという方法を余儀なくされ
た。ただし，カナダ海軍への予算配分は限られており，厳しい船出を強いられ
ることになった。

第二次世界大戦後のカナダ外交

　第二次世界大戦後のカナダ外交はどのような枠組みの中で展開されたのだろ
うか。国際社会の中で自立した外交能力を発揮できるだけの環境がようやく整
備されてきた。カナダが国際政治に関係するとすれば，つぎの3つが重要であ
ろう。

　第一の鍵は対米協力を軸として，安全保障や経済などを進めていく方法であ
る。安全保障では米加両国が共同して運用する対空レーダー網が1954年に完
成し，さらに高いレベルでの共同防衛を実現するため，北米防空司令部
（North American Air Defense Command: NORAD）が1957年に設立され，
対ソ連脅威への備えとした。NORADの本部は米国コロラド州のデンバー近
くにあり，司令官は米軍からそして副司令官はカナダ軍から出されている。そ
の後NORADは名称を1981年に一部変更（North American Aerospace De-
fense Command）したが，基本的役割は維持されている。他方，欧州大陸で
は1949年4月には北大西洋条約に調印し，NATO軍にカナダ軍を派遣した。
戦後に起きた大きな国際紛争として，朝鮮戦争があるが，カナダも集団安全保
障の考え方を支持するという前提で参戦している。派遣した兵力は約2万
7000人であり，相当数の犠牲者（314人）が生じている。近年ではイラクによ
るクウェート侵略に対応する湾岸戦争（1991年1月から2月）にもカナダは
兵力を送り，米国との共同歩調を歩んできた。ユーゴスラヴィア内戦について
は，コソボへ米国と同じようにカナダ軍を派遣してきた。2003年3月，米英
はイラクのサダム・フセイン政権への攻撃を行ったが，カナダはこれに賛同せ
ず，米国から協力しないことに批判を浴びた。ただし，アフガニスタンには米
国や欧米諸国と歩調を合わせ，NATO軍の一員としてカナダ軍を派遣してい
る。国際政治を混乱させるような紛争や事件があれば，カナダは米国と協力し，
またNATO軍の一員として兵力を積極的に派遣してきた。

第3章　カナダの発展を理解する3つのテーマ　71

他方，対米経済外交については自動車協定（1965年）により，カナダに位置する米国自動車会社が生産した車を米国へも輸出できるような取り決めが確定した。これによりカナダの自動車産業の発展に弾みがつくという可能性を秘めていた。しかし，過度の対米依存，あるいは無制限な米国資本のカナダ流入を警戒する考え方も1960年代や1970年代に入ると顕在化してきた。そのため，トルドー政権（自由党）のもとで外国資本（米国資本）を規制する「外国投資審査法」（1973年）が成立し，カナダ経済の「カナダ化」を推進する動きも出てきた。

　対米経済関係を重視する保守党のマルローニー政権（進歩保守党，PCP）は，トルドー式の経済政策を批判し，両国の経済統合をより進める方向へ舵を切った。具体的には1989年には「米加自由貿易協定」（FTA），そして1994年には米加の両国に加えメキシコを組み込んだ3か国からなる「北米自由貿易協定」（NAFTA）が発効して，さらなる経済統合が進展した。またトルドー政権下で成立した外国資本審査法に代えて，カナダ投資法を1985年に制定させた。ここでは外国資本を制限するよりは歓迎する方向でさまざまな対応措置がとられた。

　カナダが国際社会にコミットしていく第2の鍵は，大英帝国を支える枠組みとなったコモンウェルス（The Commonwealth of Nations）である。本来は英国がその植民地諸国との協力を進めるために設立されたが，1931年にウェストミンスター憲章が成立することにより，対等な関係に置かれることになった。英国と旧植民地であるカナダやオーストラリアは従属関係になく，あくまでも平等な関係へと再編されたのである。第二次世界大戦後，インドは独立を果たし，共和国へと体制を転換した。共和国になると英国の君主をもはや「君主」として置くことができないので，その後はこれを切り離して単に「コモンウェルス」としたのである。南アジアの経済支援をメインとしたコロンボ・プラン（1950年，コロンボで開催されたコモンウェルス外相会議で合意）ではカナダも中心的な役割を果たし，アジアやアフリカ諸国との関係が深まる契機となった。

　コモンウェルスの重要な会議では閣僚や高級官僚ではなく，加盟国の首脳が直接会い，意見を交換するのが一般的なスタイルである。そのためカナダもこ

72　第Ⅰ部　カナダの姿を探る

れを利用してアジアやアフリカの個性的な指導者たちと面識を得て，関係を強化できるという大きなメリットもあった。1960 年代以降，人種差別制度を組み込んだアパルトヘイト体制を維持した南アフリカに対して加盟国は激しい意見交換をしたとされる。こうした批判的な意見も高まり，1961 年，南アフリカはコモンウェルスから脱退した。のちにアパルトヘイト体制を全廃した南アフリカは 1994 年には復帰している。今日，52 の加盟国を抱えるコモンウェルスは，文化交流や経済交流の場としても活用されている。カナダにとってもアジアやアフリカの国々との接点となるので重要な国際機関でもある。

　第 3 の鍵としてカナダが国際主義をとり，あるいは国際機関を通じて，活動を展開する方法である。カナダ単独では無視される可能性もあるが，国際機関に働きかけ，賛同者を募り，カナダと同じ行動を展開していくことが可能となる。具体的にはスエズ危機への対応が有名である。1956 年，スエズ運河の国有化をエジプト大統領が宣言すると，ここで歴史的に権益を維持してきた英仏が武力侵攻する可能性を示し，また同時にイスラエルも武力介入することを表明した。これを放置すれば中東紛争に加えて深刻な対立が生まれる危険性があった。米国も英仏には批判的であったが，カナダのピアソン外相（サン＝ローラン自由党政権）は国連総会にて国連平和維持軍を派遣することを提案した。これまでにない新しい方法であったが，多くの賛同を得て，実際に国連緊急軍が派遣された。カナダも国連緊急軍の一部を構成する兵力を派遣したのはいうまでもない。

　その後，サン＝ローランの自由党政権は 1957 年 6 月の連邦総選挙で保守党に敗れ，久しぶりに野党に戻ることになった。ピアソンは 1957 年にノーベル平和賞を受賞し，カナダの提案が世界的に評価されることにもなった。その後，カナダは国連平和維持軍を世界各地に送り，国際紛争の拡大防止に貢献してきた。これはカナダ国内でも支持され，カナダ外交の大きな柱のひとつとして定着した。

　しかし，1990 年代から 2000 年初頭に入ると，冷戦による米ソの対立が収まり，カナダがこれまで展開してきたミドルパワー外交があまり効果を持たないという変化が生じてきた。またカナダ国内でも行財政改革の必要性からカナダ軍への予算支出も減らされ，PKO 外交や平和維持活動も制約を受けるように

第 3 章　カナダの発展を理解する 3 つのテーマ　73

なってきた。クレティエン政権の外相を務めたロイド・アックスワージー (Lloyd Axworthy) は，対人地雷を規制する条約を作成するための国際会議をオタワで開催し，ユニークな手法を採用することで成果をあげた。具体的には民間 NGO の協力，そして条約に調印するまでの期限を 1 年以内と設定するなどの新しい方法（オタワ・プロセスと呼ばれる）である。これにより，1997年に条約の成立にこぎ着けている。これもカナダ的な国際主義の表れであろう。通常の国際交渉であれば，会議で合意できた案を自国へ持ち帰り，検討や修正を行う。会議に関係する国々が同じことを行うわけで，結果的には最終的な合意案がまとまるには相当な時間がかかり，また合意内容も変更（多くの場合は後退）されることになる。オタワ・プロセスでは 1996 年 11 月の会議で合意案を取りまとめ，それを 1 年後の会議（1997 年 12 月，条約調印式）にて正式に成立させるという画期的な手法が採用された。

3. 政府の役割と市民社会の貢献

連邦政府と州政府

　これまでにみたように 1867 年 7 月 1 日，英領植民地を統合する形でカナダ連邦が成立した。当初は 4 つの州から構成されたが，次第に他の州も加わり，現在の 10 州と 3 つの準州になった。加入順に並べると次のようになる（巻末の図 2 を参照）。

　　1867 年：オンタリオ，ケベック，ノヴァ・スコシア（NS），ニュー・ブランズウィック（NB）

　　1870 年：マニトバ，北西準州

　　1871 年：ブリティッシュ・コロンビア（BC）

　　1873 年：プリンス・エドワード島（PEI）

　　1898 年：ユーコン準州

　　1905 年：アルバータ，サスカチュワン

　　1949 年：ニューファンドランド

　　1999 年：ヌナブット準州

　連邦結成時，オリジナルに加盟していた 4 つの州に加えて，北米には（親戚

74　第 I 部　カナダの姿を探る

のような関係にある）他の英領植民地も存在していた。そのため，「英領北アメリカ法」（BNA 法）の第146条において他の英領植民地が連邦に将来的には加わることを想定し，これらの「指定席」を確保した。ニューファンドランドや PEI，そして BC などの英領植民地はそのため，一定の手続きを取ればのちに連邦に加入できるという段取りが用意された。ただしマニトバには BNA 法に指定席を用意していなかったので，憲法を改正する方式で連邦加入を実現している。また1867年当時，アルバータとサスカチュワンはまだ存在していなかったので指定席はなく，連邦議会が州憲法にあたる「アルバータ法」と「サスカチュワン法」を制定して1905年に加入が実現した。

ところで1949年のニューファンドランドの加入にあたり，興味深い状況が生まれていた。つまり加入手続きの方法として，植民地議会が加入したいという意思表示をすることが求められていた。しかしニューファンドランドは財政破綻もあり，1934年より自治領から英国の植民地になっていた。そのため議会はなく，連邦加盟についての意思表示をする機関が欠落していた。そこで採用された方法は住民投票であり，僅差で賛成派が過半数を占めてようやく連邦加入が実現している。

連邦憲法たる BNA 法の原則やルールが1867年以降も連邦に加入した州に一律に適用される，というのが通常のスタイルであろう。しかし実際は加入にあたり州ごとに異なる交渉が積み重ねられた。たとえば BC や PEI とは加入に関する交渉を重ね，それを承認していくという方法（連邦加入条約，たとえば British Columbia Terms of Union，PEI Terms of Union）である。いわば国際交渉により条約を結ぶような形で加入交渉が進められた。とくに連邦加入にあたり興味深いことは，特定の条件などを明示し，それに連邦政府が応えるという交渉スタイルである。PEI は本土から離れた島であるため，連邦加入にあたり本土と島を結ぶ汽船航路を連邦政府が提供するとした。また BC は東部カナダから遠く離れた西海岸に位置するため，BC と東部カナダを大陸横断鉄道で結ぶことを求め，それは1885年に実現した。さらに PEI については1997年5月に本土と島を結ぶ連絡橋（コンフェデレーション・ブリッジと呼ぶ，全長 12.9 km）が完成して交通の便は飛躍的に改善されたが，これは連邦加入条件を改正することを意味していた。そのため本土と島を結ぶフェリーの

第3章　カナダの発展を理解する3つのテーマ　75

提供義務を連邦政府は今後負わないという憲法改正を1993年に行っている。

　BNA法第93条では，教育は州政府の権限と規定されているが，すでに公的な教育を担っていたカトリック教会とプロテスタント教会の宗派教育を尊重する，という条件がついていた。BC州が連邦に加入する際，現地ではキリスト教会による教育制度が発達していなかったので，無宗派の公的な学校教育制度が導入された。他方，アルバータとサスカチュワンでは北西準州ですでに導入されていた宗派教育を引き継ぐ形でこれが公的な制度として認められた。具体的には州憲法に該当するアルバータ法とサスカチュワン法においてBNA法第93条に類似した規定を盛り込み，カトリック系とプロテスタント系の宗派学校が成立した。1870年に成立したマニトバでも同様の宗派学校の制度が認められたが，先に述べたように英国系住民が増加することで1890年にこれが廃止されるという事態（マニトバ学校問題）が生まれている。こうした加入条件などをみると，基本的にはカナダの州は連邦に対して一定の発言力を持ち，独自の個性なり主張をもっていることになろう。その意味で州政府は連邦政府の「下請け」ではないし下部機関でもないことを認識すべきであろう。

　ところで第2章でも触れたように19世紀末はまだ政府の政策領域はさほど広くなく，いわゆる「夜警国家」の時代であった。国家の役割が限定され，連邦政府も州政府もまだ活動領域が限定的であった。その後，20世紀に入ると政府への期待や役割が高まり，次第に活動の領域を広げていくことになる。米国では1930年代のニューディール政策がそうした転換を呼び起こす歴史的な分岐点となろう。カナダでは1930年代においては米国のような政策転換は起こらず，第二次世界大戦の遂行に向けて，連邦と州の協力体制が構築された。カナダでもニューディール政策から刺激を受けて同じような試みがあったが，当時は保守党政権（R・ベネット首相）であり，党内での議論不足や連邦政府に不利な司法判決などにより，事実上，失敗している。ただし，自由党と保守党という連邦結成以来，政権を握る二大政党に対して挑戦する新しい政党も1935年には台頭してきたが，大きな政策転換にはつながらなかった。

　第二次世界大戦がヨーロッパで本格化してくると，カナダ国内では戦争遂行のため，財源を確保し，強いリーダーシップを求める声があがった。こうした課題を検討する政府調査委員会が設立され，1940年にその調査報告書（ロー

エル・シロア報告書）を提出している。この報告書において，連邦政府がそうした新しい役割を担うべきという提案がなされ，その後の政策基調となっていく。具体的には連邦政府が失業保険（1940年）や年金制度（1951年）について責任を持つが，同時に所得税などの財源を連邦政府が手に入れるということになった。

また連邦政府の役割を理解する例として国民皆保険制度の成立過程を紹介しよう。1944年，西部のサスカチュワン州において穏健な社会主義を目指す政党（協同連邦党，CCF）が政権の座についた。北米の州レベルの選挙では社会主義政党の初めての勝利であった。ただちに全面的な政策転換を求めることはなかったが，部分的に保険制度を改革し，1947年には公的病院保険制度が導入された。その後，1957年に健康保険制度が成立した。これをみて他州も類似した制度の導入を決め，1961年にはすべての州で公的病院保険制度が成立した。

憲法の権限でみれば，医療や保険制度は連邦政府ではなく州政府の権限事項である。ただし，州ごとに不統一でバラバラな保険制度では国民にとり不便な制度になり，使いにくいことは明白である。そこで連邦政府は州政府に対して，統一的な健康保険制度を導入するため，基本原則を定め，それを州政府が尊重するのであれば連邦政府が費用の半分を負担するという提案を行った。1966年，連邦自由党のピアソン政権は医療保険法を制定し，この方法を開始した。

医療保険制度は憲法原則に従えば，これは州政府の管轄であり，各州が個別に判断して制度を導入すれば10通りの制度が生まれる可能性もあった。しかし連邦政府が財政負担を行い統一基準を明示することでまとまりのある国民皆保険の制度が生まれたのである。正確にいえば，州政府主体の10通りの国民（より正しくいえば州民）皆保険制度であるが，全国的な統一基準があるので，あたかもひとつの制度が機能しているかのような印象を得ることになる。費用としては，2つの州（オンタリオとBCでは保険料を州民が負担）を除き，運用費用は一般財源から支出されており，患者は無料で医療サービスを受けることが可能である。ただし，歯科治療は保険でカバーされないので患者負担が必要である。

ある州から別の州へ就職や結婚などで移動（定住）したらどうなるのだろう

第3章　カナダの発展を理解する3つのテーマ　　77

か。原則的に移動して3か月以内は以前に住んでいた州の保険で医療コストをカバーしてもらえるが，3か月たつと新しい州の保険制度に加入することになる。3か月が切り替えの期間であり，移動した州で健康保険に加入の申請をすればよいことになる。永住権を得た移民は最初の3か月，公的保険はないので民間保険に加入して医療費をカバーする必要がある。しかし，申請して3か月後にはその州の公的医療保険制度に加入できる。カナダ国民も永住権を得た移民も，こうして州主体の公的医療保険でカバーされることになる。

州政府と地方自治体

日本では地方自治は憲法においてその存在と役割が保障され，具体的内容については地方自治法が全国的なルールを定めている。カナダでは日本と異なり，地方自治は州政府の管轄に置かれ，連邦憲法では言及されることがない。言い換えれば連邦政府は地方自治体に対して関係を持つことがなく，州ごとに多様な地方自治が展開されていることになる。

このため，自治体の名称や権限なども州により多様になっている。たとえばアルバータ州では自治体の人口と広さに応じて村・町・市が規定されている。また夏季だけに住民が住む自治体も存在し，加えて先住民のひとつであるメティスにも自治制度が認められており，これが8つ存在する。インディアンの保留地（リザーヴ）は連邦政府が直接管理する地域であり，州政府が管轄する自治体ではないが，アルバータのメティスは歴史的な理由からかれらの自治権を州政府が認めてきたので，こうしたユニークな地方自治の単位が存在しているのである。

なおカナダの自治体の特質として有名なことは，都市化への対応として生み出された二層構造の都市である。トロントはカナダの経済や文化の中心地という役割もあり，さまざまな機能や役割が集中する傾向が生まれ，都市化の弊害も目立ってきた。そのため，基本的な機能を提供する「基礎自治体」の上に複数の自治体をカバーしてサービスを提供する「広域自治体」（メトロ・トロントと呼ぶ）を設けるという方法を1954年に導入した。メトロ・トロント政府は自治体間を結ぶ道路や鉄道の整備，警察，下水処理やゴミ処理，そして都市計画などを担当し，基礎自治体は消防，公衆衛生，ゴミ収集，公園や道路の整

78　第Ⅰ部　カナダの姿を探る

備，公共図書館などを担当することになった。当時の基礎自治体の数は 13，面積の合計は 622.2 km²，人口は約 117 万 4000 人である。1951 年度のオンタリオ州の人口が約 460 万人であったので，このメトロ・トロントの存在は大きいことが理解できよう[2]。

　少しややこしいことに，基礎自治体の中に「トロント市」（当時の人口は 66 万 5000 人）があり，広域行政自治体としての「メトロ・トロント」も存在するという構造になっていた。基礎自治体としてのトロント市役所の庁舎はモダンでまた奇抜なデザインで有名であり，現在でも市内の観光名所のひとつにもなっている。この二層式の都市構造により都市化に柔軟に対応できるということで，カナダ国内の他の都市にも導入されていった。ヴァンクーヴァーは 1967 年（都市人口は 150 万人），モントリオールは 1970 年（都市人口は 180 万人）などと続いた。こうした二層式の都市構造については，その後，カナダ以外の国々でも評価され，多くの先進国においても導入されてきた。

　しかし，オンタリオ州では 1990 年代に入ると州財政の悪化に直面し，保守的な政策対応をとる政権が生まれ，ユニークな都市自治が大幅に変更されることになった。オンタリオ州では進歩保守党が 1995 年に政権を獲得し，不要なコスト削減（自治体の議員や首長の報酬が無駄という考え方），行政の効率化，税制度の改革，そして迅速な意思決定の実現などを掲げてメトロ・トロントの廃止が 1998 年に実施された。1997 年には関係する自治体の住民投票が行われて合併反対の意見が多数を占めたが，州政府はこれを無視する形で合併を強行した。またメトロ・トロントを廃止すると同時に，基礎自治体の合併も進められた。関係する基礎自治体については，1954 年には 13 自治体であったが，その後，合併などが進み 6 自治体に減少していた。これらをまとめて新トロント市に合併するというプランであり，新市の人口は 250 万人という巨大都市が生まれた[3]。新しいトロントは公選制の市長がリーダーシップを握るが，以前の市会議員については廃止し，市内を 44 区に分割した行政的な単位が生まれた。それぞれの区からは市会議員に該当するシティ・カウンシルに出席する委員を出している。

　二層式の広域自治体を廃止するというオンタリオ州政府の動きはトロント以外にも波及し，またオンタリオ以外の州でも実施された。ハリファックス

第 3 章　カナダの発展を理解する 3 つのテーマ　　79

（1996年）やモントリオール（2002年）といったカナダの代表的な都市でも広域自治体が廃止されてきている。こうした合併の成果は今後とも意見が分かれるところであるが，自治体は州政府に対して極めて受身の存在であることが示されたことは明白であろう。

　州別に地方自治体の数（2006年度データ）を紹介しておこう[4]。カナダ全体での総数は3638もあり，一番多い州はケベックで1141，ついでサスカチュワンで807，3番目にはオンタリオで415と続く。4位以下にはアルバータ（353），ニューファンドランド（282），マニトバ（203），ブリティッシュ・コロンビア（BC）（155），ニュー・ブランズウィック（NB）（103），プリンス・エドワード島（PEI）（75），ノヴァ・スコシア（NS）（55），ヌナブット準州（25），北西準州（16），そしてユーコン（8）と続く。加えて基礎自治体の上に存在する広域自治体は全部で143あるが，一般的には減少傾向にある。

民間団体と慈善事業

　連邦政府，州政府，そして地方自治体という3つのレベルの公的な統治システムについてこれまで紹介したが，カナダ社会のダイナミズムをみるにはこれだけではまだ不十分である。それは市民社会に大きな影響力を与えている非営利の活動を行う民間団体やNGO，そして慈善事業を行う団体などについても触れないと全体像がみえないからである。たとえば，ある調査データによれば非営利の活動を行う団体の経済面での比重はカナダでは極めて大きい。この団体には病院や大学，教育委員会などが含まれており，一律に「非力なNPO」というイメージでは当てはまらないことになる。また特定の人々を対象とした社会的なサービスの提供を行う団体もここに含まれる。移民や難民のケアや教育についてサービスを提供している団体（いわゆるサービス提供機関，Service Provider Organizationと呼ばれる）も該当する。

　データとしては少し古い（2000年度）が，米国のジョンズ・ホプキンス大学の研究者が中心となり，非営利活動を行う団体の国際比較調査が行われた。対象国は全部で37か国であり，日本やカナダを含め先進国が大半を占めている。調査項目として，まず労働人口において非営利団体で働く人々の比率を見ると，カナダはオランダについで世界第2位という結果になっている。37か

80　第I部　カナダの姿を探る

国全体の平均では 4.5%，うち先進国平均では 7.6% という数字が出ている。一番多い国はオランダで 14.4%，ついでカナダが 11.1%，そして 3 位はベルギーで 10.9% と続く。4 位はアイルランド（10.4%），5 位は米国（9.8%），6 位は英国（8.5%）である。日本は 4.2% で全体の平均より少し低い数字であり，スペイン（4.3%）やイタリア（3.8%）と同じ水準にある。他方，労働人口に NPO 関係が占める割合が低い国としてはメキシコ（0.4%），ルーマニア（0.8%），ポーランド（0.8%）があげられる。カナダでは労働人口の 1 割，つまり 10 人に 1 人は非営利の団体や組織で働いていることがポイントであり，その比率は大きい [5]。

　ついで実数でみれば，カナダでは約 207 万人の人々が非営利の団体で活動しており，その内訳として，給料を得て働く人々は約 152 万 4000 人，給料を得ないボランティア数は約 54 万 9000 人である。また非営利の団体や組織が行う経済活動の GDP に対する貢献度については 8.5% であり，こちらでも大きな存在を示している。地方自治体は州政府に対して受身であったが，民間レベルでの活動やコミットをみると，カナダはある意味では NGO（NPO）大国であり，慈善活動の大国という新しい側面をここに見出すことが可能である。

　それでは何をもって非営利の活動を行う団体という規定ができるのだろうか。まずジョンズ・ホプキンス大学の研究に従えば，サービスの提供，利益保護や自己表現的なもの，そしてその他という 3 つに区分されている。サービスの提供では教育，医療や健康管理，住宅の提供や開発という項目があげられている。上でみた数字（労働人口や経済貢献）においては，このため大学で働く教員や職員，そして病院職員なども含まれている。また利益保護や自己表現というカテゴリーでは文化活動やスポーツ，専門家の団体，環境保護，そして人権擁護などのアドボカシー活動（特定の意見や主張を展開する活動）が含まれている。その他のカテゴリーには国際的な支援を行う団体，そして財政的に非営利団体を支援する財団などが含まれている。

　また別の区分に従えば非営利団体の活動には 15 の活動領域が設定されており，カナダでもこの区分を使い議論が行われている [6]。15 の活動領域とは，芸術や文化，スポーツや娯楽，教育や研究，大学や短大，医療，病院，各種サービスの提供，環境保護，都市開発と住宅，人権擁護やアドボカシー，慈善活

動を行う団体への財政支援，国際的な活動の展開，宗教，専門的な職業団体，その他，ということになる（巻末の表3参照）。カナダでは地方自治体は州政府に対してやや受身な存在であるが，それを補うような形で非営利の民間団体が多様な役割を果たしているのであり，その役割はかなり大きいことに注目したい（第7章第3節：1974年以降の定住政策の展開，新しい定住政策の出発点も参照）。

　なぜカナダではこのような傾向がみられるのだろうか。ある調査報告書によれば，おもに2つの理由が指摘されている[7]。最初の理由はカナダの社会発展は移民集団，そしてカトリックやプロテスタントなどの教会勢力がボランティア活動を行い，それが歴史的に定着してきたというものである。フランス系住民が多数を占めていたケベック植民地ではカトリック教会が信仰にとどまらず，教育や福祉，そして医療などの世話を提供していた。政府に代わりカトリック教会が公的な役割を担っていたわけである。プロテスタント系の教会も信仰だけにとどまらず，教育や地域文化に関する領域で活躍してきたということもある。また連邦政府はどのような移民を受け入れるか，という「移民政策」では大きな役割を果たしてきたが，カナダへ入国すると連邦政府は移民たちには比較的無関心で体系的なケアをすることがなかった。より体系的な定住支援の手を差し伸べるのは1970年代以降である。そのため，移民の世話は同じ民族・人種集団，あるいはキリスト教の教会勢力が適宜，行ってきたといえよう。そしてもうひとつの理由は非営利の民間団体などに政府が補助金などを交付してサポートしてきたという実績である。

　カナダにおいても非営利の民間団体や慈善団体についてはこれまで学問的にも関心が向けられてこなかったので，詳細なデータがないが，最近では研究が進められるようになってきた。この中で一番多いのがスポーツや娯楽関係であり，全体の5分の1（約20.9％）を占める。地域やコミュニティにおいて特定のスポーツや娯楽を提供し，まとめ役を担当するものである。ついで宗教関係であり，信仰に限らず教会を通しての奉仕活動や地域活動などが含まれている（19.0％）。3番目に多いのが各種サービスを提供する団体であり，11.8％となっている。

　つぎに州別に非営利団体数をみると，ケベック州（4万6326団体，29％）とオンタリオ州（4万5360団体，28％）に圧倒的に多い。ついでBC州（2万

82　　第Ⅰ部　カナダの姿を探る

270 団体，13%）やアルバータ州（1 万 9356 団体，12%）が続く。しかし，団体数は少なくとも人口 10 万人に対する団体数でみると，サスカチュワンが 800 団体となり，カナダでは一番多いことになる。オンタリオ州では人口 10 万人あたり 369 団体となっており，サスカチュワンの半分以下になる。もっともケベック州では 617 団体という数字になっており，人口比に対して非営利団体数が多いことを示している。カナダ全体の平均数は 508 団体であり，BC 州や NB 州がこれに近い。人口数 14 万人の PEI でも非営利団体数は 943，人口 10 万人に対して 683 団体という実績があり，カナダ平均を上回っていることに注目したい。

　データとしては少し古いが，1999 年 2 月における慈善団体の活動領域と州をクロスさせたものがある（巻末の表 4 参照）。礼拝の場（places of worship）を宗教団体と考えると，ケベック・オンタリオ・BC という 3 つの州が過半数を占めることになり（61.4%），残りの 7 州・2 準州の合計（38.6%）を上回ることになる。3 つの州の中でもオンタリオに 36.4% と多く集中しており，カナダ全体の 3 分の 1 以上となっている。ついでケベックと BC は 13.4%（3628）から 11.6%（3145）とほぼ同じ程度の宗教関連の慈善団体が集中していることが分かる。他方，オンタリオに拠点を置く慈善団体の内訳をみると，礼拝の場の提供を活動目的とするものが 36.2% を占め，次いで福祉関係が 16.6%，その他の教育活動が 13.6% と続く。カナダ全体でもオンタリオとほぼ同じような傾向がみられる（礼拝の場，34.8%；福祉，18.0%；社会貢献，15.2%；その他の教育活動，12.7%）。

　ところで政府の立場からすれば，こうした非営利団体の活動は社会にはプラスになるので，公的にサポートすることも考えられる。そこで基本的には次のような対応をとることになる。つまり非営利の団体については，税金の面で優遇することで公的な認定を行うことができる。これは非営利の団体の一部を「慈善団体」として認めていくことを意味する。慈善団体として認められると税制上は有利となり，寄付金を集めるうえで団体や寄付を行う個人にも優遇が認められている。2003 年のデータに従えば，カナダ全体で 16 万 1227 の非営利活動を行う団体が存在していたが，その半数にあたる 56% の団体が慈善団体としての地位が認められていた。活動内容別にみると，宗教団体はその

94％が慈善団体の地位を確保しており，ついで病院（87％），医療関係と財団（ともに79％）と高い数字を示している。他方，専門家の団体はわずか7％という低い数字となっている。これは非営利団体でも一定の収入源を確保し，組織的にも安定している場合には慈善団体として認めてもらう必要性もないことからくるものと推察される。

　慈善団体を公的に認定することは1917年に連邦政府が第一次世界大戦の戦争遂行に必要な財源を確保するために「戦時慈善法」を制定したことに始まる。これは連邦政府が国民に対して所得税をはじめて徴収することになり，同時に慈善団体には免税など一定の優遇措置を認めたものである。この際，慈善団体は政府へ会計報告なり活動報告を行うことが求められた。その後，戦争が終結すると慈善団体への優遇措置を廃止することもあったが，大恐慌や第二次世界大戦などが始まると同様の措置を便宜的にとってきた。政府が戦時に入ると必要なサービスを国民には十分に提供できないので，慈善団体が政府に代わりそうしたサービスを提供することで補完的な役割を果たすことになる。ただし，政策的には長期的な観点からの考察を盛り込んだ政策ではなく，その場しのぎという傾向にあったとされる。

　こうしたことを反省し，連邦政府は1967年，所得税制度の改正と同時に体系的な慈善団体制度を認定した法律の改正を実施した。1917年に開始して50年後にようやく本格的な改正が実現したことになる。それまで慈善団体への税制上の優遇を認めてきたが，制度の不備などから優遇措置が濫用され不正が行われる可能性があり，より厳格で公正な運用が求められていたのである。

第Ⅰ部のまとめとして

　カナダは日本人にとりなじみがあまりないことから，歴史への理解もあまり進んでいないということがいえるだろう。つまりカナダは強大な米国の影に隠れた存在の薄い国であり，特別に学問的な関心を払うほどの対象でもない，ということになろう。しかしながら同時にバンフやナイヤガラの滝など観光名所に恵まれた馴染みの国にもなろうか。このためある意味では日本人には「良いステレオタイプ」が定着している国だともいえよう。

　第Ⅰ部の第1章ではカナダの姿を統計数字などを通して紹介した。軍事的な

意味では非力なカナダであるが，経済的には一定の存在感を世界的に示していることがおわかりいただけたかと思う。ついで第2章と第3章ではカナダが仏領植民地としてスタートし，のちに英領植民地として発展していくプロセスを描いた。植民地であることは一般的には従属的で主体性を欠く，というマイナス要因もある。しかしカナダでは英国統治のもとで英語系とフランス語系の共存が可能となるような枠組みが導入され，確立してきた。1774年のケベック法や1867年の「英領北アメリカ法」（BNA法）などはそれらを明確にしてきた。また英国統治のもとで1791年の立憲条例（カナダ法），1840年の連合法など時代環境に合わせた制度が導入されてきた。いわゆる民主的な権利の確立には時間を要したが大きな混乱もなく植民地統治が進められてきた。

　領土の拡大については米国と異なり，西部カナダは「無人の広野」ではなく，英国政府やハドソン湾会社（HBC）の管轄に置かれ，一定の秩序のもとで管理されてきた。広大な北西準州も西部カナダの発展と並行して柔軟に分割されたり境界線の変更をすることで貢献してきた。歴史的には領土拡張にあたり周辺諸国と軍事対立を招くことなく領土拡大が実現してきた。

　ただし米国とは無関係に発展してきたわけではない。英領の13植民地が母国の支配を離れ独立革命を起こすと，王党派（ロイヤリスト）と呼ばれる人々が北方の英領植民地へ移住した。この結果，フランス系住民が多数を占めるケベック植民地を2つに分割するという事態（立憲条例，1791年）も生まれた。ケベック植民地の西部に王党派が流入したため，フランス系住民が大半を占める東部と分割する必要性が出てきたことによる。のちにケベック植民地西部はオンタリオ州，ケベック植民地の東部はケベック州となり，現在のカナダの基礎を形成したことになる。

　カナダは連邦結成以来，BNA法という憲法を守りつつ，政治や経済の発展に努めてきた。経済面では広大な領土に少ない人口，という不利な条件があったが，英米からの資本受け入れ，資源開発，木材や小麦などの一次産品の開発と輸出，ナショナル・ポリシーと呼ばれる保護関税政策，対米協力の推進，そして移民の受け入れなどにより豊かな経済を実現してきた。文化や政治に関しては，英国系カナダは母国との関係を維持することに努めてきたが，第二次世界大戦後は自立したカナダの路線を模索するような転換が生まれた。新しい国

第3章　カナダの発展を理解する3つのテーマ　85

籍概念（1946 年と 1977 年）の導入や楓の葉を中心とした国旗の制定（1965
年），そして 1982 年憲法の制定などがその具体例である。他方，フランス系住
民が多数を占めるケベックでは 1960 年の「静かな革命」以後，ナショナリズ
ムが高まり，分離・独立を目指す政党も登場するようになった。

　外交面では 1867 年の連邦結成は内政面での独立にとどまり，やや中途半端
な状態が続いた。カナダ政府は英国の支援要請（ボーア戦争や第一次世界大戦
など）を受けて，これに協力することで外交的な自立を目指した。白人系の英
領植民地（カナダやオーストラリアなど）の外交上の自立を確認した『バルフ
ォア報告書』（1926 年），およびこれを法律として明確にした「ウェストミン
スター憲章」（1931 年）により外交上の権限を確保した。その後は対米協力が
進むが，独自の外交政策の模索が進められていく。第二次世界大戦後のミドル
パワー外交などはその具体例である。カナダ単独で行動することに限らず，国
連や国際機関などを自分の味方につけて外交政策を展開するという方法もカナ
ダが得意とする手法である。

　移民の受け入れについては，ヨーロッパからの白人を優先するという政策が
長く続いた。また同じヨーロッパ移民でも西欧や北欧からの移民が不十分とな
ると，東欧や南欧からの移民も受け入れる方向へと転換した。アジアからの移
民として日本や中国，そしてインドなどから 18 世紀末から移民の流れが本格
化するが，それぞれ厳しい規制や差別の対象になっていく。19 世紀末から 20
世紀にかけて，現在のカナダからは想像もつかないような人種差別を平然と行
うこともあり，カナダは非白人には冷たい国家でありつづけた。こうした体質
が変化するのは第二次世界大戦後であり，さまざまな試みを展開してきた。多
文化主義政策もそうした試みのひとつと考えることができよう。

　カナダは（米国ほどの強い個性はないが）無個性で存在の薄い国や社会では
ない。本書の第 I 部はこれを描くささやかな試みである。続く第 II 部ではカナ
ダの移民政策の特徴や多文化主義に関係する政策や理念を考察していく。いわ
ば人種差別を公然と行う国から多様な個性や存在を認めるユニークな国への転
換について考察することにしたい。

　1）　細川道久『カナダの自立と北大西洋世界──英米関係と民族問題』，刀水書房，

86　　第 I 部　カナダの姿を探る

2014 年，第 6 章。

2) 東京市町村自治調査会『カナダの地方自治』（第 4 回海外共同調査報告書），1993 年，第 IV 章。

3) Andrew Sancton, *Meger Mania：The Assault on Local Government*, Montreal：McGill-Queen's University Press, 2000.

4) Andrew Sancton, "Local Government," in John C. Courtney and D. E. Smith, eds., *The Oxford Handbook of Canadian Politics*, Toronto: Oxford University Press, 2010, p. 132.

5) Michael H. Hall, Cathy W. Barr, M. Easwaramoorthy, S. W. Sokolowski, and Lester M. Salamon, *The Canadian Nonprofit and Voluntary Sector in Comparative Perspective*, Toronto: Imagine Canada, 2005, pp. 9–12.

6) *Ibid.*, p. 24.

7) *Ibid.*, pp. 21–22.

第 II 部

多文化主義と移民統合を
めぐる理念と取り組み

第 II 部のアウトライン

　第 II 部は 5 つの章から構成されている。ごく簡単に内容と流れについて紹介したい。

　まず第 4 章においてカナダは移民をどのようにして受け入れてきたかに焦点をあてて考察している。歴史的な流れ，政策的なしくみ，そして移民受け入れに関係する現在の連邦官庁などを取り上げている。カナダ憲法の権限配分に従えば，移民は連邦政府と州政府の共同管轄事項であるが，連邦結成以来，連邦政府がおもにその責任を担ってきた。ただし最近では州政府も移民政策に関与するようになってきた。ナショナリズムを強めるケベック州政府から移民政策への関与が始まったが，ケベック以外の州でも移民政策への関心を強めてきている。また同じ北米の移民国家である米国の政策も簡単ながら紹介している。移民受け入れの規模も異なるので両国の移民政策を単純に比較することはできないが，米国の事例も興味深いものと思われる。

　また第 4 章では最近のカナダの移民政策の動向，そして永住を前提としない「外国人労働者」の受け入れ体制についても触れている。移民政策はカナダ国内の経済的要請にはタイムリーに対応できないこともあり，最近では移民に代えて外国人労働者を活用するという方向へも進みつつある。

　第 5 章では「政策実態」としての多文化主義に注目して考察した。1971 年，トルドー首相は確かに画期的な多文化主義政策について声明を明らかにしたが，連邦政府がこれにどう対処するかは不明なままであった。誰が（どの官庁が），何を，誰に対して，政策を提供するか明確ではなく，ある意味では迷走を続けることになる。カナダでは主要な官庁は活動報告をまとめた年次報告書を刊行しているが，多文化主義政策についてきちんとした年次報告書が刊行されるのは 1988 年以降になっている。1988 年には連邦議会が「多文化主義法」を制定

して政策としての多文化主義が明確となり，はじめて年次報告書として刊行された。ただし，1988年以前にも多文化主義的な試みは適宜，行われており，第二次世界大戦後から複数の行政官庁が刊行した文書や報告書を取り上げて政策実態としての多文化主義について考察した。政策の継続性も理念の一貫性もない，という印象を公式文書など読みながら得たことを，率直にここで述べておこう。

第6章ではカナダのメディアや研究者たちによる多文化主義の「理念」について検討した。メディアなどでは多文化主義への厳しい批判が行われ，ここではその代表的な論者を4名取り上げてみた。インド系の作家であるN・ビスーンダス，有名なジャーナリストであるR・グウィン，歴史研究者であるJ・L・グラナツティン，そしてM・ローニーたちの意見を紹介したい。かれらが投げかけるものは多文化主義への厳しい批判であるが，果たしてそれらがどこまで説得力があるのか，読者にも適宜，ご判断いただきたい。また移民政策に関するカナダ国内の世論調査の結果も興味深い。世論調査では移民政策に肯定的な意見が多く，現状維持を認める方向にある。この点で多文化主義や移民政策については，カナダ国民が評価し認めていると考えられる。1988年にようやく制定された多文化主義法についても詳しく紹介した。この法律で何を追求しようとするのか，公式論ではあるが多文化主義の理念を探るには有力なガイドとなろう。

第7章はカナダ国内に定住した移民（あるいは永住権を得た外国人）をカナダ政府がどのように迎え入れているかを考察したものである。第4章は移民政策史や移民を受け入れる態勢を取り扱っていたので，ある意味ではそれとペアとなる章である。移民政策史はカナダでも比較的多く研究実績がある分野であるが，移民を（一定期間に限るが）どのように処遇するかについてカナダ国内の学界では研究が少ない。第7章はその点で「移民定住支援政策」を取り上げたという意義を有する。行政的には連邦政府の担当官庁が定住支援を行うことになるが，実際には民間の支援団体やNGOに補助金を交付して「支援の手足」（あるいは耳と目）を連邦政府は確保している。逆にいえば民間NGOや

92　第II部　多文化主義と移民統合をめぐる理念と取り組み

公立学校などが移民の定住支援の最前線として機能していることになる。そうした状況を紹介し，定住支援の三大プログラムというべき ISAP（情報提供やオリエンテーション），LINC（言語訓練），ホスト・プログラム（友人として移民を支援）を考察した。また近年では州政府も移民の定住支援策に関係する傾向にあり，連邦政府と州政府による移民協定も多数，締結されてきた。移民の定住支援政策はカナダ連邦制度を研究する上で新しく重要なテーマとして登場してきた。

　第 8 章は公平な制度として登場してきた「ポイント制度」への批判から始まる。この制度は移民の能力を学歴や言語能力，そして職歴などで総合的に判定する制度として 1967 年から導入されてきた。しかし移民たちがポイント制度で公平に判定されたとしても，彼らに自動的に就業の機会が保障されているわけではない。簡単にいえば移民の能力や資格はカナダにおいてニーズがあるわけではなく，学歴の高い移民がカナダへ入国しても雇用の機会が保障されているわけではないことになる。ポイント制度とカナダ国内における雇用機会には大きなズレがあることが重要である。オンタリオ州政府はこの点に注目し，専門職（医師，教員，エンジニア，看護師など）に移民がどのように関係できるかを進める組織（Office of the Fairness Commissioner: OFC）を 2007 年に設立した。専門職の資格認定のプロセスを透明にして，また情報をオープンにすることで専門的な資格を持つ移民の就業機会を改善しようとした。この章では OFC のユニークな試みを紹介している。また機能不全に陥ったポイント制度が現在，大きく修正されつつある。第 8 章の後半において，なぜポイント制度が機能不全に陥ったのか，そしてどのように改善されているのかを考察した。

　第 II 部はこのようにカナダが移民をどのように受け入れ，カナダへの統合を試みているかを総合的に考察したものである。多文化主義政策も移民の定住支援政策も完成したものではなく，今後も時代の変化を受けて修正し改善されていくものと思われる。

第4章 カナダの移民受け入れ体制
―― 現状分析と課題

1. イントロダクション

移民と外国人労働者

カナダでは移民や難民の受け入れに関してさまざまな対応や政策がとられてきた。本章において受け入れ体制についての概説的な解説を行い，その延長線上にある多文化主義や移民定住支援などを考える基礎を提供したい。最初には簡単な歴史的流れを追い，ついで移民政策の現状についての考察，難民政策の概略，そして（移民とは異なり）永住権獲得を視野に入れていない外国人労働者の現状という4つのテーマを取り上げる。

通常，移民政策といえば永住権の付与が前提となっている移民（経済移民など）が中心のテーマである。カナダにおいて，最近では移民と難民を合計して1年間で約25万人前後を受け入れることが決められ，それに従い受け入れが進められてきた。しかし，カナダでは一時的に滞在し就労を認める「外国人労働者」（foreign workers）もカナダ国内の労働力不足を補うために次第に増加してきている。2003年には約10万3000人の外国人労働者を受け入れたが，2012年にはその倍となる21万3573人を受け入れている[1]。さらに最近では留学生も良質な移民候補として位置づけられ，勉学をしながらの就労を認め，定住の道を可能とする政策を打ち出してきている。もちろん，すべての留学生が勉学・研修を終えて母国に帰らず，カナダ国内に留まり永住を目指すわけではないが，一定の割合で永住を志向する流れもある。2003年の留学生数は約7万人であったが，2012年には10万5000人に増加している[2]。留学生が良質な移民候補になりうるのは，カナダの大学や教育機関に在学したことで，カナダの事情に明るいこと，そして一定の言語能力が約束されていることにある。加えて就職についても通常の移民よりも早く職を見つけることができる，という可能性が高いことによる。これまでであれば，移民と留学生については明確な境界線が引かれてきたが，最近では両者をつなぎ，移民を確保していこうと

95

いう連邦政府の思惑が顕著になってきた。本章では移民政策に加え，留学生や外国人労働者も取り上げて，総合的な受け入れ体制を考察する必要性を強調しておきたい[3]。

　ところでカナダの民族・人種構成の多様性は驚くほどの速さで進行してきた（第1章第2節：民族・人種構成も参照）。2011年度の国勢調査によれば，外国生まれ（移民や移民から国籍を取得したカナダ人）の比率が増えてきたことが明らかである。実数でいえば677万5800人は国勢調査に際して外国生まれと回答し，カナダ人口全体の比率でいえば20.6%まで占めている。簡単にいえば，カナダ人の5人のうち1人は外国生まれであり，これは過去75年間のうちでは高い数値を示している[4]。もっとも20世紀初頭（1910年代から1930年代まで）においてもヨーロッパからの移民が増加した時期には高い数値（22.2%，1931年）を示していたが，2011年のデータはこれが増加傾向にあることを示している。カナダよりも外国生まれの住民の割合が高い国はオーストラリアでその比率は26.8%（2010年）であり，カナダはこれに続く第2位である。移民大国である米国はオーストラリアの半分程度（12.9%，2010年）である[5]。

　カナダにおいて移民の多くはオンタリオ，ケベック，そしてブリティッシュ・コロンビア（BC）という3つの州に集中する傾向にある。またそれぞれの州において中心都市であるトロント，モントリオール，そしてヴァンクーヴァーに移民たちが集中する傾向にある。2006年から2011年までの5年間に約120万人がカナダへ移民として受け入れられたが，6割を超える移民は三大都市を定住先として選んでいる。三大都市のうち，トロントには38万1700人（32.8%），モントリオールには18万9700人（16.3%），ヴァンクーヴァーには15万5100人（13.3%）が定住先としている[6]。ただし近年では三大都市への移民の集中に少し歯止めがかかる傾向にある。1996年には集中度は73.4%であったが，2001年には72.6%，そして2006年には68.9%であり，三大都市以外ではカルガリー，オタワ，エドモントン，ウィニペッグ，ハミルトンなどへの定住が進行している。

　これをグローバルな観点からみると，トロントやヴァンクーヴァーは外国生まれの住民が最も多い都市という事実が出てくる。カナダ統計庁（Statistics Canada）が刊行した分析結果によれば，世界の主要都市の中で外国生まれが

占める比率はトロントが最も多く（45.7％），ついでヴァンクーヴァー（39.6％）が2番目と続く。世界の都市のなかで3番目に外国人生まれが多いのは米国のマイアミ（36.5％），4番目にロス・サンジェルス（34.7％），5番目にはオーストラリアのシドニー（31.7％）と続く。米国のニューヨークは7番目（27.9％），モントリオールは8番目（20.6％）である。カナダの都市の人口規模は一般的にみて大きいが，住民構成の多様性という点でも顕著な特質を指摘できよう[7]。

増大する非白人移民

本章の第2節で紹介するように，カナダへの移民はヨーロッパからの「白人移民」が歴史的にはメインであった。しかし，人種差別的な政策への反省の高まりとともに，1960年代に入り，次第に修正する路線へと転換した。まず1962年には人種，宗教，そして国籍などによる差別をしてきた移民政策を廃止する決定を行った。これによりヨーロッパからの白人移民を優先し，他方ではアジアからの移民を排除するという差別的な受け入れ政策に終止符をうった。ついで1967年には移民の能力（学歴，職歴，言語能力など）を公平に判定して受け入れの判断を行うという「ポイント制度」が導入された。それぞれの判断基準にポイント（点数）を付与して，全体の合計100点のうち70点以上なら受け入れ合格というシステムである。

この結果，1970年代以降になると，カナダの移民出身国や地域が大きく変化してきた。上位を占めてきた英国や米国が姿を消し，インドや中国などが上位を占めるようになってきた。2012年のデータによれば，中国（12.8％），フィリピン（12.7％），インド（11.2％）が上位3位までを占めるようになってきた。また上位10位までの国や地域からの移民を合計すると全体の過半数（56.6％）を占めるほどにもなってきた。加えてアジアやアフリカからの非白人移民が増大し，いわゆる「ヴィジブル・マイノリティ」（visible minority）の存在も顕著になってきた。2001年には合計するとかれらは約400万人に達し，人口比率では13.4％となっている。1981年には総数が110万人で比率では4.7％であったので，実数では4倍増という顕著な変化がみられる。今後もカナダにおいてヴィジブル・マイノリティが増加することが指摘されており，

第4章　カナダの移民受け入れ体制　97

カナダの文化や社会にさらなる変化が生まれることも予想されている。たとえばカナダ統計庁の人口構成の将来予想に関する調査では，2001年には400万人（人口比では13.4%），そして2017年には710万人でカナダ全体に占める比率は約20%としている[8]。増加する理由として，移民の年齢が若いことや出生率が高いこと，そして高齢化が進むことなどが考えられる。カナダ建国150周年を迎えた2017年の状況を簡単にいえば，カナダ人の5人に1人はアジアやアフリカ出身の人々により構成されることになる。またヴィジブル・マイノリティのうち，中国系と南アジア系が最大勢力を誇り，それぞれ約180万人（両者を合計すれば約360万人）となっている。

2. 移民政策の歴史的展開

歴史的概観

カナダの移民政策の基本はヨーロッパからの白人移民を受け入れることにあった（巻末の年表を参照）。また白人のなかでも英国やフランスなどの西欧諸国からの移民が歓迎された。仮に西欧諸国からの移民供給が止まると，つぎには北欧や南欧諸国からの移民を受け入れる政策をとった。しかし，西欧も北欧も十分な数の移民を供給できないことが判明すると，つぎには東欧諸国からの移民たちが西部開拓の原動力になることを期待して受け入れられることになった。時期としては19世紀末から20世紀初頭の自由党政権が宗教や言語も異なる東欧系の移民を受け入れ，西部開拓に苦心をしたことはよく知られている。これには自由党政権の内務大臣として移民受け入れに尽力したクリフォード・シフトン（Sir Clifford Sifton）の貢献が大きいとされる（第2章第1節：カナダの歴史的発展，人口数の推移と移民の受け入れも参照）。

他方，アジアからの移民は「歓迎されざる移民」であった。たとえば大陸横断鉄道の建設についてはカナダ西部においては利用できる労働力が不足していたので，中国からの移民（あるいは外国人労働者と呼ぶべきか）を大量に受け入れた。しかし1885年には大陸横断鉄道が完成して西海岸のヴァンクーヴァーまで東部とつながると，安価な労働力である中国人労働者は不要となった。その結果，中国人移民の流入を規制する法律が成立し，事実上，中国からの移

民はストップすることになった。中国移民ほどではないが，日本人移民やイン
ド人移民にもさまざまな規制や制約を課して，第二次世界大戦後までアジア系
移民や労働者の流入の動きが止まることになった。

　本節では連邦結成以来のカナダ移民史を紹介する余裕はないので，ごく簡単
に流れだけに触れることにしたい（巻末の図3参照）。19世紀末までは移民数も
さほど増えないが，ヨーロッパの国際環境の変化を受けて1910年代には急激
に移民が増加している。ピークとなる1913年には40万人を超える移民を受け
入れており，カナダ人口全体に占める移民の割合は5.3%という高い数字を示
している。その後，第一次世界大戦のために移民数は激減するが，1920年代
から1930年代には次第に回復していく。ただし，1930年代から1940年代に
入ると世界恐慌や第二次世界大戦の影響もあり，カナダへの移民は減少してい
く[9]。

　第二次世界大戦後，カナダは経済発展を遂げるためには移民による労働力確
保が必要という理解のもとで，積極的に受け入れを進めていく。1957年には
28万2164人という実績をあげ，これはカナダ人口に対して1.7%を占めるほ
どであった。1990年代以降では変動はあるが，毎年，20万人から25万人の移
民と難民を受け入れる政策を確立してきた。2000年代におけるカナダ人口に
対する移民の割合は0.7%から0.8%程度であり，それなりの安定した受け入
れの実績をあげてきたといえよう。

　ところでポイント制度が導入されてから，移民の受け入れ数はカナダ経済の
動向を受けて増減するという特徴があった。たとえば1968年には移民受け入
れ数は約18万4000人であるが，1970年代初頭には年間12万人と減少してい
る。またカナダ経済が不振を迎える1980年代中頃にはさらに減少している
（約8万4000人，1985年）。ピークの頃と対比すれば半減しているわけである。
しかし，自由党に代わり進歩保守党のB・マルローニーが政権をとる1984年
以降，次第に増加する傾向が定着した。1990年代以降，基本的には年間20万
人を超える移民をコンスタントに受け入れる体制となってきた。これまで自由
党政権は一般的に移民やマイノリティに便宜を図ってきたとされる。その結果，
自由党は他の政党よりも政治的な利を得てきたという批判が強い。他方，マル
ローニーの進歩保守党政権は移民受け入れ数を変動させず一定数を維持すると

第4章　カナダの移民受け入れ体制　99

いう実績を築いてきた。最近では年間 25 万人という数字がほぼ確定したようであり，これはカナダ国内でも一定の理解を得ていると思われる。2006 年に自由党から政権を引き継いだ保守党のハーパー政権も以前と同じレベルでの移民受け入れ政策を継続している。

移民政策の枠組み──なぜ分かりにくいのか

　カナダにおける移民政策はやや分かりにくい。そこで筆者なりに 4 つの理由を考えてみた。まず移民政策は基本的には国民の関心を引くことは少なく，さらに議会において審議されることも多くなかったことによる。その結果，限られた政権担当者の判断により重要な決定がなされることが歴史的にはよくみられた。政権担当者からすれば，国民が移民政策への関心や理解をもたず，さらに国会議員たちも無関心であれば，自分たちで重要なことを決めるというスタンスにつながったと思われる。別の章でも紹介する 1956 年から 57 年のハンガリー難民の受け入れなどは，移民政策担当大臣の J・ピッカースギル（J. Pickersgill）が首相や内閣の了解を得ながらも，受け入れについては個人的な判断に頼り，積極的な政策を展開した事例として位置づけられよう [10]。もっとも，移民受け入れにあたり，移民たちが都市部に集中することもあり，政権政党（特に自由党）は特定の法律に縛られることなくフリーハンドで受け入れるという特権を生かしてきた。ある意味ではこれは移民や難民たちにとり，プラスの効果があったという可能性も指摘できよう。

　第二の理由として，重要な事柄が法律の制定や移民法の改正によらず「内閣令」（Order-in-council）という政治的な判断で決められている特質も指摘しなければならない。内閣令とは政権担当者が特定の事柄について決定をするが，それは議会に諮られることはなく，自由に施行されるという形態をとる（厳密にいえば「枢密院令」と呼ぶべきであるが，本章では内閣令を使う）。第二次世界大戦中，カナダ政府はおもにブリティッシュ・コロンビア州の沿岸部に定住していた日系カナダ人を内陸部に収容するという重大な決定を行った。具体的には日系人の立ち退きに関する権限を法務大臣に認めた内閣令（第 1486 号，1942 年 2 月 24 日），そして立ち退きに関する実務を BC 州保安委員会（BC Security Commission）の設置により行うことを規定した内閣令（第 1665 号，

1942 年 3 月 11 日）により実施された [11]。こうした決定により約 2 万 3000 人の日系カナダ人たちは不本意に住居を立ち退くことを余儀なくされ，また土地や家屋をカナダ政府に没収されるという悲劇に見舞われたことは有名である。日系カナダ人からすればこうした決定は「不当」なものであるが，カナダ政府にすれば「内閣令」という正当な手続きを踏んでおり，法的にも政治的にも正当なものと反論できよう（ただし 1988 年，連邦政府の公式謝罪と金銭補償が行われ，今日では不当なものであったとされた）。

　第三の理由として内容的にはかなり重要な事柄であっても，移民法を改正せず，移民法に付随する諸規則（Regulations）を変更して対応したことである。たとえば移民受け入れについては，1962 年までイギリスやヨーロッパからの白人移民に事実上，限定する人種差別的な色彩が強いものであった。ただしこうした差別的な政策は戦後世界の流れに逆行するものであり，改善が求められていた。進歩保守党政権はライバルの自由党を破り，1957 年に誕生した。J・G・ディフェンベーカー首相は弁護士出身ということもあり，差別的な制度や慣行を改善することに関心を抱いていた。その結果，1962 年，移民法に盛り込まれていた差別的な規定を，諸規則において廃止するという方法を採用した。その理由として移民法の条文の改正を目指す場合，議会で時間もかかり，場合によっては野党の反対で不成立に終わる危険性もあったとされる。移民法の改正よりは諸規則の改正であれば，確実に実現できるというメリットがここに見出される。これにより，アジアやアフリカからの移民の流入を阻害していた規定が廃止されることになった。

　ただし，有色人種の移民を積極的に受け入れるためには，さらに別の方法が必要である。これを現実にしたのが 1967 年の「ポイント制度」の導入である [12]。移民を希望する人々を合理的かつ客観的に判定するための基準が必要であり，学歴・言語能力・職歴・年齢・就業可能性などを点数化し，合計点が高いものだけを受け入れるという制度である。これも興味深いことに，移民法そのものの改正ではなく，付随する移民法諸規則の改正で対応している。移民法の制定や改正，および諸規則の廃止・改正などの違いをわれわれは理解する必要があろうが，複雑であることは確かである。のちに移民法が複雑になったため，時代の変化を反映したより近代的な移民法が模索され，より包括的な内

第 4 章　カナダの移民受け入れ体制　　101

容を盛り込んだ新法が 1976 年に成立している（実際に施行されたのは 1978 年）。

　なお移民史研究家のヴァレリー・ノールズ（V. Knowles）によれば，移民法を制定して以来，カナダ政府は条文の改正などによらず内閣が自由に移民政策を展開できるように内閣令により対応できる方法を優先してきたという。つまり「移民法は，同法の広範な条項が情勢変化に適用できるよう，枢密院令（内閣令）の形で諸規則を策定する権限を内閣に認めている」[13] ことになる。これがマイナスに作用すれば，ひと握りの官僚や政治家による恣意的な移民政策が進められる危険性もあるが，同時にプラスに作用すれば，前例に囚われず意欲的で前向きの政策を展開することが可能にもなる。先に指摘したように，第二次世界大戦後，カナダ政府の移民担当大臣であったピッカースギルがハンガリー難民を受け入れたことはそのプラスの例として指摘できよう [14]。

　移民政策を複雑にする第四の要因は，時代環境により移民政策が大幅に変化していくことである。つまり移民政策の背後にはある原則なりルールがあり，それを具体化するのが移民法とわれわれは考えがちである。しかし，カナダにおいて移民の受け入れは，時代の変化や要請を受けて，便宜的かつ恣意的な対応がとられてきた。たとえば「白人移民の優先」という原則は確立しており，英国人や米国人（黒人を除く）が最適な移民候補者となりうる。ただし，これらの国からの移民供給が不十分な場合，19 世紀末から 20 世紀初頭にかけて北欧，南欧，そして東欧というように門戸を開いていった。さらにロシアや東欧からの移民であり，かつメノナイト（Mennonites）といった宗教上のマイノリティであっても，身体強固で立派な農民になると期待できれば，カナダ西部での集団移住を認めるという決定も行っている [15]。ひと口に白人移民といいながら，そのバリエーションは広く，多様性に富んでいた。

　他方，非白人でアジアからの移民についてはより格差の大きい移民政策を採用していた。たとえば大陸横断鉄道の建設には多数の労働者が必要であったが，白人労働者だけでは不足しがちであった。そのため，中国からの労働者（移民）を受け入れ，大陸横断鉄道の建設に当たらせた（第 2 章第 1 節：カナダの歴史的発展，連邦国家の経済政策も参照）。中国人労働者はヨーロッパからの白人移民や労働者とは外見も言語も異なり，当然のことながら異質な存在であった。

しかし，すべては大陸横断鉄道の完成のためには許される存在であった。ある資料によれば，大陸横断鉄道を建設したカナダ太平洋鉄道（Canadian Pacific Railway: CPR）は約6500人の中国人労働者を採用したとされる。しかし1885年には大陸横断鉄道が完成し，西の玄関口であるヴァンクーヴァーまで到達するとカナダ政府は中国人労働者（移民）の受け入れについては制限を設けるようになった。具体的には人頭税（Head Tax）と呼ばれる税金（1人あたり50ドル）を徴収することになった。人頭税は次第に増額され，1900年には100ドル，そして最終的には500ドル（1903年）まで上がり，厳しい制約が設けられることになった。中国人移民にとり，当時の500ドルはかなり高額な費用であったといわれている。ただしこうした厳しい制約にもかかわらず，中国人移民の流れが期待どおり停止しなかったので，1923年には特定の例外を除き（外交官や留学生など），中国人のカナダへの入国を事実上，禁止するという強硬手段に連邦政府は訴えることになった（中国人移民法Chinese Immigration Act）。カナダの移民政策史のなかでも，特定の移民をターゲットにして厳しい制約を設定したのはこの事例だけである。第二次世界大戦が終わり，1947年には中国人の移民を禁止した法律は廃止され，長い差別的な制度にピリオドが打たれた [16]。

　インドからの移民にも差別的な対応がとられた。ただしインドは中国や日本と異なり，大英帝国の一員であり，ストレートな差別をインド系移民に向けることは英国からも控えるようにカナダへ圧力がかけられていた。そこでとられた措置はインドからの移民は「連続的航路」（continuous journey）によるものとすることが内閣令により1908年1月に定められた。当時，太平洋を渡る船舶は太平洋岸の主要な港に停泊し，水や食糧，そして燃料などを補給する必要があり，インドからカナダへのノン・ストップの航行は不可能であった。1908年の内閣令によれば，インドからの乗客は主要な港で船舶を乗り換えてのカナダへの入国を認めない。言い換えれば，インドからヴァンクーヴァー港への直通の船舶によらない限り，入国を認めないというものである。なお当時，この内閣令の合法性についての訴訟があり，これを（カナダ入国の）好機とみた裕福なシーク系のビジネスマンがコマガタマル（駒形丸）をチャーターして，インドからの客をヴァンクーヴァーまで輸送する計画を立案した。実際にコマ

ガタマルは香港を出港し，上海や横浜に立ち寄ったあと 1914 年 5 月 23 日，376 人の乗客を乗せてヴァンクーヴァーへ到着した。もっともヴァンクーヴァーではすでに排日運動や反中国移民運動が発生しており，タイミングとしてはインド系移民には都合のよい時ではなかった。乗客の大半はシーク教徒で占められており，BC 州政府や連邦政府はかれらの上陸（入国）を拒否し，約 2 か月後の 7 月 23 日，コマガタマルはカナダ海軍の軍艦に伴われてヴァンクーヴァーの港を出航し，インドへの帰国を余儀なくされた。同年 9 月 27 日，コマガタマルはインドのカルカッタに到着したが，乗客の中には不法な政治活動を行う人物がいるとの疑義を持たれ，厳しい取調べなどが行われた。この結果，乗客と当局の間での衝突が起こり，死者も出たとされる [17]。

　20 世紀初頭（1907 年），ヴァンクーヴァーで反日・排日の暴動が起こり，カナダ政府としては日本からの移民に何らかの制限を加える必要性がでてきた。ただし，当時の日本の政治力や軍事力を考えると，日系移民の全面的禁止は望ましい対応策ではない。そこで生み出されたのが「ルミュー協定」（1908 年 1 月）という日本とカナダの合意である。連邦政府の労働大臣であったルドルフ・ルミュー（Rodolphe Lemieux）が訪日し，日本政府との間で結ばれたのがこの協定である。カナダ側は日本に対しては（対中国にしたような）厳しい移民規制をかけないが，日本側がカナダへの移民数を「自主的に規制する」という紳士協定，いわば大人の対応がここでとられた。日本側がカナダへ渡る移民数 400 人（年間）を守ることで紛争の進展に歯止めをかけたのである [18]。

　カナダに限らず，移民政策について論理的な整合性を求める理由はない。特定の政策や対応について善か悪かという価値判断を求めることはあまり適切ではないだろう。しかし，カナダの移民政策は時代の変化を受けて変化し，その姿はドラスティクに変貌を遂げるという性格を有している。20 世紀の初頭にカナダが中国と日本に対して行った政策はその具体例と考えることができよう。ただし，その変貌をあえてプラスに評価すれば「柔軟な政策」，辛口の評価をすれば「一貫性のないその場凌ぎ」となろうか。

移民に関する法律や政策の動き

　移民の管轄は憲法（英領北アメリカ法：BNA 法）の規定から，連邦政府と

州政府の共同管轄（第95条）として1867年の連邦結成時に定められた（第2章第2節：カナダの憲法と政治制度，憲法のしくみと連邦制も参照）。この共同管轄方式はカナダ憲法の権限配分では珍しいものである。本来は連邦政府か州政府かどちらかが特定の権限については単独で排他的に管理することが多いためである。

　なお連邦結成ののちに連邦政府と州政府の関係者が集まり，移民政策に関する連邦・州会議が1868年10月30日に行われた[19]。ここで移民受け入れの体制は連邦政府が中心となることについて合意が生まれ，連邦議会は翌年には移民法を制定した。またヨーロッパからの移民をカナダ西部の開拓に向けることを主眼として，1872年には「ドミニオン土地法」（Dominion Lands Act）が制定された[20]。これは一定の条件のもとで西部開拓を行った農民には土地を無料で与えるものである。西部開拓がどの程度，成功したかを判断することは難しいが，「移民＝土地の付与＝西部開拓」という比較的シンプルな方法を連邦政府が提供していたことは明白であろう。

　20世紀に入り，1906年と1910年と続けて移民法の改訂作業が進められた。また東部沿海部の入り口として，ハリファックスの港を整備した第21桟橋（Pier 21）が1928年に作られている。大西洋を渡った移民たちはここで降り，次なる目的地であるモントリオールやトロント，そして西部へ鉄道を使い移動を続けた。

　第二次世界大戦後，カナダは通常の移民に加えて兵士の帰国作業も実施した。カナダ兵がヨーロッパ各地へ派遣され，時には現地で結婚していることもあり，配偶者同伴での帰国ということもあった。そうした配偶者（約4万8000人）や子供（約2万2000人）たちは移民としてではなく，カナダ兵と同じようにカナダへ迎え入れる措置がとられた[21]。またカナダが難民条約に正式に加入するのは1969年であるが，ヨーロッパ各地の戦乱などから生まれた難民を積極的に受け入れた。第二次世界大戦後からしばらくの期間，移民か難民かという2つのカテゴリーを正確に区分することは難しいが，1950年代には約50万人にのぼる人々を迎え入れた。さらに東欧において，ソ連が特定の国を対象として政治的抑圧をする事件が起こり，カナダは民間組織の支援などを受けながら難民を受け入れた[22]。代表的なものは1956〜57年のハンガリー難民（約3

万 7500 人）や 1968～69 年のチェコスロバキア難民（約 1 万 1000 人）である。冷戦下という国際政治のなかで，ハンガリーやチェコスロバキアにおける「ソ連の横暴による犠牲者」の受け入れは国民感情にも合致したものであった（第 3 章第 2 節：植民地から独立国家へ，第二次世界大戦後のカナダ外交も参照）。

　1946 年には興味深い別の動きが進展した。それはカナダに独自な国籍の概念が導入されたことによる。それまでカナダ人を規定するものとして「カナダに在住する英国臣民」というものが存在し，カナダは旧母国（英国）との関係により，自分たちの国籍概念を規定していた。しかし第二次世界大戦への対応のなかで，英国系カナダ人のなかから，旧母国への歴史的な忠誠を否定するものではないが，カナダはカナダ独自の国民概念を持つべきという声が高まった。そのため，1946 年には新しく「カナダ市民権法」（Canadian Citizenship Act）が成立した [23]。これにより英国臣民であることはこれまでどおり維持するが，同時にカナダ人としての明確な概念を 1946 年法により規定した（施行は 1947 年）。同時に移民法についても 1952 年には改正して，時代の変化に対応できるものとした。

　1947 年 5 月 1 日，M・キング（M. King）首相は下院議会において興味深い声明を明らかにした。これは戦後のカナダにとり海外からの移民が必要であるが，同時に受け入れは慎重にかつ受け入れ能力（absorptive capacity）に応じたものであるべきというキング流の判断が示されている。また移民の受け入れは労働力不足を補う手段にとどまらず，カナダの道義的責任という 2 つの異なる理由も示している。このキング声明は海外からの移民について，門戸を開いていくという意思表示として読み取ることができよう。ただし，日本人も含めアジアからの移民についてはこれまでどおり受け入れ制限を続けるということも明示しており，全面的な門戸開放にはならないことも強調しておきたい [24]。

　移民の受け入れについては戦後，カナダにおいて大きな変化が生まれた。第二次世界大戦はナチズムやファシズム，そしてユダヤ人虐殺にみられるような人種主義に対する自由と民主主義を護る戦いであったと規定されたが，もしそうであれば，カナダが戦後も中国人移民排除を盛り込んだ移民政策を維持することは，整合性に欠けることになる。そのため，次第に移民政策に代表されて

106　　第 II 部　多文化主義と移民統合をめぐる理念と取り組み

いた非ヨーロッパ諸国からの移民の受け入れについては修正されることになった。まず 1962 年には移民法に関する規制（immigration regulations）を連邦政府が提出して，人種差別的なこれまでのルールを廃止した。ついで 1967 年には移民の受け入れにあたり，能力に基づき判定するというポイント制度が西側先進国では最初に採用された。

1978 年には難民の受け入れも視野に入れた移民法が制定された。移民政策の目的や意義を明確にしたこと，家族結合の考え方を導入したこと，難民条約の規定に従い国際的な義務を守ること，そして連邦政府が州政府と協議して移民政策の基本を論議することなどが盛り込まれた。またこれまでカナダの国籍概念を規定していた「カナダに在住する英国臣民」という概念から進み，1978 年の新市民権法により，新しい方向へ転換した。「カナダ人であること」と「英国臣民であること」を別のものとして切り離したのである[25]。この変化は，英国臣民であっても自動的にカナダ人という国籍（市民権）を獲得できないことを意味し，英国移民も他の国からの移民と同じようにカナダへの帰化の申請が必要となった。ここでわれわれは，移民法の改正と市民権概念の再整理がほぼ同じ時期に実現されたという歴史的な意義を認めることができよう。

さらに 2002 年には自由党のジャン・クレティエン政権のもと，より体系的な受け入れ制度の構築を目指した「移民・難民保護法」（Immigration and Refugee Protection Act）が制定された。また 2006 年 2 月には S・ハーパーに指揮された保守党が自由党を破り政権の座についた。この保守党政権は自由党のこれまでの移民政策には批判的であり，保守党風にアレンジして改革した。保守党的改革というのは，移民の受け入れを全否定するわけではなく，経済的合理性に沿うような移民政策であり，より現実的な受け入れ政策である。また保守党政権が移民を含めたマイノリティ集団と親しい関係を築き，選挙において有利に展開することも想定している。先に述べたように，移民の約 7 割がトロント，モントリオール，そしてヴァンクーヴァーという大都市に集中する傾向にあり，都市の移民票を獲得することが連邦下院の過半数の議席を獲得するうえでも不可欠でもある。自由党が移民の世話を行うという点では保守党が出遅れていたが，ハーパー政権は次第に移民たちの信頼を勝ちえてきたようでもある。

最近ではカナダの移民制度や難民制度を悪用する事件（難民を偽装したり，犯罪者が移民として申請することなど）に対し，ハーパー政権が厳しく対応する政策を打ち出した[26]。たとえば 2011 年に難民改革法（Balanced Reform Refugee Act），ついで 2012 年には移民システムを護る法（Protecting Canada's Immigration System Act）などを制定し，制度を悪用する試みを防止する試みを行っている。加えて移民の応募者が多数になり，判定機能が事実上麻痺しているポイント制度の改革にも挑戦した。

米国の移民政策

　カナダにおいては 1967 年が移民受け入れの大きな転換点になった時期であるが，となりの米国ではどのような状況であったのだろうか。ごく簡単に米国の移民政策史の流れを紹介しよう。移民の受け入れについては，事実上，18 世紀末まで連邦政府が本格的に関与することなく，ある意味で自由放任という状態に置かれていた。移民の供給源もヨーロッパが中心であり，特別な措置をとる必要もなかったことがその理由と考えられる。仮に何らかの対応や措置がとられるとすれば，移民が到着する港を持つ東部の州政府，たとえばニューヨークやマサチューセッツ（ボストン）が必要に応じて移民のケアや規制をしてきたとされる。しかし，アジアからの望まない中国人移民が到来すると，連邦政府はこれを阻止する法律（中国人排除法：The Chinese Exclusion Act）を 1882 年に制定した。中国人移民たちは 1840 年代末，カリフォルニアで起きたゴールドラッシュを目指して米国への入国を目指した。

　なお連邦政府は連邦を結成して間もなく外国人の帰化を管理する法律（帰化法 [The Naturalization Act]，1790 年）を制定しており，望まない外国人や移民についてはこれで排除することが可能となっていた。さらに時代の変化とともに，連邦政府はさまざまな帰化（あるいは帰化阻止）の手続きを打ち立てて対応してきた。こうした方法により中国人移民の流入は完全に停止したわけではないが，カナダと同じように 1882 年から 1943 年まで特定の国の移民を禁止する制度を確立した（カナダでは同じ措置が 1923 年から 1947 年まで採用された）。ヨーロッパからの移民についてはニューヨーク港の入口にあたるエリス島に入国審査の窓口が 1892 年に設置され，多数の移民の入国審査にあたっ

た[27]。

　移民受け入れを担当する官庁として，1891 年，連邦政府の財務省の中に移民課（Office of Superintendent of Immigration）が設けられた。これは 1895 年には移民局（Bureau of Immigration）に格上げされ，連邦政府が本格的に対応していくことになった。その後，監督する官庁の変更（1903 年，財務省から商業・労働省へ），名称の変更（1906 年，移民局から移民・帰化局，Bureau of Immigration and Naturalization），組織再編（1913 年，移民局と帰化局の 2 つに分割），組織再編（1933 年，2 つの組織をひとつに再び統合，移民・帰化サービス庁（Immigration and Naturalization Service: INS）とし，監督する官庁の変更（1940 年，労働省から司法省へ）という形で続いていった[28]。

　ここで米国の移民政策史について詳細に触れる余裕はないが，2 つの重要な移民に関する法律が 1924 年と 1965 年に制定されたことを指摘しよう。米国政治の分析を通してアメリカの特質を描いてきた『アメリカニズム』の著者である古矢旬は，前者が「合衆国史上最初の全面的な移民制限策のための原則を定め」，かつ後者は前者の「原則と体制を根本からくつがえした」と位置づけている[29]。1924 年法は「移民割り当て法」（The 1924 National Origins Quota Act）と呼ばれ，制定に関して中心的な役割を果たした議員名をとって「ジョンソン＝リード法」とも呼ばれている。移民の制限，あるいは望まない移民の規制を行ううえで，1924 年法は移民たちの出身国を手がかりとしている。古矢によれば，「この移民法は 1890 年国勢調査における外国生まれの人口を算定基準として，母国籍を同じくする集団にそれぞれにその二パーセントを移民枠として按分するという方式」であった[30]。国勢調査は 10 年おきに行われているが，約 35 年も前の人口構成をベースとして計算することになる。当然，これでは 1890 年以降，アメリカに移住してきた人々の出身国の変化は反映されないので，ヨーロッパでも東欧や南欧からの移民の割り当ては低く設定されることになる。その後，入国や帰化などについて人種差別的な制度が維持されていく。

　これに対して 1965 年法はそれまでの差別的な制度を改革する画期的な法律である。名称としては 1965 年移民・国籍法（The 1965 Immigration and

第 4 章　カナダの移民受け入れ体制　109

Nationality Act），また制定をリードした議員名をとって「ハート＝セラー法」とも呼ばれている。さまざまな変化要因を指摘できるが，有名なものとして，ケネディ大統領による議会への移民政策改革案の提言が知られている。かれは国籍を基礎として移民受け入れをすることを批判し，公平で新しい基準を導入すべきと議会へ提言した。ただし，ケネディ大統領は1963年に暗殺されるが，その移民政策改革案は副大統領のジョンソンが大統領に就任して引き継がれることになる。ジョンソン大統領は社会改革を目指した「偉大なる社会」構想も推進しており，移民政策の改革も世論の支持を得て大きく進んだことになる。

1965年法にはどのような内容が盛り込まれていたのだろうか。まず年間の上限数を東半球出身17万人，西半球出身12万人とした。ついで家族の呼び寄せを認め，離散家族が再び米国で生活できるような制度を認めた。さらに移民の選抜（選考）はルールを明示して進められることになった。興味深いことにこうした改革からアジアやアフリカからの移民が増加し，米国社会の変化を呼び起こすことにもなっていった[31]。

2013年度のデータによれば，移民の出身国の上位5か国のうち，3か国はアジアの国，そして残りの2か国は中米とカリブ海地域となっている。人数順に並べると，メキシコ（13万5028人），中国（7万1798人），インド（6万8458人），フィリピン（5万4446人），ドミニカ共和国（4万1311人）である[32]。

ところで通常の移民政策だけでなく，難民の受け入れについても言及しておこう。第二次世界大戦後，ヨーロッパからの難民が多数，米国にも到来することになった。いわゆる難民条約や難民条約議定書が成立し，先進国がそれらを批准するのは1960年代後半である。米国も緊急事態ということで特別に法律を制定し，これに対応した。戦争難民法（1948年）や難民救済法（1954年）はその代表例であり，1946年から1960年までには約70万人の難民が定住を許可されたという。その後，米ソの冷戦だけではなく中東地域やアジアでの地域紛争が発生し，難民を米国が引き受けることになっていく。ベトナム戦争終結後にはインドシナ難民問題が起こり，米国も他の先進国もこれに対応してきた。日本も難民の引き受けにはこれまで消極的であったが，国際社会の要請（圧力というべきか）を受けて，1970年代末から引き受けるようになってきた。

実際の難民受け入れ体制は次のようになる。まず大統領は連邦議会と協議しながら，受け入れ数の上限を設定する。2011 年度は 8 万人，2012 年度は 7 万 6000 人，そして 2013 年度は 7 万人である。また上限数だけでなく，地域の配分も設定している。2013 年度であれば，中東・南アジア（3 万 2400 人），東アジア（1 万 6600 人），アフリカ（1 万 5950 人），ラテンアメリカとカリブ海地域（4400 人），欧州と中央アジア（650 人）と続く。受け入れ数の実績としては 2013 年度では上限に近い 6 万 9909 人が難民として認定され，出身国上位にはイラク（27.9%），ビルマ（23.3%），ブータン（13.1%）がくる。上位 3 か国だけで半数（64.3%）を超えており，順位は変動するがこれらが 2011 年度も 2012 年度も出身国の過半数を独占している。他方，国内から政治亡命を申請する者たちは約 2 万 5000 人（2011 年度と 2013 年度）から約 3 万人（2012 年度）で認定されている。亡命を求めて認定された者の出身国の上位 3 か国として，中国（8604 人），エジプト（3407 人），エチオピア（893 人）と続く [33]。

2001 年 9 月には米国の政治や経済の中枢であるニューヨークやワシントンがテロリストにより奪われた民間航空機により攻撃を受けるという予想もしなかった大きな事件が発生した。いわゆる 9・11 事件である。連邦政府はそれまで国内でのテロ攻撃の可能性について察知していたとされるが，治安・警察組織間の連携や情報交換がスムーズでなかったため，テロ事件を阻止できなかったといわれている。そのため，沿岸警備隊を含め 22 にもおよぶ治安機関や移民管理機関の連携をスムーズにする国土安全保障省（Department of Homeland Security）という官庁を 2003 年に新設した。統合された組織の関係から，公務員数は連邦官庁の中では 3 番目に大きいという官庁とされる（最大は国防省，ついで復員軍人省）。また移民の管理をこれまで担当してきた移民・帰化サービス庁はおもに 3 つの組織に分割され，より効果的な移民管理を目指すことが定められた。具体的には関税・国境警備局（CBP: Customs and Border Protection），移民・関税執行局（ICE: Immigration and Customs Enforcement），市民権・移民サービス局（CIS: Citizenship and Immigration Services）となる。CBP は関税や国境警備にあたり，ICE は情報収集や調査活動を担当し，CIS は移民統合や帰化，そして外国人の就労管理などを担当している。新しい組織が実際のところ，どの程度，効果的に機能しているか判断は難

しいが，ある意味では大胆な再編が行われたといえよう[34]。

3．現在の移民の受け入れ制度

関係する官庁や行政機関

　これまでカナダの連邦政府としては，おもに 4 つの官庁や行政機関が移民関係の政策を担当してきた。第 5 章でも述べるが，それは市民権・移民省（Department of Citizenship and Immigration, 以下，市民権省と略），人的資源・技能開発省（Department of Human Resources and Skill Development, 以下，人的資源省と略），文化遺産省（Department of Canadian Heritage），そしてカナダ国境管理庁（Canada Border Services Agency: CBSA）である。移民の申請受け付けや審査，そして入国後の定住支援などを行うのが市民権省であり，首都オタワ以外の世界各地にも窓口が置かれている。これに対し，移民や難民はカナダへの入国が認められると，（一定の時間がたてば）自立してそれぞれが就労することが期待されている。そのため別の官庁である人的資源省（労働や雇用関係，カナダ国民の年金も担当する）が登場する。通常の移民受け入れ政策では人的資源省が顔を出すことはないが，就労支援や労働という点でこの官庁が登場する。また永住を目的とせずに一時的に滞在し，就労する「外国人労働者」の管理については，市民権省ではなく，人的資源省が独自の役割を担っている。なお 2013 年夏の内閣改造に伴い，部分的な官庁の再編が行われ，人的資源省は「雇用・社会開発省」（Department of Employment and Social Development）と改組された。ただし，担当する業務などについては以前と大きな変化はないようである。

　2015 年 10 月には連邦総選挙があり，自由党が政権の座に復帰した。首相はピエール・エリオット・トルドーの息子のジャステイン・トルドー（Justine Trudeau, 44 歳）であり，閣僚人事は男女同数（それぞれ 15 名）とし，若手の政治家やマイノリティ議員も任命され大きな話題となった。連邦官庁も名称変更や改組が行われ，市民権省は難民も視野に入れて「移民・難民・市民権省」（Department of Immigration, Refugee and Citizenship）となりベテランの男性議員がその大臣に任命された。人的資源省に代わる官庁として「雇

112　第 II 部　多文化主義と移民統合をめぐる理念と取り組み

用・労働力開発・労働省」（Department of Employment, Workforce Development and Labour）が設置され，初当選の女性議員がその担当大臣に任命された。ただし首相の権限で新しい閣僚ポストを設置することはある程度自由に行えるが，新しい省庁の設立を盛り込んだ法律が議会で制定されないとこれまでの官庁が存続することになる。このため，閣僚ポストの名称は新しいが監督する官庁は（法律が成立するまでの期間）これまでの名称を維持する，というズレが生まれてくることに注意しておきたい[35]。

　移民や難民の定住に向けての短期的支援を行うのが市民権省や人的資源省とすれば，移民たちの社会参加や政治参加，そして文化発展を長期的なスパンで支援を行う官庁が「文化遺産省」である。遺産省はそのため，多文化主義の政策やプログラムを担当しており，これが果たす役割は大きい[36]。加えて遺産省は移民にとどまらず，先住民の政治参加を支援したり，カナダ各地に住む仏語系の言語マイノリティ（ケベック州ではこれが英語系マイノリティとなる）への支援なども実施している。ただし，これまで多文化主義政策については遺産省が管轄していたが，ハーパー政権においてこれを市民権省へ移管する，という決定を 2008 年に行っている[37]。したがって現在では遺産省が多文化主義の議論に顔を出すことは少ないが，文化支援という面では大きな影響力を保持している。2015 年 11 月，遺産省が再び多文化主義を担当すると変更された。

　移民たちが必要なビザなどを取得してカナダへ入国する際，それを空港などで審査し決定する行政機関がカナダ国境管理庁である。2001 年の 9・11 事件まではカナダの国境管理は歳入庁や連邦警察など複数の官庁が共同で管轄していた。しかしより強固な国境管理を行う必要性が内外から指摘され，2003 年には複数の機能（検疫や入国審査など）を統合したカナダ国境管理庁が設立された。国境管理庁を連邦政府の行政機関のなかでみると，治安維持などを担当する専門官庁（公共安全省 Department of Public Safety）の外局にあたる。公共安全省の外局には国境管理庁に加え，RCMP と呼ばれる連邦騎馬警察（Royal Canadian Mounted Police）や安全保障調査庁（Canadian Security Intelligence Service: CSIS）といった機関が設けられている。なお移民がすべての書類やビザを用意しても，国境管理庁の入国係官が「ノー」と判断すれば入国は不可能となる。

第 4 章　カナダの移民受け入れ体制　　113

ところで移民の教育は誰が担当するのだろうか。成人移民であれば，市民権省が提供する定住支援により，一定の期間に限定されるが無料で語学訓練や就労支援を受けることは可能である。しかし学齢期の児童・生徒に対しては連邦政府ではなく，地域の公立学校や教育委員会が世話をすることになる。そのため，形式上は連邦政府の行政機関が移民や難民の世話をしていることになるが，実際は州政府や地方自治体，そして教育委員会，そして民間の支援組織やNGO がそれぞれ分担して世話をする構造になっている。連邦政府の定住支援策においてはカナダ人が個人レベルで移民を支援できるプログラムもあるので，特定の団体や組織に所属していなくとも貢献することが可能である。たとえば個人のボランティア活動や善意を連邦政府が行う移民支援政策において活用できるプログラムがあり，普通の市民や学生も貢献できる。いわば移民の受け入れや定住政策は，政府や民間機関，そして国民の関与など多面的な試みと理解できよう（第 3 章第 3 節：政府の役割と市民社会の貢献，連邦政府と州政府も参照）。

経済移民の概要

　まず市民権・移民省は州政府や関係機関などと協議を行い，次年度に受け入れる移民数の目標を設定している（巻末の表 5 を参照）。各種の移民のカテゴリーがあるが，全体の合計数については下限と上限を設定している。2012 年度の場合，下限が 24 万人で上限が 26 万 5000 人である。この年度の受け入れ実績は 25 万 7887 人であったので，ほぼ目標達成といえる [38]。2014 年度については前年度と同じ数字を目指すことが明らかにされている。2012 年度の移民送り出し国については以前であれば英国やフランスなどが上位を占めていたが，2012 年度では中国，フィリピン，そしてインドの 3 か国がトップ 3 である。4位以下にはパキスタン，米国，フランス，イラン，英国，ハイチ，韓国と続く。トップ 3 の合計は 36.7%，トップ 10 の合計は 56.6% を占めるほどである（巻末の表 6 を参照）。

　ついでカテゴリー別の移民について紹介しよう。移民の受け入れや選定は連邦政府と州政府の共同管轄事項であったが，連邦結成以来，連邦政府がその権限を行使してきた。これに対し，ケベック州政府は移民の選定や受け入れについても州政府の発言力を認めるように連邦政府に対して求めてきた。その結果，

1970 年代以降，次第にケベック政府の発言力が強くなってきた。最近では
1991 年の連邦・ケベック移民協定により，移民の選定については州政府が決
定し，連邦政府はそれを追認する（ただし犯罪歴や治安維持などについてチェ
ックを行う）ことになった。また移民の定住支援についても州政府独自のプロ
グラムにより実施をすることになった。ただし，移民の受け入れに関わる費用
については連邦政府が負担するというスタイルが確立している[39]。

　連邦政府が選ぶ経済移民は大きく分けて 4 つのカテゴリーに区分される[40]。
まず能力や就労経験などにより応募者を客観的に判定するもので，いわゆるポ
イント制度で決めるカテゴリーである（技能労働者，Skilled Workers）。2012
年度，経済移民の総数は 16 万 819 人であったが，その 4 割強にあたる 6 万
8266 人がこれに該当する。ついで「ビジネス移民」というカテゴリーがあり，
一定の投資を行いカナダ経済に貢献ができる移民，あるいは自営業を行える移
民などがここに入る。かれらはカナダ政府や国民が定住支援などをしなくとも，
高い経済力を持つので自立し，カナダ経済に貢献できるものと期待されている。
3 番目のカテゴリーは「カナダ経験者クラス」（Canadian Experience Class）
と呼ばれ，すでにカナダにおいて就労した経験があったり，留学生が卒業後に
母国へ帰国せずそのままカナダで仕事を得て永住を認める，というものである。
留学生であれば語学力の心配もないし，カナダ事情にも明るいことが想定され
るので，質の高い移民を確保できることになる。これは 2008 年から導入され
た比較的新しい制度である。4 番目のカテゴリーとして「住み込み家事介護者
プログラム」（Live-in Caregivers Program）がある。これは 1992 年に以前
のプログラムを改善して作られた。応募者には高卒以上の学歴が必要で，仕事
としては 18 歳以下の子供の世話や 65 歳以上の老人の介護，そして障害者の世
話を行い，その雇い主（個人家庭）に住み込みで働くというプログラムである。
最低（3 年間はカナダに滞在することが条件となっているが）2 年間勤務すれ
ば永住権の申請ができる，というものである。以前はカリブ海地域からの黒人
女性にこれに応募する者が多かったが，最近ではフィリピンなどからの応募者
が増加してきている。仕事の内容上，男性よりは女性が多いことが特徴とされ
る。ところで厳密にいえば，「住み込み家事介護者」は他のカテゴリーと異な
り，入国時には自動的に永住権を付与される，というものではない。一定の条

件をクリアした場合に限り，永住の申請ができるというものである。その点では「住み込み家事介護者」は正確には「外国人労働者」として受け入れられ，のちに他の経済移民と同じように永住権の申請を出すことができる，という特殊なカテゴリーに所属する。

　なお「経済移民」というカテゴリーでは，特定の技能や能力，そして資金力により定住が許可されるが，ここには配偶者や子供なども含まれている。2012年度の実績では能力や技能により選ばれる経済移民は 6 万 8266 人であるが，その家族数は 9 万 2553 人である [41]。移民の定住支援ということを考えると，配偶者の語学訓練や子供の就学援助ということも重要であり，ポイント制度による移民であってもすぐに全員が自立して生活できるわけではないことを理解すべきである。

　ケベック政府による経済移民の受け入れについては，連邦政府と同じように一定の能力や技能により選ぶもの，そしてビジネス移民という 2 つのカテゴリーが設定されている。ケベック政府の定住支援では移民たちが英語ではなく，フランス語を学び，ケベックの文化や社会的伝統を理解できるように支援することが大きな特徴になっている。

　ケベックを除けば経済移民は連邦政府が選ぶことで進められてきたが，州政府の側からすれば，そうした移民の経験や技能がすぐに役立つかどうかという疑問が指摘されていた。そのため，移民を州の要望に合わせて選びたいという新しい「州政府選定移民プログラム」（PNP: Provincial Nominee Program）が 1999 年にスタートした。これには州の経済事情や雇用状況に合わせてより柔軟な経済移民の選抜を行えるというメリットがあり，マニトバ州がまず積極的にこれを進めてきた。現在ではケベック州を除くすべての州でこれを実施しており，2012 年度には 4 万 899 人という実績を残している。審査に要する時間を短くできるというメリットもあり，州政府からは評価の高いプログラムである [42]。

家族・親族呼び寄せプログラムの概要

　永住権のない「住み込み家事介護者」を除き，永住権を得た移民は親族などを「家族・親族呼び寄せプログラム」によりカナダへ呼ぶことが可能である。

いわば人道的な観点からのプログラムであり，2012 年度には経済移民のカテゴリーの約 4 割に該当する 6 万 5008 人がこの制度を利用してカナダに渡っている [43]。人道的な観点から家族を呼び寄せることができるのは望ましいことであるが，他方では，これがエンドレスの移民の還流となっているという批判も強い [44]。つまり，一度，家族呼び寄せで永住権を得た移民がその家族や親族を招き，またその家族や親族をカナダへ招くという動きが連続して起こる可能性が高いことによる。たとえばポイント制度により夫が経済移民として認められたとしよう。その際，夫の妻や子供が同伴してカナダへ入国する。ついで夫と妻の両親（さらに祖父母も）を呼び寄せたり，夫や妻の兄弟姉妹を呼び寄せることが可能性として生まれてくる。さらに子供も一定の年齢に達すると親族を呼び寄せることができる。こうしたことから，親族呼び寄せについては制限をかける必要もあり，最近ではスーパービザという新しい制度を導入している [45]。これは親や祖父母については，永住権を認めたビザではなく，10 年間有効で何回も母国とカナダを往復できるビザを与えるというものである。これには条件として健康診断にパスすることがあり，これでカナダ社会に経済的な負担をかけることなくカナダに滞在することができるというメリットがある。

難民政策の概要

　難民の受け入れについてはまず入口部分について関心を払う必要があろう。第一の入口として，カナダ以外の国や地域にいる難民を市民権省が選び，受け入れるもので再定住プログラム（Resettlement Program）と呼ばれる。受け入れにあたり，難民条約をベースとして政府が受け入れの中心となる政府支援難民，および民間機関や特定の個人（最低 5 人は必要）が中心となる民間引き受け難民という 2 つに区分される。2012 年度の実績では政府支援の難民が5430 人，民間支援の難民が 4220 人である [46]。第二の入口として，カナダ国内にいる旅行者や一時滞在者が国内から難民として申請する方法である。なおCIC の用語に従えば，こうした人々は「難民」ではなく「庇護申請者」(asylum-seekers) というカテゴリーに分類されることが多い。また行政的な表現になるが，「PPiC」(Protected Persons in Canada) という用語も使われている。仮に日本語にすれば「カナダにおいて保護されるべき人々」となろうか。これ

第 4 章　カナダの移民受け入れ体制　117

は難民条約に該当するような「難民」に限定せず，戦争や災害などにより国内で避難民と化した人々（Internally Displaced Persons）も受け入れる場合があるので，こちらを使うことになったようである。

　条約難民については，国連難民高等弁務官事務所（UNHCH）が管理する難民キャンプなどに避難している者を対象に，そこからカナダ政府が難民を選ぶ作業を進めている。最近ではネパールに存在するブータン難民をカナダ政府が受け入れるという決定をしている。難民はポイント制度などにより選ばれるのではなく，それぞれが置かれた状況を総合的に判断して選ばれている。難民として選ばれると健康診断を受け，カナダへの移動のため航空券などを予約する。仮に健康診断の費用や航空券の支払いを難民ができない場合，カナダ政府がローン（無利子融資）を提供するので，経済的に余裕のない難民も無事にカナダへ渡ることが可能である。ただし，これはあくまでもローンであり，カナダで定住し一定の収入が確保できるようになれば返済を求められる。カナダでは原則的に1年間は難民の世話を連邦政府がすることになるが，英語なりフランス語というカナダの言葉を修得し，就労に向けての準備を進めることが必要である。カナダに難民として入国が認められると，経済移民と同じように永住権を得ることができる。定住については民間団体などが支援の手を差し伸べている。

　海外の難民キャンプなどに避難している難民をカナダの民間機関（あるいは最低でも5人以上のカナダ人，18歳以上でカナダ人か永住権のあることが必要）が引き受けることができる。ただし，一定の資金的余裕があることも引き受けにあたる条件となっている。

　第二の入口である国内から申請を行う場合，対応する窓口は市民権省ではなく，市民権省の外局にあたる移民・難民審判庁（Immigration and Refugee Board of Canada: IRB）が審査を担当する。さきに紹介した移民・難民入国データによれば，「カナダ国内にいる保護されるべき人々」（PPiC）というカテゴリーであり，2012年度には8586人を受け入れている[47]。加えてこのカテゴリーで受け入れられた人々の配偶者や家族を呼び寄せるプログラムもあり，これは2012年度では4858人という実績を残している。

　なお事実上の難民にあたる「保護されるべき人々」に加え，人道的な観点から保護される人々（Humanitarian and Compassionate Grounds），あるいは

118　第II部　多文化主義と移民統合をめぐる理念と取り組み

政策上の判断（Public Policy）により受け入れる人々というカテゴリーもある。これにより 2012 年度には 8961 人がカナダに受け入れられている。

国際的にみた移民の受け入れ実績

　カナダは移民と難民を含めて年間受け入れ目標を約 25 万人としてきた。多少の変動はあるが，この目標値はカナダの実績として評価することができるだろう。それではこの実績，国際的にみた場合，どの程度のものであろうか。もちろん，受け入れ国の人口規模や経済力，そして周辺国との関係などそれぞれ異なるので，一律に判定できるわけではない。ここでは相対的な意味での比較ということでこれを考えてみよう。

　国連の社会経済委員会には人口変動を取り扱う部局があり，詳細なデータを公開している。これに従えば，カナダの 2000 年から 2010 年の 10 年間の受け入れ平均数は 22 万 8000 人であり，世界全体では第 8 位に位置する[48]。第 1 位は米国で 105 万 5000 人，第 2 位はスペインで 50 万 8000 人，第 3 位はアラブ連邦で 46 万 8000 人と続く。そのあとはロシア連邦（38 万 9000 人），イタリア（37 万 6000 人），南アフリカ（24 万 7000 人），サウジアラビア（23 万 5000 人）である。カナダと同じ英語圏のイギリスは第 9 位（18 万 1000 人），第 10 位はオーストラリア（18 万 1000 人）であり，これらはカナダより少ない。厳密にいえば，カナダの実績には移民（経済移民）と難民が含まれているので，世界的にみて第 8 位という実績はやや高い，ということがいえるかもしれない。ところで 1900 年から 2000 年までの 10 年間の実績ではカナダの受け入れ数は少ないが他国との関係で第 5 位となっている。この間，米国は 129 万 2000 人と圧倒的に多く，第 2 位のロシア連邦を引き離している（ロシア連邦の実績は 45 万 3000 人）。カナダの人口は 2014 年度には約 3500 万人で，日本との対比でみれば 3 分の 1 程度である。仮に日本がカナダと同じレベルで移民を受け入れていると想定すれば，日本は毎年約 75 万人（25 万人の数値目標×3 倍）の移民を受け入れることになる。単純な比較はできないが，カナダは移民国としての実績を持つものと評価してもよさそうである。

第 4 章　カナダの移民受け入れ体制　119

米国の移民受け入れ実績

さきに紹介したように1965年の移民法により，米国は人種差別の少ない受け入れ政策を採用してきた。最近の移民受け入れ実績はどうなっているのだろうか。最近の移民関係のデータは米国・国土安全保障省のホームページから入手できる[49]。ここから筆者としては，移民の受け入れ実績を評価する際には2つのポイントを理解することが必要不可欠であると判断した。

第一のポイントとして，移民の受け入れには上限数を定めたカテゴリーに属するもの，および上限数のないカテゴリーに属するものという異なる2つのものが存在する点である。2013年度のデータによれば米国が受け入れた移民と難民の総計は99万553人である。そのうち，上限数や条件（資格など）がなく，ある程度自由に受け入れができるカテゴリーである直接親族（配偶者や未成年の子供など，immediate relatives of the US Citizens）については43万9460人の実績がある。これには毎年，上限がないので変動し，2006年には58万0348人，2009年には53万5554人というように50万人を超えるほどの実績をあげている。他方，受け入れ数に上限数があり，さらに特定の要件を満たさないと受け入れないというカテゴリーの移民もある。たとえば2013年度には職種（雇用）に応じて受け入れるもの（Employment-based preference）は16万1110人，親族枠（Family-sponsored Preference，未婚で21歳未満の米国市民の子供など）は21万303人，そして移民受け入れの実績の少ない国からの移民を優遇する「ダイバーシティ枠」（Diversity）は4万5618人である。他に難民（7万7395人），米国への観光などの理由で入国してから亡命を申請する者（Asylees）が4万2235人と続く。毎年，2つのカテゴリーの移民を総計すると約100万人となり，比較的受け入れ数が多いことがわかる。

第二のポイントとして，全体数（99万553人）はすでに入国しており，正規の資格を申請してそれが認められた者，および国外から移民資格などを申請した者という2つのグループから構成されている事実である。2つのグループの比率として，すでに入国していて正規の資格申請をした者が53万802人（53.6%），国外から申請して入国が認められた者が45万9751人（46.4%）となっており，前者が半数を超えている。なおすでに入国していて新しく資格を申請する場合には「地位の変更」（adjustment of status）という用語が使わ

120　第II部　多文化主義と移民統合をめぐる理念と取り組み

れている。2006 年度には移民や難民の受け入れ実績が 126 万 6129 人に達した
が，地位変更により正式に地位が認められた者は，半数を大きく超える 64.7%
（81 万 9248 人）であった。米国移民データを読み取るうえで重要な 2 つのポ
イントがあることに注意しておきたい。

ハーパー政権下における新しい政策の展開

　資格認定（ポイント制度）に基礎を置くカナダの移民政策の問題は，移民希
望者の申請が多くなりすぎて，未処理になった件数が異常に累積したことであ
る。役所仕事という言葉があるように，官庁の許認可にかかわる書類審査が進
まないことはカナダにとどまらず，日本でもどの国にでも起こる現象である。
しかし，移民申請の処理の悪さは想像を超えるほどでもある。申請先や地域に
もよるが，5 年から 8 年前後の審査時間を要するような状況も生まれていた。
　2006 年に政権の座についた保守党政府は移民政策にも関心を向け，さまざ
まな対応をとってきた。そのなかでも主要な方法はつぎのようなものであった。
まず 2008 年 6 月に改正された移民・難民保護法が施行され，ポイント制度に
より申請されたすべての書類を審査するという責務を市民権省から免除し
た [50]。つまり適正な申請書であっても市民権省が（申請者の合意なく）一方
的に審査を打ち切る，というものである。ただし，ポイント制度以外による他
の移民申請は従来どおり審査される。審査打ち切りの対象者は，2008 年 2 月
27 日までに申請したが，2013 年 3 月 29 日までに市民権省から審査結果につい
ての回答がない場合，それは以後，審査しないということになった。どれぐら
いの申請者が影響を受けるか不明であるが，市民権省の推定によれば，約 28
万人とされている。ついで 2012 年 10 月には申請手数料を返金するという追加
のアナウンスを行った [51]。ただし，市民権省から申請者へ個別に返金の連絡
がいくのではなく，申請者が返金希望を自己申告した場合に限られる。このた
め，この政策変更を知らない移民希望者は（自己申告をしないため），申請手
数料の返金もないし，カナダ政府から移民として受け入れられない，という連
絡も永久に届かないことを意味している。
　他方，移民受け入れについては，担当大臣の判断により（Ministerial In-
structions: 大臣通達），カナダ経済の動向を反映させるという方針がとられた。

カナダ経済に貢献できる人材だけをタイムリーに受け入れる，という政策への転換である。具体的には 2008 年 11 月に市民権省大臣が「迅速なる移民政策へのアクション・プラン」を発表し，特定の職種の移民だけを優先的に受け入れるという決定を明らかにした。ポイント制度により得点が高くとも，カナダ経済にとりそれが必要であるかどうかは，まったく別の議論である。そこで特定の職種に従事する移民希望者を優先的に選び，入国させていく方式が採用された。また 2010 年 6 月には全体の上限を 2 万人と定め，必要とされる 29 の職種を公表した[52]。さらに語学力についてはすでに一定のレベルに到達していることが条件とされ，それを証明することが必要になった。つまり第三者機関による語学力認定試験を受けて，それを申請時に同封する，という方法に変更された[53]。これはカナダに入国してから英語やフランス語を学ぶ……ということは時間的に許されないことを意味している。加えて学歴についても申請するまでにカナダ国内の専門機関に審査をしてもらい，その結果を提出することになった[54]。市民権省が自力で学歴を審査し，判定するというプロセスを省くことにより，迅速な判定がこれで可能になるわけである。

　こうした変更により，事実上，公平で客観的な基準を明示したポイント制度は終焉したように思われる。必要な人材を迅速に，かつコンパクトに移民政策で確保していくというカナダの政策がこれで確立していくものと推測される。

永住を前提としない外国人労働者の受け入れ

　市民権・移民省は毎年，移民や難民に関する極めて詳細なデータを公開し，刊行している。その報告書は 100 頁を超えるほどの分量があり，移民政策や多文化主義を考える際には重要なガイドとなっている。経済移民に関するデータはおもに前半部分で紹介されているが，後半部分では永住を前提としていない一時的な滞在や外国人労働者についても詳しく紹介されている。ここではあまり注目されることはないが，永住を前提としていない一時的な滞在者や外国人労働者について触れることにしたい。

　これに触れる意義はつぎのようになろう。まず永住を目的とする移民の受け入れでは，書類を受け付けて処理するまでに一定の時間がかかるというデメリットがある。簡単にいえば，カナダ経済の動向を受けて機動的に移民を受け入

れることができない，という欠点である。そのためカナダ政府は国内の経済の動きや雇用動向の変化を受けて，外国人労働者を適宜，利用して必要な労働力を確保するという現実的な政策を採用してきた。

　現在の農業関係のプログラムの原点はポルトガル政府と 1954 年に協定を結んだことにある。これは毎年約 1000 人をカナダへ招き，農作業に従事してもらうというものであった [55]。1957 年にはこれが終了したが，1960 年代に入るとカリブ海地域の国々と政府間協定を結び，労働力を受け入れた。最初は 1966 年，ジャマイカ政府との協定から始まり，のちにトリニダッド・トバゴ（1967 年），メキシコ（1974 年）と拡大し，1976 年には他のカリブ海諸国とも協定を結び，農業労働者を受け入れた。現在では季節農業労働者プログラム（SAWP: Seasonal Agricultural Worker Program）としておもにメキシコやカリブ海諸国と協定を結び，一時滞在の農業労働者を受け入れている。

　K・プレビッシュと J・L・ヘネブリによれば，SAWP は関係する三者にとりそれぞれメリットのあるプログラムであるという [56]。カナダ（受け入れ国）は農業労働に従事してくれる労働者をこれで一時的に確保できるが，かれらに永住権を付与したり，生活のケアをする心配がない。また家族同伴を認めず，さらに多くの場合，既婚者が労働者としてカナダへ来るので，仕事が終われば母国へ帰るという必然性も高い。独身であれば，母国へ帰らず，カナダでの滞在を延長し不法滞在する危険性も高いが，その心配もあまりない。送り出し国（メキシコやカリブ海諸国）は国内の失業問題を SAWP により一時的ではあるが解消することができる。加えて労働者たちはカナダで就労した賃金を家族（自国）へ送金するので，国際収支に多少なりともプラスの効果をもたらす。労働者たちは自国の政府が SAWP を斡旋してくれるので，自力でカナダでの就労機会をみつける必要性もなく，確実に就労の場を確保できる。さらに往復の旅費はカナダの雇い主が負担するので，労働者たちは余分な支出を負担する必要がない。またカナダにおける住居については，カナダの雇い主が（無料ではないが）提供するので，自力でアパートなどをみつける面倒からも解放されている。こうしたメリットなどから，最近では多数の応募があり，2012 年には全体で 2 万 5414 人の労働者がこれでカナダに滞在している [57]。

　また留学生はあくまでも学問や語学，あるいは特定の技能を学ぶためにカナ

ダに滞在することが許されているが，近年ではカナダ政府は「良質な移民候補」としてさまざまな受け入れ政策を打ち出してきている。留学生であれば，カナダ国内の大学や教育機関で学んでいることから，学歴審査（あるいは学歴判定）については問題がない。さらに年齢的には若く，英語やフランス語の言語能力についても普通の移民よりも高いというメリットもある。留学生であれば，就労体験は限られているが，将来の可能性という点では大いに期待できる存在である。こうしてカナダ政府は移民とは本来は異なるカテゴリーで受け入れる人々の活用を目指しており，今後は移民と一時的滞在者・外国人労働者を区分する壁は次第に消滅する方向にあると思われる。

2012 年度のデータから具体的な項目について考えてみよう。2012 年度における移民や難民の受け入れ数の合計は 25 万 7887 人であるが，永住を想定していない外国人労働者の総数は 21 万 3573 人である [58]。一次的な滞在者が多いか少ないかをここで判定することは容易ではないが，かなりの数の人々がカナダに滞在し，労働していることは明白であろう。2012 年度における一時的滞在者や労働者の内訳はつぎのようになる。外国人労働者についで留学生が 10 万 4810 人を占めており，何らかの形で正式に許可を得て就労している留学生は 6395 人（留学生の 6.1%）である。その他の滞在者として，難民の地位を申請しているが，それが認定されず滞在しているような人々（2 万 1232 人），そしてその他のカテゴリー（10 万 4810 人）と続く。

外国人労働者というカテゴリーには異なるタイプがある。具体的には北米自由貿易協定（North American Free Trade Agreement: NAFTA）などの国際条約や協定により就労が認められた人々（2 万 9118 人），カナダが特別に必要と認めた職業につく人々やその配偶者（10 万 2119 人），カナダ国内の雇用状況を確認し，外国人がカナダ人の雇用を奪わないことを確認したうえで就業している労働者（8 万 613 人），そしてその他（1723 人）と続く。

外国人労働者や移民が（安い労賃でも働くことにより）その国の労働者の仕事を不当に奪う，という批判が多くの先進国で聞かれる。外国人労働者が不当に安い賃金で働いたり，労働条件が悪いところでも就労することで，その国の労働者の正規の雇用条件が乱れたり，あるいは失業する，という批判である。しかし，厳しい労働条件のもとで働くことを望まない労働者が増えており，日

本でいえば 3K 労働が回避されることも事実である。カナダとしては IT 産業や金融業などで働くハイスキルの外国人労働者にとどまらず，農作物の収穫などを行うロースキルの外国人労働者も必要であることを認識している。ただしカナダ人の雇用を奪うことは避けるべきであることを前提として，これまで巧みな政策を導入してきた。これらは市民権・移民省だけではなく，カナダ国内の雇用や労働問題を担当する人的資源・技能開発省と協力して行う制度である。

まず，さきほどの外国人労働者を雇用して農作業をさせる事業（SAWP）を例にとり紹介しよう [59]。これは外国人労働者を年間で最大 8 か月雇用できるもので，メキシコやジャマイカなど 11 のカリブ海諸国で募集することができる。応募者は 18 歳以上の農業経験者に限られ，果実の摘み取りや家畜の世話などもここに含まれる。雇用者は往復の旅費を負担し，就業中は住居を提供する義務を負う。公的な医療保険に加入できるまでの期間（一般的には 3 か月）は雇用者が民間保険に加入させ，その費用も負担する。賃金は州ごと，あるいは職種ごとに定められている最低賃金以上を支払う必要もある。

カナダ国内に対しては，外国人労働者の存在がカナダ人の雇用を妨害しないという事実を明らかにすることが必要である。そのため雇用希望者は地元の新聞などに労働条件や賃金などをまとめて求人広告を出すことが求められる。求人広告は最短でも 2 週間，最大では 3 か月間掲載する義務がある。新聞に限らず，インターネットやその他の媒体（地元の公的機関や教会などでの告示）でも行うべし，と規定されている。こうした求人広告を出しても応募がない場合，雇用者は SAWP によりメキシコなどから外国人労働者を雇用したい，という申請を人的資源・技能発展省に（求人広告をしたという証拠物件も合わせて）提出する。雇用条件や雇用契約などを確認し，人的資源・技能開発省は LMO（労働市場確認証：Labour Market Opinion）を申請した雇用希望者へ送ることになる。

ついで雇用希望者は必要な書類や LMO を市民権省に提出して「就労許可」（work permit）の申請を行う。これにより就労許可が出れば，雇用者がメキシコやジャマイカなどの希望者へ送り，入国を待つことになる。SAWP 労働者たちにはカナダ国内の労働条件が適用されるが，滞在期間は最長で 8 か月に限られ，カナダへの永住権の申請は認められていない。2012 年度の SAWP に

第 4 章　カナダの移民受け入れ体制　　125

よる入国者は2万5414人であり，LMOを得て滞在する外国人労働者の中では最大数を占めている[60]。

　他方，65歳以上の老人，18歳以下の子供，そして障害者の世話を住み込みで行うというプログラムもあるのは先にみたとおりである。これは「住み込み家事介護者」というもので，2012年度には9012人の受け入れが認められている。このプログラムはかつてカリブ海地域からの女性を想定していたが，現在では特定の国を前提としていない。応募者は高卒以上の学歴が必要であり，実務経験も必要である。言語としては英語かフランス語が不自由なく使えることも必要である。住み込み家事介護者を求める個人（あるいは家庭）はSAWPと同じように地元新聞などに求人広告を出し，カナダ人ではこれを満たすことができない（カナダ人の雇用を奪わない）ことを確認し，LMOを得ることができる。仕事の性格から女性が多くこれに募集してくるとされる。賃金や労働時間などはSAWPと同じように州が定める最低賃金や労働条件が適用されることになる。また往復の旅費の支給や住まいの提供なども雇用主には求められている。時折，条件は変化するようであるが，彼女たちは当初，永住権を申請する権利は認められていない。

4. 移民政策とカナダ社会の変貌

　多文化主義政策を考える上で不可欠なカナダの移民政策のアウトラインについて本章で考察した。移民政策の歴史的分析はすでに多くの研究があるので，簡単な概説とした。カナダの民族・人種構成の多様化はきわめて顕著になりつつある。先にもみたとおり，移民たちが3つの州，そして3つの都市（トロント，ヴァンクーヴァー，モントリオール）に定住する傾向があるため，世界的にみても3つの都市では外国生まれの住民の比率が高い（第1章第2節：民族・人種構成も参照）。2011年の国勢調査ではカナダ全体で20.6％の人々が外国生まれ（実数は677万5800人）と申告している。カナダよりもこの数字が高いのはオーストラリアで26.8％である。隣の米国ではこの比率が12.9％となっており，カナダの比率が低くないことがわかる。

　都市別の比率ではトロントが世界の主要都市のなかでは一番，外国生まれが

多い（2006 年度データ）。トロントの住民の約半数弱にあたる 45.7% が外国生まれ，ついでヴァンクーヴァー（39.6%）と続く。3 番目となるのは米国のマイアミ（36.5%）である。多様な移民や民族集団が共存しつつも，極端な貧困問題や犯罪問題が顕在化していないことがカナダの優れた特徴である。多文化主義がすべての問題を解決しているわけではないが，他の国々と比較するとそれなりの効果を持つものと考えられよう。

　カナダにおいては移民政策について，激しい国民的な議論をこれまで呼ぶようなことは少なく，実務的なレベルで対応されてきた。あるいはひと握りの政策エリートの判断により，政策転換が進められてきた。これは 1967 年のポイント制度の導入に始まり，ハーパー政権のもとで進められたポイント制度の事実上の解体と再編，という動きにもあてはまるものと思われる。本書においては移民の定住支援，および移民が持つ専門的な資格の認定についてはそれぞれ第 7 章と第 8 章で扱っているので，現状分析に関してはそちらの章をご参照いただきたい。

　移民の受け入れにあたり，市民権・移民省がおもに対応しているが，雇用や就労支援という点から人的資源・技能開発省（2013 年夏の省庁再編で雇用・社会開発省と改称）も支援を行っている。さらに移民や難民のカナダ社会への参加という長期的な観点からの支援を行う官庁として文化遺産省が存在している。多文化主義政策はこれまでこの民族遺産省の管轄に置かれていたが，ハーパー政権のもと，多文化主義政策は市民権省へ移管された。

　カナダが受け入れる移民は多岐にわたるが，基本は「経済移民」というカテゴリーに区分される。毎年，次年度に受け入れるべき移民や難民の総数を発表し，その際，下限と上限という幅を持たせている。このところ，総数は 25 万人前後となっている。経済移民のなかで注目されるのは移民の学歴や語学力などを客観的に判定して決めるポイント制度によるグループである（skilled workers）。ついで投資などを行うビジネス移民，家族呼び寄せによる移民，そして新しいタイプの「カナダ経験者クラス」などが導入されている。

　近年，移民希望者が処理できる範囲を超えて異常に累積しつつある。そのため 5 年待ちとか 10 年待ちというような長期間，結果を待たされる事態も生まれてきた。他方，ポイント制度により審査に合格して入国した移民たちは就労

第 4 章　カナダの移民受け入れ体制　127

の機会に恵まれず，専門の資格も生かされない，という予想外の事態も生まれてきた。連邦政府はさまざまな対応策をとってきたが，最近ではポイント制度による審査を打ち切り，特定の職種にある移民だけを優先的に受け入れる，という政策へシフトしてきた。また移民に対しても応募時に一定の語学力があることを求め，申請する前に第三者機関による事前評価も求めている。

　加えてこれまでとは異なる労働力として，永住を求めない「外国人労働者」の受け入れについてかなり積極的になってきた。もちろん，カナダ人の雇用機会を阻害しない，ということを確認する手続きを人的資源省の協力を得ながら進めている。また留学生を勉学終了後に良質な移民として受け入れる政策も導入されてきた。カナダは移民受け入れ国であると同時に外国人労働者の受け入れ体制もこれまで整備してきたといえよう。

　さて永住権を得た移民や難民が最後に目指すことは市民権の獲得である[61]。就労機会には恵まれないかもしれないが，永住権があれば，普通の市民生活を送ることは可能である。教育や福祉については他のカナダ人と同じ権利を享受することができ，特に不利ということはない。しかし，参政権はないので，通常のカナダ人を目指す場合には最後のハードルを越えることが望ましい。これが市民権（国籍）獲得というハードルである。永住権を持つ人物で過去4年間のうち，最低でも3年間はカナダ国内に在住していることが重要な要件である。これは永住権を獲得しても，仕事などのために母国（たとえば香港）に頻繁に戻り，カナダ国内での定住という実績がないような人物が増加したことへの対応策でもある。つまり永住権を獲得したが，カナダ人になるという意識が弱く，かつての母国と関係を維持し，往復を繰り返す，という可能性がある。そこで最近では18歳以上という年齢要件に加え，3年間はカナダに在住していたという居住要件も明示したのである。

　ついで英語かフランス語を理解しコミュニケーションできること，またカナダに関する基礎知識（歴史や法律，地理，政治制度など）を有することも求められる。そのため，簡単なテストを受けて合格点をとることが必要である。市民権省は応募者に対して『カナダ発見』というテキストを送付するので，それに従って学習すればよい。また市民権判事という専門家のインタビューを受ける場合もある。これまで永住者にとり市民権獲得は比較的容易であったが，

2012 年 9 月，連邦政府は言語能力について，以前よりは厳しいルールを求めることを明らかにした。これまでは市民権省の担当者が永住者に面接を行ったり，会話をすることで語学力を判定していたが，あまり客観的でないという批判が強かった。そのため，新ルールでは専門機関あるいは第三者機関による評価をしてもらい，それが合格点に達している場合には申請ができるというものである。新ルールは 2012 年 11 月 1 日から実施されることになった[62]。

カナダ全体で毎年 16 万人ほどが市民権テストに応募するが，それを判定する専門組織が市民権委員会（Citizenship Commission）である。主要な都市には全体で約 30 人の市民権判事が配置され，テストやインタビューの実施などを行っている。市民権判事といってもすべてが法律家や弁護士ではなく，教育関係者や政治家なども就任している。これは専任のポストで市民権省から報酬も支払われている。

カナダの移民受け入れの歴史には光の部分と影の部分があり，不統一ながら学問的には興味深いものといえよう。カナダ社会にとり，次の課題は受け入れた移民や難民をどのように定住させていくかということになる。

1) Citizenship and Immigration Canada, *Canada: Facts and Figures—Immigration Overview 2012*, Ottawa: CIC, 2013, p. 62.

2) *Ibid.*, pp. 81–83.

3) 移民史や移民受け入れの歴史についてはつぎの研究を参照。N. Kelly and M. Trebilcock, *The Making of the Mosaic: A History of Canadian Immigration Policy*, Second Edition, Toronto: University of Toronto Press, 2010; D. H. Avery, *Reluctant Host: Canada's Response to Immigrant Workers, 1896–1994*, Toronto: McClelland and Stewart, 1995.

4) Statistics Canada, *Immigration and Ethnocultural Diversity in Canada*（National Household Survey, 2011), Ottawa: Ministry of Industry, 2013, p. 4.

5) *Ibid.*, p. 7.

6) *Ibid.*, p. 11.

7) Statistics Canada, *Immigration in Canada: A Portrait of the Foreign-born Populations, 2006 Census*, Ottawa: Ministry of Industry, 2007, p. 19.

8) A. Belanger and E. C. Malefant, "Ethnocultural Diversity in Canada: Prospects for 2017," *Canadian Social Trends*, Winter 2005, p. 19.

9) Citizenship and Immigration Canada, *Canada: Facts and Figures—Immigration Overview 2013*, 2013, p. 3.

10) Honorable J. W. Pickersgill, "The Minister and the Hungarian Refugees," in Robert H. Keyserlingk, ed., *Breaking Ground: The 1956 Hungarian Refugee Movement to Canada*, Toronto: York Lanes Press, 1993, pp. 47–62.

11) 高村宏子「第二次世界大戦中の日系カナダ人収容問題」(1942 年), 日本カナダ学会編『新版・史料が語るカナダ』, 有斐閣, 2008 年, 258–259 頁。

12) T. Triadafiloupos, "Dismantling White Canada," in T. Triadafilopoulos, *Becoming Multicultural*, Vancouver: University of British Columbia Press, 2012, pp. 86–119; J. M. Bumsted, *Canada's Diverse Peoples*, Santa Babara: ABC Clio, 2003, pp. 229–236.

13) ヴァレリー・ノールズ(細川道久訳)『カナダ移民史――多民族社会の形成』, 明石書店, 2014 年, 95 頁。

14) 同書, 223 頁。

15) 加藤普章「C・シフトンの移民政策の展開と批判」(1900 年代～1910 年代), 『新版・史料が語るカナダ』, 250–251 頁。高村宏子「カナダの移民政策」(19 世紀末―20 世紀初め), 歴史学研究会編『世界史史料』第 7 巻(南北アメリカ), 岩波書店, 2008 年, 343–344 頁。

16) Peter S. Li, *The Chinese in Canada*, Toronto: University of Toronto Press, 1998. 高村宏子「カナダにおける中国人の排斥」(19 世紀末), 歴史学研究会編『世界史史料』第 7 巻(南北アメリカ), 341–342 頁。

17) H. Johnston, *The Voyage of The Komagata Maru: The Sikh Challenge to Canada's Colour Bar*, Vancouver: University British Columbia Press, 1995.

18) 飯野正子『日系カナダ人の歴史』, 東京大学出版会, 1997 年, 45–48 頁。

19) Robert Vineberg, *Responding to Immigrants' Settlement Needs: The Canadian Experience*, New York: Springer, 2012, p. 8.

20) E. Mooney, "Dominion Lands Act/Homestead Act," p. 251; R. B. McKercher, "Legal Land Survey," p. 547. 2 つの項目はともにつぎの事典による。*The Encyclopedia of Saskatchewan*, Regina: Canadian Plains Research Centre, 2005. 田中俊弘「カナダの鉄道建設と移民の誘致」(19 世紀末), 歴史学研究会編『世界史史料』第 7 巻(南北アメリカ), 302–303 頁。

21) Bumsted, *Canada's Diverse Peoples*, p. 204.

22) *Ibid.*, pp.205–211.

23) 加藤普章「カナダの国籍概念と選挙権――英国臣民からカナダ人へ」, 『大東法

学』，第19巻第1号，2009年10月，11-14頁。

24) W. L. M. King, "Immigration: Statement of Prime Minister as to Canada's Policy," House of Commons, *Debates*, May 1, 1947, pp. 2644-2646.

25) 加藤普章「カナダの国籍概念と選挙権——英国臣民からカナダ人へ」，15-16頁。

26) Citizenship and Immigration Canada, *Backgrounder: Summary of Changes to Canada's Refugee System in the Protecting Canada's Immigration System Act*, February 16, 2012; Citizenship and Immigration Canada, *Backgrounder: Summary of Changes to Canada's Refugee System*, June 29, 2012; Citizenship and Immigration Canada, *Backgrounder: Tougher Penalties for Ship Owners and Operators Who Fails to Comply with Canada's Marine Security Legislation*, June 29, 2012; Citizenship and Immigration Canada, *Backgrounder: Summary of Changes to Canada's Asylum System*, November 30, 2012; Citizenship and Immigration Canada, *News Release: Making Canada's Asylum System Faster and Fairer—List of Designated Countries of Origin Announced*, December 14, 2012.

27) William S. Bernard, "Immigration :History of US Policy," in *Harvard Encyclopedia of American Ethnic Groups*, Cambridge: Harvard University Press, 1980, pp. 486-495; Uma A. Segal, "The Changing Faces of the United States of America," in Uma A. Segal, Doreen Elliot and Nazneen S. Mayadas, eds., *Immigration Worldwide: Policies, Practices and Trends*, Oxford: Oxford University Press, 2010, pp. 29-37.

28) US Citizenship and Immigration Services, "Our History," www.dhs.gov/history アクセスは2015年5月17日。

29) 古矢旬『アメリカニズム——「普遍国家」のナショナリズム』，東京大学出版会，2002年，98頁。

30) 同書，99頁。

31) 同書，101-110頁。

32) Department of Homeland Security, *2013 Yearbook of Immigration Statistics* よりデータを入手した（Table 3: Persons Obtaining Lawful Permanent Resident Status by Regions and Countries of Birth, Fiscal Years 2004 to 2013）. www.dhs.gov/sites/default/files/publications/table3d.2.xls アクセスは2015年4月29日。

33) Daniel C. Martin and James E. Yankay, *Refugee and Asylees: 2013*, Office of Immigration Statistics, Policy Directorate, Department of Homeland Secu-

第4章　カナダの移民受け入れ体制　131

rity, 2013.

34) Michelle Mittelstadt, Burke Speaker Doris Meissner and Muzaffar Chishiti, *Immigration Facts: Through the Prism of National Security*, Migration Policy Institute, August 2011.

35) 加藤普章「カナダ連邦内閣の構成原理と時代的変化——移民と多文化主義関係を実例として」,『大東法学』, 第 25 巻第 1 号(2015 年 11 月 26 日), 317-342 頁。

36) Leslie A. Pal, *Interests of State: The Politics of Language, Multiculturalism, and Feminism in Canada*, Toronto: University of Toronto Press, 1993 (Part Two : Citizenship Policy and Administration).

37) Citizenship and Immigration Canada, *Annual Report on the Operation of Canadian Multiculturalism Act, 2008-09*, Ottawa: Minister of Public Works and Government Services Canada, 2010, p. vi.

38) Citizenship and Immigration Canada, *Annual Report to Parliament on Immigration, 2013*, Ottawa: CIC, 2012, p. 14.

39) G. Chiasson and J. Koji, "Quebec Immigrant Settlement Policy and Municipalities," In E. Tolley and R. Young, eds., *Immigrant Settlement Policy in Canadian Municipalities*, Montreal: McGill-Queen's University Press, 2011, pp. 148-191.

40) Citizenship and Immigration Canada, *Annual Report to Parliament on Immigration, 2013*, pp. 15-16.

41) *Ibid.*, p. 14.

42) Citizenship and Immigration Canada, Evaluation Division, *Evaluation of Provincial Nominee Program*, Ottawa: CIC, September 2011.

43) Citizenship and Immigration Canada, *Annual Report to Parliament on Immigration, 2013*, pp. 14.

44) Daniel Stoffman, *Who Gets In: What's Wrong with Canada's Immigration Program - and How to Fix It*, Toronto: Macfarlane Walter and Ross, 2002, pp. 136-137.

45) Citizenship and Immigration Canada, *Backgrounder: Action Plan for Faster Family Reunification—Phase II*, May 10, 2013.

46) Citizenship and Immigration Canada, *Annual Report to Parliament on Immigration, 2013*, pp. 14.

47) *Ibid.*

48) UN Department of Economic and Social Affairs/Population Division, *In-*

ternational Migration Report, 2013, p. 13（Table II. 2: Countries and Areas with the Highest and the Lowest level of Annual net Migration, 1990–2000 and 2000–2010）. www.un.org/en/development/desa/population/publications/migration-report-2013.schtml アクセスは 2015 年 8 月 19 日。

49）Department of Homeland Security, *2013 Yearbook of Immigration Statistics*（Table 6), pp. 18–19.

50）Citizenship and Immigration Canada, *Backgrounder: Legislative Amendments to the Immigration and Refugee Protection Act*, July 3, 2008.

51）Citizenship and Immigration Canada, *Notice: Fee Returns for Federal Skilled Worker Applicants Affected by the Backlog Elimination Measures*, October 12, 2012; Citizenship and Immigration Canada, *Notice: Update on Fee Returns for Federal Skilled Worker Applicants Affected by the Backlog Elimination*, October 13, 2013.

52）Citizenship and Immigration Canada, *Backgrounder: Changes to Proof of Language Requirements will Help Better Position Newcomers to Adapt to Canada's Labour Market*, June 26, 2010.

53）*Ibid.*

54）Citizenship and Immigration Canada, *Backgrounder: Information for Applicants to New Federal Skilled Worker Program*, April 18, 2013.

55）Kerry Preibisch and Jenna L. Hennebry, "Buy Local, Hire Global: Temporary Migration in Canadian Agriculture," in Patti Tamara Lenard and Christine Straehle, eds., *Legislated Inequality: Temporary Labour Migration in Canada*, Montreal: McGill-Queen's University Press, 2012, p. 51.

56）*Ibid.*, p. 53.

57）*Ibid.*, p.57.

58）Citizenship and Immigration Canada, *Canada: Facts and Figures, 2012*, Ottawa: CIC, 2012, pp. 52–53, and pp. 62–63.

59）Department of Human Resources and Skill Development, "Hiring Agricultural Workers," www.hrsd.gc.ca/eng/jobs/foreign_worker/sagrictuture/seasonal/index.shml アクセスは 2013 年 6 月 23 日。

60）Citizenship and Immigration Canada, *Canada: Facts and Figures, 2012*, Ottawa: CIC, 2012, p. 62.

61）Citizenship and Immigration Canada, *How to Become a Canadian Citizen*, Ottawa: CIC, 2012.

62) Citizenship and Immigration Canada, *News Release: Minister Kenney Announce New Language Rules for Citizenship Applicants*, Ottawa: CIC, September 28, 2012.

第5章　政策プログラムとしてのカナダ多文化主義

1. 多文化主義の実像

　カナダの多文化主義については賛成意見から反対意見までさまざまな評価がでている。賛成・擁護派の立場からすれば，多文化主義政策は，平和志向のミドルパワー外交やPKO活動の成果と同じように，カナダが世界に誇りうる政策のひとつとなろう（第3章第2節：植民地から独立国家へも参照）。しかし反対派からすればカナダという国の統一を脅かし，分断された社会をもたらす危険もあり，容認できない政策として非難されることになる。

　本章ではこうした議論から少し距離を置き，連邦政府が提供できる政策としての多文化主義政策の実態を解明することに関心を向けたい。多文化主義政策も福祉や環境保護などと同じように，さまざまなレベルの政府が展開する政策であり，単一のプログラムや政策により構成されているわけではない。本章ではシンボルとしてカナダの多文化主義政策は大きなインパクトを持っているが，行政政策としてはかなり限定されており，「政策の実態」という点では周辺的なものになっていることを強調したい。

　まず政策として成果を発揮するためには，必要な法律や憲法上の規定があることが望ましい。こうした法的手段が確立することで，政策の対象や内容などが具体的になる。ついで特定の官庁が責任を持ってその政策を監督し，必要な財政的な裏づけをもって政策を実行することが必要である。加えて展開される政策には国民の支持や理解があり，議会においても活発な議論が繰り広げられることが期待されている。もちろん，こうしたプラスの条件の上で特定の政策を展開してもその効果が直ちにでるものとは限らない。たとえば，環境保護や教育などは，長期的にその政策効果を実感できるものであり，短期的なタイムスパンで「費用対効果」を論じることはあまり現実的ではない。仮に短期的な意味で政策効果を国民にアピールできるような政策があったとしても，特定の政策が持つ「費用対効果」や因果関係（景気回復が公共事業によりもたらされ

135

るかどうかなど）を明確に把握することは実際のところ容易ではないといえよう。

　興味深いことに，1971年10月，Ｐ・Ｅ・トルドー首相により産声をあげたカナダの多文化主義政策は，政策を実施するうえでの必要条件をほとんど満たさないままこれまで展開されてきた。つまり通常の政策のように，政策の目標や枠組みが提示され，発展し，育成されるべきものとしての条件を満たさないままでこれまで約40年以上存在してきたことになる。加えて多文化主義政策の中身についても時代の変化を受けて変化してきており，1988年の多文化主義法の成立により，少しではあるが内実が確定するようになってきた[1]。

　他方，政策としての中身については分かりにくい状況が続いたが，カナダ国民の中では一定の評価を得てきたのも事実である。世論調査によれば，移民政策や多文化主義を支持する国民が一定の比率で存在し，また移民排斥を主張するような極端な右翼政党（フランスの国民戦線，オーストラリアのワン・ネーション党など）はカナダにおいて有権者の支持を得ることがこれまでほとんどない。移民政策や多文化主義には当然のことながら批判的な国民がいるが，これを許容し，認めるという声が大半といえよう。

　ここで移民政策と多文化主義の関係について簡単にまとめておこう。多くの西側先進国では移民や難民，あるいは外国人労働者を受け入れたことにより，これまでの同質的な国民とは異なる人々を受け入れるための努力が求められるようになった。移民には受け入れ国の文化や価値観を求め，同化することを要求する場合（同化主義と呼ぶ）もあれば，反対に移民を受け入れる側が調整して，移民たちの異なる文化や慣習を認めていく場合もある。後者の立場を本書では多文化主義と呼び，受け入れ側が教育，雇用，労働，生活習慣など多くの面で異なる行動様式を公的に認めることが必要となってくる。個人のレベル，私的なレベルでの異文化対応にとどまらず，公的なレベル（学校や政府など）における異文化への「調整」を多文化主義と考えたい。

　他方，移民を受け入れる側の立場からすれば，移民たちが持つ異文化的な慣習や制度を100%認めたり受け入れる必要はない。それぞれの国において確立されてきた普遍的な権利や慣行（法的な男女平等や民主的な政治参加の権利など）をこれまでどおり維持し，それを移民や難民にも共有することが期待され

136　　第II部　多文化主義と移民統合をめぐる理念と取り組み

ている。したがって，多くの西側先進国では，普遍的な権利や民主的な制度を認めたうえで，移民たちの独自な権利や価値観を尊重していけばよいことになる。

　その点で移民をどのように受け入れるかを決めるのが「移民政策」であり，その際，労働力不足を補うための移民受け入れもあり，人道的な観点からの移民や難民の受け入れもある。ついで受け入れた移民たちをどのように扱い，さらに生活支援をどのようにするのかが「定住政策」である。移民たちは自発的に他国への移住を決めた以上，移住後の生活は移民の「自己責任」という原則でホスト社会が世話をしない，という可能性もある。他方，言語や生活習慣の違いから不適応のまま移民を放置すると大きな社会問題になる危険性を回避するため，一定の範囲内で移民を支援しようとする積極的な「定住政策」もある。カナダでいえば（白人中心の移民受け入れ政策を転換し），1960年代以降，アジアやアフリカからの移民を受け入れることになったため，言語訓練，職業訓練，生活支援などの本格的な「定住政策」が1970年代からスタートした。言語や宗教などの面で，これまでのカナダ人とは異なるアジアやアフリカからの移民を受け入れたため，連動して彼らの「定住政策」も必要となってきた。もちろん，完璧な定住政策はなく，試行錯誤の結果，現在のものになったというべきである[2]。

　移民政策，定住政策に続いて，移民たちと受け入れる側の関係を規定する考え方や理念を「多文化主義」政策と呼びたい。移民たちも新しい社会の生活様式や価値観を受け入れる必要もある。他方，受け入れる側も異文化を完全に否定するのではなく，共存できるような考え方を身につけることも必要になる。最近では宗教的な慣習をどの程度まで許容するかがカナダにおける大きな課題となってきている。多文化共存というよりは「多宗教共存」，あるいは異なる宗教との対話や妥協がカナダ社会では必要になってきている[3]。

2．多文化主義政策をとりまく環境

連邦官庁の再編

　カナダの連邦結成からの変化を眺めると，移民政策については長い歴史と実

績があることがわかる。第4章でも触れたが，連邦政府としては1917年に「移民・開拓省」（Department of Immigration and Colonization）を設置し，行政上の窓口を整備してきた。憲法上の規定から，移民政策は連邦政府と州政府の共同管轄事項であったが，連邦結成以来，実際には移民政策は連邦政府が担当してきた[4]。ちなみに州政府が移民政策に本格的に参入してくるのが1990年代以降であり，比較的，最近の現象でもある。

　日本と異なり，カナダの連邦政府では官庁の再編が比較的頻繁に行われている。政権交代があると，新しい首相がリーダーシップを発揮して，大胆な官庁の統合や新設を実施してきた。よくいえば時代の変化に柔軟に対応した官庁の再編が首相の発案のもとで行われる。しかし場合によればこれが，首相や政権政党による恣意的な官庁再編だということもありうる。基本的には内閣レベルでこうした再編を決定するが，連邦議会において，官庁の統廃合や新設を定める法律の成立が遅れる場合も多い。政府決定では官庁の統廃合は決まっているが，議会ではそうした法律が制定されるためにかなりの時間を要するためである。たとえば，1982年2月，トルドー首相は外務省の大胆な再編を行ったが，新外務省設置を定めた法律が議会を通過するのは翌年の1983年であった。この改革は通産省が管轄していた国際貿易部門を移管させて新外務省に組み入れる，という斬新なものであった。ここで取り上げる移民や市民権，そして多文化主義を取り扱う官庁もこうした頻繁な官庁の改組の対象になっており，きわめて不安定な地位に置かれてきたことがわかる。外部の観察者からみれば，多文化主義担当の官庁は外務省や法務省のような「一流官庁」という立場にはないことが推測される。

　この政策領域については単独の官庁が担当するのではなく，3つの異なる領域を管轄する官庁が交互に登場してきた。つまり多文化主義政策，移民政策（あるいは移民の定住政策），そして雇用・労働政策という3つの領域である（巻末の表7参照）。移民政策を担当する官庁は1917年以来，継続して設けられてきたが，多文化主義を専門に担当する窓口が国務省内に設けられたのは1972年である。そして明確に指摘できることは，移民政策が中心となりこの分野が形成されてきたことである[5]。1936年には移民・開拓省は廃止され，移民部門は新設の鉱物・資源省に移管された。他方，第二次世界大戦後，カナ

ダは独自の国民概念を生み出すこととなり，国民意識を涵養することも重要になってきた。すでに筆者は本書でも，また別のところでも論じているが，1947年までカナダ人という概念は存在せず，「カナダに住む英国臣民」がカナダ人を決める定義であった。1947年以降，英国とのつながりを否定するわけではないが，カナダのなかで「自前の国民概念」を作るべきという考えが強くなり，英国臣民とは無関係なカナダ人概念が生み出されることになった[6]。

移民の受け入れ・定住・多文化主義

このため，1950年にはカナダ人であることを支援し，啓蒙するための特別な官庁（市民権・移民省：Department of Citizenship and Immigration）が設置された。市民権という考え方を国民に広め，涵養する部門，および移民部門を結びつけ，ひとつの官庁として設置されたわけである。その後，1966年，市民権担当の部局は国務省（Secretary of the State）に移管され，移民部門は雇用や労働部門を担当する新設の官庁である「人的資源・移民省」（Department of Manpower and Immigration）へ移された。移民受け入れを雇用・労働政策と切り離せない，ということで移民部門が労働・雇用を担当する官庁と統合された理由である。ところで2つの類似した官庁はどのような関係にあったのだろうか。簡単にいえば，移民の定住というような短期的な視点からの支援を行う官庁が「人的資源・移民省」であるとすれば，移民たちの政治的な統合，社会的な統合という長期的な観点からの支援を担当するのが国務省（市民権担当部門，のちには民族遺産省が担当）という役割分担が次第に確立していった。1972年，つまりトルドー首相の下院における多文化主義声明の翌年，国務省の中に「多文化主義課」が設立された。ただし，この課の新設により，特別に新しい事業を開始したとみるよりは，それまで市民権育成の一環として行われていた民族・マイノリティ団体への補助金を交付することが継続されたとみることができよう[7]。

1977年には人的資源・移民省は連邦官庁の改組にあたり，「雇用・移民省」（Department of Employment and Immigration）として再スタートをきることになった。他方，市民権関係は国務省の管轄に置かれた。1994年には中央官庁の再編があり，市民権部門と移民部門は再び統合され，「市民権・移民

省」が設置された。同時にかつての国務省を衣替えした民族遺産省（Heritage Canada）が 1996 年に新設され，ここに多文化主義部門が置かれたことにより，とりあえず，多文化主義部門を担当する官庁も決められた。その後，2008 年 10 月，多文化主義部門は移民関係と同じ官庁に置くべきとハーパー政権が決定し，移管されることになった。名称もこれまでの「市民権・移民省」ではなく，「市民権・移民・多文化主義省」という 3 つの領域をカバーする官庁として位置づけられた[8]。

　2006 年 2 月には S・ハーパーによる保守党政権が発足した（ただし下院議席の過半数に満たないマイノリティ政権）。これまで自由党政権が移民やマイノリティの世話をすることで都市部において票を確保してきたという党派上の戦略が比較的明白であった。移民の多くはオンタリオ，ブリティッシュ・コロンビア（BC），ケベックという 3 つの州に集住する傾向にあり，各州ではトロント，ヴァンクーヴァー，そしてモントリオールという都市に集まる傾向が強い。都市の有権者の支持を確保することで選挙を有利に勝ち抜くことが可能になるわけである。移民も（永住権を獲得したのちに参政権を得ることが必要であるが）のちに都市の有権者になることが多いので，政権を目指す政党としては移民たちと親しい関係を築くことが重要となる。

　そこでハーパー政権は移民関係や多文化主義関係にも政治的な重点を置く判断をとったように思われる。たとえば市民権・移民・多文化主義大臣には若手で有能な人物 J・ケニー（J. Kenny）を 2008 年に任命した[9]。さらに多文化主義部門を民族遺産省から 2008 年 10 月には市民権・移民・多文化主義省に移管し，総合的な行政が可能となるように対応している。こうした保守党政権の試みは次第に成果をあげているようであり，2010 年 5 月の連邦総選挙において保守党は（下院議席の過半数を占めて）安定政権を実現した。移民担当の大臣はマイナーなポストではなく，政権の行方を左右するような重要なポストへと転換したようである。

　ところで 2013 年 7 月の内閣改造により，J・ケニーは雇用・社会開発省（Department of Employment and Social Development）担当の大臣となり，とりあえず市民権・移民・多文化主義担当大臣から離れることになった。ただし，多文化主義については，ケニー新大臣が兼任するというこれまでにない役

140　　第 II 部　多文化主義と移民統合をめぐる理念と取り組み

割分担が決められた。他方，元外交官で若手の C・アレクサンダー（C. Alexander）が市民権・移民省を担当する大臣となった。2015 年 2 月には閣僚ポストが部分的に改造となり，ケニーは雇用・社会発展大臣から国防大臣へ担当が替わったが，多文化主義担当大臣として兼任することは認められた。なお少し分かりにくいが，格下の国務大臣（Minister of State）である多文化主義担当の大臣も 2013 年 6 月に任命されている。アルバータ州選出であり，シーク教徒のティム・ウパル（Tim Uppal）はケニー大臣を補佐するような形で業務を分担していたようである。ウパル国務大臣はシーク教徒らしくターバンとゆたかな顎鬚をたたえる人物でもある。

　2015 年 10 月の連邦総選挙では J・トルドー（息子）が率いる自由党が久しぶりに政権の座にカムバックした。11 月 5 日に発足したトルドーの新内閣には女性（閣僚の半数である 15 名が任命）やマイノリティ議員なども任命され内外の注目を浴びた。市民権・移民省は「移民・難民・市民権省」（Department of Immigration, Refugees and Citizenship）という名称に変更された。雇用労働や訓練を担当する官庁として存在していたハーパー政権での雇用・社会発展省は全面的な改組の対象となり，「雇用・労働力開発・労働省」（Department of Employment, Workforce Development and Labour）となった。また多文化主義政策を移民省から民族遺産省の担当とした。

トルドー首相と迷走する多文化主義政策

　ところで P・E・トルドー首相（父）は連邦下院で「二言語政策の枠内での多文化主義」を提案した。確かにトルドーの提案は画期的であったが，その後，連邦政府のなかで多文化主義行政は以下に述べる 3 つの理由から「迷走」を続けることになる。なぜ迷走したと考えられるのだろうか。第一の理由として，連邦政府が管轄できる領域は憲法上決められており，多文化主義という名称のもとで新しい行政プログラムを導入することは事実上，困難であったことによる [10]。市民生活や教育などは憲法の規定から州政府に限られており，トルドー声明により連邦政府が新しく参入し，展開できるような政策領域はほぼなかったといえよう。確かにトルドーは有名な 4 つの目標を明らかにしたが，連邦政府の守備範囲を考えると難しい課題が残されたのである [11]。

第 5 章　政策プログラムとしてのカナダ多文化主義　141

1) 財源が許す限り，発展し続けたいという意欲と努力を示し，成長しカナダに貢献しうる能力を備え，明らかに援助の必要性があると認められる文化集団は強力で高度に組織化された集団であれ弱小な集団であれ，すべて支援される。
2) あらゆるすべての文化集団の成員が文化的障害を克服し，カナダ社会に完全に参加できるように支援する。
3) 国民統合を推進するために，カナダのあらゆるすべての文化集団の間で建設的な出会いと交流を促す。
4) カナダ社会に完全に参加するために，移民がカナダの公用語の少なくとも一方を獲得できるように支援する。

　それではトルドー声明の後に何が行われたのであろうか。実はカナダ人意識を育成し，涵養するというプログラムについては，第二次世界大戦後から国務省や市民権・移民省は移民・民族団体へ助成金を交付していた。移民たちが気後れすることなくカナダ社会において発言し，自信をもつことが重視され，こうした移民団体への助成金制度がすでにスタートしていたのである。トルドー声明を受けて連邦政府がすぐにできることは，英国系でもフランス系でもない移民・民族団体への助成金交付である。当時の記録に従えば，国務省の事業として移民の語学研修のプログラム（1951年開始，ケベックを除く9つの州で実施）や語学研修のテキストへの助成金（1963年開始，これもケベックを除く9つの州で実施）などはその実例である[12]。
　ただし，これまでの政策の継続という消極的な対応では，新しい方向性が出てくることがない。そこで連邦政府は民族・マイノリティ団体の協力を求めるため，カナダ多文化主義協議会（Canadian Consultative Council on Multi-culturalism: CCCM）を1973年に設立した。CCCMの委員は政府が任命するというある種の諮問会議を設立したわけである。ここで多文化主義に関する政策の検討を求め，それらはセミナーや報告書などで具体化した。1980年に刊行されたCCCMの報告書によれば，州政府に対して英語・フランス語以外の言語で教育する政策を提案し，また文化統合プログラム，そしてエスニック研究プログラムなどを連邦政府に求めた。移民たちの文化や言語に注目し，これを研究し活性化しようということがCCCMの提言の趣旨と思われる[13]。

142　第II部　多文化主義と移民統合をめぐる理念と取り組み

1993 年に刊行された民族遺産省のガイド（『1973 年から 1992 年まで多文化主義プログラムの助成を受けて刊行された出版物ガイド』）では，それまで 20年間に助成を受けて刊行された約 1230 あまりのプロジェクトが列記されている [14]。また民族遺産省から『1973 年から 1992 年までにエスニック研究プログラムの助成を受けて実施されたプロジェクト一覧』というガイドも刊行されている [15]。ここでは約 500 あまりの研究プロジェクトの概要が紹介されている。いずれも貴重な研究成果がここにまとめられていると思われるが，基本的にはこれらは文化支援という理解でよいと思われる。ただし，こうした研究が市民生活のレベルでどのようなプラスの効果があったのかを判断することは難しい。明確なことは特定の民族・マイノリティ集団に焦点をあてた文化や研究の支援という連邦政府からのプログラムであったことである。

迷走の第二の理由は多文化主義政策を担当するリーダーシップが弱かったことである。カナダではこれまで 2 つのタイプの大臣が存在してきた。ひとつは閣議に出席し，発言できる大臣であり，政治的には強いリーダーシップを発揮できる。他方，特定の領域を担当する大臣であるが，閣議の定例メンバーではなく，あくまでの特定の主要大臣をサポートするジュニアな大臣である。多文化主義関係については，基本的に大臣としては格下のポストが用意されてきた。たとえば，1972 年に多文化主義を担当するポストがはじめて任命されたが，それは国務省大臣を補佐する，という役割に限定されていた。のちに国務省が廃止され，民族遺産省が 1996 年に設置されるが，多文化主義担当ポストはあくまでも格下の大臣であった。名実ともに閣議に出席し，発言できる大臣として登場したのが前出の 2008 年 10 月に任命された J・ケニー大臣である（市民権・移民・多文化主義省）。

カナダの連邦内閣において，これまで分野ごとに大臣が選ばれ，議案を検討するというスタイルがとられてきた。たとえば 2013 年 7 月には内閣改造を行い，26 名のシニアな大臣と 13 名のジュニアな大臣が任命された。内閣の重要な意思決定機関となる委員会としては 6 つが設けられており，首相が議長を務める「政策順位・計画検討委員会」が最も影響力の強い内閣委員会である。分野やテーマにより，閣外大臣も参加が許される場合もある。シニアな大臣というのは分野ごとに内閣委員会に出席が許されている大臣を意味し，一定の発言

第 5 章 政策プログラムとしてのカナダ多文化主義 143

力が認められている。他方，ジュニアな大臣というのはそうした内閣委員会に選ばれておらず，日本式の表現を使えば「閣外大臣」という意味になる。こうした大臣はシニアな大臣を補佐し，サポートするという役割が期待されている。

1972年11月，ポーランド系のS・ハイダス（S. Haidasz）がカナダの歴史において初の多文化主義担当の国務大臣に任命された[16]。しかし2年後（1974年8月）には後任の大臣は任命されず，空白となってしまう。トルドーの在任中，確かに多文化主義担当の国務大臣が任命されてきたが，あくまでも国務省のなかの多文化主義担当という役割にとどまった。さらにトルドー政権下では外相や蔵相になるような大物の政治家が多文化主義担当の国務大臣には任命されていない。また時として，多文化主義担当のポストが任命されない時期もあり，いささか分かりにくい。例外的なものとして，マルローニー進歩保守党政権の事例がある。多文化主義法の制定（1988年）のあとに国務省のなかの一部局としての多文化主義担当部局ではなく，独立した官庁として多文化主義・市民権省が設立されている（1991–94年）。

ただし，1993年11月には進歩保守党からJ・クレティエンの自由党への政権交代が起こり，多文化主義・市民権省は再び解体・再編されることになった。この時には文化・通信政策をおもに担当するコミュニケーション省（大臣）が新設された。この担当大臣が形式上は多文化主義・市民権担当を兼任し，別途，S・ファインストーン（S. Finestone）という女性が閣外の格下大臣として，多文化主義と市民権関係を担当する配置となった。これにより，形式上は2名の大臣を配置しているが，外部からみると複雑で分かりにくい。一方では専任の多文化主義担当大臣はいるが，閣外大臣でジュニアな立場に置かれ，他方では強いリーダーシップを発揮しうる閣内大臣（コミュニケーション省大臣）も任命され，多文化主義関係は兼任という権限の配置である。どちらの大臣がどのように政策を提示し，官僚機構を指揮・命令するのか，いささか不明である。

迷走した理由の3番目として，多文化主義を明確に規定する法律が存在しなかったことがある。トルドーの1971年の国会声明は，確かに多文化主義の到来を告げる画期的なものであったが，当時の事情を反映して文化支援ということに限られる傾向にあった。しかし，この迷走は1988年にようやく終わりを告げることになる。多文化主義法が制定され，その理念や政策目標などが法的

144　第Ⅱ部　多文化主義と移民統合をめぐる理念と取り組み

に確定したのである。これは英語とフランス語を公用語として名実ともに連邦政府が採用して政策を実施したのとは対照的である[17]。つまり英語とフランス語を公用語とするバイリンガリズムについては1969年に公用語法を制定し、連邦官庁において存在感が薄かったフランス語をより使用していくことを明確にした。また公用語委員会（Office of Commissioner of Official Languages）を設立し、連邦官庁の動きをモニターする役割を持たせた。もっともすべての官庁がフランス語を公用語として採用し、国民へのサービスを十分に提供していないという現状もあるので、バイリンガリズムの進展についてはまだ不十分という批判的な意見も多い。しかし、バイリンガリズムを明確にする法律が制定されていること、そして担当官庁の存在という点では多文化主義政策は遅れ気味であったといえよう。

　多文化主義法が成立するまでの流れを概観してみよう。1983年6月には連邦下院において人種問題を検討する特別調査委員会（Special Committee on Visible Minorities in Canadian Society）が設立され、国民や各種団体からの意見聴取を行い、翌年3月8日には調査報告書（『ただちに平等を！*Equality Now!*』）を刊行した。同じマイノリティでもインディアン関係については　すでに担当する官庁（インディアン関係・北方開発省）が設立されており、また連邦議会でも常設の委員会が設けられ、審議されるという体制ができていた。しかし、移民や難民が増加していたとしても、かれらが直面する問題を取り上げて検討する常設の委員会は国会において存在しなかった。他方、ケベック州におけるフランス系カナダのナショナリズムの高まりは1970年代から顕著になっており、1980年5月には分離・独立の是非をめぐる州民投票が行われていた。フランス系カナダ人を直接的に対象とする官庁は（バイリンガリズム関係を除き）連邦政府の中に設けられていなかったが、この問題は国民的な関心事になっていた。その意味では先住民やケベック関係は連邦政府や州政府（特にケベック州政府）が関心を寄せており、予算配分や政策決定においては行政的な対象になっていたといえよう。

　マイノリティ集団をとりまく諸問題を検討する特別調査委員会は7名の委員により構成され、社会統合、雇用、公共政策、法的課題、メディア、教育という6つの領域を設定して現状分析を行った。また今後の解決策を模索するとい

第5章　政策プログラムとしてのカナダ多文化主義　145

う意味でそれぞれの領域に関して具体的な政策を提案した。行政政策のひとつとしての多文化主義政策は 1971 年のトルドー提案以来，弱い政治的リーダーシップもあり迷走を続けていたが，この特別調査委員会の報告がこれにピリオドを打つよい機会となった。それは多文化主義法の制定とともに（ジュニアな格下大臣ではなく）閣議に出席できる権限のある多文化主義担当大臣を任命すること（提言 25），および国会に対しては多文化主義を担当する常任委員会を設立するように提案した（提言 26）。政治的に強いリーダーシップを発揮していくためには 2 つの提案は不可欠なものであった [18]。逆にいえばこれまで弱いリーダーシップに限定されていたため，多文化主義政策は連邦政府ができる範囲の文化支援政策にどうしても限られていたと考えられる。

　多文化主義法によれば第 3 条 1 項において 10 の目標が明示された [19]。たとえば，相互理解を深めること，カナダ社会への参加を阻む障害を取り除くこと，そしてカナダの諸機関が多様性を尊重し，反映させるよう努力することなどである。また第 3 条 2 項において，連邦政府の諸官庁は多様性を反映させるような政策をとるように努めることが明示された。他方担当大臣を任命するということで 1988 年 9 月には G・ウェイナーが「多文化主義・市民権」担当大臣として B・マルローニー首相により任命された。さらに担当大臣は 1 年間の活動を年次報告書としてまとめ国会へ報告する制度が確立した。この年次報告書により，カナダ国民は政策としての多文化主義の内容をより明確にフォローできるようにもなった。

　特別調査委員会の報告書では日系カナダ人が第二次世界大戦中にかれらの住まいから強制退去させられ，その財産などが不法に没収されたことに対して，カナダ議会は公式に謝罪すべきという提案（提言 33）もしている [20]。加えて戦時という緊急事態が優先され，「戦時措置法」（War Measures Act）により日系カナダ人を含め，カナダ国民の権利が政府により一方的に制約を受けてしまったことも反省している。具体的には法務省に対して戦時措置法の見直しを求めてもいる（提言 34）。

　もちろん特別調査委員会のすべての提言をカナダ議会や政府が受け入れたわけではない。しかし特記すべき事項として，日系カナダ人に対してマルローニー保守党政権により 1988 年に正式謝罪，および金銭的な補償が行われた。ま

146　第 II 部　多文化主義と移民統合をめぐる理念と取り組み

た戦時措置法も廃止して「民主的な権利を認めた緊急事態」を可能とするような法体系を目指すことも模索された。これにより万全ではないが，第二次世界大戦中に日系カナダ人たちが苦しめられた強制収容や不法な財産の没収というような事態を今後はさけられるものと期待されている[21]。多文化主義の理念や政策により，マイノリティの権利を擁護し，保障できるものと考えれば，これは大きな成果と呼ぶことができよう。またカナダが多民族社会へ転換する中で，国民への啓蒙や教育という観点から，これを専門的に担当する機関としてカナダ人種関係基金（Canadian Race Relations Foundation: CRRF）が1997年に設立された。カナダ議会では多文化主義政策を専門とする常設の委員会が1985年に設立された。またこの委員会が1987年6月に多文化主義法や専門官庁に関する調査をまとめて刊行した。多文化主義省の設立については，当時，3つの官庁や行政機関に分散していた特定の機能をまとめて新設することを提案している。3つの官庁とは国務省，コミュニケーション省，そして雇用・移民省であり，新設といいながらある意味では既存の行政機関からの権限委譲による設置となっていた。また多文化主義の政策内容についても考察がまとめられており，議会や議員レベルでの理解を推測する上では興味深い報告書となっている[22]。

　その後，多文化主義を専門に扱う下院の委員会は1987年に姿を消すが，1991年には「多文化主義・市民権委員会」として復活している。ただし，残念なことにこの委員会も1993年にはふたたび姿を消すことになる。1991年から1994年という期間は連邦政府でもちょうど「多文化主義・市民権省」という専門の官庁が設立された時期に該当しており，例外的に行政官庁と下院の常設委員会がペアで存在していた珍しい事例となろう。

3. 年次報告書からみる多文化主義政策の特徴

変化を遂げる多文化主義

　すでに多くの研究において多文化主義政策は時代の流れにより変化してきたと指摘されている。トルドーの国会声明が出された頃，人種差別的な移民政策を転換し能力や就業経験により判断するというポイント制度（導入は1967年）

第5章　政策プログラムとしてのカナダ多文化主義　147

へ切り替わっていた。しかし当時，想定されていたマイノリティはヨーロッパからの白人マイノリティが中心であり，ドイツ系，ウクライナ系，イタリア系などが有力であった。ケベックのナショナリズムの高まりを受けて，連邦政府は有名な特別調査委員会（Royal Commission on Bilingualism and Biculturalism: 二言語・二文化調査委員会）を1963年に設立した。そこからテーマごとに順次，報告書が刊行されており，1960年代の後半にはケベックの不満についての理解が深まるという状況にあった[23]。カナダ建国の中心的支柱としての英国系カナダ人とフランス系カナダ人の貢献を連邦政府が認め，英語とフランス語を公用語とするバイリンガリズムが1969年からスタートした。これまで英領北アメリカ法第133条の規定に従い，英語とフランス語は連邦議会と連邦裁判所（およびケベック州の議会と裁判所）において公用語として認められ使われてきたが，連邦政府の行政機関においてはそれまで英語が中心であった。1969年の公用語法ではこうした事態を改善し，連邦行政機関においても英語と並んでフランス語も公用語として使うことになった。つまり立法と司法に限られていたバイリンガリズムを拡大し，行政府でも実施することを意味した（第2章第2節：カナダの憲法と政治制度，ケベックの動きも参照）。

　歴史的な流れからすれば英語とフランス語を連邦政府の公用語とすることはそれなりの意義を持つが，カナダ建国に貢献してきたヨーロッパからの白人移民の貢献が無視されることになる。西部カナダの開拓に貢献してきたウクライナ系やドイツ系のカナダ人にとり，自分たちの存在がこれでは軽視されることになる。実際，ウクライナ系の有力な政治家の一人がバイリンガリズムに異議を唱え，連邦政府としては軌道修正が求められていた。加えて当時の政権政党である自由党は西部カナダにおいて獲得議席が少なく，野党の保守党（当時の名称は進歩保守党）が政府への不満を吸収する窓口になっていた。政権政党である自由党としてはこうした白人マイノリティの声に応えることが政治的にも必要であった[24]。

　こうした環境のなかで1971年10月8日，トルドー首相は「カナダは英語とフランス語の2つを公用語と認めつつ，同時に多文化主義を追求する」という路線を表明した。具体的にはすでに触れたように民族・マイノリティ団体へ資金援助をすることで公平な社会参加を促進し，集団間の交流を目指すというも

のであった。またマイノリティの「文化」を支援するという色彩が強く，多くの場合，フェスティバルや地域の交流事業において民族衣装を着て伝統的なダンスを披露する，という一時的なイベントという傾向が強いとされた。当初，ヨーロッパ系の白人マイノリティをおもに想定していたためか，民族・マイノリティ団体間の経済的な格差などを是正するというような政策がとられることはなかったといえよう。

　ところが1960年代末にポイント制度を導入しアジアやアフリカなどからの移民が増大したことにより，1980年代に入ると多文化主義も変化することが求められた。人種差別や偏見が以前よりも顕著になり，また移民と白人のカナダ人との経済的な格差も明白になってきた。しかし連邦官庁の中ではこうした課題に適切に対応できるのは雇用や労働訓練を担当するところであり，多文化主義関係の部局では有効な政策手段がない（さらに教育は州政府の管轄である）。人種差別を禁止し，偏見を止めるようにという国民への啓蒙や広報などは確かに有効な方法であるが，経済的な格差是正については容易ではない。これはむしろ多文化主義政策よりは移民の定住政策，あるいはマイノリティの雇用を支援する「雇用衡平法」（Employment Equity Law）という別の方法で対応する方が適切でもある。同法は1986年に制定され，4つの特定の集団（女性，先住民，障害者，ヴィジブル・マイノリティ）を定め，彼らが雇用面で差別されることがないように連邦官庁や企業に要請するものである[25]。こうしてアジアやアフリカからの移民が増大することに伴い，多文化主義政策へ期待される内容も変化してきた。

年次報告書からみる多文化主義政策の流れ

　そこで本節では多文化主義関係の公式文書や年次報告書を選び，どのような政策が展開されたのかを紹介したい。ただし最近では多文化主義への取り組みが以前よりは体系的になり，明確になってきたので，最近の政策傾向に重点を置き紹介する。そのため過去の試みはごく簡単な紹介にとどめたい。

　1．1960年代の政策　まず国務省の中の市民権課（Citizenship Branch）が1960年代に実施していた事業を取り上げたい[26]。市民権課は9つの対象を選

び，エスニック・民族団体に補助金を交付していた（1967年度）。具体的には移民統合，言語教育，多民族間交流，インディアンの登録，異文化交流，人権，若者支援，交流と旅行，市民権の発展という9つである。言語教育といっても連邦政府が学校を維持し運営するわけではないので，州政府や教育委員会，あるいは公立学校へ補助金を出して支援する，という間接支援のスタイルをとる。人権や市民権の発展というテーマについては市民権課が国民に対して啓蒙や広報という手段を使えるので，言語支援よりは少し直接，コミットできることになろう。ピーター・リー（Peter S. Li）の分析によれば，1968年度には約95万5000ドルを249の事業に補助金として交付したという（表記はカナダドル）[27]。ひとつの事業には約3835ドルを支給していることになる。エスニック・民族団体への補助金の金額だけをみると，1973年には300万ドル，1983年には900万ドル，1985年には1800万ドルと次第に増加したとされる。

2. 1981年度の国務省年次報告書　当時，国務省ではおもに市民権・公用語，教育，人権，翻訳，アマチュア・スポーツという5つの事業を担当していた[28]。教育課では高等教育への支援やカナダ研究の促進など州や大学，公立学校への資金援助などが中心となる。人権課については人種差別禁止に向けた啓蒙活動などを行っている。また国際的なレベルでの活動もある。ついで翻訳課では連邦政府が刊行する公文書の英語からフランス語，そしてフランス語から英語への翻訳を担当していた。また会議などがあれば通訳として活躍することになる。カナダのバイリンガリズム政策を支える陰の裏方としての役割である。アマチュア・スポーツ課では1961年に制定された法律により，カナダ人の健康促進やスポーツ支援をしている。多文化主義関係は「市民権・公用語課」のなかの事業として位置づけられている。カナダ人意識の涵養にとどまらず，若者支援，ボランティア活動，先住民の政治参加，女性問題，そして公用語の推進という多くの事業が含まれている。

　1981年度の予算をみると，全体で21億6169万ドルが配分されている[29]。執行方法としては外部機関への交付金や補助金として使うものが94%，残り6%が事務経費や人件費である。自らの手で予算を執行するというよりは，州政府や大学，公立学校などへの資金提供がおもな執行方法になっており，これ

150　　第II部　多文化主義と移民統合をめぐる理念と取り組み

が国務省の業務を理解する重要なポイントとなる。ついで5つの事業のなかでは教育支援が一番大きく，全体の80%を占めている。これ以外では公用語関係（9%），市民権（5%），翻訳（3%），アマチュア・スポーツ（2%）と続く。多文化主義政策の比重がこれをみるとかなり低いことが理解できよう。

　ところで低いながらも予算配分をされた多文化主義政策では何を行ったのだろうか。基本的には7つのプログラムが用意されていた[30]。その内訳は移民たちの文化統合（160万ドル），移民言語のサポート（140万ドル），移民・マイノリティ団体への活動支援（160万ドル），出版助成（50万ドル），文化・芸術活動への支援（70万ドル），エスニック・スタディ支援（50万ドル），文化交流支援（170万ドル）であり，予算の合計は800万ドルである。1981年度はトルドー声明から10年という節目にあたる年であるが，官庁の事業としては予算規模がいささか小さいという印象を受ける。またこれらの事業は文化振興や教育，啓蒙に重点が置かれており，移民たちが直面する社会・経済的な格差を改善するための直接的な効果は低いように思われる。

3. 1993年度の多文化主義に関する年次報告書　ここでは国務省の一部門としての多文化主義総括ではなく，主務官庁は民族遺産省へ交代した。内容に関しては，多文化主義法に関して過去1年間の活動を総括したものである。したがって1981年度報告書よりも内容が充実しているものと期待できる。序文では多文化主義が多くのカナダ人にとり分かりにくいと指摘しており，抽象的であり曖昧であったという理由があげられている。報告書では3つの点に絞り説明している[31]。第一にはカナダの人口構成の多様性をあげ，歴史的に多様性が避けられないことを強調している。たとえば人口の42%は英語系でもフランス語系でもない人々で構成されており，さらに16%は外国生まれでもある。加えて10%はヴィジブル・マイノリティであり，トロント・ヴァンクーヴァー・モントリオールという三大都市の人口の2割はそうしたヴィジブル・マイノリティによって占められている。先住民系はカナダ全体において約3%で，比率でいえば少ないながらも特定の都市や地域では有力な存在である。こうした民族・人種構成の多様性を反映してカナダ社会も対応することが必要であり，多文化主義がそのひとつの手がかりである。第二のポイントとして，多文化主

義は特定の民族・マイノリティ集団だけを対象としておらず，「すべてのカナダ人」を対象としている。したがって多様性を相互に理解していくことが重要であると強調している。最後にすべてのカナダ人が（差別されることなく）同じようにカナダ社会に参加していくことが期待されている。経済的な格差については序文では触れられていないが，基本的には同じ枠組みで平等に参加していくことがポイントのようである。なお同年の年次報告書では多文化主義関係の予算支出についてのデータについては触れられていない。

4. **自由党政権からハーパー政権へ**　2006年2月に政権の座について以来，ハーパー保守党政権は移民政策や多文化主義政策に関してさまざまな試みを展開した。先にみたように，保守党政権にとりこれらの政策は今後の動向を左右する重要なものと認識されている。たとえば，特定の民族集団を対象にして行った行為について，謝罪し，反省をするというのは，カナダの歴史の中では先駆的な試みであるが，同時にそうした謝罪を多くの民族・マイノリティ団体から繰り返し行うことを求められる危険性もあり，簡単に行えるものではない。しかし，中国人移民への人頭税についての謝罪に始まり，シーク教徒を乗せていた船舶の入国を認めず帰国を求めた事件（1914年5月，コマガタマル事件）への謝罪，そしてインディアンの児童・生徒をかれらの家庭や地域から無理やり引き離し，宿舎に入れて教育をさせた事件についての謝罪など連邦政府は次々と行った。もちろん，謝罪の方法については個別に異なり，単なる謝罪に終わったものから，正式謝罪と金銭補償をセットにしたものまでと多様である。一連の政府による公式謝罪がもたらす今後のカナダ社会への影響は不明であるが，これまでのカナダの歴史の中ではユニークな試みであると評価できよう[32]。

5. **2011年度年次報告書**　ここでは担当大臣（J・ケニー）の挨拶から始まり，移民にとどまらず，すべてのカナダ人を対象とすることを強調している。また2011年9月には反ユダヤ的な言動を規制する国際条約（Ottawa Protocol on Combating Anti-Semitism）を世界で最初に署名した国であると表明している。これも多文化主義を構成する新しい要素として組み入れられたものと考え

152　第II部　多文化主義と移民統合をめぐる理念と取り組み

られる。さて 2011 年報告書の内容について紹介しよう。ケニー大臣の挨拶に続き，カナダの多文化主義についての概説がイントロダクションとしてまとめられている[33]。頁数としてはわずか 3 頁半程度であるが，データの紹介もあり，簡潔にまとめられている。さて多文化主義を構成する要素としてつぎの 3 つのものが指摘されている。第一の要素は「統合され，また社会的に一貫性のある社会を構築する」ことである。まず人種差別をなくし，また人種間・文化間の理解や交流を深めること，そして市民としての意識を高めつつ，カナダ的な価値を尊重するということが具体例となる。第二の要素としては，行政機関を含め人口の変化に制度も対応できるように調整していくことである。第三の要素は新しいもので（これまでの多文化主義政策と少し異なり），国際的なレベルでのカナダの発言権を高めようという主旨である。これは 2009 年 7 月の閣議で承認され，翌年の 2010 年 4 月から盛り込まれたものである。カナダ国内での議論を世界にも広げ，それをカナダの資産や宣伝材料として活用していくというものである。3 つの新しい項目についてそれぞれ紹介したい。

5-① 「統合されて一貫性のある社会」の構築　まず「統合されて一貫性のある社会」を構築するには何を行うべきであろうか。報告書に従えば，カナダ政府が仲介役となり，関係者に対して支援をすることである[34]。あるいはカナダ政府が国民や社会へ働きかけを行い，多文化社会についての理解や交流を深めていくことになる。具体的なプログラムを紹介してみよう。大きく分けると「統合を支援し異なる文化や団体を結びつける」事業，「歴史的な多様性を認識し評価する」事業，「多文化主義的統合にむけた」関連事業という 3 つがあげられている。多文化主義法第 3 条（1-g）項によれば，連邦政府はカナダを結びつけること（building bridges）が期待されており，そのため関連団体へ補助金を交付している。「カナダとの遭遇」（Encounter with Canada: EWC）というプロジェクトでは，毎年約 150 人の児童・生徒たちに首都オタワを訪問させる機会を設け，官庁の本部を訪問し，歴史的な史跡や建造物を見学するものである。これは今から約 30 年前に始まっており，参加した児童・生徒の総数は 8 万 7000 人を超えるという。連邦政府がこの事業に必要な経費を負担しているが，州政府の教育省なども協賛している。またニューファンドランド州の

第 5 章　政策プログラムとしてのカナダ多文化主義　　153

州府であるセント・ジョンズを中心として移民の児童・生徒がもつ言語や宗教などの多様性について学ぶプロジェクトもある。ここでは約500人の一般市民と1500人の児童・生徒たちが集い，意見交換を行うとされる。こうした2つのプロジェクトは，教育の現場における多様性理解を促進するイベントを連邦政府が支援するという構図となっている。

　2番目の「歴史的な多様性を認識し評価する事業」として有名なものにポール・ユザック多文化主義賞がある。これはウクライナ系移民のひとりでカナダ上院議員となり，多文化主義の発展に貢献したとされる人物（ポール・ユザック）にちなみ2009年に設立されたものである。2011年度にはインドからの移民で移民支援にも貢献したとされるバルジット・セチ（1933年生まれ）が選ばれている。また啓蒙という色彩が強いが特定の月を選び，アジア系カナダ人（5月）や黒人（2月）の貢献をアピールする事業もある。

　さらに特定の民族集団を対象として，その集団が果たした貢献や歴史的役割について公式に認識し，評価しようという事業（「歴史的な多様性を認識し評価する事業：CHRP」）もある。カナダの歴史において英国系カナダ人とフランス系カナダ人の存在が大きく評価され，その他のマイノリティの存在は軽視されがちである。こうした傾向を反省し，特定の民族集団の要望などを受けて記念碑を建立したり教育のための教材を開発している。たとえばオタワ市内にイタリア系カナダ人の貢献を称える記念碑を建てたり，ドイツ系のユダヤ難民を乗せた船の入港を拒否し，そのためユダヤ難民はドイツへの帰国を余儀なくされたという事件（1939年，セント・ルイス号事件）についての展示を作成したりしている。CHRPが開始されてからこれまで69の事業について政府は補助金を交付して支援してきた。またカナダ社会への働きかけや啓蒙については連邦政府だけではなく，関係する機関との連携活動も活発である。たとえば1997年には「カナダ人種関係基金」（CRRF）が設立され，調査・研究，セミナー，出版などを行っている。

　3番目の大きな事業として多文化主義に関連したものがある。市民権・移民省（CIC）は単に移民の定住をサポートするだけでなく，すべてのカナダ国民に「カナダ市民」としての意識を涵養し，育成するという使命を担っている。多文化主義そのものではないが，カナダ人意識の形成という点で関係が深いと

154　第II部　多文化主義と移民統合をめぐる理念と取り組み

いえる。また定住権（永住権）を獲得した移民たちは一定の時間の経過のあとに，選挙権と被選挙権を行使できる市民権（あるいは国籍）の獲得を目指すことが一般的である。そのため，カナダ市民としての権利と義務について教えるような教材の開発も必要になってくる。市民権についての説明をしたガイド（『カナダ発見——市民の権利と責任』）を 2011 年 4 月から 2012 年 3 月までの期間で約 30 万部作成し，配布したという。また定住移民が市民権を獲得したあとにセレモニーを市民権・移民省が実施している。その他移民の定住や受け入れ事業も多文化主義政策と関係する重要な事業である。

5-② 「多様性を反映できるような連邦官庁」　多文化主義政策を進めるにあたり，連邦官庁や各種行政機関も協力することが多文化主義法の規定（第 2 条 3 項）により求められている。年次報告書の説明に従えば，官庁においてすべてのカナダ人が差別されることなく雇用してもらえること，カナダの多様性を反映した政策を各官庁が推進すること，多様性を反映するために必要な統計データを収集することなどがあげられている。そして毎年，各官庁は市民権・移民省に実績などについて報告することになっている。2010 年度では前年度と同じように 8 割の官庁や政府機関から回答を得たという。これは官庁の多文化主義的な政策への協力について情報を提供することになり，ある意味ではモニター程度にとどまると思われる。なお報告すべき課題として 4 つのテーマがあげられている（国民への働きかけ，異文化・多文化の相互理解，啓蒙や教育活動，そして調査研究とその公表）。

　いくつかの具体例を紹介しよう [35]。金融消費者庁は金融情報について移民，先住民，低所得者むけにセミナーを開催し，NGO や民族・マイノリティ団体と協力して金融情報を提供しているという。ついで選挙行政を担当するカナダ選挙庁（Election Canada）は，2011 年 5 月に実施された連邦総選挙の際，地域レベルで選挙制度について説明する機会を移民や若者などを対象として設けたという。また英語とフランス語にとどまらず，移民の存在を前提として 127 の言語により対応できるコール・センターを設けたという。国立図書館・公文書館（Library and Archives Canada）では 24 の民族・マイノリティ団体を選び，彼らのカナダにおける歴史体験をまとめ，インターネットで公開した。

第 5 章　政策プログラムとしてのカナダ多文化主義　　155

これは図書館らしい取り組みである。法務省と女性の地位庁（Status of Women Canada）は，特定の移民女性たちが直面する強制結婚や名誉殺人について調査し情報交換を行う省庁間連絡窓口を設置した。これには 15 あまりの政府官庁が協力を申し出たとされる。国防省とカナダ軍は，先住民系の職員を採用していくための調査を実施した。また人的資源・技能開発省（HRSD）は職場における人種差別を解消していくための試みについて政府職員，労働組合，地域団体などと協議を進めたとされる。

5–③「国際的なレベルにおける発信」 これは最近になって多文化主義政策の柱のひとつとして追加されたものである。これまで国内向けの政策であったものを，国際社会に向けても発信するという興味深い決定である [36]。2009 年 7 月，ハーパー政権は「国際的なレベルにおいても多文化主義と多様性に関する議論に活発に参加する」ということを盛り込んだ新政策を決定し，翌年の 4 月からこれが実施された。

この政策と関係する興味深い動きがあるので紹介しよう。カナダの多文化主義を積極的に評価し，カナダの試みをより普遍化しようとするある人物の動きである。そのある人物とはイスラム系（シーア派）の実業家で世界的な影響力のあるアガ・カーン（Aga Khan）である [37]。カーン氏によれば，通常であれば多様性や民族問題が政治的には不安定をもたらすのに対し，カナダではこれが平和的に展開していることに感銘を受けたという。その結果，2006 年，オタワに「多元主義を推進するグローバル・センター」（Global Centre for Pluralism: GCP）を設置した。カーン氏は 3000 万ドルをこれに寄付し，カナダ政府も同額の 3000 万ドルを寄付してこのセンターの活動が開始した。センターの建物と敷地として，連邦政府が管理していた旧戦争博物館がセンター側へ寄贈された。旧戦争博物館については，観光客にも人気の高い文明博物館（歴史博物館と改称）と同じように改組すべしという意見があり，現在では新築の戦争博物館がオタワ市内に建設されている。このため，旧戦争博物館の敷地と建物（これはゴシック様式の立派な歴史的建造物である）が使われることなく放置される事態がしばらく続いていた。ハーパー政権はこの使われない旧戦争博物館をグローバル・センターに寄贈し，これからはカナダの多様性と多

文化主義を研究し，内外に宣伝する施設として利用するわけである。カーン氏はイスラムの中でも穏健な宗派のひとつであるシーア派を代表する人物とされ，カナダがイスラム穏健派とも手を結ぶことになったと思われる。

さらに 2009 年 6 月 19 日，カナダ政府からの要請を受けて，カナダ下院はカーン氏を名誉市民として称えるという対応をとった。それまで下院から名誉市民として認められたのは 4 名にとどまり，カナダ政府のカーン氏への期待が窺われる。さらにトロントの郊外にイスラム美術を展示するアガ・カーン博物館を建設すると発表され，2014 年 9 月には完成して開館となった。この博物館はカナダにとどまらず，世界へイスラム芸術を広めて知らせるという役割がある [38]。また 2014 年 2 月 27 日にはカーン氏はカナダ議会に招かれて多元主義に関する記念講演を行った。カナダ議会ではこれまで国連総長（K・アナン），英国首相（T・ブレアや D・キャメロン）や米国大統領（B・クリントン）などが講演した例はあるが，民間団体の代表が招かれることは極めてまれである [39]。

なお 2011 年度の年次報告書ではカナダ政府が反ユダヤ主義に対抗する動きを国際的に展開する上でリーダーシップを発揮したと明記している。2011 年 9 月，市民権・移民大臣と外務大臣がそろって「反ユダヤ主義的活動を規制する国際条約」に署名している [40]。

5-④「予算配分の状況」　ハーパー政権に入り，多文化主義政策の担当が遺産省から 2008 年秋以降には市民権・移民省へ移管されているので，移民定住政策などとの関連で予算規模を検討することが現実的である。市民権省の部局ごとの職員の配置，予算配分，そして予算の効果を毎年，レヴューした報告書があり，実態を知るには便利なガイドである（巻末の表 8，市民権・移民省の組織構成と各部局が担当するプログラムの一覧をまとめたものを参照）。本章では多文化主義を対象としてきたが，移民の定住支援という大きな枠組みのなかで多文化主義政策の位置づけも同報告書で理解することができる [41]。

2012 年度における市民権省の構成としては 4 つの部局（および市民権省を管理する組織部門）に分かれている。永住権の付与を前提とする移民の受け入れ，および永住権の付与はなく，一時的な滞在となる外国人労働者の受け入れ

を担当する部局では職員数が 542 人，配分された予算は 6080 万ドルとなっている。予算額のレベルでみると，全体の 4% にとどまる。移民たちの家族の呼び寄せ，難民の保護を担当する部局の職員数は 857 人で予算は 7900 万ドルである。移民の定住支援を担当する部局には多くの職員が配置され，898 人で予算は 10 億 1240 万ドルが配分されている。市民権省の予算総額のなかでここが占める割合は 66.5% であり，大きな存在である。移民の定住支援は州政府や民間団体への補助金交付という方法で行われることが多いので予算額は 9 億 5070 万ドルと大きいが担当する職員数は 302 人とさほど多くない。他方，移民たちは永住権を得てから数年後に市民権（国籍）を申請することになるが，この担当は予算額に対して職員数が多いこと（562 人）も注目される。他方多文化主義政策については，主に啓蒙活動を担当する職員が 34 人配置され，予算額はわずか 1510 万ドルにとどまる。移民の定住支援事業と対比すれば，多文化主義政策の比重が大きくないことは明白であろう。

　移民の健康管理や安全保障との観点から管理については 712 人の職員と 1 億 3930 万ドルが配分されている。また市民権省全体の人件費や事務経費などを管理する職員は 1648 人で予算額は 2 億 3180 万ドルである。市民権省全体の職員数は 4657 人，予算総額は 15 億 2330 万ドルとなる。

4. 時代とともに変化する多文化主義行政

　本章の目的は批判されることも，擁護されることも多い多文化主義の政策について異なる視点から考察することにあった。そのため，まず移民政策の流れや移民に対し連邦政府がどのように受け入れる体制を整えてきたのか分析した。連邦政府としては移民の受け入れを 3 つの切り口から用意し，時代の変化を受けて調整してきた。3 つの切り口とは移民をカナダ人に作り上げていくための市民権の創出なり意識の涵養を進める政策，移民の受け入れをコントロールする窓口政策，そして移民が生活して就業することを支える政策，というものであった。この 3 つの切り口が個別に作動する場合もあれば，連動する場合もあり，時代の変化なり政権担当者の考え方が大きく左右してきた。移民・開拓省は 1917 年に発足し，1936 年まで存続した。ヨーロッパからの移民をカナダ西

部へ誘い，西部開拓を進めるということもあり，移民と開拓という2つの業務を担当する官庁が用意された次第である。

　しかし第二次世界大戦後，これまでとは異なるヨーロッパからの移民や難民が増えたこともあり，連邦政府としてはかれらにどのようにカナダ的価値観なり行動様式を身につけさせるかが緊急の課題となった。そのため，移民たちへ語学研修の補助金を交付する政策を国務省が開始した。移民たちの文化支援や教育・語学研修といった事柄へ連邦政府が支援の手を差し伸べるというものであった。1950年には市民権意識の育成と移民政策という2つを担当する官庁として「市民権・移民省」が発足し，1966年まで存続した。1966年には移民政策とカナダ人の雇用や労働開発を進める官庁がスタートし，「人的資源・移民省」というこれまでにない新しいスタイルで業務を進めることになった。

　カナダでは中央官庁の再編が政権交代とともに行われることがあり，移民政策や市民権育成はたびたびこの対象となってきた。1966年にスタートした人的資源・移民省は1977年には「雇用・移民省」と少し名称を変え，また1991年には独立した省として「多文化・市民権省」が生まれている（ただし1994年には消滅）。その後の大きな変化としては，市民権育成を業務としていた国務省が1996年には廃止されるが，民族遺産省というこれまでにない新しい官庁に引き継がれた。移民の長期的な視点からのカナダ社会への統合を進めるのが民族遺産省であり，移民の短期的な定住支援を行うのが移民省や人的資源・技能開発省という基本的な役割分担が1990年代後半から定着してきた。ハーパー政権では移民政策の改革を目指してきたが，多文化主義も移民の定住支援と同じ枠組みで進めるという考え方から，2008年秋にはこれを民族遺産省から市民権・移民省へと移管した。

　1971年10月，トルドー首相はカナダ下院において，カナダは英語とフランス語を公用語とする枠組みの中で多文化主義的な統合を目指すと正式に表明した。かれの試みは意欲的で先進的なものと評価されようが，連邦政府の中でみれば，実態を伴わない部分が多かったといえよう。つまりカナダ憲法の権限配分に従えば，教育や雇用，生活支援などは連邦ではなく州政府が管轄している領域である。そのため，多文化主義政策をトルドー首相が表明してもすぐにそれを裏づけできるような政策領域はなかったというべきであろう。

第5章　政策プログラムとしてのカナダ多文化主義　159

その結果，多文化主義はおもにヨーロッパ系の白人マイノリティの文化支援
や研究をサポートすることになりがちであった。その後，非白人の移民が
1980年代以降に増加したことから，多文化主義の内容も変化させていく必要
が出てきた。ところで筆者は，多文化主義政策は「迷走を余儀なくされた」と
本章でも批判した。なぜ迷走したのかについては多くの議論がありうるが，基
本的には3つの理由を指摘した。ひとつは連邦政府が多文化主義という大義名
分から新しく介入できる政策領域には限りがあったこと，2つ目にはこれを実
施する政治的な意思なりリーダーシップが弱かったこと，そして3つ目にはト
ルドー声明以外に多文化主義を推進できる明確な根拠（法律など）が存在しな
かったことによる。1988年にようやく多文化主義法が成立し，またこれを担
当する大臣が確定したことで行政プログラムとしての多文化主義が次第に明確
になってきた。

　多文化主義の実態を知るには1988年以降，連邦議会へ提出されている年次
報告書が最良の手がかりになる。ただし，定義や内容などは政権担当者の裁量
により変更されることが多いので，時系列的な分析を続けると一貫性がないと
いう印象を受ける。本章ではとりあえず2011年度の報告書が体系的なまとめ
を行っているものと評価し，具体的に紹介した。基本的には3つの柱が整備さ
れ，これを推進していくことがハーパー政権の課題として位置づけられている。
3つの柱とは「統合されて一貫性のある社会の構築」，「多様性を反映できるよ
うな連邦官庁」，そして「カナダの多様性を国際社会へ発信しアピールする試
み」となろう。ところで注意したいのは，この3つはあくまでもハーパー政権
における解釈と理解であり，また近い将来には異なる政策目標が提示される可
能性も大きい。多文化主義の政策やプログラムは時代や環境とともに変化する，
ということを本章の結論としたい。多文化主義に配分される予算額は予想に反
して小額であるが，その効果なり政策アピール力は意外と大きいとみるべきで
ある。多文化主義の定義や内実は不確定であるが，政権担当者にとり玉虫色の
解釈ができる便利な手がかりである。

1)　つぎの本では最近の多文化主義の政策や理念についての総合的な考察が行われて
　　いる。Phil Ryan, *Multicultiphobia*, Toronto: University of Toronto Press,

160　　第II部　多文化主義と移民統合をめぐる理念と取り組み

2010.

2) カナダの移民政策史についてはすでに多くの研究が刊行されている。N. Kelley and M. Treblicock, *The Making of the Mosaic: A History of Canadian Immigration Policy*, Second Edition, Toronto: University of Toronto Press, 2010; D. H. Avery, *Reluctant Host: Canada's Response to Immigrant Workers, 1896–1994*, Toronto: McClelland and Stewart, 1995. ヴァレリー・ノールズ（細川道久訳）『カナダ移民史──多民族社会の形成』, 明石書店, 2014 年。

3) 加藤普章「カナダにおける信仰の自由のありかた──宗教的独自性・平等・統合」, 『法學研究』, 第 86 号第 4 号, 2013 年 4 月, 37–66 頁。

4) Section 2, Political Trends, "The Organization of Government," in D. G. G. Kerr, ed., *A Historical Atlas of Canada*, Toronto: Thomas Nelson, 1961, pp. 108–109.

5) L. A. Pal, *Interests of State*, Montreal: McGill-Queen's University Press, pp. 78–100.

6) 加藤普章「カナダの国籍概念と選挙権」, 『大東法学』, 第 19 巻第 1 号, 2009 年 10 月, 1–33 頁。

7) Monica Matte, "Welcoming Address," *Multiculturalism: A Canadian Reality*, Ottawa: Minister of State for Multiculturalism, 1979, p. 13.

8) Citizenship and Immigration Canada, Evaluation Division, *Evaluation of the Multiculturalism Program*, Ottawa: CIC, March 2012, p. iv.

9) Paul Wells, "Harper's Secret Weapon," *Maclean's*, December 6, 2010, pp. 22–24; Alec Castonguay, "Welcome to My World," *ibid.*, February 11, 2013, pp. 20–25.

10) 加藤普章『カナダ連邦政治』, 第 7 章（カナダにおける政策と行政の仕組み）, 東京大学出版会, 2002 年。

11) 田村知子「多文化主義政策, トルドーの議会声明」(1971 年), 日本カナダ学会編『新版史料が語るカナダ』, 有斐閣, 2008 年, 272–274 頁。

12) *Canada Year Book, 1970–71*, "Conditional Grants," Ottawa, p. 1161.

13) Peter Bosa, "Speech by Senator Peter Bosa," *Multiculturalism: A Canadian Reality*, Ottawa: Minister of Supply and Services Canada, 1980, p. 8.

14) Canadian Heritage, *Resource Guide of Publications Supported by Multiculturalism Programs, 1973–1992*, Ottawa: Minister of Supply and Services Canada, 1993.

15) Canadian Heritage, *Research Projects Supported by the Canadian Ethnic*

Studies Program, 1973-1992, Ottawa: Minister of Supply and Services Canada, 1993.

16) 閣僚の名前と在任期間については，連邦議会のサイトからデータを入手した。URL はつぎのとおり。www.parl.gc.ca/parlinfo　アクセスは 2013 年 5 月 10 日。また連邦官庁を統括する枢密院事務局（www.pco-bcp.gc.ca）から補足の情報を入手した。サイト名はつぎのとおり（Guide to Canadian Ministers since Confederation）。アクセスは 2013 年 5 月 11 日。加藤普章「カナダ連邦内閣の構成原理と時代的変化」，『大東法学』，第 25 巻第 1 号，2015 年 11 月，317-342 頁。

17) K. D. McRae, "Official Bilingualism: From the 1960s to the 1990s," in J. Edwards, ed., *Language in Canada*, Cambridge: Cambridge University Press, 1999, pp. 61-83.

18) Special Committee on Participation of Visible Minorities in Canadian Society, *Equality Now!: Participation of Visible Minorities in Canadian Society*, Ottawa: Supply and Services Canada, 1984, pp. 54-56.

19) 田村知子「多文化主義法」，『新版史料が語るカナダ』，274-275 頁。

20) *Equality Now!*, pp. 61-62.

21) 高村宏子「日系カナダ人補償問題」，『新版史料が語るカナダ』，280-281 頁。憲法学の観点からカナダにおける緊急事態法制について富井幸雄が研究をまとめている。富井幸雄『憲法と緊急事態法制──カナダの緊急権』，日本評論社，2006 年。

22) The Standing Committee on Multiculturalism, *Multiculturalism: Building the Canadian Mosaic*, Ottawa: House of Commons, June 1987.

23) M. Hayday, "From Royal Commission to Government Policy, 1963-1970," in Hayday, ed., *Bilingualism Today, United Tomorrow*, Montreal: McGill-Queen's University Press, 2005, pp. 35-62.

24) Michael Temelini, "Multicultural Rights, Multicultural Virtues: A History of Multiculturalism in Canada," in S. Temelini, ed., *Multiculturalism and the Canadian Constitution*, Vancouver: University of British Columbia Press, 2007, pp. 43-60.

25) Carol Agocs, "Canada's Employment Equity Act: Perspectives on Policy and Implementation," in R. Joshee and L. Johnson, eds., *Multicultural Education Policies in Canada and the US*, Vancouver: University of British Columbia Press, 2007, 167-187.

26) Peter S. Li, *Race and Ethnic Relations in Canada*, Toronto: Oxford University Press, 1999, p. 152 & p. 172.

27) *Ibid.*, p. 153.

28) The Secretary of the State, *Annual Report, 1981–82*, pp. 3–58.

29) *Ibid.*, p. 61.

30) *Ibid.*, pp. 15–16.

31) Canadian Heritage, *Annual Report on the Operation of the Canadian Multiculturalism Act, 1993–1994*, Ottawa: Minister of Supply and Services Canada, 1995, pp. 1–4.

32) Citizenship and Immigration Canada, *Annual Report on the Operation of the Canadian Multiculturalism Act, 2011–2012*, Ottawa: CIC, 2013, pp. 18–21.

33) *Ibid.*, pp. 7–10.

34) *Ibid.*, Part Two, "The Multiculturalism Program 2011–2012," pp. 13–25.

35) *Ibid.*, Part Three, "Implementation of the Canadian Multiculturalism Act Across Federal Institutions," pp. 26–39.

36) *Ibid.*, Part One, "Combating Anti-Semitism in Canada and Around the World," pp. 11–12.

37) The Global Centre for Pluralism, "Frequently Asked Questions". これはつぎのサイトから入手した。www.pluralism.ca　アクセスは 2013 年 4 月 24 日。

38) これについては連邦首相関係のサイト（www.pm.gc.ca/eng/media.asp?id=3397）から 2010 年 5 月 31 日にアクセスした。

39) Jessica Barrett and Andrea Hill, "Aga Khan Praises Canada's Diversity," *The Ottawa Citizen*, February 28, 2014; Lee Bethiaume, "Aga Khan to Speak in Commons," *ibid.*, February 25, 2014.

40) *Annual Report on the Operation of the Canadian Multiculturalism Act, 2011–2012*, p. 5.

41) Department of Citizenship and Immigration, *Departmental Performance Report for the Period Ending March 31, 2013*, Ottawa: CIC, 2013. この報告書はつぎのサイトから 2014 年 2 月 2 日に入手した（www.cic.gc.ca/english/resources/publications/dpr/2013/dpr.asp）。

第6章　カナダの多文化主義の理解・アプローチ・批判

1. 多文化主義の多義性

　カナダの多文化主義政策は世界に先駆けて 1971 年に連邦政府の手により導入されて以来，さまざまな展開を遂げてきた。またカナダ以外の国においても同様な政策や理念が採用されることで，グローバルな政策論議のひとつにもなってきた。本章ではカナダにおける多文化主義の理解に焦点を絞り，論点などを整理していく[1]。

　カナダにおける多文化主義の理論や研究に目を向けると，研究成果の多いクィーンズ大学の W・キムリッカに注目せざるを得ない。彼は政治哲学や政治思想の研究者であるが，カナダを含む多くの国々における移民問題やエスニシティ関係に関心を向け，精力的に成果をまとめてきた。多文化主義の研究を進める際には彼の研究成果とは無関係に議論を進めることができない，といって過言ではない。そこで本章では彼の研究成果を 3 つに区分して考えることにしたい。

　第一に，カナダ国内の状況を踏まえた上での一般化の議論である。カナダは建国以来，英国系カナダとフランス系カナダの共存と対立をどのように理解するかが大きな課題であった。特にフランス系カナダ人の大半がケベック州に多く住むことから，ケベック州の自治権や独自性の存在をどのようにカナダ連邦の中に組み込むかが歴史的な課題となってきた。また 1970 年代以降，ケベックの分離・独立を目指すケベック党が政治の舞台に登場することにより，カナダ連邦への影響はきわめて大きくなってきた。もっとも 1980 年 5 月と 1995 年 10 月に行われた分離・独立に関する州民投票では，2 回とも反対派が過半数を占めることで分離の動きはいったん止まった。しかし，今後も連邦制を維持するという自由党，および分離・独立を目指すケベック党という 2 つの政党（2 つのシナリオを提示）は有権者の支持を得て存続すると考えられる。さらにフランス系カナダ人とは異なるが，先住民の独自な権利が 1982 年憲法において

165

認められ，その存在はユニークなものとなってきた。加えて彼らの自治権をどのように認めていくのかという議論もあり，「連邦─州・自治体」という現在の2層構造の中に先住民自治政府をどのように組み込むかという難しい問題を抱えている（第2章第2節：カナダの憲法と政治制度，憲法の仕組みと連邦制を参照）。

キムリッカはケベック州のフランス系カナダ人，そしてインディアンやイヌイットなどの先住民については，「ナショナル・マイノリティ」と規定し，かれらの独自な権利を認め，それが政治制度や連邦制度の中に組み込まれることが許されると主張している。他方，移民については，同化を強いられず，カナダ社会に統合していくことが期待されるとしている。この際，移民集団の文化なり独自性は多文化主義の枠組みにより尊重されるが，移民たちは受け入れ国（カナダ）の法律やルールに従うことが大原則となる。ナショナル・マイノリティはカナダ連邦の中で一定の自治権なり自治政府を持つことが想定されるが，移民はカナダという大きな枠の中で文化的な独自性がある程度，認められていくことになる。ただし，カナダを含め多くの国ではナショナル・マイノリティと移民というタイプの異なる集団が存在しており，個別の対応なり政策を採用して統合を目指すことになる。キムリッカはこうしたカナダ的な事例を取り上げて，それを理論的に整理したことになる。

キムリッカによる理論的な整理とは何を意味するのだろうか。本来，自由主義は個人を基本とし，各個人（あるいは各市民，各有権者）を平等な単位として認め，政治社会に参加させることを前提としている。その際，各個人が持つ個別の特質（エスニックな特質）を切り離していくことが必要となってくる。各個人は法のもとに平等であり，同じルールのもとで政治に関係していくことが期待されている。他方，キムリッカは集団的な権利や独自性を認めることで，より現実的な意味での政治参加が可能になると主張している。こうしたことはすでにチャールズ・テイラーなどにより指摘されてきたが，キムリッカは多面的な考察を行い，個人を基本としたかつての自由主義の前提についてまで踏み込んだ考察をしたものと考えられる[2]。

第二のキムリッカの研究実績となるものは，市民権，多元論，そしてマイノリティの権利や存在を組み込んだうえで自由主義や民主主義についての考察を深めたことである。かれの手によりすでに多数の著書がまとめられており，日

本語訳も 3 冊，刊行されている。キムリッカの著作については多くの論者によりまとめられているので，ここでは直接には触れないことにしたい。また言語権や福祉国家との関係などからも多文化主義をかれは考察している[3]。

第三のキムリッカの貢献は，多文化主義の理論や政策を西欧や北米以外の地域において応用できるかどうか，という大胆な問題設定を行い，検証したことである。最近では共編著としてアジア（2005 年）も研究の対象としてまとめられている。さらに 2012 年にはカナダを他の国と比較してよりグローバルな視点からの考察も進めている[4]。

キムリッカは多文化主義について肯定的な学者であるが，最近ではヨーロッパの政治家たちは否定的である[5]。2010 年 10 月，メルケル独首相は与党であるキリスト教民主同盟（CDU）の会議において，多文化主義は失敗したと表明している。ドイツでは約 400 万人と推定されるトルコ系住民がいるが，ドイツへの統合が進まず，受け入れ側と分断された状況を指摘している。トルコ系住民の多くはイスラム教徒であり，言語面でも文化面でも分離したような状況になっており，まさに多文化主義政策が機能していないことを公式に表明した。また英国でもキャメロン首相は 2011 年 2 月のある国際会議において，多文化主義が英国を分断していると指摘している。

ヨーロッパでの多文化主義批判のロジックは比較的，単純である。英国もドイツも白人以外の移民を受け入れる政策（移民政策）を開始したが，その移民の多くがイスラム系である。また多文化主義政策が移民（イスラム系移民）の文化や言語の独自性をある程度，尊重したため，英国もドイツも社会的に分断された様相を示すことになってきたとされる。さらに英国では 2005 年 7 月 7 日にはロンドン・テロ事件が起こり，米国の 9・11 事件に匹敵する悲劇も生まれている。加えてイスラム系移民の社会・経済的地位が低いことにより，貧困問題や失業が大きな課題にもなってきた。「多文化主義＝移民の受け入れ＝イスラム系移民によりもたらされる諸問題」，という循環をここにみることができよう[6]。

こうした最近の動きから，ヨーロッパにおいて多文化主義により社会が分断されることに危機感を覚え，統合や一体感を強調する考え方が登場してきた。これを代表するものが「インターカルチュラリズム」（Interculturalism）で

あり，テッド・カンテル（Ted Cantle）によれば集団間の相互理解を深め，また社会全体のまとまりを強調するものである。この考え方によれば，移民たちも受け入れ社会の基本的なルールや原則を尊重し，国民としての権利だけではなく義務も担うことが求められている[7]。

　他方，米国では多文化主義については肯定派と否定派の間で激しい論争が生まれ，政治的な対立にまでつながっている。米国ではカナダのように連邦政府が公式の政策として多文化主義を掲げているわけではない。おもに教育の現場において，特定の民族・エスニック集団（おもに白人でアングロサクソン系の人々）が持つ文化の優位性を否定し，マイノリティたちがこれに挑戦するという政治的な対立が多文化主義の構造である。たとえば大学において，ヨーロッパ系の白人文化の優位性に対して，アフリカ系アメリカ人が挑戦し，政治的な手段を通してその優位性を確立しようとする。リベラルな知識人として知られるA・シュレージンガー2世は大学のカリキュラムや学問体系が，エスニック・マイノリティにより挑戦を受け，混乱していることを批判している[8]。白人文化にせよ，アフリカ系アメリカ人の文化にせよ，文化には本来優劣はない。しかし多文化主義が認められることで，それぞれの優位性を政治的手段により確立しようとする「文化闘争」が生まれる危険性をシュレージンガー2世は指摘しているといえよう。教育に加え，雇用や人事際策に関係して特定のマイノリティや女性を優遇する考え方（アファーマティブ・アクション）が1960年代から官庁や企業などで採用されている。

2. カナダにおける多文化主義の理解

　まず筆者なりの多文化主義の定義をまとめておこう。当然のことながらさまざまな定義があるが，筆者としては，次のように規定したい。つまり「国民国家を構成する国民が持つ多様性に注目し，その多様性を尊重したり，多元性をルールとして共存を図ろうとする思想・運動・政策」[9]である。多様性を構成するものは国により異なり，言語・宗教・人種などさまざまであり，それをどのようにして，またどの程度まで認めるかという困難な課題でもある。さらにそれを実現したいという思想や目標から始まり，社会運動や政治闘争，そして

168　　第Ⅱ部　多文化主義と移民統合をめぐる理念と取り組み

最終的には政策として政府が公的に認知して対応することもある。カナダは移民の受け入れによる民族・人種・宗教の多様化が 1970 年代以降に本格化し，連邦政府も（曖昧なレベルにとどまってきたが）1971 年からは公式の政策として認知してきた。カナダにおいては，多文化主義を求める社会運動や政治闘争が極端な暴力路線にむかうことなく，比較的，平和なベクトルで収まってきた。これはカナダの多文化主義を語る上で重要な特質といえるだろう。

　ところでカナダ政府による公式の定義は存在するのだろうか。筆者の分析によれば，公的な定義や理念はあるが時代ごとに変化しており，政策の内容も変化してきている。そのため特定の時代を取り上げ，その変化を要約してみたい。

連邦政府による公式な議論

　連邦政府による公式な議論や定義は 1971 年以来，多岐にわたる。そのため，代表的な 3 つに限定して紹介してみたい。まず公式にカナダは多文化主義を目指すことを表明したトルドー首相（父）による国会演説を取り上げよう。1960年代からケベックにおけるフランス系カナダ人のナショナリズムは次第に高まり，英語系カナダや連邦政府への批判を強めていた。そこで連邦政府は二言語・二文化に関する政府調査委員会を 1963 年に設立した。たとえば，連邦官庁においてどの程度，フランス語が使われているか，という実態調査を行った。仮にフランス語が使用されていないとすれば，フランス系カナダ人にとり，連邦官庁は縁遠い存在であり，連邦政府はあくまでも英語系カナダ人にとっての政府になる。これまでこうした行政や教育，ビジネスの場における英語系カナダ人とフランス語系カナダ人の関係についての実態調査は少なく，この分析は画期的なものとなった。調査を開始してから，1960 年代後半にかけて報告書が続々と刊行されていった。報告書では実態調査のまとめにとどまらず，具体的な政策提言も盛り込まれていた。実現可能な提言が多数，盛り込まれていたといえよう。こうして提言の中で言語関係については 1969 年の公用語法制定につながったことが有名である（第 2 章第 2 節：カナダの憲法と政治制度，ケベックの動きも参照）。

　すでにみたように 1867 年の連邦結成以来，カナダは英語とフランス語を公用語とする政策をとってきた（英領北アメリカ法第 133 条）。これは連邦政府

とケベック州政府のなかで，議会と裁判所において2つの言語を公用語とするものであった。しかし国民の立場からすれば，連邦の行政機関において基本的には英語がおもに使われていたので，立法府と司法府における二言語公用語政策だけでは不十分であった。そこで1969年の公用語法において，行政機関においても英語と並びフランス語も公用語として認め，使っていくという決定が盛り込まれた[10]。

　カナダが英語系とフランス語系の住民だけで仮に構成されていればこれで問題はないが，実は建国以来，ドイツ系，ウクライナ系，イタリア系など多数の移民集団がカナダの発展に大きな貢献をしてきた。カナダを英語系とフランス語系だけの2つに限定すると，他の移民集団の役割や実績が無視されることになる。そこでトルドー首相は2つの集団の存在を認める政策（二言語公用語政策）に加え，他の集団の貢献を認めるという多文化主義政策を1971年10月8日，連邦下院で表明した。言い換えれば，「二言語主義の枠内における多文化主義政策」という位置づけで新しい政策の導入が決められたのである。具体的にはつぎの4つの方法が提示された。つまり文化集団（民族集団）への支援，文化集団が（障害なく）カナダ社会へ参加できるように支援すること，国民の間での交流を深めること，そして移民の言語習得（英語かフランス語）への支援をすることである[11]。こうした4つの方法から分かることは，英語系でもフランス語系でもない移民集団については，おもに文化的・言語的な障害を取り除くことで，カナダ社会へ自由に参加できることが想定されている。ただし，この当時，移民の大半はヨーロッパ系の白人である。したがって，平等な参加が可能になるようにマイノリティ団体へ文化・言語面での支援をすることに限定されていた。そのため，エスニック集団間の社会・経済的な格差を是正するようなことはあまり考える必要がなかったと思われる。

　その後（第5章で触れているように），連邦政府の多文化主義政策は迷走を続けた。たとえば，これを担当する政治的なリーダーシップが弱く，担当大臣が頻繁に交代するという状況であった。さらに移民集団への文化支援というトルドー声明だけでは多文化主義の内容が不明確であった。つまり，多文化主義政策において連邦政府は何をすべきか，という基本的な枠組みが確定していなかったことを意味する。そして1988年になり，ようやく多文化主義法（Cana-

170　第II部　多文化主義と移民統合をめぐる理念と取り組み

dian Multiculturalism Act）が制定され，法的にも内容が整備された。

　1988 年法はつぎのような構成になっている[12]。まず序文において，多文化主義政策の前提を簡単にまとめている。たとえば誰もが法の下に平等であること，カナダ憲法が多文化主義的な伝統を尊重し，かつ先住民の権利を認めていること。そして英語とフランス語の公用語を尊重することなどである。加えて人種差別禁止条約や国際人権規約にカナダは加入しており，カナダは国際的な法規範も尊重していることなどである。ついで第 3 条 1 項において追求すべき 10 の目標を明示した。それぞれは抽象的な原則を表明しており，具体的な内容についてはわかりにくい。ただし，例外として，カナダの諸機関がこれに協力することを規定したものなどは理解しやすい。それを 2 つほど引用するとつぎのようになる。

・多文化主義がカナダの文化的かつ人種的な多様性を反映していることを認識し，その理解を深めること，そしてカナダ社会のすべてのメンバーが自分たちの文化的特質を保持し，高め，そして共有できるような自由を尊重すること（a 項）
・カナダの社会的，文化的，経済的，政治的諸機関が，カナダの多文化的特徴を尊重し反映するよう奨励し助力すること（f 項）

　ついで第 3 条 2 項では政府機関（官庁）が実施すべき 6 つの課題を規定している。これは第 3 条 1 項と異なり，より具体的で分かりやすい。この規定により，各官庁は毎年，多文化主義に関わる課題についての実績をまとめて報告することになった。これは連邦官庁への課題と理解すればよいだろう。ただし官庁ごとに守備範囲も異なるので，課題への対応や方法も異なると思われる。

・出自を問わずすべてのカナダ人が連邦政府諸機関において雇用と昇進を得る平等の機会を持てるようにすること（a 項）
・出自を問わずすべての個人と集団がカナダの持続的発展に寄与できるよう個々の能力を高めるような政策，プログラムそして活動を連邦政府諸機関が促進すること（b 項）
・カナダ社会の成員の多様性を理解し尊重することを促すような政策，プログラムそ

第 6 章　カナダの多文化主義の理解・アプローチ・批判　171

して活動を連邦政府諸機関が促進すること（c 項）
・カナダの多文化主義的実態に敏感でかつ対応できるような政策，プログラム，実践的行為が施行できるような統計的データを連邦政府諸機関が収集すること（d 項）
・出自を問わずすべての個人の言語能力と文化理解を連邦政府諸機関が適切に活用すること（e 項）
・総合的にカナダの多文化的実態を敏感にまた責任ある形で連邦政府諸機関が反映できるように努めること（f 項）

　2006 年 2 月には保守党が自由党から政権の座を奪い取り，13 年ぶりの政権交代が実現した。保守党の指導者たちはこれまで自由党が移民のケアをすることで移民票，特に大都市において移民の支持を得て政権を維持してきたと考えてきた。そのため，保守党も移民のケアをより積極的に進める戦略を開始した。保守党は 2000 年代初頭における政界再編のプロセスの中で反移民的な政策をとる可能性もあったが，2006 年に自由党を破り政権をとると，移民政策に関して極端な政策転換を行わず，ある程度の継続性を持って政策が展開された。ただし多文化主義については，2008 年にはこれまでの実績を踏まえながら，つぎのような方向性を明確にした [13]。

　まず民族遺産省の管轄に置かれていた多文化主義関係のプログラムを 2008 年秋に市民権・移民省へと移管した。2 つの政策領域をより密接に関連させるためである。ついで市民権・移民省の管轄に置かれた多文化主義政策は 3 つの目標を追求するものとして整理・再編が行われた。2008 年度の多文化主義に関する年次報告書（刊行は 2010 年）によれば，カナダ社会において経済的・社会的・文化的統合を推進すること，連邦政府機関において統合を進めるための努力を行うこと，そして国際的な社会においても多文化主義や統合を進めること，という 3 つの方向性が明示された。連邦官庁による実績報告は多岐に渡り，120 あまりの官庁や行政機関から 2008 年 4 月から翌年 3 月までの官庁ごとの独自な試みが紹介されている。

　2015 年 11 月，J・トルドーの自由党政権は多文化主義政策の担当を再び民族遺産省の大臣と変更している。

カナダ国内における多文化主義への批判

若手の研究者であるフィル・ライアン（Phil Ryan）は多文化主義に関する総合的な研究書を2010年に刊行した。その研究では多文化主義批判の特質をまとめているので，本章でもそれを参考にして批判の論点を紹介したい。またアカデミックなものとは言い難いが，多くのカナダ人にアピールしたという点でニール・ビスーンダス（Neil Bissoondath）とリチャード・グウィン（Richard Gwyn）の批判も重要である。ビスーンダスはカリブ海に浮ぶ島国（トリニダッド・トバゴ）生まれのインド系の作家である。18歳の時にカナダへ渡り，トロントにあるヨーク大学でフランス文学を学び，それ以後は作家としてキャリアを築いている。かれの『幻想を売りまくること──カナダにおける多文化主義というカルト』が1994年に刊行され話題作となった[14]。ビスーンダスのルーツをみると，インドのヒンズー教に辿り着く。そうしたルーツに関連して，かれは狂信的な信仰については批判的である。また多文化主義においては，特定の民族・宗教集団は同じ考え方であり同じ態度をとる，という前提にも批判的である。ビスーンダスに従えば，特定の民族・宗教集団の内部における多様性も重要であり，個々のメンバーの個性や判断も尊重されるべきである。また多文化主義は移民やエスニック集団のステレオタイプを助長すると批判的である。

他方，イギリスからの移民で生粋の英国系カナダ人であるR・グウィンも多文化主義に批判的である。かれはトロントの新聞社（トロント・スター）の花形記者として活躍し，ベストセラーとなる著書も多く刊行している。多文化主義批判を始めたのは7年間ほどかれがカナダを留守にして英国で特派員として活躍し，帰国してからとなる。カナダを離れたのは1985年であり，すでにアジアやアフリカからの移民もトロントに多数，定住していた時期である。しかし当時はそれがあまり気にならなかったが，7年後の1992年，英国から帰国し，カナダが大きく変化したことにショックを受けたようである。変化の要因のひとつが多文化主義であり，古き良きカナダが消えてしまい，移民によりカナダ社会が分断化されたと嘆いている。彼の著作，『壁のないナショナリズム』（1995年）は興味深い事例や事件が無数に紹介されており，カナダ事情を知る読み物としては手頃である[15]。しかし，多文化主義とは何か，という正

体が明示されず、「移民関係やエスニシティから生じるトラブルや事件はすべて多文化主義による」といういささかバランスを欠く被害者意識によりまとめられている。別の表現をすれば、対象を明確にしないまま、諸悪の根源は多文化主義にあり、という安易な前提があると思われる。加えて、ビスーンダスと同じように、グウィンは連邦政府の公式文書や年次報告書を引用することもなく、自分の頭のなかで想定された（作られた）多文化主義を批判している。いずれも安易なスタイルが気にかかるところである[16]。

　歴史学者であり、多数の専門書をまとめてきたJ・L・グラナツティン（J. L. Granatstein）も『誰がカナダ史を殺したのか』（1998年）というエッセイ集において、多文化主義を批判している[17]。かれはカナダの歴史研究が細分化され、カナダ全体を包摂するようなスケールの大きい研究が少ないと嘆いている。またカナダ全体を研究するよりは民族史研究や女性史研究、移民史研究という「マイナーな研究分野」に若い世代の歴史家が関心を向けていることにも批判的である。さらにカナダの歴史は州や地域を単位として構成されていることが多い。そのためカナダ史の全体像よりは「ケベック史」や「オンタリオ史」、あるいは「東部沿海史」というように州や地域性により分断された歴史を高校生に教えていることが国民意識の形成にはマイナスであるとかれは批判的である。加えて多文化主義政策の一環として、エスニック史や特定の民族集団への研究助成が連邦政府から行われているが、これもカナダ史理解を分断させる要因であると批判している。かれによれば、最近の歴史研究の傾向として、英語系カナダ人はある意味移民やマイノリティへの加害者であり、このため被害者の立場を強調する「自虐的歴史観」が過度に生まれてきたという。もし第二次世界大戦を語るのであれば、英語系カナダ人やフランス系カナダ人の戦争遂行のプラスの側面を見るべきであり、西海岸に住んでいた日系カナダ人の強制収容などは（触れてもよいが）第一に強調すべき事例ではないということになる。多文化主義により、英語系カナダ人の役割や貢献度が低く見積もられる、という危機感がグラナツティンにはあると思われる[18]。

　別の視点からの批判をマーティン・ローニー（Martin Loney）が『亀裂の追求——カナダにおける人種、ジェンダー、そして優先的な雇用政策』（1998年）において展開している[19]。ローニーは英国の大学を1988年に辞職し、カ

174　第II部　多文化主義と移民統合をめぐる理念と取り組み

ナダの大学で採用されることを希望した学者である。しかし，カナダの大学の偏った人事政策（女性やマイノリティの学者を優先雇用するという）のため，採用されることがなく，その原因を解明しようと試みたものがこの本である。このためグラナツティンやグウィンよりも批判はより具体的であり，厳しいものとなっている。先にも触れたが，米国の大学においては，マイノリティとマジョリティの力関係がカリキュラム編成にも影響を与えるため，白人文化，黒人文化，マイノリティ文化，先住民文化とそれぞれが政治闘争（まさに米国版の文化革命である）を起こしていると嘆いたのはリベラルな知識人の代表であったシュレージンガー2世であった。ローニーの主張はそのカナダ版と位置づけられようか。

　ローニーによれば，まず移民政策の背後には都市部の移民票を得ようとする政治家の思惑があり，移民を都市部で増やすメリットが政治家により認識されている。これは普通の移民政策批判でみられる指摘である。ついで大学における新規の人事採用では学問的な業績よりも，女性を優遇し，エスニックな出身であることがプラスになるという現状があることに批判的である。大学以外では連邦公務員の採用にあたり，女性が優遇されていること（男性が冷遇されている）も指摘している。人種とジェンダーを考慮した人事政策により，能力や業績という公平さが損なわれているわけである。全体を通してみると，確かにローニーの著書は読み物としては面白いが，まとまりに欠け，やや冗漫という印象を受ける。

　宗教についての社会学的研究で有名なR・ビビー（R. Bibby）も多文化主義について別の視点から批判している。『モザイクの狂気』という著作において，異なる文化や価値観が尊重されることはよいとしても，それが過度に尊重される危険性をビビーは強調している。つまりカナダ社会を支える大枠としての価値観がなくなり，すべては正しいという相対的な価値観がカナダで強くなることへの不安を指摘している。カナダでは歴史的に英語系カナダとフランス系カナダの共存に関心が向けられることで，カナダ全体をどのように統一するか，という側面が欠落してきたという。その後，移民が増加してきたが，以前のような相互の文化や価値観を尊重するという体質が変わらずに維持されてきた。これは良くいえば多文化的な共存であるが，悪くいえば「過度の相対主

義」に陥り，無目的に存在するという危険性が生まれると指摘している。このため，多文化主義は統一性に欠け，意味のない多様性を生み出して，ビビーの本の題名が示すように「モザイクの狂気」がカナダで出現することになる[20]。

カナダの世論調査から

カナダの国民は移民の増加や多文化主義についてどのような意見を持っているのだろうか。基本的には移民や多文化主義に関する定期的な世論調査はないので，時折，実施される世論調査からカナダ国民の意識をフォローすることが重要である。

まず 2010 年の 5 月末から 6 月上旬にかけて政策分析や提言を行う有力な専門誌（*Policy Option*）が主体となり実施された調査（電話調査，サンプル数は 1008）がある[21]。これは比較的シンプルな調査であるが，全体像が分かりやすい（回答は「評価する」から「評価しない」そして「分からない」の 5 段階）。移民制度について過半数（65.3%）はカナダの発展に役立つという評価に同意し，消極的ながらそれなりに役立つという評価（16.1%）もある。両者を合わせると 8 割を超えるプラスの評価となっている。他方，マイナスの評価を下す人々は 16% である。州や地域別にこれをみると，東部沿海州からケベック，オンタリオ，平原州，BC とほぼ同じ数字を示しており，あまり顕著な差異はみられない。ついで年齢別にみると，30 代は高く評価する傾向にあるが，他の年齢層では大きな差はみられない。支持政党別ではどうだろうか。自由党支持者には最も高く評価され 73.6% となっている。消極的な評価を下したのはケベック連合の支持者（マイナス評価は 22.9%）である。

他方，年間の移民の受け入れ数については，現状維持が多く，38.9% である。ただし移民数を減らすべきという考え方（32.4%）も 2 番目に多く，増やすべき（21.4%）という選択肢を支持する回答は少ない。州・地域別では移民の流入が少ない東部沿海州では，移民を増やすべきという考え方（26%）は他の州や地域よりもやや多い。移民の定住支援（おもに言語習得や就労支援）については，現在の制度や政策以上に移民をサポートすべきと考えている者が多く（45.8%），やや消極的ながらも支援すべきという考え方も 19.9% に達している。全体では 7 割弱のカナダ人が現在以上の移民支援を行うべきとしている。年齢

別では 30 代（56.9%）が他の世代よりも支援をすべきという回答を示している。また 60 代以上も全国平均とほぼ同じ理解を示しており，世代間の相違はあまり目立たないようである。移民たちはカナダ社会に溶け込んでいるのだろうか。1 から 5 までの 5 段階評価（1 は溶け込んでいない，5 は完全に溶け込んでいる，という基準を設定）によれば，中間の評価（つまり 3）が一番多く，41.5% という回答を示している。1 と 5 の評価は少なく，また 2 の評価（あまり溶け込んでいない）と 4 の評価（それなりに溶け込んでいる）はほぼ同じである。

『ポリシー・オプション』誌の調査を見る限り，カナダ国民は比較的冷静に移民制度を評価し，移民の定住支援が不十分でもあるのでより積極的な支援を行うべきと考えているようである。移民制度や定住政策を厳しく批判し，政府の役割を限定させるべきという立場にはないようである。ただし移民受け入れ数は現在のもので十分であり，これ以上は望まないという考え方も有力なようである。

市民権・移民省は移民に関する統計データなどを整理して公表しているが，関連する調査も時折，公表している。2010 年 3 月には 2006 年から 2009 年までの移民や多文化主義に関する 15 の世論調査の動向をまとめた調査を公表した。調査担当者はマギル大学の研究者と世論調査会社の担当者であり，学問的にも信頼のおける調査である。また多文化主義そのものに関する世論調査はあまり多くないので，これは興味深い分析である。

まず多文化主義についての評価を見よう（2007 年調査，サンプル数は 1002）。多文化主義がカナダを特徴づける政策かどうか，という質問については，そのとおりと考える（44%），ある程度あてはまる（40%）というプラスの評価は 84% と圧倒的に多い。他方，マイナスの評価については，あまり合意できない（10%），合意できない（6%）という回答である。グウィンやビスーンダスは多文化主義がカナダを分断する危険なものと警告したが，2008 年に実施された世論調査（サンプル数は 1000）では過半数のサンプルは多文化主義がカナダのアイデンティを強化する（61%）という回答を示した。反対にカナダのアイデンティティを弱くするという否定的な意見は 30% である。残りの 9% は不明であり，全体では 2 対 1 の割合でプラスの評価となっている [22]。

別の調査ではカナダ建国 150 周年（2017 年を想定）の際，何がカナダらしさを示すかという質問を設定した（2010 年調査，サンプルは 1001）。興味深いことに多文化主義が第 1 位（27%）となり，第 2 位には 1982 年憲法に盛り込まれた「人権憲章」で 12%，第 3 位は自然や天然資源（7%）と続いている。なおカナダが世界に誇る平和維持活動は 3%，医療保険制度は 4% にとどまっている [23]。

　多文化主義の前提となる民族や人種の多様性についても顕著な反対意見はないようである。2008 年調査ではヴィジブル・マイノリティ（黒人やアジア系など有色人種のマイノリティ）が 500 万人を超えたことの是非について聞いている。これは興味深いことに肯定派が 48%，マイナスに評価する立場（悲観派が 9%，分からないが 42%）とほぼ拮抗する結果を示した。ただし，同じ調査ではヴィジブル・マイノリティがカナダ人口の 16% を超えたことの是非を尋ねているが，ここでは「気にしない」とする回答が 55%，「適切な割合」とする回答が 22% である。逆に「16% の割合が大きすぎる」と考える人々は 9%，反対に小さすぎるは 10% となった。全体を通して見ると，ヴィジブル・マイノリティが増えることには多少の不安を覚えるが，統合政策や多文化主義の効果により，これが大きな問題にはならないという安心感を抱いているという構図であろうか [24]。世論調査のデータに従えば，ビスーンダスやグウィンのような多文化主義批判論者ほどの大きな不安をカナダ国民が持っていないという筆者なりの結論をここでまとめたい。

ケベックの移民政策

　ケベックは州の人口減少（出生率の低下や他州への流出などによる）を受けて，移民の誘致や受け入れについては他州と同じように熱心に取り組んでいる。ケベック州のカナダ連邦における自治権拡大の流れのなかで移民の選択から始まり，移民の定住支援に到るまでケベックの発言力は拡大してきた [25]。その具体例となるのが 1991 年に結ばれた連邦政府との移民協定である。ここでは移民の定住支援のプログラム策定や実施については（連邦政府に代わり）州政府がすべてを担当するという画期的なものであった。ただし，定住に関わる費用は連邦政府に後日，請求することで州の負担はないという現実的な配慮をし

たものであった。ケベック州では他州と同じように移民によって経済の活性化を図り，人口減を移民により補うという政策的な目標もあり，移民の誘致や定住は今後のケベック州を左右する重要な事柄である。

　カナダ全体への移民のなかで，2011年度のデータによれば，ケベック州にはカナダ全体のうち20.8%（実数は5万1746人）の移民が定住している。ケベックの都市のなかではモントリオールへの集中が顕著であり，ケベックへの移民のうち86.7%（実数は4万4863人）がここに定住している。2番目に多いのはケベック・シティであり，わずか4.3%（実数は2236人）にとどまる。しかし，ケベック州では他州と異なり，移民を受け入れるとしても，ケベック的な価値観を今後も維持していくことが期待されており，移民にもこれを求めることが基本になっている。連邦政府の多文化主義政策には，確かに特定の文化や価値観を移民に強要せず，（カナダ憲法の原理や民主的なルールが最優先されるとしても）移民集団が自分たちの文化や価値観が維持することが許される，という考え方がある。その結果，価値観の多様化や相対化が起こることは避けられない。しかし，ケベックにおいては移民たちがケベック的な価値観を受け入れ，またフランス語を習得していくことが望まれている。これはアラン・ガニョン（Alain=G. Gagnon）たちが主張するケベック独自の理念である「インターカルチュラリズム」である。

　S・シャピロ（Samuel Shapiro）はケベックにおけるインターカルチュラリズムの展開について簡単にまとめている[26]。まずケベックの存在は独自であることを理解したうえで，4つの段階を経ているという。最初に1970年代に入り，言語ナショナリズムが高まった。フランス系カナダ人が多数派を占めているにもかかわらず，言語面では少数派の英語の力が強いことに反発し，フランス語の地位を改善させる取り組みが行われた。第二段階では移民の受け入れが次第に本格化することを受けて，1981年にはケベック党（PQ）政権が人種差別などを行わないように州民に呼びかける声明を発表した。ついで第三段階として，1990年，自由党州政権は移民とケベックの間に「倫理契約」を結ぶべきと発表した。移民はケベックの文化や言語を尊重するとともに，多数派のケベック人も平等性を尊重して受け入れるように呼びかけたのである。第四段階にあたるものが，1990年代に出てきたもので，インターカルチュラリズ

ムとなる。これによれば移民が持つ多様性を認めつつ，フランス語を学びケベックの文化を移民たちも尊重すべきとした。

　逆に見ればケベックのフランス系の人々にとり，連邦政府が提案してきた多文化主義は不十分なもので，ケベックの独自性を認めていないと批判的である。そのため，多様性の尊重や平和的な統合という面では共通性があるとしても，ケベックとしては多文化主義とは別の理念を提唱せざるを得ないことになる。ガニョンによれば連邦政府の多文化主義政策は次のような問題を抱えている。たとえば連邦政府は多文化主義という理念を提示しつつ，民族集団に補助金を交付することで政策を進めてきた。しかし，補助金の交付にあたり，どのような統合を目指すべきかという基本的な理念を検討すべきであるが，カナダではそれが欠落している，という[27]。

　　参加，熟議，交流を通じた良質のシティズンシップを発展させるには，連邦政府がその問題に金をつぎ込むだけではいけないのである。もし助成金を出したり，削減したりすることで，政策が作られたり，壊されたりするのだとすれば，連邦政府がまじめな哲学的原則に立っているかどうかさえ疑われる。（中略）確かにマルチカルチュラリズムが持つ象徴的な機能は，カナダへの帰属という点では価値がある。しかし，それを除けば，集団が連邦政府の助成金の気まぐれに振り回されるといういつものパターン以外，政策の実質的な中身はない。

　また連邦政府の多文化主義政策によれば，移民たちの独自性の尊重が強調されるあまり，場合によれば移民集団間の交流，あるいは多数派社会と移民集団の間での交流が滞り，カナダ全体の統合が実現しないという危険性が生まれてくる。これに対してケベックの統合モデルでは，移民たちも教育や政治参加という公的な空間において参加するのに不可欠な仏語の習得が必要となる。ついで言語能力を獲得したのちには，多文化間・多民族間の交流を図り，民主的なケベック社会が実現すると期待している。これがインターカルチュラリズムと連邦政府が唱える多文化主義の相違となる。具体的にはケベックの民族・宗教問題を検討したC・テイラー（Charles Taylor）とG・ブシャール（G. Bouchard）によれば，インターカルチュラリズムは次の5点に要約される[28]。

180　第II部　多文化主義と移民統合をめぐる理念と取り組み

a) フランス語を各文化間の共通語として制度化していること。
b) 権利の擁護に敏感で，かつ多元主義的な方向性を育んでいること。
c) 多様性とフランコフォン［フランス語話者］を中核とする社会的絆の持続性との間で，創造的な緊張関係を維持していること。
d) 統合をとりわけ重視していること。
e) 相互交流の実践を奨励していること。

　この5点を集約すれば，移民たちはフランス語を習得し自分たち以外の民族・人種・宗教集団とも交流を持ち，緩やかな統合を目指すことになろうか。ケベックとは状況が異なるがヨーロッパでも多文化主義に代わり，インターカルチュラリズムについての議論が最近では活発である[29]。

3. カナダにおける多文化主義成功の要因

キムリッカの分析から

　キムリッカは政治哲学者らしく，多文化主義について抽象的かつ観念的に議論をすることに特徴があり，すでにみたように多くの著作をまとめている。他方，カナダ政府や国際機関などからの依頼を受けて，具体的な調査や分析なども行っており，こちらも優れた成果となっている。かれが2007年にまとめた論文（「比較の観点から見たカナダ型多文化主義モデルの考察」）は具体的で興味深いものである[30]。そこで本節ではこの論文を手がかりとして，なぜカナダで多文化主義政策が比較的スムーズに発展したのかを紹介したい。

　まずイントロダクションとして，カナダ・モデル，あるいはカナダ式の政策スタイルが国際社会で評価されている事例が紹介されている。これには3つの実例として，メトロポリス研究計画，連邦制度の研究組織，そしてカナダ研究を国際的に拡大させた組織をあげている。メトロポリス計画は大都市における移民の流入や定住に関する比較研究であり，カナダ政府やユネスコが協力して1996年に設立した研究ネットワークである。カナダでは連邦政府における移民を担当する部局に加え，州政府，自治体関係者，そして移民支援を行う民間団体やNGO，そして大学の研究者など多様なメンバーから構成されている。

第6章　カナダの多文化主義の理解・アプローチ・批判　181

カナダ国内ではヴァンクーヴァー，平原州，オンタリオ，ケベック，東部沿海州において5つのセンターが設置され，それぞれが活動を展開している。国際的には，定期的に世界各地で会議を開催し，都市における現状分析や政策提言を行っている。仮にカナダ式の移民定住の「成功モデル」があるとすれば，このメトロポリスのネットワークにおいて他の国々へ効果的に伝えることが可能である。

　他方，連邦制度の研究ネットワーク（Forum of Federation）やカナダ研究の国際的な組織（International Council of Canadian Studies）は，カナダ国内における言語問題や多様性がどのようになっているかを学問的に研究する場であり，学者や学生を通してカナダ・モデルが広く世界で研究されることになる。カナダ研究を通して，カナダ型の利害調整モデルが多くの国においても紹介され，検討されることになる。

　キムリッカによれば，多文化主義のモデルはカナダ以外でも検討されるべき研究テーマであり，多文化主義（おもに移民），バイリンガリズム，先住民の自治政府論などが具体的事例である。しかしながら，多文化主義に関しては，カナダに固有な環境や状況があり，他の国には無条件に適用できない，という興味深いことを指摘している。カナダに固有な環境として時間的なタイミング，そして地理的な環境の2つをあげている[31]。

　時間的なタイミングとは何か。カナダにおいて多文化主義を公式にカナダ政府が取り組むことを表明した当時，移民の多くはまだヨーロッパからの白人移民によって占められており，アジアやアフリカなどからの異なる生活様式を持つ移民は多くなかった。つまり移民政策は1967年にポイント制度に切り替えていたが，1970年代はまだ白人移民が多く，移民受け入れによる対立や摩擦は顕在化していなかったという。非白人の移民が増加して都市部において対立が表面化するのが1980年代以降であり，1970年代はまだ良き時代であった。さらにヨーロッパ諸国と対比すると，イスラム系の移民はカナダにおいて少なく，最新のデータでもカナダ人口のうちわずか2%程度である。ドイツやフランスと対比すると，イスラム系移民が少ないという大きな特徴を指摘できよう。キムリッカによれば，移民による問題が顕在化する前に多文化主義の理念がある程度，国民に浸透して行ったのではないか……という分析をしている。

ついでカナダが置かれている地理的要因も重要である。ヨーロッパの国々においては経済的に貧しい国からの移民や難民の流れがあり，地理的に近く，それを阻止することは困難である。イタリアであれば近隣諸国から移民が流れ着く可能性が高い。また米国では隣のメキシコと陸続きということもあり，たえず流入する可能性が高い。カナダから米国への移動を希望する移民は多いが，反対にまず米国に入り，最終的な定住先としてカナダを希望する移民は多くない。この場合，多文化主義の有無よりは，経済的な可能性から移民は定住先を選ぶため，カナダへの希望は高くないという結果が生まれる。

　オーストラリアではボートに乗ってアフガニスタンやイラクからの不法移民や難民が流れつくことが多く，オーストラリア政府はこうした難民などの入国を阻止し，近隣諸国の理解を得て国外に収容所を設けるなど苦心している。カナダの西海岸には時折，ボートに乗った不法移民が一度に多数到着することもあるが，きわめて例外的な事例でもある。仮に不法移民がボートに乗りカナダへの入国を希望すると，カナダ国内では厳しい反移民の声があがるが，解決されれば，以前のように比較的，冷静な世論に戻るようである[32]。

マイケル・アダムスによる議論

　さらに異なる観点からの多文化主義の擁護論を紹介しよう。世論調査会社を経営し，同時にカナダ社会に関する著作をいくつかまとめているのがマイケル・アダムス（Michael Adams）である。彼は世論調査やデータ分析を通して，カナダの多様性や多文化主義が必ずしもマイナス要因ではないことを指摘している。代表的な作品として『ありえないユートピア——驚くべきカナダ多文化主義の勝利』（初版 2007 年）があり，追加の序文をつけたペーパーバック版が 2008 年に刊行されている。他にはカナダとアメリカの対比を考察したもの，そしてカナダ人の経済意識や価値観などを分析した著作もまとめている。

　まずアダムスは本章において先に紹介した M・ビスーンダスや R・グウィン，そして R・ビビーについて 2 つの観点から批判的である。最初の観点としては，批判論者の基本的な前提への疑問である。多文化主義とは何か，という定義について明確にしないまま，道義的な観点から批判することへの疑問である。そのため，カナダ社会において発生する社会的な紛争や対立の原因があ

たかもすべて移民や多文化主義にある，という安易な前提があるとする。アダムスによれば，多文化主義の定義が表面的なため多文化主義が社会悪の原因であると非難することは容易である。人種的な分離が進展しているなら，それは多文化主義によるし，都市の犯罪やギャングの出現も多文化主義と関係することになる。アダムスの主張に従い，多文化主義の出発点に戻れば，これはマイノリティの政治参加や社会参加を支援するものであり，マイノリティをカナダ社会から隔離させ，分離させるものではない，というアダムスの主張につながる。筆者もオンダーチェ，グウィン，そしてビビーたちによる多文化主義批判が表面的で定義を明確にしない，というアダムスの批判には合意したい。すべての社会問題を多文化主義による，という分析はあまりにも単純で感情的でもある。

　アダムスの第二の観点はより実証的な分析から意見を述べていることにある。たとえば，移民がカナダ社会への参加を求めているとすれば，政治参加を求めることになる。そこでカナダに加え，英米仏豪の下院議員のうち，外国生まれの議員がどれくらい存在するかについて，かれは調べた。これらの国に占める外国生まれ（移民）の比率，および外国生まれの下院議員の比率を対比すれば比較も可能になる。詳しいデータの紹介はここで控えるが，5か国のなかでカナダにおいて外国生まれの議員（2007年データ）の比率が多く，一定の実績をあげていた。近年ではエスニック・マイノリティの議員が以前よりも当選する傾向にあり，アダムスの主張は今も有効と思われる[33]。

　より生活レベルに近いテーマを取り上げるとすれば，異なる民族・人種集団間の結婚の増加傾向である。多文化主義により，民族・人種集団間の隔離が進んでいれば，当然ながら交流は進まず，ましてや結婚などは実現しないはずである。カナダ統計庁もこれについてデータを集めており，「mixed union」という用語が使われている。本来，人種の壁を越えた結婚はカナダにおいて少なく全体の3％程度とされる。しかし時間の経過とともにこれが増加しているという。アダムスによれば，1991年国勢調査から10年後の2001年国勢調査によると，35％，増加したとされる。さらに若い世代においてこれが進む傾向がある。50歳以上のカナダ人では全体の1.8％にとどまるが，20歳代では5.3％，30歳代では4.8％というデータを示している。さらに最も若い世代（15歳か

ら19歳)では5.4% という数字を示し,これはかれらの親の世代と思われる50歳以上のカナダ人の3倍になる[34]。

学歴を考慮したさらに興味深いデータが紹介されている。大学を卒業したカナダ人のうち,5.6% は自分たちの民族・人種グループとは異なるグループと結婚している。これに対し,高卒のカナダ人の場合,これが1.5% にとどまる。比率でみれば4倍弱(3.7倍)という高い比率でこれが進行していることになる。都市別にみるとヴァンクーヴァーが一番高く13%,ついでトロント(11%),モントリオール(6%)と続いている[35]。

キムリッカはカナダの多文化主義が成功しているということを証明するために,永住権を得た移民が一定の期間を経て参政権を得られる「市民権」を獲得する比率を取り上げている[36]。永住権があれば,通常の社会生活を送ることができ,また社会保障なども制約なく受けることが可能である。ただし,選挙権と被選挙権は行使できないという限定がある。市民権(国籍)を取得できると,連邦選挙には他のカナダ人と同じように参加できるというメリットが生まれる。ただし,経済的には特別なメリットはないので,あくまでも永住権を得た移民が「カナダ人になる」というシンボリックな意義があろう。キムリッカはカナダを米国や英国のデータと比較し,カナダの移民による国籍取得率が高い,ということで多文化主義がある程度,成果をあげていると指摘している。アダムスによる分析はキムリッカの議論を補強するという点で興味深いものといえよう。

4. 多文化主義の新展開

連邦政府による多文化主義の定義や政策目標は時間とともに変化する傾向にあり,固定されたものではない。たとえば2009年7月,連邦政府は統合された社会の実現,多様性を反映できるような行政機関の対応,そして国際社会においてカナダの多文化主義や独自性や発信できるようにすること,という3つの新しい目標を提示した。そしてこれらについて,翌年の2010年4月から3つの目標を具体的な政策課題としてカナダ政府が実現できるように務めてきた[37]。行政的な意味での多文化主義については別の章で詳しく議論している

第6章 カナダの多文化主義の理解・アプローチ・批判 185

ので，ここでは触れないが，過去 40 年間にわたる多文化主義や移民政策の功罪について考察してみたい。

　多文化主義のプラスの効果としては，国民に対する啓蒙や教育である。あるいは多文化主義の国をカナダが目指すという目標を国民や行政機関に対して掲げるシンボリックな効果である。具体的な行政プログラムは時には変動するが，多民族国家において平和や共存を目指すというシンボルの意義は大きいといえよう。1988 年に制定された多文化主義法，そして 1982 年憲法の規定（第 27 条）などはその具体例である。1982 年憲法の第 27 条は「本憲章の解釈にあたっては，カナダの多文化主義の伝統の維持及び発展に資するように解釈しなければならない」と定めている [38]。もっともこの規定がどの程度，法的な効力を持つかは議論が分かれるところである。

　市民権省による試みとしては，アフリカ系カナダ人の貢献を認め，それを広めるという啓蒙の行事（Black History Month＝2 月），そしてアジア系カナダ人のカナダへの貢献を認める行事（Asian Heritage Month＝5 月）も実施されている [39]。また人種差別の禁止を働きかけるプログラムなども市民権省により実施されている。もちろん，こうした啓蒙的な行事がどの程度の効果を上げているかを正確に把握することは困難である。しかし，カナダの歴史発展において非白人のマイノリティが貢献してきたことを公的に掲げる意義は大きいと思われる。また日系カナダ人が第二次世界大戦中に連邦政府の手により，自分たちの住まいを追われ，強制的に収容されたという事件が起きている。同時に日系カナダ人の住宅や財産なども没収されるということもあり，日系カナダ人は連邦政府へ謝罪と補償を求める運動（リドレス運動）を続けてきた。この結果，1988 年にマルローニー保守党政権は謝罪を公式に行い，金銭的な補償（生存者へ 1 人あたり 2 万 1000 ドル）を行った。長年の日系カナダ人の要求がこれで認められたわけである [40]。また今後，こうした悲劇が起こらないように国民への教育と啓蒙活動を専門的に行う機関（カナダ人種関係基金 CRRF: Canadian Race Relations Foundation）が 1997 年 11 月に設立されている [41]。

　さらに啓蒙活動の実施や人種差別の禁止のために，市民権省以外の行政官庁も独自の機能を果たしている。民族遺産省において，先住民の政治参加を支援

するプログラムや二言語公用語政策を発展させる補助金制度も用意されている。また連邦政府の官庁や連邦政府の管轄にある民間企業において，特定の集団を対象として，優先的な雇用や人事政策を促すための法律（Employment Equity Act）が 1986 年に制定されている。特定の集団とは女性，先住民，ヴィジブル・マイノリティ，障害者の 4 つである。仮に非白人の移民が雇用面で不利な立場に置かれていれば，この法律により救済される可能性が以前よりは高くなってきた。2010 年度では約 500 あまりの民間企業，連邦政府が管理する公営企業で勤務する約 70 万人の職員，そして連邦政府の行政機関で勤務する約 30 万人の公務員がこの法律の対象となり，雇用や人事面で公平な取り扱いを受けられることになっている[42]。

人権の概念についてはカナダ国内の動きにとどまらず，第二次世界大戦後の世界の大きな流れがあることにまず留意しよう。まず法的な拘束力はないが普遍的な人権概念を打ち出した「世界人権宣言」（1948 年 12 月）が目指すべき目標を提示した。ついで普遍的な人権概念から法的に拘束力のある国際条約を生み出すことが国連において検討され，国際人権規約として結実した。具体的には「経済的，社会的および文化的権利に関する国際規約」（A 規約），「市民的および政治的権利に関する国際規約」（B 規約）があげられる。カナダにおいては（国際条約を議会が批准するという手続きが不要なこともあるが），連邦政府は 1976 年に人権規約を「加入」という方法で承認している（A 規約は 1976 年 5 月，B 規約は 1976 年 3 月）。これによりカナダも国際的な人権体制の一員となったことが明確となっている。

こうした流れと並行して人種差別に対する姿勢もカナダ社会において次第に明確になってきた。憲法において人権規定を明示する方法もあるが，カナダでは特定の法律を制定し，特別な組織を設立するという別の方法が採用された。たとえば「カナダ人権法」（Canadian Human Rights Act）という法律が 1977 年に連邦議会で制定され，人種差別禁止を含め多様な差別是正への取り組みがなされてきた。また人権法の施行にあたり，専門的な機関として「カナダ人権委員会」（Canadian Human Rights Commission）が 1977 年に設立された。カナダ人権委員会はいわゆる「国内人権機関」と呼ばれる制度であり，被害者は人権委員会に問題を提議し，調査をしてもらうことができる。さらに

カナダ人権委員会による調停だけでは不十分な場合，カナダ人権審判庁（Canadian Human Rights Tribunal）により解決してもらうことも可能である。カナダ人権審判庁は裁判所ではないが，当事者間の調停を図り，判断を下す行政機関となっている。なお人権委員会の制度は連邦レベルにとどまらず，すべての州においても類似のものが設置されており，カナダ全体を通して人種差別への対応ができるようになっている[43]。

このように，多文化主義を目指す政策は市民権省や民族遺産省にとどまらず，複数の行政機関によっても分担され実施されている。したがって，多文化主義は市民権省だけではなく，他の官庁の役割も視野に入れて総合的に考察することがこれからは必要となろう。

ところでカナダの多文化主義の行政的対応（本書の第5章）と理念的位置づけ（本書の第6章）をクロスさせるとどのようなことがいえるだろうか。英国のマイノリティ問題やマイノリティの教育に組んでいる佐久間孝正は日本の状況と対比させながらさまざまな研究を刊行してきた。本章は英国の多文化主義政策を詳細に論じる余裕はないが，佐久間の分析を手がかりとして簡単にカナダと比較してみたい。まず佐久間の研究ではアジア系やイスラム系の児童・生徒が英国の学校において，多文化主義的な枠組みのなかで次第にその独自性が認められる過程が実証的にまとめられている。特に1997年には保守党から労働党への政権交代が起こり，ブレア政権は多民族化した英国の状況に対して，保守党政権よりは前向きな対応を取りはじめたとされる。具体的にはイスラム系の私立学校（イスラーム・スクール）への公費支給という新しい政策が導入されている。また経済的に困窮している地域では公立学校の予算や施設が富裕な地域と比較すると劣ることが多いため，特別に予算の配分を行い，テコ入れを図る（教育活性地域：Education Action Zones と呼ぶ）試みも導入された。移民やエスニック・マイノリティは英国において特定の地域に集中する傾向があり，マイノリティの児童・生徒もそのため恵まれない教育環境で学ぶことを余儀なくされることになってきた。ブレア政権の試みはこうした課題を解決するための試みと理解されよう。

しかしこうした試みは同時に「マイノリティは，マジョリティの文化と隔離されたまま祖国の文化を色濃くとどめた形で生活すること」[44]になり，多様性

の尊重が同時に英国社会の分断につながるという危険性もでてきた。その結果，英国の多文化主義が進展したことにより英国社会の統合ではなく，分断が進んできたというプロセスを佐久間は提示している。つまり個々の移民集団や民族集団は英国に定住しながら，英国の文化や社会に関心を持たず，相互に不干渉で無関心な状況が生まれてきたと指摘している。わかりやすくいえば，多文化主義が独自性を尊重したあまり，「多分化・多分解」という予期せぬ結果を生み出したことになる [45]。

　カナダでは多文化主義の政策や理念を議論する場合，移民やマイノリティの独自性の尊重だけではなく，同時に受け入れ側（白人多数派）の人種差別や偏見を是正するような啓蒙的な呼びかけ，そして相互理解を進めるような取り組みも進められてきた。さきにみた世論調査でもカナダ人の多くは移民政策を支持しており，極端な排斥運動などは発生していない。移民やマイノリティも人種差別や偏見の被害を受けることは当然ながらありうるが，暴力や暴動でこれを解消するのではなく，公的にアピールする方法（職場や地域での差別を訴える連邦や州レベルにおける人権委員会や人権審判庁など）を活用することも可能である。就職や職場における差別については特別な法律（雇用衡平法）が制定されており，すでに一定の実績を積み上げてきている。こうしたことから，カナダの多文化主義の政策や理念はカナダを分解し，分断することもあるが，同時にカナダを統一していく力にもなっているといえよう（これは次章で紹介するMIPEXと呼ばれる移民統合政策の国際比較でもカナダが世界的に高い評価を得ていることとも関係している）。

　なぜ多文化主義はカナダを分解し，分断しない方向で進んできたのであろうか。これを理解する鍵はカナダの歴史形成のユニークさにあると思われる。カナダには強い国民統合の理念が長く欠落してきた。米国であれば独立革命の経験や強力な統合理念（アメリカニズム！）が存在し，それを維持したり再確認することで国家統合が可能となってきた。同じことがフランスや英国にも該当しよう。第Ｉ部でみたとおり，カナダはフランスと英国の植民地として誕生し，1760年には英仏の勢力均衡が終わり，英国統治のもとでフランス系住民と英国系住民の共存を目指す枠組みが維持されてきた。1867年の連邦結成は2つの集団の共存のため言語や宗教という面で工夫を制度化するユニークな試みで

第6章　カナダの多文化主義の理解・アプローチ・批判　189

あった。また19世紀後半から20世紀前半にかけては,「英国植民地」としてのカナダから「自律した国民国家」へ脱皮する試行錯誤を展開してきた。さらにとなりにある経済的にも軍事的にも強大な米国の影響を受けながら,(吸収されないような努力を重ねつつ)カナダを存続させるという歴史的な実験を繰り返してきた。国内的にも対外的にも分解し,分裂しそうなカナダが連邦結成以来,100年以上も存在してきたこと自体,驚きと評価してはどうだろうか。人種差別的な移民政策を転換し,1967年からいわゆるポイント制度が導入され,白人中心の国から多民族・多文化の国へとカナダは変身を遂げてきた。内在的に分解し分裂する傾向があることにより,多文化主義の到来となっても,カナダは「緩やかな」国家統合を目指してきた,という理解ではどうだろうか。もちろん,さきに紹介したようにケベックでは連邦政府主導の多文化主義政策への批判が顕著である。これはケベックではケベック式の対応があることを尊重すれば,多文化主義への対応もひとつに限らない(ケベック式のインターカルチャリズム)という理解につながろう。さらに移民の定住支援政策も州ごとに異なる傾向があり,(政策的には不統一ながらも)同じ方向を連邦政府のリーダーシップのもとで目指すというメカニズムがあることをここで強調しておきたい。

　それではカナダの多文化主義政策が直面する課題はないのであろうか。筆者としては,入口部分にあたる移民政策が不安定で流動的に過ぎる,という点を指摘したい。人種差別なく世界各地から有能な人材を集めるというポイント制度は,現在では事実上,機能しなくなりつつある。移民申請をしても5年や8年も結果を待たされる,という審査機能が麻痺した状態にある。ハーパー政権はこれを解決するために,審査を放棄し,申請手数料を返金するという決定を2012年に行っている。申請者は5年も8年も待たされたあげく,ある日,突然,審査せず審査料返金を知らされるわけで,いささか乱暴な対応である。またこれまでの通常の移民審査についても,審査基準が頻繁に修正され,「朝令暮改」に近い移民政策が展開されている。移民政策は多文化主義と別のものであるが,両者は密接に連動しており,入口部分の移民政策は不統一でスムーズさに欠けるという大きな問題を指摘したい。

　全体を通しての結論として,多文化主義への過大な評価を避けるべきである

190　第II部　多文化主義と移民統合をめぐる理念と取り組み

と同時に，過剰な批判も避けるべきである。世論調査の結果からは，移民を受け入れるカナダ人は移民政策や多文化主義に批判的であるが，一定の範囲で許容し，受け入れるという態度を示している。これがカナダの多文化主義政策が評価されている理由のひとつといえよう。

1) 筆者は別の論文でカナダにおける英国系とフランス系の共存と対立，そして先住民の政治的舞台への登場と緊張について論じている。加藤普章「カナダの多文化主義──言語と宗教をめぐる多元性と歴史的展開」，油井大三郎・遠藤泰生編『多文化主義のアメリカ──揺らぐナショナル・アイデンティティ』，東京大学出版会，1999 年，229–251 頁。

2) Will Kymlicka, *Finding Our Way: Rethinking Ethnocultural Relations in Canada*, Oxford: Oxford University Press, 1998, pp. 6–8.

3) ウィル・キムリッカ（岡崎晴輝・施光恒・竹島博之監訳）『土着語の政治──ナショナリズム・多文化主義・シティズンシップ』，法政大学出版局，2012 年。ウィル・キムリッカ（角田猛之・石山文彦・山崎康仕監訳）『多文化時代の市民権』，晃洋書房，1998 年。Will Kymlicka and Keith Banting, eds., *Multiculturalism and the Welfare State: Recoginition and Redistribution in Contemporary Democracies*, Oxford: Oxford University Press, 2007.

4) Will Kymlicka and M. Opalski, eds., *Can Liberal Pluralism be Exported?: Western Political Theory and Ethnic Relations in Eastern Europe*, Oxford: Oxford University Press, 2002; Will Kymlicka and B. He, eds. *Multiculturalism in Asia*, Oxford: Oxford University Press, 2005; Will Kymlicka and B. Bashir, eds., *The Politics of Reconciliation in Multicultural Societies*, Oxford: Oxford University Press, 2008; Will Kymlicka and K. Walker, eds., *Rooted Cosmopolitanism: Canada and the World*, Vancouver: University of British Columbia Press, 2012.

5) 社説「多文化主義は失敗か──欧州の右傾化を懸念する」，『東京新聞』，2011 年 8 月 12 日。また英仏独における多文化主義への批判的状況についてつぎの論文が的確にまとめている。Kenan Malik, "The Failure of Multiculturalism," *Foreign Affairs*, Vol. 94, No. 2, March/April 2015, pp. 21–32.

6) Ted Cantle, "The Failure of Multiculturalism," in Ted Cantle, *Interculturalism: The New Era of Cohesion and Diversity*, London: Palgrave, 2012, pp. 53–90.

7) Cantle, "Interculturalism: Conceptualization," *ibid.*, pp. 141–175.

8) A・シュレージンガー，Jr.（都留重人監訳）『アメリカの分裂』，岩波書店，1992年。

9) 加藤普章「多文化主義」，『国際政治事典』，弘文堂，2005年，602頁。

10) M. Bastarache, ed., *Language Rights in Canada*, Cowansville: Editions Yvon Blais, 2003.

11) 田村知子「トルドーの議会声明」（1971年），日本カナダ学会編『新版 史料が語るカナダ』，有斐閣，2008年，272-274頁。

12) 法務省のサイトから条文を入手した（http://laws-lois.justice.gc.ca）。

13) Citizenship and Immigration Canada, *Annual Report on the Operation of the Canadian Multiculturalism Act, 2011-2012*, Ottawa: CIC, 2013, pp. 7-10.

14) Neil Bissoondath, *Selling Illusions: The Cult of Multiculturalism in Canada*, Toronto: Penguin Books, 1994.

15) Richard Gwyn, *Nationalism Without Walls: The Unbearable Lightness of Being Canadian*, Toronto: McClelland and Stewart, 1995.

16) 具体的には *Selling Illusions* の脚注部分に注目すると，つぎのような傾向が分かる。まず新聞記事が多く引用されており，時折，歴史書などに触れることもある。ただし，連邦政府の年次報告書や公式文書に触れているのは1回にとどまる。それは1969年に刊行された二言語・二文化に関する政府調査委員会報告書の第4巻（マイノリティの貢献）である（233頁，脚注番号17）。

17) J. L Granatstein, *Who Killed Canadian History?*, Toronto: HarperCollins, 1998.

18) たとえば第5章では戦争体験に関する考察が述べられているが，国内における戦争の悲惨さやマイナス面が強調され，カナダ兵がヨーロッパ戦線において活躍し，勝利に大きく貢献したことに触れられていないと批判的である（132-133頁）。

19) Martin Loney, *The Pursuit of Division: Race, Gender, and Preferential Hiring in Canada*, Montreal: McGill-Queen's University Press, 1998.

20) R・W・ビビー（太田徳夫・町田喜義訳）『モザイクの狂気──カナダ多文化主義の功罪』，南雲堂，2001年，157-159頁。

21) Nik Nanos, "Canadians Strongly Support Immigration, but Don't Want Current Levels Increased," *Policy Options*, Vol. 31, No. 7, July-August 2010, pp. 10-14.

22) Stuart Soroka and Sarah Robertson, *A Literature Review of Public Opinion Research on Canadian Attitudes towards Multiculturalism and Immigration, 2006-2009*, Ottawa: Citizenship and Immigration Canada, March 2010,

p. 3.

23) *Ibid.*, p. 4.

24) *Ibid.*, p. 8.

25) Patricia Rimok and Ralph Rouzier, "Integration Policies in Quebec: A Need to Expand the Structures?," in John Biles, Meyer Burstein and James Frideres, eds., *Immigration and Integration in Canada in the Twenty-first Century*, Montreal: McGill-Queen's University Press, 2008, pp. 187–210.

26) Samuel Shapiro, "Quebec's Interculturalism Policy and the Contours of Implicit Institutional Discourse," EASA Workshop 2012, Working Papers 7.

27) アラン=G・ガニョン，ラファエル・イアコヴィーノ（丹羽卓監訳）『マルチナショナリズム──ケベックとカナダ・連邦制・シティズンシップ』，彩流社，2012年，234頁。

28) G. Bouchard, "What is Interculturalism?," *McGill Law Journal*, Vol. 56, No. 2, 2011, pp. 435–468.

29) N. Meer and T. Modood, "How Does Interculturalism Contrast with Multiculturalism?," *Journal of Intercultural Studies*, Vol. 33, No. 2, April 2012, pp. 175–196.

30) Wil Kymlicka, "The Canadian Model of Multiculturalism in a Comparative Perspective," in S. Tierney, ed., *Multiculturalism and the Canadian Constitution*, Vancouver: University of British Columbia Press, 2007, pp. 61–66.

31) *Ibid.*, pp. 70–79.

32) 2010年8月13日，カナダのBC州に500名近い亡命希望者を乗せた船舶（サン・シー号）が到着した際，国内世論は受け入れの是非をめぐって激しく沸騰した。

33) Michael Adams, *Unlikely Utopia: The Surprising Triumph of Canadian Multiculturalism*, Toronto: Penguin Canada, 2008, pp. 134–145.

34) *Ibid.*, pp. 147–149.

35) *Ibid.*, pp. 149–150.

36) Will Kymlicka, *Finding Our Way: Rethinking Ethnocultural Relations in Canada*, Don Mills, Ontario: Oxford University Press, 1998, p. 18.

37) Evaluation Division, Citizenship and Immigration Canada, *Evaluation of the Multiculturalism Program*, Ottawa: Citizenship and Immigration Canada, March 2012, p. iv and pp. 20–21.

38) 「1982年憲法」，日本カナダ学会編『新版 史料が語るカナダ』，有斐閣，2008年，328頁。

39) 市民権・移民省のサイトから概略を知ることができる。アクセスは 2013 年 12 月 4 日。www.cic.gc.ca/english/multiculturalism/index.asp

40) 高村宏子「日系カナダ人の補償問題」(1988 年)，『新版 史料が語るカナダ』，280–281 頁。

41) Canadian Race Relations Foundation については次のサイトを参照。www.crr.ca

42) Canadian Human Rights Commission, *Framework for Compliance Audit Under the Employment Equity Act*, Ottawa: Canadian Human Rights Commission, December 2010, p. 8.

43) R. Brian and D. Johnson, *Restraining Equality: Human Rights Commissions in Canada*, Toronto: University of Toronto Press, 2000.

44) 佐久間孝正『多文化教育の充実に向けて──イギリスの経験，これからの日本』，勁草書房，2014 年，80 頁。

45) 同書，81 頁。

第7章 カナダにおける移民の定住支援政策の展開

1. 新しい研究課題——移民の定住支援政策

カナダはフランス領植民地（ニュー・フランス），のちには英領植民地として出発し，おもにヨーロッパからの移民を受け入れて発展してきた。カナダの経済や社会の発展を考える場合，移民が大きな要因となってきたことは明白であろう。そのため，移民政策史に関する研究もこれまで多く刊行されてきた[1]。たとえば，移民をどのように受け入れるかは，受け入れ側の経済的な要因（労働力が不足しているか，過剰であるかどうか），またどのような労働力を必要としているかなどを考察する必要がある。また受け入れ側が異質な文化を持つ移民をどの程度，歓迎できるか，という社会的・心理的な要因も大きく左右する。アジアからの移民については，中国からの移民は代表的な事例である。これまでも触れたように，具体的には大陸横断鉄道の建設にむけて，1880年代初頭に必要とされた安い労働力を供給できると期待された中国人労働者であった。しかし大陸横断鉄道が1885年に西海岸のヴァンクーヴァーまで建設されると中国人労働者は不要となり，白人社会から排斥の対象へと転じた。同じアジア系の日本人移民やインド人移民もさまざまな差別や排斥の対象となってきた[2]。こうした負の遺産を負いながら，カナダは1971年から多文化主義政策を連邦政府の政策目標のひとつとして掲げており，異なる民族・人種集団の共存をどのように図るかという困難な課題に現在，取り組んでいる。

しかしながら入口部分である移民政策の研究や考察は多く存在しているが，一度，受け入れた移民たちの定住政策に関する研究は少ないのが実情である。いわば玄関（入口）からカナダへ移民として定住を始めた人々をカナダ政府は自分たちの住宅のなかへ招き，どのように取り扱ったか（居間や食堂，そして書斎での過ごし方）についての研究はきわめて少ない。地域レベルでのミクロな事例研究などは存在するとしても，カナダ全体で移民をどのようにして受け入れ，定住させたかというマクロな視点からの研究が少ないのが実情である。

195

これには2つの理由が考えられる。ひとつの理由として，政府が公的なレベルでの体系的な定住政策を移民たちに事実上，提供してこなかったことによる。次節でみるように，19世紀の移民政策は英国から北米への移民たちの渡航に関する事柄，つまり乗客の安全な移動（船会社への規制や条件設定）を確保すること，そして入国時における検疫体制の確立や病人のケアなどへの一時的な対応などに限られていた。入国に際しては，健康な移民を優先し，伝染病の恐れのある移民については入国を阻止するということに中心を置いていたためと思われる。またカナダ政府は19世紀末になると移民たちが農民として西部カナダへ移住することを期待していたので，西部カナダにおける土地の無償供与（いわゆるホームステッド）については条件を整備していた。西部開拓と移民定住がひとつのセットとなり，カナダを発展させる重要な政策として位置づけられていた。大陸横断鉄道の建設もその意味では間接的には移民・定住政策と結びついていたといえよう。仮に公的な移民への支援や定住策が存在したとすれば，それは最低限の支援にとどまり，基本的には移民たちが自分自身の手で対応すべき事柄であった。

　2つめの理由としては，1970年代初頭まで，政府によらず民間レベルでおもに移民たちの受け入れに努めてきたことによる。教会や宗教団体による移民支援組織，あるいは特定の民族・エスニック集団による「同胞の受け入れや支援」がメインであった。地域ごと，都市ごとにそうした支援組織が存在していたと思われるが，カナダ全体を通して大きな組織的支援の体制ができ上がっていなかったといえよう。

　筆者は政治学の立場からこれまでカナダの多文化主義や移民政策を研究してきたが，上記の理由のためか，政治学や連邦制度の分野では移民政策や定住政策に関する研究はこれまでほぼ皆無であった。仮にそうしたテーマが学問的に取り上げられるとすれば，それは社会学や文化人類学からのアプローチが中心であって，カナダの政治学者たちはこれについてきわめて冷淡であった[3]。移民問題よりはケベックの分離主義やナショナリズム，そして連邦制度の再編こそが政治学者たちにとり重要なテーマであり，これまで多彩な議論が1980年代から1990年代まで展開された。多文化主義に関する議論も政治学者にとってはややマイナーなテーマであり，最近になるまで大きく取り上げられる機会

も限られていた。

　しかし，最近では移民定住に関する協定が連邦政府と州政府の間で結ばれることで，これが連邦制度のなかで大きな意味を持つように変化してきた。それまで移民の定住については基本的には連邦政府の責任として考えられてきたが，州政府も受け入れや定住に関心を示し，協力体制が必要になってきたことによる。K・バンティング（K. Banting，クィーンズ大学）というカナダを代表する政治学者は連邦国家における移民定住政策の国際比較という共同研究でカナダの事例を取り上げており，他の国と比べてカナダは進んだ制度を構築していることをまとめている[4]。他方，移民の受け入れをする最前線となるのは地方自治体であるが，これまで連邦政府主体の意思決定システムのなかで受身の立場に置かれていた。しかし，都市研究や自治体研究の専門家たちが移民問題をメインのテーマとして取り上げ，優れた研究成果をまとめるようにもなった。C・アンドリュー（C. Andrew，オタワ大学）やC・グッド（C. R. Good，ダルハウジィー大学）などはそうした研究者の代表である[5]。

　加えてカナダ政府がリーダーシップを発揮して作られた都市における移民研究の世界的なネットワークである「メトロポリス」（Metropolis）も多くの事例研究を生み出してきた。移民を受け入れている世界の主要都市の現状分析と国際比較が中心であるが，カナダ国内では5つの拠点（ヴァンクーヴァー，平原州，トロント，モントリオール，東部沿海州）を定め，実証研究を進めている。メトロポリスでは大学の研究者に加えて，移民受け入れ団体の担当者，自治体の関係者，そして連邦政府や州政府の政策担当者も参加しており，実務的な問題からアカデミックなテーマまで幅広い研究が行われている[6]。加えてカナダの多くの大学では多文化主義研究や移民・難民研究のプログラムが設けられているが，トロント市内にキャンパスを持つライヤーソン大学（Ryerson University）では移民や定住研究を専門とする大学院まで設立されている[7]。

　こうした学問的な関心の変化を受けて，本章では移民の定住政策に関する政策的な枠組みについて検討していく。移民政策史についてはすでに多くの研究があるので，ここでは次節において簡単に紹介するにとどめたい。第3節においては連邦政府の定住策が明確になり，本格的に展開される1974年以降の動きを取り上げる。移民政策においてポイント制度を導入することで政策転換が

第7章　カナダにおける移民の定住支援政策の展開　　197

1967年に始まり，アジア・アフリカからの移民が次第に増加してきた。加えて1971年10月，トルドー首相による多文化主義政策を導入するという演説が連邦下院であり，遅れて1974年から定住政策もようやく本格化してきたのである。どのような定住政策を1974年以降，連邦政府が提示したのかを理解することはこの点で重要である。ついで第4節では最近の動きについて触れたい。本書第5章でもみたとおり多文化主義のプログラムは2008年に民族遺産省から市民権・移民省へ移管された。このため，担当官庁も一時的ではあるが「市民権・移民・多文化省」と名称を変更し，実施する政策の整合性を高めるための調整をその後，進めた。その点で多文化主義と移民・定住政策がどのように連動しているか，検討する必要も出てきた。

2. 歴史的にみた定住政策

定住政策についてはさきに触れたように先行研究はあまり存在しないが，R・ヴァインバーグ（R. Vineberg）の研究は体系的なものと思われる。したがって本節でも彼の研究を手がかりとして簡単に紹介したい。なお移民政策の変化を辿ることも必要であるが，ここでは定住政策に論点を絞り，まとめることにする（第2章第1節：カナダの歴史的発展，および第5章も参照）。

連邦結成当時の定住政策

まずは連邦結成までの時期を最初に考えたい。19世紀に入ると英国から英領植民地への移住が進むが，基本的には大西洋を渡る客船の航行に関する事柄，そして英領植民地への入国に際しての検疫などが大きなテーマとなる。船会社としてはなるべく多くの客を乗船させたいが，そのために乗客の安全が損なわれる危険性もある。多数の乗客を乗せれば，（乗客の立場からすれば）船賃も安くなる可能性もあり，好ましい対応である。しかし，限られたスペースに過剰な客を乗せれば安全性への不安が増し快適さが損なわれるという反作用もでてくる。そのため英国議会は1803年に法律（Passenger Act）を制定し，船舶のトン数に応じて乗客数を定めて，一定の規制を船舶会社に求めることになった。その後，1827年にはこの法律が廃止されると，以前のように過剰に客を乗せるという事態が再現されることになった[8]。

198　第II部　多文化主義と移民統合をめぐる理念と取り組み

このため，1831年11月，英国の植民地省大臣が3つの北米・英領植民地の総督（ロワー・カナダ，NB，NS）に対して，移住者から手数料を徴収して必要な措置をとるようにと指令を発した。入国時に病気になっている移住者がいれば，ただちに治療できるような医療施設がこれで設立できることになる。3つの英領植民地ではこの指令を受けて，必要な法律をそれぞれが制定し，受け入れ体制を整えるようにした。また1831年には英国でコレラが発生し，これが英領植民地にも移民を経由して拡散することが危惧された。そのため移民が到着する港では検疫所が設けられ，コレラが伝染しないように対応策もとられた。のちの1852年には連合カナダ政府も移民の検疫や病人の治療などを行うために必要な措置を盛り込んだ法律を制定している[9]。

1867年7月1日，カナダ連邦（Confederation）が生まれたが，移民については連邦政府と州政府の共同管轄事項（Concurrent Powers）として憲法に定められた（英領北アメリカ法第95条）。連邦結成以後，カナダは移民への対応をどのようにとるべきであろうか（第2章第2節：カナダの憲法と政治制度，憲法のしくみと連邦制も参照）。これを検討するため，1868年10月30日，連邦政府と州政府の責任者が集まり，移民に関する連邦・州会議を開催した。ここでは移民については基本的に連邦政府が責任を負うことが決まり，特に医療と定住にむけた業務についてはオタワの管轄となった。また移民が到着する港には連邦政府が検疫所を設置することになった。翌年の1869年には連邦として初の移民法を制定した[10]。もっとも，移民への対応が検疫と病人の世話という点にほぼ限られる点で連邦結成以前と同じ対応であることに注目したい。

その後，移民の受け入れに伴い，移民ホール（Immigration Hall）と呼ばれる施設が国内各地に設置された。1872年までにはケベック・シティ，モントリオール，オタワ，キングストン，トロント，そしてハミルトンなどに設置された。移民ホールは連邦政府の移民担当官たちの事務所にとどまらず，移民たちの一時的な宿泊施設としても利用された。移民の誘致先が西部カナダへも広がるにつれて，西部各地にも移民ホールが建設されていった。また移民の定住支援を行う教会関係者や民間団体へ連邦政府は補助金を交付することなども20世紀初頭には実施されるようになった[11]。

ところで19世紀末から20世紀初頭にかけての移民は，西部開拓を担うこと

が期待されていた。そのため，カナダ政府がとった定住策でもあり西部開拓の政策として，土地を移民（農民）に無償で供与するといういわゆる「ホームステッド」（Homestead）が有名である。1872 年に連邦議会は法律（Dominion Lands Act）を制定して，西部開拓の大枠を定めた。まず連邦政府は西部を開拓する上で土地の測量を行い，土地利用のルールを明示した。開拓を行う際の基本単位となるのが 6 マイル×6 マイルの区画（これを大区画とここで呼ぶ）の設定である。さらに大区画を縦 1 マイル×横 1 マイルの小さい区画（小区画と呼ぶ）に区分する。この結果，大区画は全部で 36 の小区画から構成されることになる。36 の小区画は将来の利用目的に応じて配分しておく。たとえば大陸横断鉄道を建設する鉄道会社には 16，ハドソン湾会社には 1 と 4 分の 3，公立学校には 2，というように小区画を配分しておく。そして開拓者のためには 16 の小区画を確保しておく。この開拓者向けの小区画が「ホームステッド」と呼ばれ，開拓者に対し 1 つの小区画の 4 分の 1 にあたる 160 エーカーの土地が与えられる。開拓者はまず 10 ドルの登録料を支払い，3 年間は開拓に専念し，原野を切り開くことが期待される。さらに 3 年間のうちにここに住居を建て，農作物を作ることも必要である。3 年間のうちにこうした要件を満たすことができると，開拓者は土地を無償で自分のものにすることができるという制度である [12]。

　移民を誘致することはカナダ政府にとり大きな目標であったが，すべての移民を公的に支援することには当然ながら限界があった。そのため 1906 年の移民法では移民たちに一定の生活資金を有することを入国の要件とした。春や夏に入国する場合には 25 ドル，秋から冬に入国する場合には 50 ドルの金額を所持していることが必要とされた。入国料を徴収することはなく無料であるが，一定の期間は移民たちが自立できるように一定の所持金を持つことが決められたのである [13]。

20 世紀に入ってからの定住政策

　第一次世界大戦が終わると，カナダへの移民も増加することになり，その対応も本格化した。その結果，連邦官庁として「移民・開拓省」が 1917 年に設立された。また西部開拓を担う移民をさらに募集することも重要であった。

200　　第 II 部　多文化主義と移民統合をめぐる理念と取り組み

1925 年には興味深い試みが行われた。それはカナダの鉄道会社に移民の募集を委ね、実際にヨーロッパにおいて募集活動を行うという事業であり、いわゆる「鉄道協定」（Railway Agreement）と呼ばれている。具体的にはカナダ国有鉄道（Canadian National Railway: CNR）とカナダ太平洋鉄道（Canadian Pacific Railway: CPR）にとってヨーロッパ各地で移民を誘致するコストが発生するが、その移民たちは西部へ移動する際、鉄道を利用してくれるので自分たちの手で顧客を誘致するというメリットもある。移民誘致という公的な業務をいわば民間企業（鉄道会社）に委ねるという業務委託を行ったわけである [14]。

　他方、カナダは英国との結びつきから、1924 年には「帝国移住協定」（Empire Settlement Agreement）が生まれた。これは英国政府とカナダ政府が移民たちに資金提供することで、英国農民のカナダ移住をサポートするものである。具体的にはカナダへの渡航費用を特別に安くした。通常であれば約 92 ドルの渡航費用がかかるが、この協定の対象者は約 10 分の 1 の 9 ドルの渡航費用ですむ。さらに農民家族の一員が 17 歳以下の場合には渡航費用は無料、また 9 ドルの渡航費用も負担できない農民にはローンも提供するという厚遇ぶりである [15]。他には特定の対象（未婚の女性など）をターゲットにした移民誘致政策も試みられている。

　1930 年代に入るとカナダも大恐慌の影響を受けることになる。その結果、ヨーロッパからの移民の流れが止まり、移民・開拓省も解体されるが、移民部門は別の省（鉱物・資源省）に移管されて存続した。

　第二次世界大戦が終わると、カナダにとり新しい事案が生まれてきた。たとえば、カナダ兵がヨーロッパ各地での兵役を終えて帰国すると、兵士の中には英国やオランダなど現地の女性と結婚している者もいた。そのため帰国兵士とその妻（場合によれば子供も同伴）を短期間に定住させて生活を安定させる必要性が出てきた。カナダの移民の受け入れや定住政策に関する歴史的考察をまとめた J・M・バムステッドによれば、兵士の配偶者となる女性数は約 5 万人、その子供たちの数は約 2 万 2000 人となっていた。連邦政府は兵士の配偶者や子供については無条件でカナダへの受け入れを決めて渡航費の補助なども行い、積極的に支援したという [16]。

第 7 章　カナダにおける移民の定住支援政策の展開　　201

加えてヨーロッパからの難民をどのようにして受け入れるかという緊急の課題も出てきた。カナダ国内では難民の中にユダヤ系の人々が混じっていることを危惧し，1946年4月に実施したギャロップ調査では3分の2以上が難民受け入れに反対していた。他方，ヨーロッパ諸国の混乱をみて最低限の受け入れをせざるを得ない状況もあり，カナダ政府はカナダ国内に親族がいれば難民を受け入れるという対応をとった。ただし，戦後の経済発展には労働力が不足しているという事情もあり，また民間組織（カナダ・キリスト教難民定住支援協議会，Canadian Christian Council for Resettlement of Refugee: CCCRR）が1947年6月に設立され，世論や政府にも働きかけを行い，受け入れについての体制を次第に整えていった。この結果，CCCRRの貢献もあり，カナダは第二次世界大戦後，ヨーロッパから12万人の難民を受け入れることに成功し，世界の中では米国，オーストラリア，イスラエルについで4番目に多く受け入れるという実績を残した[17]。

　連合国の中ではカナダは米国やオーストラリアと同じように戦争の被害も少なく，経済的にも食糧供給の点でも移民や難民の受け入れについてヨーロッパ諸国よりは余裕があるものと期待されていた。しかし，カナダ国内では移民や難民の緊急の受け入れについては十分な受け皿が整備されているとはいえない状況にあった。それを表明したのがM・キング連邦首相による下院演説である。キングは1947年5月1日，連邦下院においてカナダは移民を受け入れる意向であるが，同時に受け入れる能力には限界がある，ということを明示した。移民は確かに国内の労働力不足を補うというメリットがあるが，カナダ人の雇用を妨げるようなことは防ぐべきとした。他方，カナダは道義的に難民などを助ける義務があるということも述べている[18]。

　移民の受け入れについては1946年，カナダ国内に親族がいれば，その親族が受け入れ先となり，世話をするという前提の「支援保証移民」（Sponsored Immigrants）が開始された。これは連邦政府が特別な世話をするのではなく，親族が経済的な面でも負担に応じることで移民を受け入れるという方法である。これにはおもにイタリアからの移民が多く参加したとされ，1950年代まで人気のある政策であった[19]。

　他方，第二次世界大戦後，カナダ国内では新しい動きが出てきた。カナダで

はそれまで「カナダ人」という意識は心理的に存在したとしても，法的にはカナダ人の定義はなく，いわば受身の存在になっていた。つまり，カナダが英国の植民地として発展してきたことから，それまではカナダ人とは「カナダに在住する英国臣民」という定義にとどまっていた。こうした受身の存在であることを反省し，1947年には自立したカナダ人という意味を込めたカナダ市民権法が成立した。カナダ人は英国との長い政治的・文化的結びつきをこれで放棄するわけではないが，自立した存在としての自己規定をここで定めたことになる[20]。ただし，立法措置だけでは不十分なので，カナダ政府はカナダ人意識を国民に対して涵養し，育成し，また啓蒙することが必要と判断し，「市民権・移民省」（Department of Citizenship and Immigration）を1947年に設立した。移民むけの言語の学習や訓練，そしてNGOへの活動支援などについては市民権部門が担当し，移民政策や定住に関しては移民部門が担当するという役割分担である[21]。ただし実際にこの官庁が立ち上がり，機能するのは1950年からである。移民に関しては，戦後になると都市部での定住が一般化し，言葉の訓練や就労支援という形へ支援の質が転換したとされる。

バムステッドは戦後のカナダ社会の変化をつぎのように分析している。兵役についたカナダ兵は100万人以上と推定されるが，その一部の兵士たちはヨーロッパ各地で軍務につき，いわば視野を広げたことである。かれの推計によれば約50万人の兵士が英国，フランス，イタリア，オランダなどに派遣されたという。厳しい戦争体験はマイナス要因であろうが，同時にヨーロッパ各地での見聞はカナダ兵士の視野を広げたに違いない。実際，50万人の兵士の約10分の1にあたる5万人の兵士が英国やオランダで配偶者を見つけ，戦後になると同伴して帰国している。

ついで1946年から1972年までの26年間の間に約350万人の移民や難民がカナダに定住し，年間平均にすれば約13万5000人という実績になる。これにより，英国系でもフランス系でもないカナダ人が次第に増加し，その存在感を強めていったといえよう。さらに都市化や農村の近代化，そしてメディアの発達などにより，カナダ国民は移民や難民に対する理解や共感を深めていったものと考えられる[22]。

1966年には連邦官庁の再編が行われ，市民権・移民省は解体された。市民

権部門については国務省（Department of the Secretary of State）へ，そして移民部門は労働や就労支援を視野に入れて「人的資源・移民省」（Department of Manpower and Immigration）へそれぞれ移管された。国務省は他の官庁の守備範囲に入らない政策領域を担当することが多いので，ここではカナダ政府の雑用係（あるいは総務係）と位置づけたい。具体的には市民権の育成などは既存の官庁が管轄していない領域であるが，国務省は文化支援や教育支援などを得意とする官庁である。なお 1993 年から 1996 年にかけて再び官庁の再編が行われ，国務省は廃止され，その役割は民族遺産省（Department of Canadian Heritage）という新しい官庁に引き継がれている。

移民政策の転換

　先にも触れたがカナダの移民政策は白人やヨーロッパからの移民を優遇する立場をとってきた。こうした人種差別的な色彩を持つ移民政策への疑問もあり，これが次第に変更されることになる。具体的には 1967 年にこれまでの政策とは異なり，学歴，言語能力，職業歴，年齢などを総合的に得点化して移民受け入れの是非を判断するポイント制度が導入された [23]。これにより，カナダへの移民の出身国は大きく変化してきた。たとえば 1930 年代では米国，英国，ポーランドが上位 3 か国であるが，1970 年代（英国，米国，インド），1980 年代（香港，インド，英国），1990 年代（中国，インド，フィリピン）と変化してきた [24]。

　移民政策の転換により，移民の質も変化してきた。たとえば，アジアやアフリカなどからの移民が増えたこと，またポイント制度で学歴の高い移民を選んできたことにより，移民は以前より教育レベルが高くなってきたことがある。他方，英語やフランス語を母語としない移民が多いことから，定住や就労のためには言語能力を身につけることが必要要件であることが次第に明確になってきた。こうした環境の変化を受けて，カナダ政府は 1974 年 10 月，体系的な移民の定住政策を導入することの意義を認め，それは多少の変化を盛り込みながら現在に至っている [25]。本節では定住政策の歴史的流れを概観してきたが，連邦政府はあまり介入しない，という方向性が明確であった。つまり最低限の対応（入国時の検疫や健康管理），農民に対する土地供与（ホームステッド政

策），自助（必要な資金を持参すること），一時的な宿泊の施設（移民ホール），そして民間支援団体の活用ということが代表的な対応策であった。ただし，1970年代以降から移民の質が変化することもあり，カナダ政府は以前とは異なるより体系的な定住政策を打ち出してきたと思われる。

　ここで難民について簡単に触れておこう。第二次世界大戦後，世界各地の動きの影響を受けて，カナダも難民を受け入れていく方向へ変化してきた。ユニークな事例として知られるのが1956年10月に起きたハンガリー動乱の際の対応である。ソ連への反発からおもにハンガリー各地で抵抗運動が起こり，近隣諸国への亡命も同時に生まれた。カナダは亡命したハンガリー人をどのように，そしてどの程度，受け入れるべきであろうか。興味深いことに当時の自由党政権の市民権・移民担当のJ・W・ピッカースギル大臣（J. W. Pickersgill）は受け入れについて個人的に積極的であり，担当大臣の決定を内閣や国民もそれを承認する形で進んでいる。国民的な議論や国会の論戦の末の結論ではなく，担当大臣や関係者による決定でハンガリー人を難民として受け入れることが決まったのである。翌年の春には約2万人，年末には1万人と短期間で受け入れに成功したという。この時国内の民間団体なども受け入れに協力したとされる[26]。

　この中で興味深いのはハンガリーのショプロン大学・森林工学部（University of Sopron, Department of Forestry Engineering）の教員・学生をブリティッシュ・コロンビア大学（以下，UBCと略）が受け入れた事例である。カナダにとり森林管理は重要な研究テーマでもあり，そうしたことなどからショプロン大学の森林工学部をそのままUBCの組織として受け入れたという。教員と学生を合わせて約350人がハンガリーを離れ，難民となるが，遠くカナダのUBCにおいてショプロン大学森林工学部の組織が存続し，学生たちは2年後に無事に学位を取得して卒業という結果となった。またショプロン大学の鉱山学部の学生たち約150人はトロント大学に編入されて勉学を続けたという。難民といっても年齢的に若く，また学生が中心であったこともあり，こうした例外的な受け入れが可能であったと考えられる[27]。

　他方，1972年にはウガンダ在住のアジア系住民（おもにインド系）がアミン大統領に追われて難民となる事件が起きている。カナダも約6000人の難民

を受け入れたが，かれらの定住が容易ではないことを認識した。また 1979 年
にはベトナム・ラオス・カンボジアからのいわゆる「ボートピープル」が難民
として世界の関心を集めた。カナダ政府も約 6 万人のボートピープルを受け入
れたが，言葉や宗教，生活習慣の違いなどがある中で，短期間で多数の難民の
定住支援を行うという新しい課題に直面した [28]。

3. 1974 年以降の定住政策の展開

市民権・移民省が担当している業務

　市民権・移民省の組織構成や予算配分はどのようになっているのだろうか。
簡単に紹介すると次のようになる（詳細は巻末の表 8 を参照）。市民権・移民
省全体の職員数は 4657 人で 2012 年度予算は 15 億 2330 万ドルとなっている。
このなかで同省の組織管理に関する人員（1648 人）と予算（2 億 3180 万ドル）
を除くと，基本的な業務は移民・難民の世話やカナダの安全保障に関係してい
る。ついでこれは 4 つの政策領域に分かれ，移民や訪問者の選定や管理を行う
部門（人員は 542 人，予算は 6080 万ドル），家族の呼び寄せや難民保護の部門
（857 人，7900 万ドル），永住者の管理や感染予防などの部門（712 人，1 億
3930 万ドル），そして定住支援と市民の参加促進の部門（898 人，10 億 1240 万
ドル）と続く。人員では組織管理の部門におよばないが，予算支出では定住支
援が最大の項目となっており，市民権・移民省の中では 66.5% を占めている。
　なお多文化主義関係は定住支援に含まれているが，配置されている人員はわ
ずか 34 人で予算額は 1510 万ドルにとどまっており，全体の中では比重がかな
り低いように思われる。これはどのように解釈すべきであろうか。筆者の理解
に従えば，定住支援の中では「市民権の育成」という領域にかなりの人員と予
算が配分されている。「多文化主義関係」を「市民権の育成」と対比するとは
配置人員では約 17 分の 1，予算では 3 分の 1 程度であり，比重がかなり低い
と指摘せざるを得ない。いわば政策的なプライオリティは低いことになる。定
住支援という領域の中では「定住支援」に多くの職員が配置されているが，難
民支援について 41 人，資格認定については 36 人，移民向けのローンには 13
人が配置されている。ただし，予算配分についてはこの領域が最も多く配分さ

れており，9億5070万ドルになっている。

　全体を通してみると，入口部分（経済移民と外国人労働者の受け入れ，および家族の呼び寄せ・難民）よりも一度，受け入れた永住者の定住支援や市民権の育成・付与に比重を大きくして政策を運営していると思われる。それぞれがどの程度の効果を上げているかどうかの判定は本章の守備範囲を超えるが，一定の政策努力をしているものと評価したい。

連邦政府において移民・定住政策が占める比重

　移民向けの無料の言語訓練プログラム（新規移住者のための言語訓練，Language Instruction for Newcomers to Canada: LINC）という言葉を聞くと，カナダ政府はかなり予算を移民向けに支出しているのではないかという考えもでてくる。しかし，カナダ全体のなかでの予算配分をみると，定住プログラム関連の占める割合はさほど大きくない。政策効果がどの程度あるかを正確に判断し測定することは困難であるが，予算配分の面では小さく，他の政策領域を圧迫するほどの予算を獲得してはいないと思われる。

　C・アンドリューの研究によれば，連邦政府の政策領域（2008年度）はおもに5つに区分され，経済関係が一番多く45.2%を占める。ついで福祉・医療，そして移民統合などは社会分野に含まれ，21.4%となっている。ついで国際分野は12.2%，政府関係は5.6%となっている。その他の領域は15.6%である。連邦予算の5分の1はとりあえず福祉や医療，移民関係で占められている。ついで社会分野の項目（4780億ドル）を細かくみると，医療関係が59%，地域の安全関係が21.8%，多様な社会の維持（ここに移民関係と公用語としての英語・フランス語の推進を含む）が12.6%，そして最後の項目が文化支援で6.6%と続く。そのうち移民関係にはわずか11億8700万ドルが配分されている[29]。表7-1では2008年度の市民権・移民省のプログラムごとに配分された予算額をまとめて表示している。市民権省が全体として執行するとされた11億8730万ドルのうち，定住支援には7億8310万ドルが計上されている。ただし，このうち，自前で執行する予定の金額は5320万ドルにとどまり，民間団体や移民支援サービス団体などへの交付金（あるいは補助金）は7億2990万ドルとなっている。比率でみれば，市民権省から外部の団体への交付金は予算

表 7-1　市民権・移民省の予算執行（2008 年度）

政策領域	執行予定予算額	交付金	全体額
移民政策	1 億 8380 万ドル	0	1 億 8380 万ドル
一時滞在外国人	5970 万ドル	0	5970 万ドル
国際貢献	170 万ドル	230 万ドル	400 万ドル
難民保護	9750 万ドル	0	9750 万ドル
定住支援	5320 万ドル	7 億 2990 万ドル	7 億 8310 万ドル
市民権関係	5920 万ドル	0	5920 万ドル
市民権省全体	4 億 5510 万ドル	7 億 3220 万ドル	11 億 8730 万ドル

出典：C. Andrew, "Federal Policies on Immigrant Settlement," in E. Tolley and R. Young, eds., *Immigrant Settlement Policy in Canadian Municipalities*, Montreal: McGill-Queen's University Press, 2011, p.53.

全体の 61.5% を占めていることになる。

新しい定住政策の出発点

　ヴァインバーグによれば，1974 年 6 月 6 日の閣議はその後の定住政策を左右する 2 つの重要な決定が行われたターニングポイントにあたる。その 2 つの決定のうち，最初の決定は移民の短期的な統合・定住政策については人的資源・移民省が担当し，長期的な観点からの統合については国務省が担当するという役割分担である。また人的資源・移民省が移民の定住のために，移民に対して財政的な支援を行い，カウンセリングを実施し，また語学訓練や職業訓練を提供し，多面的な情報を提供する，という包括的な政策を行うべきと決定した。これがいわゆる ISAP プログラム（移民定住適用プログラム，Immigrant Settlement and Adaptation Program: ISAP）の開始である。移民が定住する上で必要な政策に関しては，連邦憲法の権限配分に従えば，連邦政府よりは州政府が活躍すべき領域が多い。すなわち教育や医療，就労支援などは連邦政府が本来，得意とする管轄領域ではない。しかし移民の短期的な定住という観点からできる限りのことを実施すると考えると，上記のような ISAP というプログラムがでてくることになる。また同年 10 月には人的資源・移民省のなかに定住を担当する専門の窓口が設けられ，ISAP を実施する連邦政府の体制が整備された [30]。

第二の重要な決定は，（以前も部分的には民間団体への移民支援の交付金制度は存在したが）民間の NGO や移民支援団体に連邦政府が財政的な支援を本格的に行うという決定を正式に行ったことである [31]。国土が広いカナダでは気候も経済構造も州により異なり，連邦政府が移民に対して一元的な定住サービスを提供することはあまり現実的ではない。また州政府に対して（日本がかつて実施したように国が地方公共団体に対して）機関委任事務により，ISAPの業務を代行させることも可能ではない。機関委任事務とは本来，国の業務であるがこれを地方自治体に代行させる（してもらう）しくみである。これにより，国は全国的に均一な業務を実施することができるという意義が見出される。他方，地方自治体は本来の業務ではないものを引き受けさせられることで負担が大きいと指摘されてきた。なお日本ではこれは 2000 年 4 月の地方分権改革により廃止されている。

日本と異なり，カナダにおいて連邦政府は州政府に特定の業務を代行させることはできないので，それを民間団体に対して助成金を交付して（事実上は）代行してもらうことがより現実的な手段となってくる。同時に移民支援のために連邦政府の公務員を増員するよりも，民間団体へ資金援助をする方が効果的でコストもかからない，というメリットが連邦政府側にも見い出される。他方，民間団体や移民支援団体も自発的な活動ながら，財政的な基盤は一般的には弱いので，連邦政府からの補助金は都合のよい支援となってくる。こうして連邦政府は ISAP という包括的な移民定住政策のプランを持っていても，それを実行する手足がないので，それを民間団体との協力で穴埋めしていく，という両者の協力関係がここに生まれてくる。最近ではこうした移民支援団体は SPO（サービス提供団体，Service Provider Organizations）という名称で位置づけられ，重要な役割を担うようになってきた（第 3 章第 3 節：政府の役割と市民社会の貢献も参照）。

移民政策の三大プログラム

1. 移民定住適用プログラム（ISAP）

移民が永住権を獲得し，生活を安定させるまでの手助けを行うというのが ISAP の基本的特徴である。そしてその手助けについては，各都市や地域に存

第 7 章　カナダにおける移民の定住支援政策の展開　209

在する民間団体が連邦政府の財政支援を得て行うというしくみである。このプログラムが開始された1974年当時では民間団体の数は限られていたが，現在では，宗教団体，YMCAやYWCA，特定の民族・人種組織，短大や大学なども関与しており，増加する傾向にある。連邦政府からの交付金だけでは移民支援活動を展開するには不十分ということも考えられるので，民間団体は他の資金源なども開拓している。連邦政府以外では州政府，慈善団体，地域レベルでの募金・地域奉仕団体（United Wayと呼ばれる団体が代表的である）などとも連携をしている。

　1974年度にはISAPは81万ドルから開始し，交付を受ける民間団体は51であった。その後，予算も増加し，1983年度には315万ドル，民間団体数は136へと成長した[32]。最近のデータ（2007年度）によれば，1億1700万ドル，民間団体数は188，サービスを受けた移民数の合計は9万2235人，提供したサービスの総計は57万2471件までに拡大してきた。サービスの総計は1人の移民が複数のサービスを受けている可能性もあり，平均すれば1人あたり6.2件となっている[33]。

　それでは具体的にはISAPが提供するサービスには何が含まれているのだろうか[34]。表7-2は2004年度から2008年度までの5年間の各サービス内容の実数（件数）をまとめたものである。移民たちは永住のビザを得て，入国審査にパスすればカナダでの永住が可能となる。永住権を獲得できれば，教育や医療，そして社会保障など他のカナダ国民と同じような待遇を得ることが可能になる。ただし，政治参加の権利（選挙権と被選挙権）についてはなく，一定の定住期間のあとに国籍の申請をして合格すれば参政権も行使できるようになっている。医療保険については，各州には州政府が運用する公的な保険制度があるが，入国から3か月間については自己負担となっている。3か月が過ぎれば各州が運用し管理している医療保険により，永住権を得た移民たちはカバーされるので，とりあえず当初の期間，民間保険などに加入することが必要である。移民に必要なサービスは各種情報であり，トロントやヴァンクーバーなどの都市においては移民向けのサービスセンターが設けられ，無料で情報を入手できるようになっている。

　ISAPにおいて最も多いのは，こうした情報提供やオリエンテーションであ

210　第Ⅱ部　多文化主義と移民統合をめぐる理念と取り組み

表 7-2　ISAP のサービス内容（件数）

内容	2004	2005	2006	2007	2008 （年度）
ニーズの判定	54,001	55,757	52,225	63,242	79,109
関係機関の紹介	88,405	86,619	78,652	93,255	119,628
情報提供	182,692	214,191	177,003	205,437	262,139
通訳・翻訳	68,889	70,195	64,508	84,476	97,378
カウンセリング	54,003	62,672	57,025	72,895	88,742
就業訓練	49,826	53,248	44,449	53,166	59,675
合　計	497,816	542,682	473,862	572,471	706,671

出典：CIC, *Evaluation of the Immigrant Settlement and Adoption Program*, Ottawa: Minister of Public Works and Government Services Canada, 2011, p. 21.

る。2008 年度ではこれが 37.1% を占め，全体のサービスの 3 割を超える。ついで関係機関の紹介（16.9%）であり，健康保険や社会保障カード（Social Insurance Card）などは州政府の窓口へ申請することになる。さらに通訳なり公式書類の翻訳（13.8%），カウンセリング（12.6%），雇用に関する訓練やアドバイス（8.4%）と続く。オンタリオ市内の教育委員会が提供する ISAP のプログラムによれば，平日の月曜日から金曜日までサービスセンターを開所し，さまざまな情報提供を行っている。なかには大手銀行の協力を得て，移民たちに銀行口座の開設方法についての教室を開くものもある。また金曜日の夕刻にはスポーツや娯楽などの交流のイベントも実施している [35]。

　なお ISAP を提供する民間団体には連邦政府から 2 つのプログラムが用意されている [36]。ISAP・A では移民サービスに関わる費用を民間団体は使うことができる。民間団体は同時に環境の変化に対応し，研修や調査も必要である。そのため ISAP・B という交付金制度を連邦政府は用意し，さらなるレベルアップに必要な調査や研修ができるようにしている。多くの場合，セミナーや報告会などで ISAP・B の予算を活用しているという。

　こうした ISAP のサービスを受ける移民の特質（2004 年度と 2007 年度の調査）として，男女の比率はほぼ均等，出身国の上位 5 位までを中国，インド，

パキスタン，コロンビア，アフガニスタンが占めている。言語能力としては英語もフランス語も理解不能が一番多く（47.4%），ついで英語力あり（43.9%），フランス語力あり（5.4%）と続く。学歴としてはなし（11%），初等・中等教育（37.8%），高等教育（14.8%），大学卒（23.4%），大学院卒ないしは大学院教育中（9.6%）と続く。移民というと低学歴，ロー・スキルの貧しい人々を連想しがちであるが，ポイント制度による選択のためか，比較的学歴も高い人々が多いようである[37]。

2. 新規移住者のための言語訓練（LINC）

定住にむけて移民に必要なことは，カナダで仕事を見つけて自力で生活を支えていくことである。そのためには語学力が不可欠となる。移民たちの過半数の語学力が不十分という実態を考えると，成人移民むけの語学研修のプログラムを提供することが重要である。2012 年度に入国が認められた移民や難民の言語能力を紹介してみよう（巻末の表 9 参照）。全体の特質としては，英語を理解する移民や難民が 56.0% であり，他方，英語もフランス語も理解しない移住者は 27.5% となる。半分強は英語を理解できるが，4 分の 1 程度はカナダの 2 つの公用語を理解できていないことになる。またフランス語を理解できる者は 6.5% であり，比率でいえば 16 人に 1 人ということになる。両言語を理解できるバイリンガルの移民や難民は 10% である。

資格や能力をポイント制度により判定されて永住権を得る経済移民については，言語能力が高く，9 割以上が英語かフランス語（あるいは両言語）を理解しているという数字が出ている。しかし，経済移民の家族（妻や子供など）については英語もフランス語も理解しない割合が高く（30.7%），また親や祖父母など親族の呼び寄せでカナダへ来る人々も両言語の理解度が低い（41.9%）という数字が出ている。学齢期にある児童や生徒は学校において言葉の訓練も行われ，また習得も早いとされるが，それ以外の移民の言語訓練が定住や就業を考えると重要なポイントになることが指摘されている。

1992 年以前にも連邦政府が提供する同じような語学研修のプログラムは存在していたが，おもに世帯主で男性を対象としており，配偶者である妻たちは対象外であった。こうしたことも検討し，世帯主でない女性や高齢者も語学研

修を受けられるように方針を変更し，1992年からこのプログラムは開始された。他方，学齢期の児童・生徒は学校で語学も学ぶことが前提になっているので，LINCでは対象となっていない[38]。

　さて語学訓練のプログラムとして，英語ではLINC，仏語ではCLIC（移民のための言語コース，Cours de Langue Pour les immigrants au Canada）という2つが用意されている[39]。移民たちは履修にあたり，まずどのレベルにあるかを判定するためCLBによるテストを受ける。ついで自分に適したレベルのクラスに入り，3か月なり半年の継続的な語学研修を続ける。移民でも学齢期にあたる児童・生徒は当然，通学する学校で語学も学ぶことが原則になるので，LINCやCLICは成人を前提とするプログラムである。なおCLBとはカナダ言語能力判定基準Canadian Language Benchmarksの略記である。

　移民へ英語やフランス語の研修を実施する際，言語能力だけにとどまらず，出身国における教育の差も大きい。たとえば母国で一定水準の教育を受けた移民もいれば，大学や短大などの高等教育を受けた移民もいる。他方，母国での教育の機会が欠けていたり，基礎教育が不十分な場合もあり，一律ではない。こうした差異を考慮して英語とフランス語の語学研修を効果的に実施することが必要である。こうした観点から移民の言語能力を判定するCLBが1996年に発足し，1998年6月からオタワで活動を開始した。判定についてはレベルが3つ（初級，中級，上級）と設定され，また会話・読解・聴解・作文という4つの分野ごとに能力を判定している。各級においてはさらに細かくレベル分けがなされている。たとえば初級ではレベル1から4，中級ではレベル5から8，上級ではレベル9から12というレベルが設定されている[40]。

　ところでLINCやCLICのプログラムを受けることは移民たちにとり，語学だけにとどまらず，カナダの歴史や制度について学ぶ機会でもある。仮に英語やフランス語だけの訓練を想定し，カナダ以外の国（英国やフランス）で作成されたテキストや教材を使用することも可能である。しかしそれではカナダの理解を深めるという点では不十分になるので，語学を学びつつ，カナダの歴史なり制度も学ぶためのテキストなどを利用している。語学を学ぶ生徒は成人が多いので，語学プラス社会・歴史という面についても学ぶことが期待されてい

る[41]。

LINC も CLIC も無料で移民たちに提供されている。ところで語学を学ぶ移民たちの大半（72%）は女性であり，子育て中であることが多い。そのため，語学研修中には子供の世話を誰かがする必要がある。そこで LINC や CLIC で学ぶ移民には託児のサービスも提供されている。また交通費も補助し，余分な負担がかからないように工夫されている[42]。

ある調査によれば，カナダ全体で 25 万 7000 人が英語とフランス語を学んでいるとされる。これは連邦のプログラムで学ぶ移民たち（LINC には 21 万 7000 人，CLIC には 4 万人）に加え，州政府や自治体などが提供するプログラムで学ぶ移民は約 20 万人と推定されている。ただし，実際に英語とフランス語を学ぶ移民数はこれより多いものと考えられる[43]。

予算については 2008 年度のデータを紹介しよう。LINC 全体の予算額は 1 億 7210 万ドルであり，移民統合関連の事業のなかでは約 3 分の 1（34.2%）を占めている[44]。ついで 2008 年度予算のうち，最大の支出項目は語学教師への給与（53.0%）である。2 番目に多い項目は LINC を提供する民間団体の事務経費で約 5 分の 1 程度（20.5%）と続く。子供の託児サービスの経費は 16.2% である。乗用車などの交通手段を持たない移民への交通費は 1.7% にとどまっている[45]。

ところで移民向けの言語研修プログラムは LINC だけでは十分ではないことが次第に判明してきた。日常生活を送る上では LINC による訓練は適切であるが，研修を終えて職場に入り，同僚との意見交換や顧客との会話を進めるには不十分という声もあがってきた。そのため，より実践的な英語訓練を目的とした別のプログラム（Enhanced Language Training: ELT＝上級言語訓練）が開発され，2004 年 1 月から移民たちに提供されている。

3. 移民を歓迎し支援するホスト・プログラム（Host Program）

移民たちへの情報提供や無料の語学訓練により，定住に向けた作業が進むものと思われる。他方，移民を隣人として受け入れる普通の市民はどうすべきであろうか。多少の手助けを移民たちにしたいという市民がいれば，誰かがそれを組織的にまとめることが必要である。また ISAP や LINC といった公的な

支援だけでは欠落する部分を私的・個人的なネットワークで補うことも望ましい。こうした流れから1984年からホスト・プログラム（Host Program）が開始されている。本章では（筆者の判断により）これを普通の市民が「移民を歓迎し支援する」という補足の言葉をつけてホスト・プログラムと位置づけたい。また移民を支援することで普通の市民も異文化を学ぶ機会に触れることになるので，一方的な関係ではなく，両者が対等の立場で学ぶ関係にある。

　2008年度の予算やデータからホスト・プログラムの概要について紹介しよう。2008年度予算では1490万ドルが計上されていた。まずこのプログラムを実施したいという民間団体やSPOは全国で74とされ，こうした団体は増加傾向にある。民間団体は市民権・移民省からこれに必要な費用を交付してもらい，まずボランティアを募集する。ただし誰でもボランティアになれるわけではなく，SPOは応募者に犯罪歴がないかどうか，警察による身元確認を行うことになる。身元確認が取れると，つぎはボランティアの訓練やオリエンテーションを行う。最終的には移民の希望をまとめつつ，ボランティアを紹介して実際の活動が開始される。具体的には友人になったり，個人的に親しくしたりとその内容は多様とされる[46]。

　このプログラムを利用する移民については，男女比はほぼ同じ，世代的には若い層が多く（18歳以下が28％，25歳から34歳が24％，35歳から44歳が25％），高齢者になると少ない。出身国別では中国（16.5％），コロンビア（11％），アフガニスタン（7％）と続く。言語能力では英仏ともに母語としない移民が最も多く（56％），ついで英語に通じた移民が多い（36％）。ホスト・プログラムを利用する期間は1年間が多く（87％），それ以上の時間が過ぎると利用率は低下している（2年間，12％）[47]。他方，誰がボランティアとなるのだろうか。圧倒的に女性が多く（68％），年代的にはほぼ均等している。また職種としては学生が最も多く（25％），2番目には退職者（15％），医療・社会福祉関係者（12％）と続く[48]。

　オンタリオ州のカリキュラムによれば，高校在学中（第9学年から第12学年），通常科目の学習と履修に加え，校舎外で合計40時間におよぶ地域奉仕やボランティア活動が義務づけられている。スポーツ活動の支援やコーチなどから公立図書館での蔵書整理などさまざまな奉仕活動が想定されている。移民た

ちを支援する活動の一環として，連邦政府が提供しているこのホスト・プログラムと連携させる高校生もいるとされ，若い世代の移民支援を学校教育の制度面からもサポートする体制となっている[49]。

4. 2000 年代後半以降の政策動向

基本的な 3 つの移民定住のプログラムに大きな変更はないが，最近では 3 つのユニークな試みが行われている。ひとつは移民定住に向けての連邦政府と州政府の協力を深める試みであり，実際には連邦・州移民協定の締結ということで成果を生み出してきた。第二の試みは，各プログラムが個別に作動することを反省し，より結びつきを強化することであり，これを 2008 年以降，段階的に進めてきた。加えて多文化主義関係の政策は 2008 年まで民族遺産省の管轄であったが，これを同年 10 月，市民権・移民省へ移管することを決定した。このため，移民政策，移民の統合や定住政策，移民の就労支援，そしてすべてのカナダ人を対象とした多文化主義統合という領域を総合的に管理し運営していくという方向が定められた。これらの新しい試みがすぐに成果をあげるものとは考えにくいが，時間の経緯とともに今後，新方針の内実が明確になっていくものと思われる。とりあえず，本節では簡単に 2 つの新しい動きを紹介したい。

連邦・州移民協定の誕生

1980 年代以降，カナダ政府にとりケベック州における分離・独立問題への対応は重要な争点となった。また連邦憲法の改正問題は 1982 年憲法の制定後も続き，2 回にわたる追加の憲法修正案が国民的に議論された（第 1 回は 1987 ～90 年のミーチ湖改正案）。第 2 回となる改正案として，1992 年のシャーロットタウン憲法改正案では国民投票を実施した（ただし 2 回とも合意を得られず失敗した）。こうした中で連邦政府が取りえた方法のひとつはケベック州の要求を（連邦制度を維持できる範囲内に限られるが）認めていくことである。その具体例が移民の受け入れについての権限をケベック州に委譲していく動きである。

216　第 II 部　多文化主義と移民統合をめぐる理念と取り組み

連邦政府はすでに 1970 年代後半から移民政策に関してケベック州への権限委譲を始めていた。具体的には 1978 年協定により，移民や難民の選定を連邦ではなく州政府が行うことが可能となった。またケベック州が選んだ移民や難民については連邦政府が事後承認していくという手続きが確立した。さらに移民の選定だけではなく，ケベック州での定住事業なども州政府のイニシアティブで行い，連邦政府は介入しないことが決められた。ただし本来，移民の定住については連邦政府の権限という前提から，州政府が負担した移民定住事業に関して後日，その費用を連邦政府が支払うという取り決めが成立した。移民が仮にモントリオールに定住しても，そのままではフランス語よりは英語などを学ぶ可能性が高いので，ケベック政府としては移民へのフランス語訓練，そしてケベック的な価値観やライフスタイルを学習させる主導権をこうして確立できたわけである。カナダの 10 州のうち，ケベックだけに例外的な権限を付与しつつ，カナダ連邦を維持していこうとする連邦政府の苦心の対応といえよう [50]。

　他方，残りの英語系の州でも移民受け入れに関心を払いつつ，連邦政府との協力を模索する州も現れてきた。その代表がブリティッシュ・コロンビア（BC）とマニトバである。基本的な枠組みについては連邦政府とそれぞれの州の間で協定が結ばれた（1996 年マニトバ，1998 年 BC）。移民を毎年最も多く受け入れているオンタリオ州では協定の成立が遅れたが，2005 年には 5 年間という期限で成立した。この協定での他の州にはない特徴は，トロント市も移民の定住政策に関係する正式なメンバーとして組み込んだ点にある。これにより連邦＝州＝自治体（トロント）という三層構造からなるユニークな受け入れ体制の枠組みが出現した。もちろん，これまでトロントを含め多くの自治体は移民定住について重要な役割を果たしてきたが，移民定住は連邦政府の権限ということで発言する機会を持たないままきた。これでより現実的な受け皿が用意できたといえよう [51]。

　表 7-3 は移民支援に関する連邦政府から州政府への交付金の一部をまとめたものである。交付金の額は毎年，流動的であり，今後とも財政状況などを受けて変動する可能性があると思われる。ただし，移民受け入れに実績のある州には優先的に配分されている傾向がうかがえる。アルバータ州は上位 3 位の州よ

表 7–3　連邦政府から州政府への移民定住交付金

州名	2006	2009	2011（年度）
オンタリオ	1 億 8,550 万ドル （36.7%）	3 億 9,078 万ドル （45.7%）	3 億 4,652 万ドル （40.0%）
ケベック	1 億 9,385 万ドル （38.3%）	2 億 3,219 万ドル （27.2%）	2 億 8,310 万ドル （32.7%）
BC	7,149 万ドル （14.1%）	1 億 2,072 万ドル （14.1%）	1 億 555 万ドル （12.2%）
アルバータ	2,752 万ドル （5.4%）	5,853 万ドル （6.8%）	6,407 万ドル （7.4%）
4 つの州が占める割合	94.5%	93.8%	92.3%
合計（10 州 & 3 準州）	5 億 0591 万ドル	8 億 5,460 万ドル	8 億 6,574 万ドル

出典：CIC, *Evaluation of the Grant to Quebec*, July 2012, pp. 28, 29.

りは金額が少ないが，最近では増大傾向にあり，今後は 4 つの州が優先的な配分を受けるものと予想される。2011 年度についてみれば，オンタリオ州は 3 億 4652 万ドルで全体の 40.0%，ついでケベック州は 2 億 8310 万ドル（32.7%），BC 州は 1 億 555 万ドル（12.2%）と続く。アルバータは近年，増加傾向にあり，6407 万ドル（7.4%）である。上位 4 位までの州の交付金を合計すれば 92.3% という高い数字を示している。逆にみれば，残りの 6 つの州と 3 つの準州に配分されている交付金の合計は 7.7% にとどまっていることになる。

　政治学者のバンティングは連邦政府と州政府間の移民協定の成立を評価しつつも，さまざまな問題があることを指摘している。つまり州の要望を受け入れたことにより，カナダ全体としてみると不統一な制度が生まれたことである。10 の州と 3 つの準州のうち，少なくとも 5 つのパターンが出てきた [52]。

・ケベック型（移民の選定から定住支援のプログラムまですべて州政府が決定，ただし連邦政府が費用を負担する）
・BC=マニトバ型（連邦予算による定住支援のプログラムを州政府が判断し実施）
・アルバータ型（連邦政府と州政府が共同で提供する定住支援のプロジェクトを選ぶが各プロジェクトはそれぞれが実施）

・オンタリオ型（連邦政府が最終的な決定権限を持つが，州政府とトロント市も協議する三層構造型のシステム）
・残りの5つの州（協議などは行うが連邦政府が決定する）

全体としてはいささか分かりにくい制度が生まれ，不統一な印象を受ける。2012年4月，連邦政府はBC州とマニトバ州に対して，事前協議や相談もなく，一方的にこれまでの方式を破棄し，連邦政府主導の定住支援政策を実施すると発表した。新方式の実施期日はそれぞれ異なる（マニトバは2013年4月1日，BCは2014年4月1日）が，州の関係者や移民支援団体からは厳しい批判の声があがった[53]。

近代化されたアプローチ

2006年2月にハーパーを首相とする保守党政権が生まれた。保守党政権は移民政策や定住政策については以前の自由党政権よりも重視する傾向にあり，さまざまな改革も試みてきた。そうした改革のひとつが2008年に提案されている「近代化されたアプローチ政策」（Modernized Approach）である[54]。2012年度のSPOや民間支援団体への交付金公募案内をみると，応募する際，3つのカテゴリーごとに応募するように明記されている。3つのカテゴリーとは移民定住（Settlement），難民支援（Resettlement），そして多文化主義（Inter-action）である。2008年には多文化主義関係が市民権・移民省に移管されたので，こうした改革により，移民定住や多文化政策も相互に関連していることをSPOやカナダ国民へアナウンスしているわけである。

多文化主義についても連邦政府は大枠を規定するが，補助金交付にあたり個別の事業やイベントについては国民からの提案を尊重し，それについて財政支援するというスタイルがみられる。具体的には異文化理解や民主的な価値を尊重するという3つの枠組みが設定されている。希望者（民間団体）は金額の上限（1万5000ドル）のなかで地域や集団の要望を盛り込んだ事業を行うための予算を請求する[55]。

移民の定住支援事業についてはプログラムごとにこれまで実施されてきたので，他のプログラムとのつながりが弱いことが指摘されている。そのため言語研修の際にLINCでは言語習得に重点を置き，他の就労支援のプログラム

（パソコン訓練など）と可能な限り結びつけるという意図があると思われる。他方，ホスト・プログラムでは私的な関係や交流に重点が置かれ，就労支援やパソコン技能の習得についてはあまり関与しないということもあったようである。したがって新しいアプローチでは情報提供，語学訓練，就労支援，地域社会との関係強化，移民支援などを連動させ，ひとつのプログラムとして扱うという考え方である。現実的にはそれぞれ異なる目的があるので，ただちにリンクするとは考えにくいが，より効果的に補助金を使いたいという連邦政府の意思が働いているといえよう。

三大都市以外への移住

　移民の多くが3つの都市に（過度に）集中することについて，市民権・移民省は検討してきた。移民からすれば快適な都市生活を送り，また同胞が存在していることでサポートしてもらえることから三大都市への集中は避けられないという面もある。しかし三大都市以外でも移民を受け入れる作業を進めており，移民定住の分散化が今後の課題のひとつともいえよう。

　ある民間団体（CCOCDE，コミュニティに基盤を置く雇用訓練を目指す諸団体のカナダ連合）が実施した調査報告書（2013年刊行）を簡単にここで紹介しよう。同連合はカナダ全体から15の移民支援団体を選び，実態調査を行い，実情把握を試みている。また移民たちにもヒアリングを行い，彼らが直面する問題なども浮き彫りにする作業を進めた。報告書のすべてを紹介する余裕はないが，興味深い箇所を選び触れてみたい。

　カルガリーやオタワなどの（大都市以外の）都市に定住した移民（サンプル数130）にとり，これらの都市のメリットとして，静かで平穏なこと（79%），犯罪が少ないこと（75%），そして地域の人々が友好的で生活のペースが落ちついていること（75%）などをあげている。他方，中小規模の都市や町に住むデメリット（サンプル数120）として就業の機会に欠けること（71%），雇用主がカナダでの就業経験を求めること（48%），雇用条件に恵まれないこと（38%）というように経済面でのマイナスが指摘されている。同時に満足度については，8割近くが満足していると回答している（きわめて満足が15%，満足が63%）。それでは近い将来にはどうするかという質問については，移動し

220　第II部　多文化主義と移民統合をめぐる理念と取り組み

ないで定住していくが 59%，反対に別の地域へ移動するが 15% となっている。大都市に定住する限り，経済的な面ではメリットがあるが，同時に中小規模の都市にもそれなりのメリットがあるように思われる[56]。

　移民の定住先を連邦政府が強制的に指定することは当然のことながらできないが，カナダ全体の利益を考えると，大都市集中という傾向に多少なりとも歯止めをかけることが必要であろう。そのためには雇用や経済面での改善を図り，移民にとっても魅力のある都市や地域を創出していくことが課題であろう。

5. 国際比較の観点からみたカナダの政策展開

　ところでカナダの移民受け入れ体制をどのように評価したらよいのだろうか。本章では移民への語学訓練と情報提供に絞り，考察をしてきた。移民たちの現実から考えれば他のプログラムなり支援政策が必要になろう。今後の方向性を探るひとつとして，国際的な移民受け入れ体制の比較研究を紹介したい。おもに英国の機関（British Council）が中心となり，EU 加盟国に加えスイスや北米（米国とカナダ）における移民受け入れ体制を項目別に採点してポイント化したものが MIPEX 調査プロジェクトである[57]。MIPEX は「移民統合政策指標」（Migration Integration Policy Index）の頭文字をとったもので，2004 年に最初の調査が実施された。その後，2007 年と 2010 年と続いたが，ここでは（第 3 回目となる）2010 年度調査を紹介しよう。受け入れ体制の審査対象となるのは 31 の国における 7 つの政策領域である（労働移動，家族呼び寄せ，教育，政治参加，長期的に住む住居，国籍獲得，人種差別を禁止する啓蒙活動）。さらに 7 つの政策領域は細分化され，全体として 148 の項目がチェックされている。各項目については，それぞれ対応できているかどうかによりポイントが配点されるので，ある程度，客観的な国際比較が可能になっている。なお各国における調査は代表的な調査機関や移民団体などが分担している。カナダについてはメイツリー財団（Maytree Foundation）とカナダ研究協会（The Association for Canadian Studies）の 2 つが担当している。

　移民の定住支援については決定的な手がかりはないが MIPEX の分析をみると，ヨーロッパや北米の先進国においては最低でも 7 つの政策領域にわたり

移民統合にむけた対応をとることが望ましい，ということになろうか。家族の呼び寄せや国籍取得などは副次的な事項のように思われるが，MIPEX 調査の観点からすれば必要なものと位置づけられている。

　さて興味深い 2010 年調査の結果に触れることにしよう。カナダは 31 か国の中では第 3 位という高い評価を得ている[58]。第 1 位はスウェーデン（100 点満点のうち 83 点），第 2 位はポルトガル（79 点）である。カナダの得点は 72 点であり，第 4 位のフィンランド（69 点），第 5 位のオランダ（68 点）と続く。米国は第 9 位と健闘し，ポイントは 62 点を獲得している。ヨーロッパの三大国はやや苦戦しており，ドイツと英国はともに第 12 位で得点は 57 点，フランスは 51 点で第 15 位となっている。移民受け入れに消極的とされるスイスは第 23 位（43 点）であり，オーストリアもこれに続く第 24 位（42 点）となっている。

　カナダの政策として評価されたものは家族結合（家族呼び寄せ，89 点），差別禁止の啓蒙活動（89 点），労働移動（81 点），国籍獲得（74 点），そして教育（71 点）などである[59]。多文化主義の理念や政策から，多様性の認知や合意形成が進んでいると指摘されている。また移民の児童や生徒の教育についても学校が適切に対応している（31 か国のなかで第 2 位）と高い評価を得ている。しかし政治参加については低い評価（38 点）しか得ていない。これは移民たちが永住権を得ても国籍（市民権）を取得するまで参政権を得られないことが大きい。カナダと異なり，スウェーデンなどでは国籍がなくとも移民や定住外国人たちが地方自治体レベルでの選挙に参加できる制度がすでに導入されていることによる。また選挙ではなく，移民たちの政治力の有無をみる方法として，移民団体や組織の声を政府や行政機関が吸い上げているかどうか，という点でもカナダは低い評価となっている[60]。

　移民受け入れについてのカナダの試みは英独仏よりも高く評価されているが，改善すべき箇所があることも明白である。ヨーロッパの国々はカナダのような経済移民よりも，世界の紛争地域からの難民の流入に苦心しており，同じような議論はできないことを認識すべきであろう。またカナダの長所として評価された家族呼び寄せは，同時にマイナスになることもある。つまり，一度，移民として入国すると限りなく親族や家族を呼び続ける，というサイクルがあり，

これに対しては受け入れ側からは制度の「濫用」という厳しい批判の声も上がっている。本章の結論として，カナダの移民の定住・支援政策は限界があるものの，ユニークな成果をあげつつあるとしたい。

1) N. Kelly and M. Trebilcok, *The Making of the Mosaic: A History of Canadian Immigration Policy*, Second Edition, Toronto: University of Toronto Press, 2010.

2) B. Walker, ed., *The History of Immigration and Racism in Canada: Essential Readings*, Toronto: Canadian Scholars' Press, 2008.

3) 社会学者による優れた研究としてつぎを参照。L. Driedger, *Multi-Ethnic Canada : Identities and Inequalities*, Toronto: Oxford University Press, 1996.

4) K. Banting, "Canada," in C. Joppke and F. L. Seidle, eds., *Immigrant Integration in Federal Countries*, Montreal: McGill-Queen's University Press, 2012, pp. 79–111.

5) C. Andrew, "Federal Policies on Immigrant Settlement," in E. Tolley and R. Young, eds., *Immigrant Settlement Policy in Canadian Municipalities*, Montreal: McGill-Queen's University Press, 2011, pp. 49–72; K. R. Good, *Municipalities and Multiculturalism: The Politics of Immigration in Toronto and Vancouver*, Toronto: University of Toronto Press, 2009.

6) メトロポリスはカナダ政府やユネスコが中心となり 1995 年に設立されている。自治体関係者や移民へのサービスを提供する民間組織（SPO）なども加わり，実務面と研究面で重要な実績をあげてきている。カナダの代表的な研究振興基金である SSHRC（Social Sciences and Humanities Research Council）と市民権・移民省（CIC）が共同で資金を提供し立ち上げた。サイトを参照。www.canada.metropolis.net

7) Ryerson Centre for Immigration and Settlement. www.ryerson.ca/rcis/background/Index.htm

8) R. Vineberg, *Responding to Immigrants' Settlement Needs: The Canadian Experience*, New York: Springer, 2012, p. 2.

9) *Ibid.*, pp. 2–3.

10) *Ibid.*, p. 8. 高村宏子「カナダ最初の移民法」（1869 年），歴史学研究会編『世界史史料』（第 7 巻），岩波書店，2008 年，339–340 頁。

11) Vineberg, *Responding to Immigrants' Settlement Needs*, pp. 9–10.

12) "Dominion Lands Act," in D. J. Bercuson and J. L. Granatstein, eds., *The Collins Dictionary of Canadian History: 1867 to the Present*, Toronto: Collins, 1988, p. 62.

13) Vineberg, *Responding to Immigrants' Settlement Needs*, p. 12.

14) *Ibid.*, p. 14.

15) *Ibid.*

16) J. M. Bumsted, *Canada's Diverse Peoples: A Reference Sourcebook*, Santa Babara: ABC Clio, 2003, p. 204.

17) *Ibid.*, pp. 208–209.

18) W. L. M. King, "Immigration: Statement of Prime Minister as to Canada's Policy," House of Commons, *Debates*, May 1, 1947, pp. 2644–2647.

19) Bumsted, *Canada's Diverse Peoples*, pp. 217–219.

20) 加藤普章「カナダの国籍概念と選挙権——英国臣民からカナダ人へ」,『大東法学』, 第 19 巻第 1 号, 2009 年 10 月, 1–33 頁。

21) L. A. Pal, *Interests of State: The Politics of Language, Multiculturalism, and Feminism in Canada*, Toronto: University of Toronto Press, 1993, chapters 3 and 4.

22) Bumsted, *Canada's Diverse Peoples*, pp. 229–234.

23) *Ibid.*, pp. 234–236.

24) E. Tolley, "Introduction," in E. Tolley and R. Young, eds., *Immigrant Settlement Policy in Canadian Municipalities*, Montreal: McGill-Queen's University Press, 2011, pp. 22–23.

25) Vineberg, *Responding to Immigrants' Settlement Needs*, pp. 28–30.

26) The Honourable J. W. Pickersgill (Minister of Citizenship and Immigration in 1956), "The Minister and the Hungarian Refugees," in R. H. Keyserlingk, ed., *Breaking Ground: The 1956 Hungarian Refugee Movement to Canada*, Toronto: York Lanes Press, 1993, pp. 47–62; Harry Cunliffe, "The Liberalization of Immigration Policy From 1945 to 1956: An Insider's View," *ibid.*, pp. 13–23.

27) Charles Tarnocai, "The University of Sopron in Canada," *ibid.*, pp. 87–97. ヴァレリー・ノールズ（細川道久訳）『カナダ移民史——多民族社会の形成』, 明石書店, 2014 年, 220–224 頁。

28) Bumsted, *Canada's Diverse Peoples*, pp. 314–316.

29) C. Andrew, "Federal Policies on Immigrant Settlement," pp. 52–53.

30) Vineberg, *Responding to Immigrants' Settlement Needs*, p. 28.

31) *Ibid.*

32) *Ibid.*, p. 30.

33) Evaluation Division, Department of Citizenship and Immigration, *Evaluation of the Immigrant Settlement and Adaptation Program*, Ottawa: CIC, September 2011, p. 5 (Table 2-1).

34) *Ibid.*, p. 21 (Table 4-4).

35) トロント市内でも最大の規模を誇る教育委員会（TDSB: Toronto-District of School Board）による成人移民への各種サービスにおいて ISAP や言語研修のクラスが設けられている。www.tdsb.on.ca を参照。

36) Evaluation Division, Department of Citizenship and Immigration, *Evaluation of the Immigrant Settlement and Adaptation Program*, pp. 28-29.

37) *Ibid.*, pp. 5-8.

38) T. M. Derwing and M. J. Munro, "Canadian Policies on Immigrant Language Education," in R. Joshee and L. Johnson, eds., *Multicultural Education Policies in Canada and the USA*, Vancouver: University of British Columbia Press, 2007, p. 98.

39) Evaluation Division, Department of Citizenship and Immigration, *Evaluation of the Language Instruction for Newcomers to Canada (LINC) Program*, Ottawa: CIC, March 2010, p. 1. 児玉奈々「地域社会における移民向け公用語教育」，浪田克之介・関口礼子編著『多様社会カナダの「国語教育」』，東信堂，2006 年，219-231 頁。

40) Centre for Canadian Language Benchmarks, *Canadian Language Benchmarks: English as a Second Language for Adults*, Ottawa: CCLB, October 2012.

41) Evaluation Division, Department of Citizenship and Immigration, *Evaluation of the Language Instruction for Newcomers to Canada (LINC) Program*, p. 13 & pp. 36-37.

42) *Ibid.*, pp. 23-24.

43) *Ibid.*, p. 30.

44) *Ibid.*, p. 39 (Table 5-7).

45) *Ibid.*, p. 40 (Table 5-8).

46) Evaluation Division, Department of Citizenship and Immigration, *Evaluation of the Host Program*, Ottawa: CIC, September 2010, pp. 7-12.

47) *Ibid.*, pp. 12–14.

48) *Ibid.*, pp. 14–15.

49) Ontario Council of Agencies Serving Immigrant, *The Newcomer's Guide to Secondary School in Ontario*, Toronto：OCASI, 2013, p. 29.

50) R. Vineberg, "History of Federal-Provincial Relations in Canadian Immigration and Integration," J. Biles and others, eds., *Integration and Inclusion of Newcomers and Minorities across Canada*, Montreal: McGill-Queen's University Press, 2011, pp. 17–43.

51) F. Leslie Seidle, *The Canada-Ontario Immigration Agreement*, Toronto: Mowat Centre for Policy Innovation, May 2010. 朝田恵子「トロント市の多文化主義——移民統合の最前線としての自治体」,『大東法政論集』, 第13号, 2005年3月, 31–63頁。

52) Banting, "Canada," p. 91.

53) Naomi Alboim and Karen Cohl, *Shaping the Future: Canada's Rapidly Changing Immigration Policies*, Toronto: Maytree Foundation, October 2012, p. 15.

54) Integration Program Management Branch, CIC, *Guide to Applicants: The Settlement Program*, Ottawa: CIC, 2011, pp. 5–8.

55) CIC, *Inter-Action（Projects）：Funding Guidelines* というガイドに紹介されている。つぎのサイトより。 www.cic.gc.ca/english/multiculturalism/funding/guidelines.asp

56) S-C. Gabrielle, *Immigration beyond MTV*, Canadian Coalition of Community-Based Employability Training, Toronto: CCOCDE, 2013, pp. 50–62；C. Andrew, J. Biles, M. Burstein, V. M. Esses, and E. Tolley, eds., *Immigration, Integration, and Inclusion in Ontario Cities*, McGill-Queen's University Press, 2012.

57) Thomas Huddleston and Jan Niessen, *Migration Integration Policy Index III*, 2010. なおこの報告書は次のサイトから入手した（www.mipex.eu）。アクセスは2014年2月6日。

58) *Ibid.*, pp. 10–11.

59) *Ibid.*, pp. 44–49.

60) *Ibid.*, p. 44.

第8章　移民が持つ資格・能力の認定制度

1. 移民の能力判定

　移民を受け入れる大きなメリットは，彼（彼女）たちが持つ専門的な資格や能力を活用し，カナダ経済に貢献してもらうことにある。また専門的な資格を持つ移民の多くはすでに結婚して家族がいることが一般的になるので，配偶者や子供も同伴して入国することになる。カナダにおいてつぎに述べるように人種差別などのない公平なポイント制度が導入され，世界的に能力やスキルの高い移民を受け入れる体制が構築されてきた。しかし，移民たちの専門能力や技能が十分に発揮されているかどうかについて，最近では批判的な声が高まってきた（第4章第2節：移民政策の歴史的展開も参照）。

　本章ではこれについて考察することとし，最初に医師や看護師などの専門的な資格を持つ移民の受け入れが十分なものかどうか取り上げたい。ついで移民の大半については一定の技能やスキルが必要とされ，それが評価の対象となるポイント制度により，入国後は就業している。そのため，高度な専門性を求められていないが一定の技能やスキルを必要とする職種に関する考察を2つ目のテーマとして取り上げたい。ハーパー政権においてはポイント制度の変更と改革が進められたので，その動向を簡単に紹介することにしたい。

ポイント制度

　カナダの移民受け入れは，移民の語学能力や専門性，そして職歴などを考慮して判定するという1967年に導入されたポイント制度による審査が有名であり，審査にあたり公平さが保たれるものとされてきた。逆にみれば1967年まではヨーロッパからの白人移民を優先し，アジアやアフリカなどからの移民は歓迎されないという制度であった。現在では英国やオーストラリアなどカナダ以外の国においてもポイント制度が導入されるようになり，移民受け入れについては一定の評価を受けていると思われる[1]。

227

しかしながら，カナダにおいてポイント制度による移民受け入れ制度が問題なく機能し，社会的にも評価されているとはいいがたい。たとえばインドからの医師がその資格をカナダにおいて認めてもらえず，医師以外の仕事（タクシー運転手など）についていることはメディアにもよく伝えられる事例である。よりマクロなデータから最近ではつぎのような傾向が指摘されている。1980年にカナダへ移民として定住した場合，カナダ生まれの社会人の85％に相当する収入を得ていたが，2005年になるとこれは63％へと低下している。また学歴と収入の関係をみると，大学を出ている移民は，カナダ生まれで大卒のカナダ人の半分以下（48％）の収入しか得ていないという [2]。これはポイント制度により永住を許可された移民たちの学歴はカナダ人の平均よりも高いが，その学歴に対応するような専門職や仕事につくことができないことが多く，結果として収入が低いという傾向である。移民たちの専門能力を生かして受け入れるということがポイント制度の意義とすれば，移民たちの能力や専門性がこれでは十分に生かされていないということになる。

　それではカナダにおいてなぜこうした移民の専門性や能力を生かすことができないのだろうか。問題の鍵は比較的簡単なところにある。まず移民が持つ能力や可能性をポイント制度により学歴や職歴を審査し，判定するのは連邦政府である。しかし移民がカナダへ入国し，定住を開始すると日常的には連邦政府ではなく州政府や地方自治体とコンタクトをとることが多い。憲法の規定から市民生活に関する事柄（教育や福祉，医療など）は連邦政府ではなく，州政府が管轄する領域である。さらに専門的な資格や技能を認定するのは民間の職能団体である。たとえば医療については連邦政府ではなく州政府の管轄であり，州政府の管轄のもとで州ごとに医師協会が専門性を判定し資格を認定している。このため，連邦政府が移民審査にあたり医師としての専門性をポイント制度により高く評価しても，実際に医師として開業できるかどうかはその移民が住む州の医師協会の判定による。移民審査時には連邦政府は医師資格を高く評価しても，その資格を実際に認定するのは州の民間団体（この場合，医師協会）というズレが見出される。仮に医師会が外国で得た移民の医師の資格を認めない場合，現実にはカナダに入国してみると専門性が認められないという事態が生まれることになる。

州の医師協会の立場からいえば，外国で認定された資格をカナダで無条件に認めることはできない。そのためハイスキルの移民でも実務経験をカナダ国内で積みつつ，専門試験を受けてもらい，合格することが必要である。結婚して家族のいる移民は家計を支えつつ，また専門職につけるまでの期間，さらに経済的に自立することが求められている。医療や看護という専門機関からすれば，患者の生命を託される仕事になるので，カナダ式の学習や研修を求めることが医療スタッフの質を維持する上で不可欠であり，当然のことを要求しているといえよう。さらに患者や同僚とのコミュニケーションを行う際には英語やフランス語での高い語学力が求められており，非英語圏（あるいは非フランス語圏）からの移民には語学力のレベルアップも目に見えない障壁となってこよう。

　本章においてはこうした移民が持つ専門性がカナダにおいてどのように認定され，生かされているのかをオンタリオ州に絞り考察する。多文化主義に関する議論はカナダにおいて多いが，移民が得た外国の資格をどのように認定しているのかについての議論はほとんどないのが実情である。しかし例外的な事例としてオンタリオ州政府がこの問題に前向きに取り組んでいる。本章でもオンタリオ州の試みを中心に紹介したい。連邦政府がこうした課題を認識し，具体的な対応策をとるようになったのは比較的最近であり，1967 年にポイント制度を導入して以来，事実上，40 年近くは放置してきたことになる。州政府の中ではオンタリオが毎年，移民の約半数を受け入れていることもあり，こうした課題に取り組む専門的な機関を 2007 年 4 月に設立してユニークな試みを展開している。

州間の資格認定の相違を克服する試み

　カナダは連邦制度を採用しており，憲法上の権限配分から市民生活や経済活動の重要政策については州政府が管轄している。これにより州の特質や意向にそった政策を展開できるというメリットもあるが，反対にカナダ全体での統一性や調和に欠けるという問題点も生まれてきた。各州がそれぞれの判断で一定の基準やルールを設定すれば 10 通りの基準やルール（3 つの準州も加えれば13 通りのルール）が生まれてくることになり，カナダ全体を通しての統一性に欠けるという大きな欠点が出てくることを意味している[3]。

第 8 章　移民が持つ資格・能力の認定制度　　229

この結果，州ごとに資格を設定すると不統一な事態が生まれてくる。そこで医師や会計士という高度な専門性が求められる職種を除き，実務的な資格については州の壁をこえて相互認定できるようにCCDA（カナダ技能職協会理事会，Canadian Council of Directors of Apprenticeship）と呼ばれる組織が設立された。このCCDAが中心となり1958年に「レッド・シール」（Red-Seal）と呼ばれる制度を導入した。これは配管工，パン職人，コック，タワークレーン操作など一定の技能を必要とする多くの職種をカバーする画期的な制度であった。たとえばある州においてその州の職能団体が「配管工」としての資格を認定すると，その資格は別の州においても認められる，という制度である。もちろん，最初の資格認定にあたり，筆記試験や実技試験などが求められるが，一旦，合格し資格が認められると他の州でも（追加の試験などを課せられることなく）ほぼ自動的に認定されることになる。現在ではレッド・シールでは55の職種について認定されており，2010年にはカナダ全体で約25万9977人が現職の会員として登録されている。またこれに加盟している団体は約400といわれている。カナダ全体の労働人口のなかでみると，レッド・シールにより資格を認められている労働者は約15％と推定されている。

2010年度にはカナダ全体では5万9700人に対して新規の資格認定が行われている。また州別の資格認定者数（累計）をみればオンタリオ（8万9829人），ケベック（5万2914人），アルバータ（6万0312人）と続く。人口数が少ないプリンス・エドワード島（PEI）でも771人がこのレッド・シールに新しく登録されている[4]。

実務的な職種についてはこのレッド・シールが一定の効果を上げてきたといえるが，医師などより専門的な資格については州間の壁は残されてきた。このため，カナダ国内における統一的な経済活動を行うための州間協定が1994年に成立した[5]。この協定は「州間通商協定」（Agreement on Internal Trade: AIT）と呼ばれる。カナダは米国との自由貿易協定を1980年代から1990年代にかけて進めて協定を成立させた（米加自由貿易協定＝1989年，北米自由貿易協定＝1994年）。しかしながら，米国とカナダとの自由貿易よりもカナダ国内における州間の通商拡大が容易でないことも次第に明確になってきた。各州がそれぞれ基準を設定し，その基準に合致しない他州の商品やサービスなどは

販売できないためである。こうした自由な通商を妨げる障壁（おもに非関税障壁）について解消しようと取り組んだ試みが AIT である。もとより AIT は連邦政府と州政府の合意ではあるが，強い拘束力を持つものではなかったので，「総論賛成，各論反対」という特徴もあり，すぐには大きな成果をあげることがなかった。

　医師の資格認定については，AIT 協定を受けて，2001 年にカナダの医師協会関係者が協議のすえ，相互に認定するという相互認定協定を結んだ。これにより，州を越えて医師の移動が容易となる機会が生まれた。州ごとに分断されていた医師の資格認定がこれで全国的に広がるという画期的な協定が成立したのである [6]。

　加えて 2008 年 7 月には連邦と州の関係者が集まり，AIT 協定をより実質化する方向へと動き，第 7 条を改正することに成功した [7]。AIT では領域ごとに合意内容をまとめていた。たとえば第 5 条では政府調達，第 6 条では投資，第 8 条では安全基準，第 9 条では農業と食品，第 10 条ではアルコール飲料，第 12 条ではエネルギーなどそれぞれ個別に通商拡大を図るための内容が盛り込まれていた。第 7 条では労働移動が対象となり，専門性の高い資格を相互に認定していくことが確認された。ただし，言語や安全性という観点から一定の例外が認められることも合意された [8]。この合意により，専門性の高い職種も州の壁を越えて，ある程度は自由に移動することが可能となった。

2. 連邦政府とオンタリオ州政府の試み

連邦政府の試み

　連邦政府も移民の専門能力の活用について関心を払ってきた。おもな担当窓口としては，移民の選定や定住支援を担当する「市民権・移民省」（CIC），カナダ国民の就労支援や能力開発を担当する「人的資源・技能開発省」（HRSD）の 2 つがあった。市民権・移民省は海外で移民向けの情報提供を行うことが可能であり，2007 年 5 月には FCRO という窓口（Foreign Credentials Referral Office，とりあえずここでは「外国で認定された資格に関する事務局」と訳しておく）を設立している [9]。市民権・移民省は，移民へ就労にあたっての

第 8 章　移民が持つ資格・能力の認定制度　　231

情報を提供することを得意とする。他方，人的資源・技能開発省はカナダ国民
への情報提供のための全国的な窓口（サービス・カナダ・センター）を持ち，
年金申請などについてのサービスを提供している。この窓口はネットのサイト
にとどまらず，カナダ各地に設置されており，その総数は 590 か所とされてい
る。ネットと実際の窓口を利用して，人的資源・技能開発省はカナダへ移住し
てきた移民に対しても情報サービスの提供や就労支援を行うことが可能である。
また人的資源・技能開発省は FCRP というプログラム（Foreign Credential
Recognition Program，これも仮訳として「外国において認定された専門資
格をカナダでも認定させるプログラム」とする）を設けて，外国での資格をカ
ナダ国内でも活用できるよう努めてきた。たとえば，関係機関へ補助金を交付
して移民の資格認定をサポートできるようにする支援体制である [10)]。

　しかしながら，連邦政府の官庁は憲法上の規定などから，州政府や民間の関
係機関（医師会など）を直接，指揮・命令する権限を持たない。そのため，連
邦政府はおもに調整役にとどまり，共通の政策目標や理解を得るような働きか
けや説得を関係者に行うこととなる。

オンタリオ州の試み

　オンタリオ州は 2006 年，移民が専門職へ公平にアクセスすることを保障す
ることを盛り込んだ法律を成立させて専門能力を持つ移民への対応を開始した
（2013 年には同法を改正して権限を強化した）[11)]。また 2007 年 4 月には同法を
担当する専門の窓口として OFC（Office of the Fairness Commissioner，公
平さを実現する事務局）を設立した [12)]。初代の事務局長には黒人カナダ人女
性として初の連邦下院議員となり閣僚にもなったジャン・オーガスティン
（Jean Augustine）が任命された。彼女はカリブ海にあるグレナダ生まれで
1960 年にカナダへ移民として渡ってきた。その後，トロント大学で教育学を
学び，卒業後はトロント市内の教育委員会にて教育行政の専門家として活躍し
た人物である。1993 年には下院議員に初当選し，これを 2006 年まで務めてい
る。その間，多文化主義担当大臣にも任命されている。

　州政府は連邦政府と異なり，医師や会計士などの専門職を管轄する専門機関
を統括できるので，情報の提供などを通して具体的な活動を開始した。まず

OFC の任務を紹介しよう。取り組むべき課題は複雑であるが，OFC に与えられた任務は比較的シンプルである。つまり専門的な資格の付与にあたり，それが「透明であること，客観的であること，明確な基準によること，そして公平であること」という 4 つの原則を各団体に求めることである。これらの 4 つの原則を各専門機関が守り，移民たちの専門性が尊重され，差別されることなく，移民も専門職につくことができるものと期待された。

OFC が専門機関に求めることは 3 つの異なる報告書の提出である [13)]。まず毎年提出すべき報告書として，各団体が採用している専門職の審査過程をまとめることである。これにより，応募状況や実際にどの程度，資格を認定しているか内部情報を明らかすることになる。これは OFC が各団体の数字をまとめて内外に公表している。第二の報告書として，法律や規則に従っているかどうかについて第三者により他者評価を行い，いわゆるコンプライアンスについて OFC へ報告する（これは 3 年ごと）。3 番目の報告書が学歴，職歴などの資格審査の内容についてまとめて報告することである。

OFC を監督する州政府の官庁として市民権・移民省（Department of Citizenship and Immigration）があるので，OFC は活動状況をまとめてこの省へ年次報告書を提出している。なお他の州ではマニトバとノヴァ・スコシアも類似した機関を設けているが，OFC ほどの体系的な進展はみられないようである。

2006 年に制定された「専門職へ公平にアクセスすることを保障する法」により 14 の専門団体が対象となった。また専門団体が 2006 年法の規定に従わない場合，最大で 10 万ドルの罰金が科せられるようになっている。他方，医療・看護系の専門機関についてはすでに 1991 年に制定されていた「規制された医療専門職に関する法」（Regulated Health Professions Act）により 26 の専門機関が対象になっている。

OFC の「武器」は資格審査に関する調査をまとめ，その情報を内外に公表することである。OFC の勧告や提言について各専門機関がどの程度まで従うかは判断が難しいが，移民や市民にむけて不透明な資格審査のプロセスを透明化し，問題点を指摘することの意義は大きい。最近では 2013 年に刊行された報告書（『公平に進む道』）や 2011 年度の年次報告書（過去 5 年間の活動を総

第 8 章 移民が持つ資格・能力の認定制度 233

括）にはさまざまなデータや変化が記述されており，貴重な手がかりでもある [14]。次節において，こうした報告書を参照しつつ，より具体的な内容について触れてみたい。

　なお AIT 協定の関係についても述べておこう。AIT 協定の第 7 条が 2009 年に改正されたが，オンタリオ州政府はこれを実質化するための作業として「労働移動促進法」を制定した。この法律は 2009 年 12 月から施行されることになり，（専門技能を持つ移民とは直接関係がないが）資格認定にはより透明度が高まることが期待された [15]。移民についていえば，他州で仮に資格が認定されていれば，オンタリオ州もほぼ自動的にこれを認めるという体制が生まれることになった。

3. データからみるオンタリオ州の状況

規模や割合

　2012 年度に OFC から公表された 38 団体のなかで，構成員が一番多いのは公立学校の教員で総計は 23 万 7249 人である。次いで看護師で 16 万 2585 人，3 番目に多いのがエンジニアで 7 万 5981 人と続く。医療系では内科・外科医のグループで 3 万 7684 人があり，全体では 6 番目に構成員が多い機関となる。38 団体の構成員の総計は 82 万 6216 人となる。この中で教員・看護師・エンジニアという 3 分野の合計は約 47 万 6000 人となり，半数を超える 57.6% を占めている。他方，構成員が少ない団体としては 1000 人以下が 6 つあり，最小のものは約 550 人である [16]。

　ついで（米国も含めて）外国で資格を得た構成員，つまり移民や永住者が多い分野（実数の比較）をみると，興味深いことに教員（3 万 8138 人），エンジニア（2 万 124 人），看護師（1 万 8208 人）が上位 3 位を占めている。内科医・外科医も実数では 1 万 901 人と続き，4 番目に移民が多い職業となっている。他方，移民や永住者が占める割合（実数ではなく比率）では薬剤師が最も多く，41% を占めている。実数が多い教員においては移民や永住者が占める割合は 16%，エンジニアでは 26%，看護師では 11%，外科医・内科医においては 29% となっている（巻末の表 10 を参照）。

234　第 II 部　多文化主義と移民統合をめぐる理念と取り組み

なお医療の分野では病院などに勤務して治療を行う内科医・外科医（Physicians and Surgeons），そして地域社会に密着して治療を行う家庭医（Family Doctors）という2つのタイプに分かれている。資格認定もそれぞれが専門機関により実施している。オンタリオ州においていわゆる医師と呼ばれる専門家については，内科医・外科医と家庭医の比率は，前者が少し多いがほぼ均等になっている。

どのような国からの移民が専門的な資格認定を求めているのだろうか。OFCによるまとめ（2013年度）によれば，特定の国からの移民にこれが集中する傾向にある（巻末の表11を参照）。たとえば，薬剤師であればインド，エジプト，米国，英国，パキスタンが上位5番目までを構成している。看護師であればインド，フィリピン，米国，イラン，ナイジェリアと続く。内科医・外科医であれば，サウジアラビア，インド，アイルランド，米国，英国である。弁護士の場合，英国，米国，インド，オーストラリア，ナイジェリアが上位5番目までを構成している。ただし，これらは専門的な資格を必要とする職業への応募数であり，応募したあとに学歴審査や専門試験の受験などが続き，実際に資格が認められる移民の数はかなり限られていることを強調しておきたい。

新規メンバーの認定

OFCは各機関がどのように新規メンバーを認定しているかについて2008年からデータを公表している。ここでも構成員が多い教員，看護師，エンジニアに絞り，紹介する[17]。教員について応募者は毎年多いが，合格者（資格認定者）も多いことがわかる。2008年度では1万3713人の応募に対して合格者は1万2771人，合格率は93.1%である。その後の合格率の推移をみると，99.7%（2009年度），93.8%（2010年度），94.7%（2011年度），85.6%（2012年度）となっており，高い合格率を維持していることがわかる。応募者は4つのグループに分類されており，オンタリオ州出身者，他州からの応募者，米国からの応募者，その他の外国からの応募者となる。2012年度ではオンタリオ州出身者の合格率は84.8%（9587人の応募に対して8130人の合格），他州からの応募者の合格率は76.3%，その他の外国からの応募者の合格率は85.2%（1048人の応募に対して893人の合格）となる。一般的にオンタリオ州におい

て教員はそれほど高い人気のある仕事ではないとされるので，合格率をあげて人材を確保するという州政府の人事方針があるものと推察される。またこれと連動して，移民でも条件さえそろえば教員になることは比較的簡単なようでもある。ただし，ここでは教員資格の認定について触れているだけであり，実際に採用されるかどうかは別である。つまり，オンタリオ州に多数存在している多くの教育委員会が教員候補者を公募し，別途，選考なり採用試験を行い，採否が決められる。候補者は応募の際，正式に教員資格が認められていることが最低限の条件になるわけである。

　エンジニアという職種はカナダにおいて弁護士や医者と同じように PEO（Professional Engineers of Ontario）と呼ばれるエンジニア資格認定・規制機関による厳しい審査があり，特別な肩書きも許されている（日本では PE の資格を「専門職技師」あるいはそのまま「プロフェッショナル・エンジニア」と呼んでいる）。資格認定の要件としては，工学部を出てから 4 年の実務，そして専門試験という条件を満たすことが必要である。2008 年度では 4449 人の応募者に対して 2374 人の合格者，合格率は 53.4% である。その後の合格率の推移は 58.9%（2009 年度），63.5%（2010 年度），49.6%（2011 年度），50.1%（2012 年度）となっており，合格率は約 50% 前後となる。2012 年度データにおける応募者の内訳は，オンタリオ州出身者の合格率は 61.1%（2260 人の応募に対して 1380 人の合格），他州からの応募者の合格率は 55.3%，その他の外国からの応募者の合格率は 53.6%（1419 人の応募に対して 761 人の合格）となっている。こうしたデータをみると，移民や永住者がエンジニアになれる可能性が低いわけではなく，カナダ人学生とほぼ同じような土俵に置かれているものと推定される。

　看護師については，オンタリオ州では 3 つの種類の資格認定が行われている。大学の学位が求められ専門性が高いのが RN（Registered Nurse, 看護師），ついで短大や専門学校レベルの学歴をもとめられる RPN（Registered Practical Nurse, 准看護師），看護師の資格でも最上級に該当するのが NP（Nurse Practitioners, ナース・プラクティショナー）であり，NP は限定されているが一部の医療行為を行うことが許されている。NP は医師と同等ではないが，看護師以上の医療行為ができるレベルの高い技能を持つ看護師である。日本で

はこの資格は認められていないが，カナダ・米国・英国ではすでに認定され，幅広い活躍をしている。州により看護師の資格のレベルに対応して専門組織が設けられることが多いが，オンタリオ州では単独の組織（オンタリオ看護師資格認定・規制機関，College of Nurses of Ontario: CNO）が資格認定について対応している。

　なお OFC のデータでは 3 つのタイプの看護師資格を一括して公表しており，外国からの移民がどの程度，RN や RPN として認定されているか不明である。そこで OFC が公表しているデータではなく，オンタリオ看護師資格認定・規制機関（CNO）のデータをみることにしたい [18]。CNO・2012 年度年次報告書に従い，応募者の出身地ごとに実績を見てみよう。オンタリオ州出身の看護師（RN）の場合，3944 人の応募に対して 3927 人となっており，その合格率は 99.6% である。外国生まれの応募者は 2611 人あり，合格者は 645 人，合格率は 24.7% である。加えて 2011 年度の結果を見ると，オンタリオ州出身の応募者の合格率は 91.9%（3848 人の応募に対して 3536 人の合格）であり，他方，外国からの応募者の合格率は 16.0%（2637 人の応募に対して 421 人の合格）となっている。2012 年度の外国からの合格者数（645 人）を国別に並べるとインド（230 人），フィリピン（107 人），米国（76 人），イスラエル（36 人），イラン（21 人），その他の合計（175 人）となっている。インドとフィリピンの合格者で外国出身者の約半数を占めていることになる。

　他方，学歴としては短大卒以上が必要となる RPN については，CNO のデータ（2012 年度）から紹介しよう。6688 人の応募に対して合格者は 4953 人であり，合格率は 74.1% となっている。このうち，外国出身者の合格率は 39.4%（3046 人の応募に対して 1201 人の合格）である。合格者を国別にみると，フィリピン（630 人），インド（408 人），中国（26 人），ナイジェリア（18 人），米国（13 人），その他の合計 106 人という内訳である。2011 年度データでは，全体の合格率は 62.9%（6132 人の応募に対し 3858 人の合格），外国出身者の合格率は 22.1%（2402 人の応募者に対して 530 人の合格），オンタリオ州出身者の合格率は 89.7%（3597 人の応募者に対して 3227 人の合格）という実績を残している。

　なお RN も RPN もともに合格者数は毎年，一定ではなく変動している [19]。

第 8 章　移民が持つ資格・能力の認定制度　　237

RN については，過去 10 年間では 2004 年度の合格者数が多いが（6437 人，外国出身者の合格者数は 1532 人），2006 年度には 2004 年度合格者数の約 4 割程度の 2500 人へと激減している（外国出身者の合格者数は 249 人）。その後は合格者数を増加させる傾向にあり，2012 年度には 5000 人弱の合格者を出している。他方，RPN については 2003 年度の合格者数は 1248 人で外国出身者の合格者数はわずか 77 人であった。その後，合格者数は基本的に増加する傾向にあり，2012 年度の合格者数は 2003 年度の 4 倍以上となっている。年度ごとによる合格者数の変動から外国で訓練を受けた看護師が合格しやすい場合とそうでない場合があることをここで強調しておこう。

　オンタリオ州における看護師数について紹介しておく[20]。2012 年度の総数は 15 万 3073 人で，内訳は RN が 11 万 2194 人（73.3％），RPN が 3 万 8859 人（25.4％），NP が 2020 人（1.3％）である。

　医師については他の専門領域と比較すると資格認定が厳格であり，資格の申請に辿り着くまでのプロセスが長く，医学部の授業料などの費用も（州立大学であるにもかかわらず）高額である。カナダにおける医師の資格については，先に紹介したように基本的に内科医・外科医と家庭医という 2 つのタイプに分類される。そしてそれぞれが州ごとに専門機関を設立し，資格の認定を実施している。

　OFC のデータでは内科医・外科医の資格認定について紹介されているが，家庭医についてはデータがない。加えて資格認定の最終段階の数字が OFC では紹介されているためか，認定率はほぼ 100％ となっている。2012 年度のデータによれば，応募者の総計は 4149 人，合格者も 4149 人である。カナダ以外出身の応募者も 1677 人で全員が合格している。これでは状況が正確に理解できないので，別のデータをみることが必要である。

　より正確な数字をフォローしてまとめたものが表 8-1 である。オンタリオ州の内科医・外科医資格認定・規制機関（College of Physicians and Surgeons of Ontario: CPSO）の年次報告書によれば，2 種類の資格認定が設定されている[21]。まず学部教育を終えて病院などで研修を行うことができるという資格（卒後教育資格，postgraduate education certificates と呼ぶ）の認定者が 2390 人おり，オンタリオ州内の医学部を卒業した学生は 844 人（35.3％）であ

238　第 II 部　多文化主義と移民統合をめぐる理念と取り組み

表 8-1　オンタリオ州における医師免許の認定プロセス
（内科医と外科医，2012 年度）

2つの異なる　資格認定 出身地域	卒後教育資格 (postgraduate education certificates)	実践資格 (practice certificates)
オンタリオ	844 （35.3%）	702 （40.0%）
カナダ国内（他州）	509 （21.3%）	313 （17.8%）
米国	56 （2.3%）	48 （2.7%）
IMGs	981 （41.0%）	696 （39.6%）
合計	2,390 （100%）	1,759 （100%）

出典：College of Physicians and Surgeons of Ontario, *2012 Registration Report*, Toronto: CPSO, May 2013, pp. 3-9.

り，他州からの卒業生は 509 人（21.3%），米国の医学部卒業生は 56 人（2.3%），そして外国の医学部卒業生（IMGs）は 981 人（41%）である。

　ついで病院などでの研修を終え，また分野ごとの専門試験を終えて，医師としてオンタリオ州において開業することを認める資格（実践資格，practice certificates と呼ぶ）は 2012 年度には 1759 人に与えられている。ここでも州内の医学部卒業者は 702 人（40%），米国以外の外国の医学部卒業者は 696 人（39.6%），他州の医学部卒業者は 313 人（17.8%），米国の医学部卒業者は 48 人（2.7%）という構成になっている。

4. 新規メンバーの認定過程

専門職に関係する団体や機関の分類

　専門職の資格認定や規制を論じる場合，同じ職種でも異なる目的を持つ組織が存在していることを説明したい。まず一般的にみて，専門職の社会的地位や役割を政府や関係者にアピールする「職能団体」がある。これは州議会や官庁に対して圧力団体活動を展開して自分たちに不利な法律が成立しないように（あるいは有利な法律が成立するように）働きかける役割を持つ。他方，教員や看護師になると自分たちの「労働組合」を結成して，権利・保護のための活動を展開している。多くの場合，個々の教員組合や看護師組合は州レベル，あ

るいは全国レベルの労働組合に加盟している。そして3番目には，専門職の資格を認定し，また逸脱行為などがあれば資格剥奪や活動停止などを命じる権限を持つ「資格認定・規制機関」も存在している。オンタリオ州ではこの資格認定・規制機関が設立されているが，英語の名称としてはカレッジを使うことが多い。短大や教育機関でないのにもかかわらず，カレッジという用語が使われているので日本からみると分かりにくい。

　具体的にこれらを紹介しよう。州政府の教育省に代わり，教員の資格を認定し，規制する団体として「オンタリオ教員資格認定・規制機関」（Ontario College of Teachers: OCT）がある。これは1997年5月設立という比較的新しい機関で，それまでは州の教育省が管轄していた教員資格の認定という権限を移行させることで生まれたものである。州政府の官僚による資格の認定や規制から，教員自身による自己管理という発想が背後にはみられる。他方，教員による主要な労働組合としては，初等教育に関係する教員組合，中等教育に関係する教員組合，フランス語系の初等教育に関係する教員組合，そして英語系カトリック系の教員組合という4つが存在している。またこれらの教員組合の上部団体としてオンタリオ教員組合連合（Ontario Teachers' Federation）も存在している。なおOCTは資格認定にとどまらず，職能団体としても機能しているようであり，多面的な役割を担っていると思われる。

　看護師については，まず資格認定・規制機関としてOntario College of Nursesがある。ついで看護師の労働組合としてオンタリオ看護師組合（Ontario Nurses' Association）があり，約6万人の組合員と1万4000人の看護学生が加盟している。職能団体としては，オンタリオ看護師協会（The Registered Nurses' Association of Ontario）が存在し，その構成員は約3万3000人とされる。本章では資格認定を行う機関ということを明確にするため，カレッジ・オブ・ティーチャーズ（COT）に「オンタリオ教員資格認定・規制機関」，カレッジ・オブ・ナース（OCN）に「オンタリオ看護師資格認定・規制機関」という名称をつけて分析を進めることにしたい。

　なお医師については，全国レベルで職能団体としての役割，そして資格認定・規制という2つの機能を持つと思われる「カナダ家庭医協会」（College of Family Physicians of Canada: CFPC），および「カナダ内科・外科医協

240　第II部　多文化主義と移民統合をめぐる理念と取り組み

会」(Royal College of Physicians and Surgeons of Canada: RCPSC) とい
う訳語をここではつけておく。他方，全国レベルでの医師の職能団体としては
「カナダ医師会」(Canadian Medical Association: CMA) があり，さらに医
学部学生の学力判定試験を全国的に実施する「カナダ医学評議会」(Medical
Council of Canada: MCC) という団体も存在している。医師の資格を認定で
きるのは州単位の医師会であり，オンタリオであれば CPSO や OCFP (Ontar-
io College of Family Physicians，オンタリオ家庭医資格認定・規制機関）と
いった州レベルの組織となる。しかし，そうなると州ごとにバラバラで不統一
な基準で資格認定が行われる危険性がでてくる。そのため，MCC は医学部を
卒業した学生の学力や能力を全国的に統一した基準で判定する試験を実施して
いる。さらに分野ごとの研修（Residency）を終えたあとには，CFPC や
RCPSC が専門分野ごとの全国試験を実施して医師としての能力や技能を全国
的に統一して判定する。こうした工夫により，州ごとに不統一な基準で医師の
能力や技能を判定する危険性を避けることができる。最後の段階として，医師
候補者は州ごとに存在している 2 つのタイプの医師協会（家庭医，あるいは内
科医・外科医）に免許を申請して，開業することが認められることになる。連
邦制度のため，こうした複雑な資格認定の制度が導入されてきたのである。全
国的な基準を MCC，CFPC および RCPSC により確保しつつ，医師としての
資格認定（実践資格）については州ごとに行うことが可能となっている。

教員の資格認定

　オンタリオ州では教員資格認定・規制機関（OCT）が資格を認定している。
基本的には 2 つのタイプの教員資格が設定されている [22]。第一のものが中
学・高校レベルにおいてコンピュータや保健，そして技術デザインといった実
務的な内容を教える科目の資格である。これについては学歴としては高校を卒
業していること，そして 5 年間の実務経験（企業などで勤務した実績），そし
てその職種に関する認定（trade certificate）という 3 つが求められている。
他方，数学や理科などの一般教科については，最低 3 年の学部教育と 1 年間の
教職課程（teacher education program）を終えていることが求められている。
添付すべき書類としては身分証明証，推薦状，警察による犯罪歴確認証，成績

証明証などである。

　カナダ以外で教育を受け，また教歴のある応募者にはつぎのような対応がとられる。たとえば学部において教職課程を履修したが，教育実習が欠落していたり，実習時間が短いため，オンタリオ州の基準を満たさない場合である。この場合には1年間の教歴がすでにあれば，不足分を補うことができる，という措置である[23]。

　ところでオンタリオ以外で高校教育や学部教育を受けた移民の場合，その出身国の母語が英語かフランス語でない場合には追加の条件を満たすことが必要となる。英語が母語と考えられる国からの移民には語学試験は免除となる。たとえば英国，オーストラリア，ニュージーランド，ジャマイカ，ナイジェリアといった国々がこれに該当する。他方，フランス語が母語と考えられる国としてはフランス，ルクセンブルグ，ハイチ，セネガル，マリなどが該当し，語学試験は免除される[24]。母語が英語でもフランス語でもない国からの志願者はTOEFLなどの語学試験を受けて，語学力に問題がないことを示すことが求められる。

　国籍要件については，永住権を得ていれば応募が可能である。通常，カナダの移民は永住権を得て数年してから国籍取得（市民権の獲得）を申請することが多い。移民が永住権を得ている場合，それを証明するカード（顔写真付き）が付与されるので，これが身分証明の公式文書となるわけである。

　こうした書類を提出することで教員資格について審査が行われる。いわば書類審査により選考が進められ，教員採用試験という教養試験や専門試験は行われない。外国からの移民にすれば，教員という仕事は語学を除けば比較的，入りやすいように思われる。

エンジニア

　オンタリオ州ではエンジニアに関しては州法（Professional Engineers Act）が定めるように，厳しい資格認定を設けて地位の向上に努めてきた。また専門団体としてオンタリオ・エンジニア資格認定・規制機関（Professional Engineers of Ontario: PEO）が設立され，エンジニアとして5つの領域において専門性を高め，かつ維持できるような取り組みをしてきた。5つの領域と

は理論の応用，実務能力，管理能力，コミュニケーション能力，そしてエンジニアという職務に関する理解である。これらから分かることは，ただ単に技術的な面での社会貢献ということではなく実務と理論の理解，そして社会性を意識した専門家集団を目指していることである [25]。

エンジニアになるには工学部を卒業し，資格を持つ監督者の指導のもとで48か月の実務経験（あるいは見習い）を積み，最後には専門試験に合格することが必要である。学部教育では工学部が望ましいが，他の理系の学部でも場合によれば認められることもあるという。学部を卒業して大学院にて工学に関する修士号を得ていれば，48か月の実務経験のうち12か月分が免除される。また実務経験のうち，最低でも12か月はカナダ国内で行うことが必要である。実務経験の際，関係する法規や労働事情なども理解することが期待されており，社会的な理解を深めることも望まれているようである。

2010年10月の法改正により，永住権や国籍を有していなくともオンタリオではエンジニアの資格が認められることになった。これは教員，医師，看護師とは大きく異なる要件である。またここでは現在の会員（資格認定者）の約3分の1程度が外国生まれによって占められており，外に対して比較的開かれた専門家集団といえよう。

インドやパキスタンの大学の工学部を卒業した学生がオンタリオでエンジニアの資格を得ようとすればどのようなことが待ち受けているのだろうか。基本的には2つのルートがある。第一のルートはPEOが実施する学力判定テストを受けて，必要な学力があると認定してもらうことである。そして第二のルートはもしPEOがその外国の大学と学位相互認定協定（Mutual Recognition Agreement: MRA）を結んでいれば，その学生はほぼ自動的に学部卒業という要件を認めてもらえることになる [26]。この結果，学力判定試験を受ける必要がないことになる。MRAを結んでいる大学がある国はオーストラリア，台湾，香港，アイルランド，日本，マレーシア，ニュージーランド，シンガポール，南アフリカ，韓国，英国，そして米国の12か国である。こうした協定は多くの場合，英語圏に限られることが一般的であるが，オンタリオ州のエンジニアに関してはアジアの国の大学が多く選ばれており，意欲的な取り組みといえよう。

これまで4年間の実務経験のうち，カナダ国内での経験1年間，という条件が移民にとり難しいとされてきた。実務経験をさせる側からすれば，見習いのエンジニアに仕事をさせつつ指導をすることになり，それなりの負担があったとされる。このため，企業や工事関係者とのコネクションなりネットワークがないとなかなかカナダ国内での実務経験を積むことができなかったとされる。

看護師

　看護関係では3つの資格（RN，RPN，NP）があるがここではRNとRPNに絞り紹介したい[27]。RNになるには大学における学位（看護学）が必要で通常は4年間の学習が求められる。看護学の学位を取得できるオンタリオの大学として，トロント大学やオタワ大学など14校がプログラムを用意している。また4年制の大学と短大がジョイントのプログラムを作り，看護学の学位を取得できるという制度もある。たとえばトレント大学とジョージ・ブラウン短大の共同プログラムであり，オンタリオ全体では16校がこれを整備している。他方，RPNについては2年間の短大や看護学校での学習が必要である。こうした教育を終えると，候補者は全国統一試験を受けることになる。移民の場合には英語かフランス語の語学力に関する試験を受けることも必要である。エンジニアの場合，永住権や国籍は不要であったが，看護師になるには永住権が必要である。

　外国で訓練や教育を受けた看護師については複数の方法により対応してきた。2012年度からNNAS（National Nursing Assessment Service，全国看護師評価サービス）を設立して外国からの応募者の学歴，語学力，実務経験などを事前に審査して適切なアドバイスを与えられるようにした。看護師は職種（RNやRPNなど）により審査機関が異なる場合もあり，また州ごとに異なる制度を採用している。そのためNNASがそうした課題を想定して外国からの応募者への的確な事前指導を行うことが期待されている。またオンタリオ州独自の制度として外国で訓練を受けた医師への事前指導機関（Centre for the Evaluation of Health Professionals Educated Abroad: CEHPEA，これを仮訳として「海外で教育を受けた医療専門職者の能力評価センター」とする）が2007年に設立されたが，医師だけにとどまらず2013年3月から看護師への指

導を行えるようにしている[28]。

　新しく看護師として認められた彼女（彼）はどのような特徴があるのだろうか。2011 年度のデータ（RN）によれば，オンタリオ州出身者よりは年齢が平均して 7 歳ほど高い。オンタリオ州の出身者の看護師の平均年齢は 26.6 歳であるが，外国出身の看護師たちは 33.8 歳である。また RPN も同じような傾向にあるが，年齢差は 4 歳ほどである（オンタリオ州出身者は 30.7 歳，外国出身者は 34.8 歳）。男女の構成については RN の場合，オンタリオ州出身者は女性が 90.9% に対し男性が 9.1% である。他方，外国出身者は女性が 85%，男性が 15% となっており，男性がやや多い。RPN も男女の構成については同じような傾向を示している[29]。

　キャリア形成という点で注目すべきことは，外国生まれの看護師たちは，おそらく出身国でもすでに看護師としてのキャリアを築いていた可能性が高いことである。言い換えると，彼女（彼）たちはすでに母国において看護師としての教育や訓練を受けており，第二のキャリアをオンタリオで開拓するという可能性がある。仮に RN を目指して再教育を受けるとなれば，彼女たちのコストや時間の負担は大きいものと推察される。2012 年度のデータによれば，RN のうち約 11%（実数 1 万 2354 人）はオンタリオ州以外でも看護師の資格を有しており，カナダ国内の他の州の有資格者は 3085 人，米国の看護師資格を有する者は 7635 人（そのうちミシガン州の資格を有する者が 2346 人），外国の看護師資格を有する者は 4222 人である。外国の資格者の内訳をみると，フィリピン（879 人），英国（547 人），インド（492 人），香港（307 人），オーストラリア（246 人）と続く。6 位以下にはイスラエル，イラン，ジャマイカ，サウジアラビア，ドイツが続き，全体を通して英語圏の国からの看護師が多いようである。RPN も同じような特徴があり，フィリピン，インド，英国が上位 3 位を占めている。最近では中国からカナダへの移民は多いが，RPN に関してはわずか 9 名にとどまっている。アジアの中でも英語を母語としたり，ないしは使う頻度が高い国々（フィリピン，インド，香港など）からの看護師はオンタリオでも同じキャリアを築くことができるという可能性が他の国の移民よりも高いといえよう[30]。

第 8 章　移民が持つ資格・能力の認定制度　　245

内科医・外科医

　カナダにおいて医師不足は重要な課題として認識されてきた。またカナダ社会も高齢化に伴い，以前よりも医師によるケアが必要とされてきた[31]。そのため，医学部の定員を増やすなどの取り組みをしてきたが，慢性的な医師不足は簡単には解決されず，今日に至っている。またカナダに固有な環境も大きく医師不足に作用している。たとえば，内科医や外科医は米国へ移動し，職を得る傾向がこれまで強かった。カナダでは公的な医療保険制度があるが，医師からすれば得られる報酬や待遇はそれほど恵まれたものではないとされる。このため，報酬や待遇の良い米国の病院や医療機関へ転職することが日常的になってきた。カナダ医師会のデータからみると，1996 年度には 508 人の医師が米国を含めた外国へ転職し，こうした頭脳流出は 2003 年まで続いていた。2004年にはこうした流れが止まり，カナダへ帰国する医師も少しではあるが増加する傾向にある。2011 年度には（流入分から流出分をマイナスすると）プラス分である 99 人の医師が外国からカナダへ帰国している[32]。

　第二の要因としてカナダ国内の変化がある。それは人口規模の小さな州から大きな州への医師の移動が続いていることである。医師が流れ着く先として現在のところ，BC やアルバータに人気がある。ついでオンタリオも一定の人気を維持しているようである。1990 年から 2011 年までの期間に絞り，流出分と流入分を合わせるとその州の状況が判明する。これでみると BC は 1793 人の増加，アルバータも 600 人の増加，オンタリオは 522 人の増加という傾向が分かる。他方，ニューファンドランドは 767 人のマイナス，サスカチュワンは789 人のマイナス，ケベックも 630 人のマイナスということがデータから示されている[33]。1990 年から 2011 年までのニューファンドランドの毎年の流出分は平均すると 36.5 人となる（サスカチュワンもほぼ同じ 37.5 人）。ニューファンドランドにある唯一の総合州立大学であるメモリアル大学医学部の定員が57 人（1990 年度）という数字を考えると，他州への流出ダメージは大きいものと推察されよう。

　医師の養成には時間とコストがかかるため，これを補う何らかの方法が必要である。カナダでは外国人医師を受け入れることにより，これまで対応してきた。カナダ医師会（CMA）がまとめたデータによれば，専門や地域など一括

表 8-2　カナダ国内で医師免許を有する医師の
出身地域別一覧（2013 年度）

出身地域	実数	比率（%）
カナダ	55,756	74.8
欧州	5,683	7.6
アフリカ	4,522	6.1
アジア	3,042	4.1
中東	2,092	2.8
米国およびメキシコ	837	1.1
カリブ海地域	614	0.8
南米・中米	520	0.7
オセアニア	362	0.5
旧ソ連	320	0.4
不明	778	1.0
全体合計	74,526	100

出　典：Canadian Medical Association, *Active*
Physicians by Country of MD Graduation,
Canada, 1996–2013.

して総計した医師の総数は 7 万 4526 人（2013 年度，表 8-2）である。その内
訳として，カナダ国内で学位を取得した医師は 5 万 5756 人であり，その比率
は 74.8% である。残りは米国やメキシコを含め外国の大学で学位を得ており，
総数は 1 万 8770 人（25.2%）である。簡単な表現をすればカナダ在住の医師 4
名のうち 3 名はカナダ国内の医学部で学び，残り 1 名は世界各地の大学で学ん
できたことになる。さらにこれを国別にみると南アフリカ（2592 人），英国
（2153 人），インド（1731 人），アイルランド（1071 人），エジプト（820 人），
パキスタン（704 人）が上位 6 位を占める。さらに地域別にみると欧州（5683
人），アフリカ（4522 人），アジア（3042 人），中東（2092 人），カリブ海地域
（614 人），南米（459 人）と続く[34]。高齢化社会を迎えるカナダにおいて，ど
のようにして医師を養成し確保していくか，きわめて大きな課題ということに
なる。

　カナダ以外の国で医学を学んだ学生については IMGs（International Med-
ical Graduates）という用語が使われている。これには外国で学んだ内容に加
え，どのようにしてカナダ流の研修や学習を追加で行い，養成していくかとい

う課題がある。したがって医師不足への切り札として IMGs をどのように支援するか，あるいは活用するかが重要な課題となってくる。

　ここでカナダにおける医学教育について概観してみよう[35]。現在，カナダには 17 の医学部があり，基本的にはすべて州政府の管轄に置かれている。ただし人口規模の小さい 2 つの州（ニュー・ブランズウィック，プリンス・エドワード島）には州立の総合大学はあるが，それぞれ医学部は設置されていない。このためノヴァ・スコシアのダルハウジィー大学医学部は東部沿海州 3 州が協力して医師を養成するところであり，地元学生の入学を優先している。他方，人口規模の大きいオンタリオ州とケベック州では複数の大学に医学部が置かれている。オンタリオ州では 6 つの医学部があり，ケベック州では 4 つの大学に医学部が置かれている。またアルバータ州も 2 つの大学に医学部が設置されている。

　医学部が設置されている大学はすべて公立（州立）大学であるが，医学部の授業料はほかの学部と異なり，かなり高額である。加えて州外からの学生や留学生の授業料は州内からの学生が払う 2 倍から 3 倍となっており，負担がかなり大きいことが知られている。トロント大学やオタワ大学では学年により授業料は異なるが，平均すると年間で約 2 万ドルとなっている。

　さらにカナダ的な特質について触れるとすれば，ケベックの 4 つの大学のうちマギル大学を除く 3 つではフランス語を教授言語とし，フランス語に堪能な医師の養成が目的とされる。その他のカナダ各地の大学では基本的に英語を教授言語としている。また 17 の医学部の中でオタワ大学は例外的に英語とフランス語を教授言語としている。バイリンガルの医師を目指すのであれば，オタワ大学医学部が貴重な訓練の場を提供してくれるわけである。大学により医学部の定員は異なるが，2010 年度の場合，全体を合計すると 2829 人である。定員が多いのは UBC（257 人）やモントリオール大学（290 人）である。

　まずカナダ人学生の通常のルートについて紹介しよう。医学部への入学にあたり，できれば理系の学部教育をすでに終えていることが望ましい[36]。医学部教育は基本的には 4 年であるが，2 つの大学では例外的に 3 年課程（ただし夏休みはなく，講義や実習を実施）となっている。なお医学部 4 年時にはカナダ医学評議会（MCC）が実施する全国試験（MCCQE のパート I）を受験し

248　第 II 部　多文化主義と移民統合をめぐる理念と取り組み

合格することが必要である。医学部を卒業すると医学博士の学位を得られる。その後は，大学病院などで研修を希望する学生（研修医とここで呼ぶ）を結びつける CaRMS とよばれる紹介機関（Canadian Resident Matching Service, カナダ研修医紹介サービス）に登録して研修先を見つけることになる。研修期間については，オンタリオの場合，家庭医で 2 年間，内科医や外科医を希望する場合には 5 年間という期間が定められている。

　研修終了後から 1 年以内に全国的に実施される MCC が行う専門試験（MCCQE のパート II）を受験して合格を目指す。この MCCQE に合格すれば，最後の試験となる分野ごとの専門試験を受けられる。この分野ごとの専門試験はカナダ医学評議会ではなく，専門分野ごとに設けられているカナダ家庭医協会（CFPC）やカナダ内科・外科医協会（RCPSC）が実施している。こうして長い研修と複数の試験に合格できると，最後は各州に置かれている分野ごとの専門機関へ医師としての免許を申請することになる。

　IMGs も基本的にはカナダ人学生と同じルートをたどることで医師になれるが，少し条件が異なる。カナダ以外の大学で医学部を卒業した場合，そこが国際的に認定された医学部であれば，問題はない。まずはこれを確認することになる。確認する際には 2 つの手がかりがあるので，これにより確認すればよい。ひとつは FAIMER（国際医学教育・研究推進財団）が作成しているリスト，もうひとつは世界保健機構（WHO）が関係機関から受けたリストをまとめたものである。なお 2012 年 3 月には，2 つの制度を一本化するという合意が成立し，全世界で約 2000 校も存在するという医学部・医学校のリストが『世界医学部名鑑』として刊行されることになった[37]。

　仮に移民の医学生が国際的に認定されている大学を卒業していれば，カナダ医学評議会が実施している MCCEE（MCC Evaluation Examination）という基礎学力試験を受けることになる。これは世界 80 か国の 500 試験会場で受験が可能である。そのためカナダ国内で受験する必要はなく，自分の能力や学力のレベルを判断できることになる。ただし，受験料が約 1600 ドルと設定されており，余裕のない学生には少し負担が大きいとされる。

　例外的な事例であるが，カナダ内科・外科医協会（RCPSC）が特別に認定しているカナダ以外の大学の場合，研修や専門試験が免除になるということも

第 8 章　移民が持つ資格・能力の認定制度　　249

ある。これは教科やカリキュラムなどの共通性から判断し，外国の大学でも学部教育と病院での研修を終えていれば，すぐに分野ごとの専門試験を受けてよい，という特別な措置を認めるというものである。2013年度の段階では英国，オーストラリア，ニュージーランド，香港，シンガポール，スイス，アイルランド，南アフリカにある医学部で総数は29校である。スイスを除けば，多くは英語圏にある大学が選ばれているようである[38]。

　移民の出身国が英語圏やフランス語圏でない場合には，他の専門職と同じようにTOEFLなどの語学試験を受けて十分な言語能力があることを示すことも必要である。また永住権か国籍も申請時には必要である。

　これまでIMGsが直面する課題としては病院などでの研修の機会に恵まれないということであった。カナダ人学生でもよい研修先を見つけることは困難とされている。このため，医学協会や大学関係者，そして大学病院などが協力して学生に研修先を紹介するシステムを作り，効果をあげてきた。このシステムがCaRMSであり，インターネットを使い多数の要望に応えることができるという。オンタリオ州保健省のデータによれば，毎年，1500人前後のIMGs学生が研修を申し込むが，実際に受け入れをしてもらえる数は200前後とされる。これは倍率でみれば，7.5倍という厳しい競争をくぐり抜けないと研修医としてステップ・アップができないことを意味している[39]。また別の資料によれば，2014年度，約2000人のIMGsが研修を希望したが受け入れ数は200前後に限られており，倍率は事実上10倍となる。さらに約2000人のIMGs応募者の中にはカナダ人学生も含まれており，200人の研修枠の約6割（約120人）に研修の機会が認められ，非カナダ人の希望者には残り4割（約80人）しか研修の機会が与えられないという。カナダ人学生でもカナダ国内の医学部入学を断念し，カナダ以外の国々で学んだ医師の卵がIMGsとして帰国し，研修を希望していることになる。カナダ全体では非カナダ人のIMGsは19%程度しか病院などでの研修の機会に恵まれていないとされる[40]。

　オンタリオ州では政府関係者や医学部，そして医学関係団体のなかで外国の医学部を出た学生が病院などで研修を行う場合，それなりの事前指導なり補習を行う必要性があると考えられてきた。カナダ研修医紹介サービスは研修先を公平な立場から紹介するが，学力不足の学生を対象として，特別に指導を行う

という組織ではない。そこで「海外で教育を受けた医療専門職者の能力評価センター」（CEHPEA）という組織を 2007 年に設立し，IMGs 学生への指導を開始した。具体的には IMGs 学生の学力評価や臨床訓練補習などを行うなどのサービスを提供した。また IMGs 学生が CaRMS へ研修先を見つけてもらうための登録をする場合，CEHPEA による指導をすでに受けていることが要件となっている。2012 年度に CEHPEA の指導を受けた IMGs 学生のうち，パキスタン（87 人），イラン（79 人），エジプト（63 人），インド（43 人），イラク（29 人），バングラディシュ（23 人），スリランカ（20 人），フィリピン（11 人），ロシア（10 人），ナイジェリア（10 人）が上位 10 位までの国別の利用者であった [41]。なお 2011 年からは海外で訓練を受けた看護師の指導なども実施するようになっている [42]。

5. ポイント制度の変容と移民の能力判定

ハーパー政権下における新しい政策の展開

ここまで専門資格に絞り議論をしてきたが，一般の移民については，学歴や言語能力，そして就業期間などを点数化し，それを合計して判定する「ポイント制度」で能力が公平に判定されてきた。客観的で公平な審査基準を設けることで，カナダの移民審査の透明度が高まったことはよく知られている。しかし，ポイント制度が導入され，最近ではその弊害がいくつか指摘されるようになってきた。そこで本章においてもポイント制度が変化していることを認識し，どのようなものか考えることにしたい。

まずポイント制度の最大の問題は，移民希望者の申請が多くなりすぎて，未処理になった件数が異常に累積したことである。役所仕事という言葉で表されるように，官庁の書類申請が進まないことはカナダにとどまらず，日本でもどの国にでも起こる現象である。しかし移民申請の処理の悪さは想像を超えるほどである。

カナダの会計検査院（Auditor General of Canada）はこの問題を取り上げ，かなり詳細な分析を 2009 年秋に公表している。その分析について簡単に触れておこう。会計検査院の報告は特定の官庁における特定の政策に焦点を絞り，

批判的な分析を行っている[43]。2009 年秋の報告書では市民権・移民省の移民選定に関するプログラム，国防省によるアフガニスタンで使用する軍用車の調達，そして公共安全省（Public Safety Canada）の緊急事態対応プログラムなど 8 つの官庁から特定の政策を選び，検討している。一度にすべての官庁を対象として分析できるわけではないが，一定の時間を置いて政策を検討しているようである。たとえば 2000 年 4 月には経済移民に関する分析が会計検査院の報告書に掲載され[44]，また 2011 年秋には移民ビザに関する分析が検査院報告書に掲載されている[45]。それぞれ対象となったテーマは異なるので比較はできないが，移民政策の実態を知るには便利なガイドである。

2009 年秋の会計検査院報告書において，移民や外国人労働者（永住を認めない一時的滞在に限定）についての考察が盛り込まれている。筆者が特に関心を持ったのはビザ申請（移民申請）の処理にかかる時間である。以前であれば，ポイント制度による移民申請は 13 か月（1996 年）から 25 か月（1999 年）と 1 年から 2 年程度という比較的，短時間で処理されていた。これは迅速な対応ではないとしても，常識的に許容できる時間的範囲であろう。しかし，申請数がその後は次第に増加し，5 年も 6 年も待たされる，ということが一般的になってきた。会計検査院調査によれば，世界各地にある 10 の申請受付センターの状況を調べたところ，その平均処理時間（申請者からすれば待ち時間）は 61 か月であった。10 のセンターの申請数の合計は約 50 万件あり，これはすべての申請数の 81% を占めるとされる。全体の申請数は 62 万 3075 件という数字が示されている[46]。

移民申請が多い国や地域に一括して処理するセンターが設けられているようで，世界の中ではアジアにそのセンターが特に多めに設置されている。最大の申請数があるのがインドのニュー・デリーで総数は 13 万 3406 件，処理時間は 75 か月（6 年 3 か月）である。他方，申請件数は多くないが処理時間が長いのはガーナのアクラ（Accra）で 87 か月（7 年 3 か月，申請件数は 2 万 1179 件）である。他にはイスラマバード（73 か月，申請件数は 4 万 7387 件），ダマスカス（76 か月，4 万 4280 件），マニラ（66 か月，6 万 9866 件）と続く。10 のセンターのなかで比較的処理時間が短いのはバッファロー（ニューヨーク州の都市，25 か月，2 万 4410 件），香港（34 か月，3 万 3701 件）やロンドン（41

252　第 II 部　多文化主義と移民統合をめぐる理念と取り組み

か月，8万5394件）である。すべてのセンターの処理時間の平均は63か月というデータも出ている[47]。一般的には学歴審査などにより，処理時間が長くなる傾向にあると思われる。世界的にみて有能な人材確保の競争が激しくなっているなかで，こうした時間がかかることはカナダにとり，また移民希望者にも大きなマイナスである。

　2006年2月に政権の座についた保守党政府は移民政策にも関心を向け，さまざまな対応をとってきた。そのなかでとられた2つの方法は，つぎのようなものであった[48]。まず2008年6月，改正された移民・難民保護法を施行し，すべての応募者の申請を審査するものではない，という第一段階の採用である。第二段階として，市民権大臣が移民候補者から特定の職種にある移民を指定し，迅速に審査を受けられるようにするという方法である。カナダ国内において必要とされる職種につく移民については，ポイント制度による総合的な判定を行う以前に選抜し，優先的に処理するというものである。いわば通常のポイント制度を無視して市民権大臣による判断で特定の職種にある移民だけを選び審査する，というルールが確立したことを意味する。もちろん大臣による恣意的な判断により，バランスが崩れないように毎年，行動計画（「迅速な移民を実現するアクション・プラン」という計画案）を立てて，職種を選ぶという方式を採用している。こうして「ポイント審査の放棄」については段階を経て実施されてきた[49]。

- 2008年6月17日：法改正により，すべての申請（ポイント制度，Federal Skilled Worker）を審査しないと決定。当時，92万5000件のFSWへの申請があり，このまま放置すれば150万件（2012年）で10年待ちという最悪の事態が予想されると指摘。
- 2008年11月28日：大臣通達により，2008年2月27日以前に提出された移民申請は審査の対象としないことを決定。ただし，FSW以外の申請についてはこれまでどおり審査を実施。2008年2月27日以降に提出された申請のうち就職が約束されている者，あるいは留学生，あるいは政府が指定する特定の職種（38種類）にある者は審査対象とする。
- 2010年6月：政府が指定する29の職種を発表したが，合計で2万人までという上限を定めた。こうした方法により未処理の申請件数は以前の半数

となった。

- 2012 年 3 月 30 日：2008 年 2 月 27 日までに申請を出したが 2012 年 3 月 29 日までに市民権省から回答がない場合，その申請者には申請手数料を返金すると発表。なお申請手数料は 1994 年から 975 ドルを課すようになったが，2006 年 5 月以降は半額の 475 ドルへと減額されている。
- 2013 年 3 月 26 日：これまでの対応により，審査積み残しは従来の 40％ほどに減少したと発表。

こうした強引な方法により，世界的に累積した申請積み残しはカナダ政府の一方的な決定（応募者への事前連絡などはない）により解決した。公平で客観的なポイント制度への期待が過度に高まり，事実上，処理できないほどの人気を得た。その結果，保守党政権は審査を一定の時期で打ち切るという荒業で解決したのである。これによりポイント制度は維持されることになったが，続いて審査基準も大きく変化することになった[50]。

- 2012 年 12 月 19 日：ポイント制度の判定基準を修正した。年齢のポイントを高め，職歴についてはポイントを下げるという調整を行った。これが施行されるのは 2013 年 5 月 4 日から。
- 2013 年 4 月 18 日：2012 年 7 月 1 日から審査の受付そのものを停止していた FSW は 2013 年 5 月 4 日から受付を再開した。ただし，今後，新しく受け付けるものは，つぎの要件を満たすことが必要となる。
  a) 政府が指定する特定の職種で最低でも 1 年間は働いたという実績があること，あるいはすぐに就職できることを雇用主がすでに約束していること。
  b) 上記の条件を満たす場合に限り申請できるが，一定水準の語学力を有すること，カナダ以外での学歴の審査についてはいわゆる評価機関により審査を済ませること（市民権省は審査しないことを意味する）となった。ただし，移民でもカナダ国内の教育機関を卒業している場合，評価機関による学歴審査は不要とした。
  c) 政府が指定する望ましい職種ごとに 300 人までという上限が設けられ，指定する職種の合計総数は 5000 人までとした。これは政府が定めた上限を超えた場合には審査されないことを意味する。

254　第 II 部　多文化主義と移民統合をめぐる理念と取り組み

こうした基準が設けられることで，選抜する移民の質と量が厳密に管理され，その結果，ポイント制度は事実上，解体されたことになる。また特定の職種についての実務経験や職歴があったとしても，語学力が一定のレベルに到達していないと審査が拒否されることになる。政府が希望する職種につき職歴を満たしていても，語学力が低ければ，門前払い，ということになる。

　ポイント制度は公平で客観的な移民受け入れの基準を示したが，最終的には現実性に欠ける「絵に描いた餅」となったようである。ハイスキルの移民の資格認定は前節でみたようにスムーズではないが，一応，機能しているようである。他方，ハイスキルではないが，ほどほどのスキルを要する職種については，就業の可能性が低いこともあり，職種を定め，またすぐに使える語学力を有する移民に限定するという方向へと転換したようである。

　他方，鞭だけではなく，「飴」という点で応募者へのサービスを少し改善した。具体的には世界各地にビザ申請センターを増設し，現地の言語にて応募書類の記入方法などを有料で手助けするものである。すでに 41 の国や地域において 60 あまりのビザ申請センターがあるが，これを 150 あまりに増やすという計画である。運営はカナダ政府やカナダ大使館ではなく，民間業者に委託するという方式であり，東京にもこれが 2013 年 8 月に開設されている[51]。

　筆者は J・ケニー市民権大臣のもとで進められてきた大臣通達によるポイント制度の改正方法には批判的であり，カナダにおいても同じような意見が述べられている。たとえばハーパー政権による 2008 年から 2012 年 7 月までの移民政策の展開について分析したナオミ・アルボイムとカレン・コールたちがいる。彼女たちは当初の 2008 年に設定されていた大臣通達の範囲を超えて時間の経過とともに制度の改編が拡大していくことに懸念を持ち，最終的には連邦議会での審議や議論なく新しい方式が進むことに不安を抱いている。カナダへの移民を希望する側も，政府が行う頻繁な基準の改正に不信の目を向けるであろうと指摘もしている[52]。

　ところでこれまで職種という言葉で説明してきたが，カナダ政府は全国職業分類（National Occupational Classification: NOC）という基準を設けて，仕事の内容や職位といった具体的な内容を区分・整理してきた。これは人的資源省とカナダ統計庁が共同開発しているもので，10 年おきに実施される国勢

調査とも連動している。現在のものは 1991 年度から始まっており，最新版は 2011 年の国勢調査と連動した 2011 年度版 NOC が利用されている。まずさまざまな職種があるが，これを 10 通りに分類し，それぞれ 0 から 9 までの番号を付しておく。管理職的な仕事であれば 0，金融やビジネス関係であれば 2，医療関係は 3，教育や政府関係は 4，販売やセールス関係は 6 という区分である。ついで学歴水準や技能水準などを加味して数字を適宜，配列していく。その結果，4 万におよぶさまざまな職業を 4 ケタの数字で表現することが可能になっている。たとえば NOC 番号 0011 には「立法者」（Legislators）という職業が割り当てられている。それをより具体的にみると，連邦議会の下院議員や上院議員，首相や閣僚，州首相や州議会の議員，市長や市会議員，教育委員会の公選委員などが該当する。さらにどのような職務があるかという説明も付されている。教育や政府関係は 4000 番台で分類されており，大学教員は 4011，短大や専門学校の講師は 4021，高校教員は 4031，判事は 4111，弁護士は 4112，警察官は 4311，消防士は 4312 など NOC 職業区分の原則に従い，数字が配分されている。

こうした NOC による職業を特定することで，連邦政府が求める職種を確実に特定し，募集することが可能である。高い学歴や専門性を求められるハイスキルの仕事から始まり，事務職やホワイトカラーの仕事，そして高い学歴・技能を求められないロースキルの仕事までと各種多様である。連邦政府が求める特定の職種が明確でないと誤解やミスマッチが発生する危険性もある。そのため，職種を特定する際には，NOC の区分に従い，NOC 番号 7251（配管工）ということを明示すれば確実な対応が可能となる。職種の厳密な区分や定義ということがあっての移民受け入れというカナダなりの工夫がここに見出される[53]。

6. 容易でない移民の資格や能力の判定

カナダは 1967 年以来，人種や民族という点で移民の受け入れについては普遍的なルールを設けることで対応してきた。また 1980 年代以降，非白人のアジアやアフリカなどからの移民が増加してきた。この結果，カナダの人種構成

256　第 II 部　多文化主義と移民統合をめぐる理念と取り組み

や多様性が進展したことは明らかであろう。しかし，英語やフランス語を母語としない移民たちはカナダの公用語を習得するための努力が求められ，またカナダ社会も支援の手をさしのべてきた。

しかし，最近では学歴とスキルは高いがなかなか就職できない，という移民が増加してきた。例えば母国では経営学の修士号をもって専門職についていたが，（学歴や職歴に見合うような求人がなく）カナダではファストフードの店員や非正規職にしか就けないという問題も発生してきた。医師についてはカナダでは高齢化に伴い，過疎地での医師不足が指摘されながら，医師免許を持つ移民の資格が生かされないという事態も起こっている。

こうした事態を受けて，オンタリオ州政府は専門職を統括する資格認定団体に対して，可能なかぎり専門職の資格を持つ移民を公平な基準に基づいて受け入れるよう要請した。これが 2006 年に設立された「公平さを実現する事務局」であり，医師会や薬剤師会に対して情報公開を求めた。特に新規会員の受け入れ体制や実際のデータを公開することで，専門資格を持つ移民がどの程度，オンタリオで受け入れられているかがわかり，大きな効果を持つようになってきた。本章では公立学校の教員，エンジニア，看護師，そして内科医・外科医という 4 つを取り上げて分析した。移民が持つ専門性を認めることは重要であるが，同時に英語を母語としない移民にも仕事を進める上では高い語学力が求められるので，言語の壁はかなり高い。また専門性を維持するための試験制度や研修制度もあり，これを移民がクリアーするには時間的コストや経済的コストもあり，容易ではない。簡単な解決方法はないが，OFC や当事者たちの努力や工夫により，一定の成果をあげつつある，と考えたい。

ところで技能や経験を持つ移民は，実際のところ，本章で取り上げた 4 つの職業だけにはとどまらない。このため，ポイント制度によりカナダに移住してきた移民がどのようにカナダで受け入れられているかをみることも必要である。そこで，本章の最後のところでポイント制度がどのように機能しているのか，また機能していないとすれば，現在，どのような対応がとられているかを検討した。逆説的だが，カナダのポイント制度が普遍的であったため，処理できないほどの移民申請が世界中から集まり，ハーパー政権のもとではポイント制度を事実上，廃止する決定を行った。カナダ経済が必要とする語学力の高い人材

第 8 章　移民が持つ資格・能力の認定制度　　257

をタイムリーな方法で受け入れる方向にあるためである。

　同時にハイスキルな移民ではなく，技能職としての移民に限定したプログラム（連邦技能職種プログラム，Federal Skilled Trades Program）も 2013 年からスタートしている [54]。一定の語学力は必要であるが，カナダにおいて人手不足気味の職業については，短期間のうちにビザを発行し，受け入れるという体制が次第に確立しつつある。さらに労働力不足は，永住を目的としない一時滞在に限定される外国人労働者を受け入れることで多少は解決できる。2012 年度の職種別データによれば，外国人であるファストフードの店員（いわゆるマックジョブ，McJobs）やレストランの助手はカナダ全体で約 1 万 8000 人働いており，他にはベビーシッターや乳母（約 1 万 6500 人），コック（1 万 1000 人），トラック運転手（5000 人）などと続いている。近年，こうした外国人労働者の受け入れをカナダ政府は以前よりは積極的に進めているようである。ポイント制度が機能しなくとも，こうした別の方法で穴埋めしていると思われる。

　2013 年 6 月 3 日号の『マクリーン』誌には興味深い記事が掲載されていた [55]。国内では人手不足と高い失業率というなかでカナダは移民や外国人労働者を受け入れてきた。はたしてこれは合理的な選択肢なのであろうか。産業基盤が漁業などに限られている東部のニューファンドランド州は，全国平均の 2 倍ほどの 12% という高い失業率に直面している。しかし 2012 年度には「人材不足」を解決するため，2285 人の外国人労働者を受け入れている。これは 2008 度の実績より 75% も増加している。『マクリーン』誌による分析はあくまで類推になるが，つぎのような理由を指摘している。ひとつは以前よりも自宅を所有する層が増加し，自宅を離れての就業には消極的という理由である。自宅や家族と離れ，世帯主だけが単身赴任で働く，ということがおそらく受け容れられないことと思われる。またアルバータ州北部はエネルギー開発で景気も良く，就業の機会も多いが，冬の気候が厳しくまた都市のアメニティーにも欠けるため，カナダ人の多くはあえてそこで就業しないという。ただし外国人労働者であれば，こうしたマイナス要因など気にせず就労してくれるわけである。

　また別の理由も指摘されている。それは定職になくとも，一定の期間は雇用

保険（失業保険）が収入をカバーしてくれるため，自宅を離れて働くという動機が作動しないことだという。人的資源省大臣に知らされたあるデータによると，2012年度，アルバータでは1261人の外国人労働者がマックジョブで雇用されたが，350人のカナダ人が失業保険によりカバーされていたという。理屈の上ではカナダ人がマックジョブで雇用される可能性はあったが，希望することなく，4倍弱の比率で外国人労働者がその穴埋めをしたことになる。カナダ人の勤労意欲が欠けているか不十分であり，その穴埋めを外国人労働者や移民が行っているようにも思われる。

　移民や外国人労働者の受け入れは，こうした事例をみると，同時にカナダ人の労働意欲や生活事情とも関係しているようである。移民の能力や資格を大いに活用できる制度やしくみを考えるべきであるが，カナダ人についても今後は考察すべきでもあろう。

1)　大岡栄美「カナダにおける移民政策の再構築」，移民政策学会『移民政策研究』第4号，2012年，2-13頁。関根政美「ポイント制と永住許可—オーストラリアの場合」，『移民政策研究』第4号，2012年，14-27頁。移民の資格認定に関する研究はあまり多くないが，つぎの論文は便利なガイドである。Monica Boyd and Grant Schellenberg, "Re-accreditation and the Occupations of immigrant Doctors and Engineers," *Canadian Social Trends*, 2007, Catalogue No.11–008, pp. 2–10.

2)　M. Adams, *Unlikely Utopia: The Surprising Triumph of Canadian Multiculturalism*, Don Mills, Ontario: Penguin, 2008, pp. 20–21.

3)　加藤普章『カナダ連邦政治』，東京大学出版会，2002年，第7章。

4)　Canadian Council of Directors of Apprenticeship, *Annual Report 2012*, Ottawa: CCDA, 2012, pp. 20–21.

5)　加藤普章『カナダ連邦政治』，208–210頁。

6)　The Office of the Fairness Commissioner, *Study of Registration Practice of the Physicians and Surgeons of Ontario, 2008*, Toronto: OFC, 2007, p. 24.

7)　Internal Trade Secretariat, *Annual Report, 2008/2009*, Winnipeg: AIT, 2008, pp. 7–8.

8)　オンタリオ州政府は他州において認められた5つの職種については条件をつけることとし，無条件には受け入れないとした。たとえば5つの職種のうち，ケベック

の弁護士資格についてはオンタリオと法制度が異なるので追加の訓練と試験を求めるとした。またアルバータとサスカチュワンで認定されたソーシャル・ワーカーについては，学歴要件と訓練課程が異なるので，オンタリオ州のソーシャル・ワーカーの専門機関により審査することを求めた。これらの情報はオンタリオ州訓練・短大・大学省のサイトから入手した。www.tcu.gov.on.ca/eng/labourmobility/ait. html　アクセスは 2013 年 2 月 4 日。

9)　Foreign Credentials Referral Office, *Strengthening Canada's Economy: Government of Canada Progress Report 2011 on Foreign Credential Recognition*, Ottawa: Citizenship and Immigration, 2012; Citizenship and Immigration Canada, Evaluation Division, *Evaluation of the Foreign Credentials Referral Office*, Ottawa: CIC, June 2013.

10)　より包括的な説明については次の資料がよい。The Alliance of Sector Council (TASC), *Who Does What in Foreign Credential Recognition: An Overview of Credentialing Programs and Services in Canada*（3ʳᵈ Edition), Ottawa: TASC, February 2010.

11)　英語名については次のとおり。2006 年に制定された法律名は The Fair Access to Regulated Professions Act であった。2013 年 4 月にこれが改正されて The Fair Access to Regulated Professions and Compulsory Trades Act という名称へと変更された。

12)　The Office of the Fairness Commissioner, *Annual Report 2011–2012: Licence to Succeed*, Toronto: OFC, 2012, p. 8.

13)　関係機関が OFC へ提出すべき 3 つの報告書については，OFC によるつぎのガイドが便利である。The Office of the Fairness Commissioner, *Conducting Entry-to-Practice Reviews: Guide for Regulators of Ontario Professions*, Toronto: OFC, 2009, p. 7.

14)　The Office of the Fairness Commissioner, *A Fair Way to Go: Access to Ontario's Regulated Professions and the Need to Embrace Newcomers in the Global Economy*, Toronto: OFC, 2013; The Office of the Fairness Commissioner, *Annual Report 2011–2012, License to Succeed: Five Years of Progress*, Toronto: OFC, 2012.

15)　具体的な内容などについては，オンタリオ州訓練・短大・大学省の説明がよい。www.tcu.gov.on.ca/eng/labourmobility/faq.html

16)　OFC のサイトからデータを紹介する箇所（Quick-facts）を選び，必要なものを入手した。データの名称はつぎのとおり。"Number of Members in the Regulated Professions," "Professions with Internationally Trained Members," "Location of Training for Members in the Regulated Professions." www.fairness commissioner.ca　アクセスは 2013 年 6 月 27 日。

17)　OFC のサイトから 4 つの団体（教員，エンジニア，看護師，内科医・外科医）を選び，2008 年から 2012 年までのデータを入手し，合格率などを計算した。アクセスは 2013 年 6 月 29 日。

18)　College of Nurses of Ontario, *2012 Annual Review*, Toronto: CNO, 2012, p.19; College of Nurses of Ontario, *Applicant Summary 2012*, Toronto: CNO, 2012, p. 2; College of Nurses of Ontario, *Nursing Registration Exams Report 2012*, Toronto: CNO, 2012, p. 7.

19)　CNO, *Trends in General Class New Members 2012*, Toronto: CNO, 2012, p. 5 & p. 8.

20)　CNC, *Annual Report 2012*, Toronto: CNO, 2012, p. 17.

21)　College of Physicians and Surgeons of Ontario, *2012 Registration Report*, Toronto: CPSO, May 2013, pp. 3–9.

22)　Ontario College of Teachers, *2013 Registration Guide: Requirements for Becoming: A Teacher of Technological Education in Ontario*, Toronto: OCT, 2013; Ontario College of Teachers, *2013 Registration Guide: Requirements for Becoming: A General Education Teacher in Ontario*, Toronto: OCT, 2013.

23)　Ontario College of Teachers, *Fair Registration Practices Report, 2012*, Toronto: OFC, 2012, p. 3.

24)　OCT, *2013 Registration Guide: Requirements for Becoming A General Education Teacher in Ontario*, p. 4.

25)　Professional Engineers of Ontario, *Licensing Guide and Application for Licence*, Toronto: PEO, 2013, pp. 6–7.

26)　*Ibid.*, p. 5.

27)　CNO, "Become a Nurse in Ontario," www.cno.org/en/become-a-nurse　アクセスは 2013 年 7 月 3 日。

28)　CNO, *Annual Report 2012*, Toronto: CNO, 2012, p. 5.

29)　CNO, *Trends in General Class New Member 2012*, Toronto: CNO, 2012, p. 4.

30)　CNO, *Membership Statistics Highlights 2012*, Toronto: CNO, 2012, pp. 13–14, 22. よりグローバルな視点からの考察についてはつぎの研究が示唆を与えてくれる。M・キングマ（山本敦子訳）『国を超えて移住する看護師たち』，エルゼビア・ジャパン，2008 年。

31) Nadeem Esmail, "Canada's Physician Supply," *Fraser Forum*, March/April 2011, pp. 12–18.

32) Canadian Medial Association, Statistical Information on Canadian Physicians, "Physicians Who Moved Abroad and Returned from Abroad, by Province/Territory, 1996 to 2011," www.cma.ca.statistical-info-canadian-physicians アクセスは 2013 年 6 月 25 日。

33) Canadian Medial Association, Statistical Information on Canadian Physicians, "Net Interprovincial Migration of Physicians by Province, 1990–2011," www.cma.ca/statistical-info-canadian-physicians　アクセスは 2013 年 6 月 25 日。

34) Canadian Medial Association, Statistical Information on Canadian Physicians, "Active Physicians by Country of MD Graduation, Canada, 1996–2013," www.cma.ca/statistical-info-canadian-physicians　アクセスは 2013 年 6 月 25 日。

35) Jean D. Gray and John Ruedy, "Undergraduate and Postgraduate Medical Education in Canada," *Canadian Medical Association Journal*, 158 (8), April 21, 1998, pp. 1047–1050.

36) カナダにおける医学教育に関するデータは AFMC（The Association of Faculties of Medicine of Canada　カナダ医学部協会）のサイトから入手した。www.afmc.ca　アクセスは 2013 年 6 月 25 日。

37) FAIMER とは Foundation for Advancement of International Medical Education and And Research という団体名の略語である。ここには次のサイトへ。Imed.faimer.org　WHO では "World Directory of Medical Schools" からリストへアクセスできる。www.who.int/hrh/wdms/en　2 つの名簿を 1 つにする動きについてはつぎを参照した。"FAIMER and WFME Sign Agreement to Collaborate on Combined Medical School Directory," avicennaku.dk.newslist/news4 アクセスは 2013 年 7 月 19 日。

38) RCPSC のサイトからこれについての情報を入手した（http://www.royalcollege.ca/rcsite/credentials-exams/exam-eligibility/assessment-imgs/approved-jurisdiction-route-international-medical-graduates-e)。アクセスは 2013 年 6 月 28 日。

39) HealthforceOntario, "International Medical Graduate Living in Ontario," www.healthforceontario.ca/en/Home/Physicians/Training　アクセスは 2013 年 6 月 28 日。The College of Physicians and Surgeons of Ontario, "International Medical Graduates," www.cpso.on.ca/registration/international/default.aspx?id=1792　アクセスは 2013 年 11 月 28 日。

40) Office of the Fairness Commissioner, *Fair Acces:Changing the Conversation, Leading the Transformation, Annual Report 2014–2015*, Toronto: OFC, 2015, p. 11.

41) Centre for the Evaluation of Health Professionals Educated Abroad, *Annual Report, 2012/2013–A Year of Growth and Development*, Toronto: CEHPEA, 2012, p. 7.

42) *Ibid.*, p. 9.

43) Office of the Auditor General of Canada, *Report of the Auditor General of Canada to The House of Commons, 2009*, Ottawa: Minister of Public Works and Government Services, September 2009, Chapter 2, "Selecting Foreign Workers Under the Immigration Program."

44) Office of the Auditor General of Canada, *Report of the Auditor General of Canada to The House of Commons, 2000*, Ottawa: Minister of Public Works and Government Services, April 2000, Chapter 3, "Citizenship and Immigration Canada: The Economic Component of the Canadian Immigration Program."

45) Office of the Auditor General of Canada, *Report of the Auditor General of Canada to The House of Commons, 2011*, Ottawa: Minister of Public Works and Government Services, November 2000, Chapter 2, "Issuing Visas."

46) Office of the Auditor General of Canada, *Report of the Auditor General of Canada to The House of Commons, 2009*, p. 17.

47) *Ibid.*

48) Citizenship and Immigration Canada, *Backgrounder: Legislative Amendments to the Immigration and Refugee Protection Act*, July 3, 2008.

49) 移民選抜に関する一連の大臣通達のリストは市民権省のホームページに一括して掲載されている。また各通達はカナダ官報（Canada Gazette）に全文が掲載されている。ここでは通達のリスト（MI1 から MI9）をあげる。MI は Ministerial Instructions の略であり，MI1（施行日は 2008 年 11 月 29 日），MI2（2010 年 6 月 26 日），MI3（2011 年 7 月 1 日），MI4（2011 年 11 月 5 日），MI5（2012 年 7 月 1 日），MI6（2013 年 1 月 2 日），MI7（2013 年 3 月 30 日），MI8（2013 年 5 月 4 日），MI9（2013 年 6 月 15 日）というように通達順に 1 から 9 まで番号を付している。アクセスは 2013 年 10 月 29 日。Citizenship and Immigration Canada, "Ministerial Instructions," www.cic.gc.ca/english/department/mi/index.asp

50) Citizenship and Immigration Canada, *Backgrounder: Overview of the New Federal Skilled Worker Program*, December 19, 2012; Citizenship and Immigra-

tion Canada, *Backgrounder: Information for Applicants to the New Federal Skilled Worker Program*, April 18, 2013.

51) Citizenship and Immigration Canada, *Backgrounder: Visa Application Centre Network to Reach Global Proportions*, January 31, 2012.

52) Naomi Alboim and Karen Cohl, *Shaping the Future: Canada's Rapidly Changing Immigration Policies*, Toronto: Maytree Foundation, October 2012, p. 11.

53) Department of Human Resources and Skills Development, *Welcome to the National Occupational Classification 2011*, アクセスは 2013 年 11 月 9 日。 www5.hrsdc.gc.ca/NOC/English/NOC/2011/Welcome.aspx

54) Citizenship and Immigration Canada, *Backgrounder: New Federal Skilled Trades Program Accepts Applications Starting Today*, January 2, 2013.

55) Chris Sorensen, "With a Little Help from Afar," *Maclean's Magazine*, June 3, 2013, pp. 50–51.

あとがき

　本書はカナダがどのようにして移民を受け入れてきたのかについての考察，および移民を受け入れたことにより次第に生まれたカナダ社会の変化を「多文化主義」というキーワードでどのように説明できるかを検討したものである。一般的にカナダの多文化主義というと日本では好意的に評価されることが多いが，実態はかなり複雑であり，単純な評価はさけるべきである。かりにすべてのカナダ人が寛容で対立を好まないという性格を持っていれば，移民たちが有する異文化や異なる行動様式について寛大な態度をとることができるかもしれない。しかし文化摩擦や民族対立はカナダ各地でも見られる現象であり，ごく普通のことと言えよう。しかし，カナダにおいて異文化間，あるいは多民族間での摩擦や対立がありながらも激しい紛争にならないことはカナダの大きな特質と考えることができる。本書では移民政策と多文化主義という2つに焦点をあてて，この問題に取り組んでみた次第である。

　筆者はこれまで連邦制度やカナダ憲法といういわば受け皿の特質に関心を持ち研究を続けてきた。今回，この受け皿をベースとして，カナダ人が多様性をどのように維持し，かつ対応してきたのかという別の側面に注目した。この多様性を反映するキーワードのひとつが「多文化主義」であり，この概念はカナダにおいて実に変幻自在なものであることが様々な資料や政府報告書などを通して少しずつであるが理解できた。わかりやすく言えば，多文化主義という概念の「非連続性」があり，明確に定義できないがゆえに，時代とともに柔軟に変化している，ということが筆者の結論である。移民の受け入れ政策の転換（1967年のポイント制導入）から1971年，トルドー首相による多文化主義という理念の提示，そして1988年には連邦議会が多文化主義法を制定することで内容や実態が次第に確定してきた。このため，連邦政府の多文化主義政策の「実態」や「行政的内容」を1971年以からフォローしようとすると，政府資料や報告書はバラバラであり断続的であることが判明した。また第二次世界大戦

265

後，移民を含めてカナダ人意識の涵養や形成を目指した国務省のプログラムが実施されてきた。これは多文化主義政策そのものではないが，それに類似した政策と考えることもできる。ただしこれは断片的で体系的な政策ではないため，理解しにくい。こうした結果，多文化主義政策あたかも実態がありそうで，実はあまりない，という不思議な存在であり，これこそが筆者を長年，悩ませてきた理由ではないかと結論づけることになった。

　さらに多文化主義政策を推進する場合，連邦政府単独で行うよりは，各地に存在する移民支援団体へ補助金を交付することで実施する，という興味深い体制も発見することができた。これと関連するが，オンタリオ州では高校生が卒業するために，校外でのボランティア活動を義務づけており，ボランティア活動の一環として移民の世話をする（簡単に言えば友人となり，はなし相手となる程度であるが）ことも組み入れられている。連邦政府の移民定住支援政策のひとつには「ホスト・プログラム」が用意されており，高校生のボランティア活動もここにうまく組み込まれていると感じた。連邦政府の姿や政策を見ているだけでは決して分からない多文化主義政策の一部がここに存在していると言えよう。

　ところで本書の第II部では移民の多文化主義政策と移民の受け入れ体制について焦点を絞ったため，いくつかのテーマや領域については十分にカバーすることが出来なかった。たとえば多民族社会カナダにおける摩擦や対立である。具体的にはフランスなどで議論されているイスラム系のスカーフの是非である。ケベック州では公的空間においては宗教的シンボルを顕在化させない政策を取ることが多いので，イスラム教徒のスカーフは着用が禁止されることになる。多文化主義政策の有無に関わりなく，スカーフはケベック人の関心を寄せるきわめて重要な争点である。筆者は（本書において収録していないが），宗教的な慣習やシンボルが近年ではカナダ社会において重要な争点になっていることに着目し，いくつかの論文をまとめている。別の機会があれば，宗教に焦点を絞った考察をまとめたいと予定している。

　カナダ史についての概説をまとめるうえでカナダ史の専門家である細川道久先生（鹿児島大学教授）には原稿に目を通していただき，細かい指摘やアドバイスなどをいただいた。思い違いや事実関係の誤りなど含めてご指摘くださり，

改めてお礼を申し上げたい。細川先生はカナダと英国の関係，あるいはコモンウェルスについての実証的な研究を刊行されており，カナダ研究では心強い仲間である。

　加えて医療関係，特に医師の資格認定については筆者の専門外のテーマであったが，同時通訳の専門家でありかつ看護師資格を持たれる渡部富栄先生（大東文化大学スポーツ・健康学部看護学科）から専門用語の翻訳などについて教えていただいた。専門用語の表記などかりに思い違いなどあれば訂正していきたいと願っている。

　本書の執筆中，筆者はさまざまな特質や傾向を発見する機会があり，予想外に時間がかかってしまったが，まことに楽しい研究作業であった。また前の著作でもお世話になった東京大学出版会編集部の後藤健介さんから第Ⅰ部のカナダ入門ガイドの執筆を勧めていただいた。このためカナダ史の不思議な特質について改めて調べてまとめる機会も生まれた。たとえば不思議な特質とは軍事力では非力なはずなのに広大な領土を維持し，管理してきたことである。またとなりの米国では領土拡大について紛争や軍事的対立が生まれてきたが，カナダではこれがほとんど無い。明解な答に辿り着いたかどうか自信はないが，読者に不思議さをご理解いただければ幸いである。

　なお本書は筆者が所属する大東文化大学により認めていただいた 2013 年度の特別研究休暇（サヴァティカル）を生かしてまとめている。大学の関係者や職場の同僚には貴重な機会を与えていただいたことに改めて感謝するとともに，サヴァティカルの成果をようやく刊行できたことを関係者の皆様にご報告申し上げたい。またすべての章は書下ろしであり，2013 年春から 2015 年夏までに資料を入手し，原稿をまとめている。

あとがき　267

巻末資料

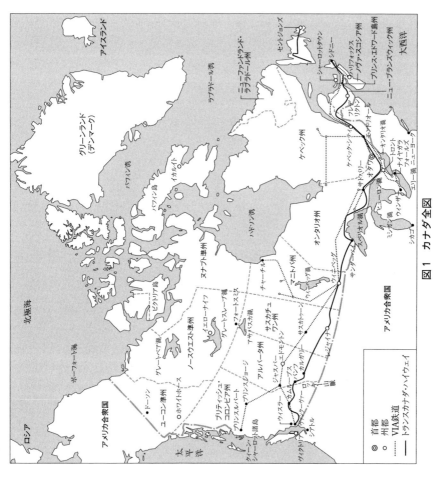

図1 カナダ全図
(駐日カナダ大使館提供の地図より一部改変)

271

1867年，連邦結成時の4つの州（オンタリオ，ケベック，NB，NS），ルパーツランドと北西領は1870年に英国からカナダに移管される

1870年，マニトバが連邦に加入，ルパーツランドと北西領は北西準州としてカナダに編入される

1873年の様子，6番目の州としてBCが連邦に加入（1871年），PEIが連邦に加入（1873年），北極諸島を英国から編入（1880年）

1905年，北西準州の一部がアルバータとサスカチュワンとして連邦に加入，東部のニューファンドランドは1949年に連邦に加入

図2　カナダの歴史的発展（州の連邦加入）

出典：D. Francis et al., *Destinies: Canadian History since Confederation*, Toronto: Nelson Thomas, 2000, pp. 38-39 を改変。

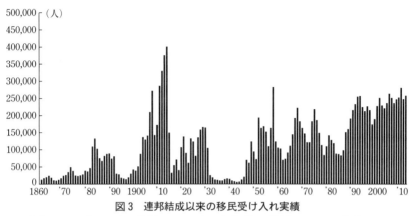

図3 連邦結成以来の移民受け入れ実績

出典：www.cic.gc.ca/english/resources/statistics/facts2013/permanent/index.asp

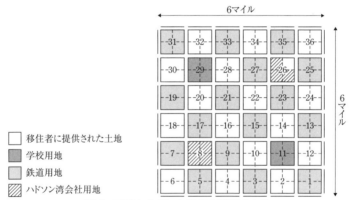

図4 西部カナダにおける土地配分方法

出典：D. G. G. Karr, ed., *A Historical Atlas of Canada*, Toronto: Nelson, 1961, p. 62 より作成。

年表　カナダの移民政策の流れ（主要なものに限定）

1867 年	カナダ連邦の結成（BNA 法により移民は連邦と州の共同管轄）
1868 年	移民受け入れに関する初の連邦・州会議
1869 年	移民法の制定
1872 年	ドミニオン土地法の制定
1885 年	中国人移民を禁止する法律の制定（人頭税）
1896 年	シフトン内務大臣就任（在任は 1905 年まで）
1906 年	移民法改正
1907 年	ルミュー協定により日本からの移民を規制（年間 400 名以内にとどめる）
1908 年	連続的航路規定の導入（アジアからの移民を事実上，規制）
1910 年	移民法改正
1914 年	戦時措置法制定／コマガタ丸のヴァンクーヴァー入港拒否事件
1917 年	戦時選挙法の制定（敵国出身のカナダ人の選挙権を剥奪）
1919 年	移民法改正（移民の選別を強化）
1922 年	帝国移住法の制定（英国）
1923 年	中国人移民法の制定
1925 年	鉄道協定
1939 年	セントルイス号の入国拒否事件（大半の乗客はユダヤ人）
1942 年	日系人の BC 州沿岸部からの立ち退きを命じる内閣令の発令
1946 年	市民権法の制定（カナダ独自の市民権概念を導入）／親族呼び寄せプログラム開始
1947 年	キング首相の下院演説（移民の受け入れ）／中国人移民法の廃止
1952 年	移民法の改正
1956–57 年	ハンガリー難民の受け入れ
1962 年	移民法で規定されていた人種差別的な規定の廃止
1967 年	ポイント制度の導入
1969 年	難民条約，および難民の地位に関する議定書の加入
1971 年	トルドー首相の下院演説（多文化主義の導入）
1975 年	移民政策を検討したグリーン・ペーパーの発表
1976 年	移民法の改正
1977 年	新市民権法の制定（英国臣民とは無関係のカナダ国籍を導入）
1982 年	カナダ憲章の制定（1982 年憲法の成立）
1988 年	多文化主義法の制定
2002 年	移民・難民保護法の制定
2011 年	難民改革法の制定
2012 年	移民システムを護る法の制定

表 1　州別にみた面積・人口・州首府・GDP の割合

	面積（km²）（カナダに占める割合, %）	人口（全国に占める割合, 2013 年7 月, %）	州首府（人口）	各州のカナダに占めるGDP 割合, 2013 年（%）
ニューファンドランド＆ラブラドル	405,212 (4.1)	526,702 (1.5)	セント・ジョンズ (203,600)	1.9
プリンス・エドワード島（PEI）	5,660 (0.1)	145,237 (0.4)	シャーロットタウン (34,500)	0.3
ノヴァ・スコシア（NS）	55,284 (0.6)	940,789 (2.7)	ハリファックス (408,198)	2.1
ニュー・ブランズウィック（NB）	72,908 (0.7)	756,050 (2.2)	フレデリックトン (56,224)	1.7
ケベック	1,542,056 (15.4)	8,155,334 (23.2)	ケベック・シティ (761,745)	19.2
オンタリオ	1,076,395 (10.8)	13,537,994 (38.5)	トロント (5,838,838)	36.7
マニトバ	647,797 (6.5)	1,265,015 (3.6)	ウィニペッグ (762,759)	3.2
サスカチュワン	651,036 (6.5)	1,108,303 (3.2)	レジャイナ (218,690)	4.4
アルバータ	661,848 (6.6)	4,025,074 (11.4)	エドモントン (1,196,342)	17.9
ブリティッシュ・コロンビア	944,735 (9.5)	4,581,978 (13.0)	ビクトリア (360,876)	12.1
ユーコン準州	482,443 (4.8)	36,700 (0.1)	ホワイトホース (25,000)	0.1
北西準州	1,346,106 (13.5)	43,537 (0.1)	イエローナイフ (19,234)	0.2
ヌナブット準州	2,093,190 (21.0)	35,591 (0.1)	イカルイット (7,250)	0.1
合計	9,984,670	35,158,304	—	100.0

出典：面積は *Canada Year Book, 2011*, p.220; 人口は *The Daily*, September 26, 2013, p.5; 州別 GDP の割合は Statistics Canada, "Gross Domestic Product, Expenditure-based, by province and Territory" より計算。

付　表　275

表2　民族構成の変化

民族的出自	1871 年調査		1951 年調査		1971 年調査		2001 年調査	
	人口 （万人）	比率 （%）	人口 （万人）	比率 （%）	人口 （万人）	比率 （%）	人口 （万人）	比率 （%）
英　系	211.1	60.6	671.0	47.9	963.3	44.6	997.2	24.3
イングランド	70.6	20.3	363.0	25.9	624.6	29.0	597.9	14.6
アイルランド	84.6	24.3	144.0	10.3	158.1	7.3	382.3	9.3
スコットランド	55.0	15.8	154.7	11.0	172.0	8.0	415.7	10.1
その他	0.8	0.2	9.2	0.7	8.6	0.4	50.1	1.2
フランス系	108.3	31.1	431.9	30.8	618.0	28.6	471.1	11.5
その他	29.2	8.4	298.1	21.2	576.4	26.7	2,636.6	64.2
合計	348.6	100.0	1,400.9	100.0	2,157.7	100.0	4,105	100

注：2001 年調査では複数回答（選択）を認めたため，人口総数は実際より多くなっている。
　　2001 年度の総人口は 2,946 万人。

出典：日本カナダ学会編，『新版　史料が語るカナダ』，有斐閣，2008 年，338 頁。

表3　非営利団体（慈善団体も含む）の活動領域別にみた実数とその比率

15 の活動領域	具体的活動例など	実数	比率 （%）	慈善団体として	
				登録あ り（%）	登録せ ず（%）
芸術や文化	メディア，博物館など	13,770	8.5	54	46
スポーツや娯楽	運動，ロータリークラブ	33,649	20.9	27	73
教育や研究	研究や教育を推進	8,284	5.1	55	45
大学や短大	大学やロースクール	502	0.3	71	29
医　　療	病院以外の医療機関	5,324	3.3	79	21
病　　院	患者の治療	779	0.5	87	13
社会サービス	地域にサービスを提供	19,099	11.8	72	28
環境保護	環境保護の運動や教育	4,424	2.7	41	59
住宅や都市計画	住宅の提供や社会協力	12,255	7.6	23	77
法律・アドボカシー・政治	市民的権利の擁護	3,628	2.3	35	65
補助金交付や寄付	慈善団体を支援する財団	15,935	9.9	79	21
国際的な活動	国際交流，開発支援	1,022	0.6	75	25
宗　　教	信仰を深める行為	30,679	19.0	94	06
ビジネスや専門家の団体	専門家団体の権利擁護	8,483	5.3	07	93
その他	上記の区分に入らないもの	3,393	2.1	32	68
合計		161,226	100	56	44

出典：*Cornerstones of Community*, Ottawa: Statistics Canada, 2003（Catalogue no. 61-533-XPE），p.14（Table 1.1）& p.15（Table 1.2）.

表 4　**慈善団体の活動領域と州別分布状況**（1999 年 2 月データ）

活動目的	ケベック	オンタリオ	BC	その他	合計
福祉関係	4,330	4,532	1,670	3,506	14,038
病院	175	266	68	166	675
その他医療	910	1,721	722	1,514	4,867
教育機関	595	979	520	905	2,999
その他教育	1,992	3,711	1,405	2,811	9,919
礼拝の場	3,628	9,861	3,145	10,459	27,093
その他宗教	944	1,951	613	1,144	4,652
社会貢献	1,731	3,483	1,902	4,727	11,843
その他	544	771	136	226	1,677
合計	14,849	27,275	10,181	25,458	77,763

注：「その他」は 7 つの州と 2 つの準州の合計。
出典：J.Phillips, B. Chapman and D. Stevens, eds., *Between State and Market*, McGill-Queen's University Press, 2001, p.21 の表より作成。

表 5　**移民受け入れ実績**（2012 年）

移民の種類	2012 年度の事前予定数		2012 年度の実績
	下限	上限	
連邦政府選考合計	74,500	79,300	81,030
技能移民	55,000	57,000	57,213
ビジネス移民	5,500	6,000	5,446
カナダ経験者クラス	6,000	7,000	9,359
住込家事介護	8,000	9,300	9,012
ケベック選定技能移民	31,000	34,000	34,256
ケベック選定ビジネス移民	2,500	2,700	4,634
州政府選定移民	42,000	45,000	40,899
経済移民（主な申請者）			68,266
経済移民の配偶者や子供			92,553
経済移民の合計	150,000	161,000	321,638
配偶者や子供	38,000	44,000	43,193
親や祖父母	21,800	25,000	21,815
家族呼び寄せの合計	59,800	69,000	65,008
政府認定難民	7,500	8,000	5,430
民間団体支援難民	4,000	6,000	4,220
国内庇護申請	7,000	8,500	8,586
難民の家族（海外）	4,000	4,500	4,858
難民の合計	22,500	27,000	23,094

表 5　つづき

移民の種類	2012 年度の事前予定数		2012 年度の実績
	下限	上限	
人道的受け入れ	7,600	7,800	8,894
滞在許可発行	100	200	67
その他合計	7,700	8,000	8,961
分類不可	—	—	5
全体の合計	240,000	265,000	257,887

出典：CIC, *Annual Report on Immigration 2013*, p.14.

表 6　移民送り出し国トップ 10（2012 年）

順位	国　名	実数	割合（%）
1	中華人民共和国	33,018	12.8
2	フィリピン	32,747	12.7
3	インド	28,943	11.2
4	パキスタン	9,931	3.9
5	米　国	9,414	3.7
6	フランス	8,138	3.2
7	イラン	6,463	2.5
8	英　国	6,365	2.5
9	ハイチ	5,599	2.2
10	韓　国	5,308	2.1
上位 10 か国の合計		145,926	56.6
その他の国からの移民合計		111,961	43.4
総計		257,887	100.0

出典：CIC, *Annual Report on Immigration, 2013*, p.20.

278　巻末資料

表 7　移民・多文化主義を担当する連邦官庁の変遷

市民権の創出	移民	労働・雇用
	1867–1892：農務省	
	1892–1917：内務省	
国務省	1917–1936：移民・開拓省	
（文化や教育支援）	1936–1950：鉱物・資源省	
	1950–1966：市民権・移民省	
		1966–1977：人的資源・移民省
1972：国務省に多文化主義課を設立		
		1977–1996：雇用・移民省
1991–1994：多文化・市民権省		
1994–2008：市民権・移民省		
1996：国務省の廃止		1996–2003：人的資源・技能開発省
1996–2008：民族遺産省の設立		
2008–2013：市民権・移民・多文化主義省		
（民族遺産省から多文化主義関係を市民権・移民省へ移管）		
		2003–2013：人的資源・社会開発省
2013：市民権・移民省		2013：雇用・社会開発省（多文化主義政策を担当）
2015：民族遺産省（多文化主義政策を担当）	移民・難民・市民権省（名称変更）	雇用・労働力開発・労働省（改組と名称変更）

出典：年次報告書などから作成。

表 8　市民権・移民省の組織構成と予算配分（2012 年度，職員配置数と予算額）

政策領域	プログラム	個別のプログラム（人員配置数順）
経済移民と外国人労働者の受け入れ （542 人） （6,080 万ドル，4.0%）	永住権を認める移民 （303 人，4,020 万ドル）	技能移民（133 人），住込家事介護（64 人），ケベック技能移民（44 人），PNP（23 人）カナダ経験者クラス（19 人），連邦ビジネス移民（17 人），ケベック・ビジネス移民（3 人）
	一時滞在の外国人 （239 人，2,060 万ドル）	外国人労働者（158 人），留学生（81 人）
家族の呼び寄せと難民保護 （857 人） （7,900 万ドル，5.2%）	家族の呼び寄せ （496 人，4,870 万ドル）	配偶者や子供（249 人），両親や祖父母（126 人），人道的受け入れ（121 人）
	難民保護 （361 人，3,030 万ドル）	国内での難民申請（165 人），強制退去審査（147 人），民間団体支援難民（28 人），政府認定難民（21 人）
新規定住者と市民の参加促進 （898 人） （10 億 1,240 万ドル，66.5%）	移民の定住支援 （302 人，9 億 5,070 万ドル）	移民の定住支援（212 人），難民支援（41 人），移民の資格認定（36 人），移民向けローン（13 人）
	市民権の育成 （562 人，4,660 万ドル）	市民権の認定や取消（516 人），市民権意識の育成（46 人）
	多文化主義 （34 人，1,510 万ドル）	啓蒙活動（33 人），マイノリティの歴史的貢献を称える事業（1 人）
国民の健康管理と安全保障を守るための移住管理 （712 人） （1 億 3,930 万ドル，9.1%）	健康管理 （91 人，5,960 万ドル）	入国前の事前審査（61 人），難民向けの健康保険（18 人），入国後の健康診断（12 人）
	移住管理 （609 人，7,640 万ドル）	不正防止（248 人），短期訪問者（190 人），永住者認定カード（153 人），一時滞在許可（18 人）
	国際的な移住管理 （12 人 ,330 万ドル）	
CIC の組織管理	1,648 人	2 億 3,180 万ドル
CIC の全体合計分	4,657 人	15 億 2,330 万ドル

出典：CIC, *Departmental Performance Report for the Period Ending March 31, 2013*, pp. 5, 21–80.

表 9　移民・難民が有する英語とフランス語の理解度（2012 年度）

	英語（%）	フランス語（%）	英仏語を理解（%）	英仏語を理解せず（%）	実数（人）
家族呼び寄せ	49.2	5.1	3.8	41.9	65,008
経済移民（本人）	63.4	5.8	21.7	9.1	68,266
経済移民の家族	55.2	6.5	7.6	30.7	92,553
難民	47.0	10.9	5.3	36.8	23,094
人道的受け入れ	80.9	9.6	3.3	6.2	8,961
分類不能	100	0	0	0	5
実数合計	144,531	16,665	25,796	70,895	257,887
（%）	（56.0%）	（6.5%）	（10.0%）	（27.5%）	（100%）

出典：CIC, *Annual Report on Immigration*, 2013, p.19.

表 10　オンタリオ州において資格を必要とする職業人口（2012 年度，上位 10 位）

順位	職業	実数（A）	国外で訓練を受けた実数（B）＊	比率（B÷A）（%）
1	教員（Teachers）	237,249	38,138	16
2	看護師（Nurses）	162,585	18,208	11
3	エンジニア（Engineers）	75,981	20,124	26
4	弁護士（Lawyers）	44,652	1,430	3
5	幼児教育教員（Early Childhood Educators）	41,462	76	0
6	外科医・内科医（Physicians and Surgeons）	37,684	10,901	29
7	一般会計士①	21,889	2,495	11
8	管理会計士②	20,614	2,164	10
9	ソーシャル・ワーカー	13,726	1,435	10
10	薬剤師（Pharmacists）	13,400	5,526	41

注：① Certified General Accountants, ② Chartered Accountants, ＊米国を含むが国籍不明者を除く。
出典：OFC, "Location of Training for Members in the Regulated Professions, 2012".

付　表　281

表 11　資格を必要とする職業への応募者数（出身国別上位 5 位，2013 年度）

職業	1 位	2 位	3 位	4 位	5 位	応募者数
看護師	インド	フィリピン	米国	イラン	ナイジェリア	3,579
一般会計士①	インド	中国	フィリピン	米国	パキスタン	1,430
エンジニア	イラン	インド	中国	パキスタン	エジプト	1,074
教員	米国	インド	オーストラリア	英国	ジャマイカ	989
外科医・内科医	サウジアラビア	インド	アイルランド	米国	英国	701
弁護士	英国	米国	インド	オーストラリア	ナイジェリア	446
管理会計士②	フィリピン	インド	米国	中国	パキスタン	406
薬剤師	インド	エジプト	米国	英国	パキスタン	349
会計士③	インド	パキスタン	米国	英国	ナイジェリア	222
ソーシャル・ワーカー	米国	インド	フィリピン	イスラエル	バングラデシュ	165

注：① Certified General Accountants, ② Management Accountants, ③ Chartered Accountants
出典：OFC, *Source Counties for the Regulated Professions*, 2013.

インターネット資料一覧

〈カナダ連邦政府関係〉

CBSA（Canada Border Services Agency）:www.cbsa-asfc.gc.ca

CLB（Centre for Canadian Language Benchmarks）:www.language.ca

CSIS（Canadian Security Intelligence Service）:www.csis.gc.ca

ESDC（Employment and Social Development Canada）:www.esdc.gc.ca

IBR（Immigration and Refugee Board of Canada）:www.irb-cisr.gc.ca

移民・難民・市民権省（Immigration, Refugee and Citizenship）:www.canada.ca/en/immigration-refugees-citizenship.html

公安・非常時対応準備省（Public Safety Canada）:www.publicsafety.gc.ca

連邦議会（Parliament of Canada）:www.parl.gc.ca

会計検査院（Auditor-General of Canada）:www.oag-bvg.gc.ca

外務省（現在の正式名称は Global Affairs Canada）:www.international.gc.ca

カナダ人権委員会（Canadian Human Rights Commission）:www.chrc-ccdp.gc.ca

カナダ人権審判庁（Canadian Human Rights Tribunal）:www.chrt-tcdp.gc.ca

カナダ統計庁（Statistics Canada）:www.statcan.gc.ca

カナダ民族遺産省（Department of Canadian Heritage）:www.canada.ca/en/canadian-heritage.html

在日カナダ大使館:www.japan.gc.ca

〈州政府関係〉

OFC（Office of the Fairness Commissioner）:www.fairnesscommissioner.ca

オンタリオ州政府／訓練・短大・大学省（Department of Training, College and University）:www.tcu.gov.on.ca

オンタリオ州人権委員会（Ontario Human Rights Commission）:www.ohrc.on.ca

オンタリオ州人権審判庁（Human Rights Tribunal of Ontario）:www.sjto.gov.on.ca/hrto

BC 州政府／観光・芸術・文化省（Department of Tourism, Arts & Culture）:www2.gov.bc.ca/gov/content/tourism-immigration

アルバータ州政府／労働省（Department of Labour）: work.alberta.ca/immigration.html

マニトバ州政府／教育・訓練省 (Education and Training): www.immigratemanito
ba.com

ケベック州政府／移民・文化共同体省 (Immigration and Cultural Communities):
www.immigration-quebec.gouv.qc.ca

〈地方自治体・教育委員会〉

トロント市 :www.Toronto.ca

トロント市教育委員会 (Toronto District of School Board):www.tdsb.on.ca

〈大学や研究機関〉

ヨーク大学難民研究センター (Centre for Refugee Studies):crs.yorku.ca

ライアーソン大学移民・定住研究センター (Ryerson Centre for Immigration and
Settlement):www.ryerson.ca/rcis

メトロポリス・カナダ (Metropolis Canada):carleton.ca/metropolis

移民政策研究所 (Migration Policy Institute):www.migrationpolicy.org

MIPEX (Migration Policy Index):www.mipex.eu

〈民間機関や NGO〉

OCASI (Ontario Council of Agencies Serving Immigrants):www.ocasi.org

AMSSA (Affiliation of Multicultural Societies and Serving Agencies of BC):www.
amssa.org

MOSAIC (Multilingual Orientation Service Association for Immigrant
Communities):www.mosaicbc.com

GCP (Global Centre for Pluralism):www.pluralism.ca

CCR (Canadian Council for Refugees):ccrweb.ca

〈医学関係〉

CMA (Canadian Medial Association):www.cma.ca

MCC (Medical Council of Canada):www.mcc.ca

CaRAM (Canadian Resident Matching Service):www.carms.ca

RCPSC (Royal College of Physicians and Surgeons of Canada):www.royalcollege.
ca

CFPC (College of Family Physicians of Canada):www.cfpc.ca

CPSO (College of Physicians and Surgeons of Ontario):www.cpso.on.ca

OCFP（Ontario College of Family Physicians):www.ocfp.on.ca
AFMC（Association of Faculties of Medicines of Canada):www.afmc.ca
Touchstone Institute: www.touchstoneinstitute.ca
CAPER（Canadian Post-M.D. Education Registry):www.caper.ca
オンタリオ州政府医療関係窓口（Healthforceontario):www.healthforceontario.ca

〈オンタリオ州における資格認定機関：看護師／教員／医師〉
CNO（College of Nurses of Ontario):www.cno.org
OCT（Ontario College of Teachers):www.oct.ca
PEO（Professional Engineers of Ontario):www.peo.on.ca

〈レッドシールおよび全国的な求人情報サイト〉
CCDA（Canadian Council of Directors of Apprenticeship):www.red-seal.ca
連邦政府が提供する全国的な求人情報サイト（職種別，地域別に掲載):
www.jobbank.gc.ca

〈オンタリオ州へ移住を希望する移民向けの情報提供サイト〉
www.ontarioimmigration.ca
www.settlement.org

〈国際機関〉
国際移住機構（International Organization for Migration):www.iom.int
国連社会経済委員会・人口部（UN Economic & Social Affairs, Population
Division):www.un.org/en/development/desa/population
国連難民高等弁務官事務所（UNHCR):www.unhcr.org
OECD:www.oecd.org/migration

〈アメリカ連邦政府関係〉
国務省（US Department of State):www.state.gov
国土安全保障省（Department of Homeland Security):www.dhs.gov
CBP（Customs and Border Protection):www.cbp.gov
ICE（Immigration and Customs Enforcement):www.ice.gov
USCIS（US Citizenship and Immigration Services):www.uscis.gov

文献ガイド

第Ⅰ部（第1章〜第3章）の文献ガイド

〈1. 地図〉

カナダはフランスの植民地からイギリスの植民地，そして隣の米国と共存を図りながら，西部や太平洋岸まで開拓が進むので，地理的・空間的な変化についての基礎的理解は不可欠である。日本語で書かれた歴史関係の専門書や入門書にもそうした歴史的変化を紹介する地図は載せられているが，カナダの地理や歴史的データを盛り込んだ専門的な手引きは便利である。

Harris, R. C., and G. J. Matthews, eds., *Historical Atlas of Canada: From the Beginning to 1800*, Toronto: University Toronto Press, 1987.

Harris, R. C., G. J. Matthews, and R. Louis Gentilcore eds., *Historical Atlas of Canada: The Land Transformed, 1800–1891*, Toronto: University Toronto Press, 1987.

Kerr, D. G. G., G. J. Matthews, and D. W. Holdsworth, eds., *Historical Atlas of Canada: Addressing the Twentieth Century, 1891–1961*, Toronto: University Toronto Press, 1990.

Kerr, D. G. G, ed., *A Historical Atlas of Canada*, Toronto: Thomas Nelson, 1961.

〈2. 事典や人名事典〉

Canadian Encyclopedia, Edomonton: Hurtig, 1985.（これはインターネット上でも閲覧できる＝www.thecanadianencyclopedia.com）

The Encyclopedia of Saskachewan: A Living Legacy, Regina: Canadian Plains Research Centre, University of Regina, 2005.（サスカチュワンを中心とする事典）

Bercuson, David J., and J. L. Granatstein, eds., *The Collins Dictionary of Canadian History, 1867 to the Present*, Toronto: Collins, 1988.

www.biographi.ca（DCB/DBC という人物事典）

〈3. 統計データ〉

www.statcan.ca（カナダ政府の統計庁が公開しているサイトでテーマ別に統計データ

が整理されている）

www.asiapacific.ca（アジア太平洋基金が英語で提供しているサイトでカナダとアジア
　諸国との貿易などについての詳しいデータが整理されている）

www.mofa.go.jp/mofaj/area/canada（日本の外務省が基礎データなどを日本語で提供）

〈4. 連邦政府の官庁や政策〉

www.canada.ca（英語と仏語でさまざまな情報が提供されている）

〈5. 新聞や放送メディア〉

www.cbc.ca（カナダ放送協会のサイトで最新のニュースを知るには便利）

www.theglobeandmail.com（カナダを代表するトロントの有力新聞のサイト）

〈6. 入門ガイド＆一次資料集〉

日本カナダ学会編，『はじめて出会うカナダ』，有斐閣，2009 年（テーマ別に基本的な
　事柄をまとめたもので便利なガイドである）

日本カナダ学会編，『新版　史料が語るカナダ：1535–2007』，有斐閣，2008 年（重要な
　文書や史料を集めたもの。史料は日本語に翻訳されている）

飯野正子・竹中豊編，『カナダを旅する 37 章』，明石書店，2011 年。

飯野正子・竹中豊編，『現代カナダを知るための 57 章』，明石書店，2010 年。

小畑精和・竹中豊編，『ケベックを知るための 54 章』，明石書店，2009 年。

綾部恒雄・飯野正子編，『カナダを知るための 60 章』，明石書店，2003 年。

De Brou, Dave and Bill Waiser, eds., *Documenting Canada: A History of Modern
　Canada in Documents*, Saskatoon: Fifth House Publishers, 1992.（連邦結成から
　1990 年代初頭までの重要な法律や政策などを集めたもので解説もついている）

Pryke, Kenneth G, and Walter C. Soderlund, eds., *Profiles of Canada*, Toronto: Ir-
　win, 1998.

David Taras and Beverly Rasporich, eds., *A Passion for Identity: An Introduction
　to Canadian Studies*, Toronto: Nelson, 1997.（英文による比較的短い論文やエッセ
　イをまとめたもので，カナダ史をアイデンティティの確立という観点から論じてい
　る）

〈7. 分野別文献ガイド〉

歴史

木村和男編，『カナダ史』（新版世界各国史 23），山川出版社，1999 年。

文献ガイド　　287

ダグラス・フランシス／木村和男編，『カナダの地域と民族：歴史的アプローチ』，同文舘出版，1993 年。

細川道久，『カナダの歴史がわかる 25 話』，明石書店，2007 年。

吉田健正，『カナダ：20 世紀の歩み』，彩流社，1999 年。

Brown Craig, ed., *The Illustrated History of Canada*, Toronto: Lester, 1991.

外交

J・L・グラナツティン／ジョン・セイウェル／吉田健正編，『カナダの外交』，御茶の水書房，1994 年。

櫻田大造，『カナダ外交政策論の研究：トルドー期を中心に』，彩流社，1999 年。

足立研幾，『オタワプロセス：対人地雷禁止レジームの形成』，有信堂高文社，2004 年。

細川道久，『カナダの自立と北大西洋世界：英米関係と民族問題』，刀水書房，2014 年。

Keating, Tom, *Canada and World Order: Multilateralist Tradition in Canadian Foreign Policy*, Toronto: Oxford University Press, 2002.

政治

ジョン・セイウェル，吉田健正訳，『カナダの政治と憲法』，三省堂，1994 年。

加藤普章，『カナダ連邦政治：多様性と統一への模索』，東京大学出版会，2002 年。

櫻田大造，『誰も知らなかった賢い国カナダ』，講談社，2003 年。

畠山圭一・加藤普章編，『アメリカ・カナダ』（世界政治叢書 1），ミネルヴァ書房，2008 年。

Courtney, J. C., and David Smith, eds. *Oxford Handbook of Canadian Politics*, Toronto: Oxford University Press, 2010.

経済

加勢田博，『カナダの経済：その軌跡と展望』，昭和堂，2001 年。

栗原武美子，『現代カナダ経済研究：州経済の多様性と自動車産業』，東京大学出版会，2011 年。

Pomfret, Richard, *The Economic Development of Canada*, Toronto: Nelson, 1989. 加勢田博，他訳，『カナダ経済史』，昭和堂，1991 年。

Dwyer, J, *Business History: Canada in the Global Community*, North York: Captus Press, 2000.

日本とカナダ

加藤周一編，『ハーバート・ノーマン：人と業績』，岩波書店，2002 年。

Lower, J. A., *Canada on the Pacific Rim*, Toronto: McGraw-Hill Ryerson, 1975.

Meehan, John D, *The Dominion and the Rising Sun: Canadian Encounters Japan, 1929–41*, Vancouver: UBC Press, 2004. 田中俊弘・足立研幾・原口邦紘訳，『日加関

係史　1929–1941：戦争に向かう日本―カナダの視座から』，彩流社，2006 年。

Schultz, John, and K. Miwa, eds., *Canada and Japan in the Twentieth Century*, Toronto: Oxford University Press, 1992. ジョン・シュルツ／三輪公忠編，『カナダと日本：21 世紀への架橋』，彩流社，1991 年。

第 4 章の文献ガイド

〈参考図書／事典〉

Bumsted, J. M., *Canada's Diverse Peoples: A Reference Sourcebook*, Santa Barbara, CA: ABC Clio, 2003.

〈一次史料〉

政府報告書

Citizenship and Immigration Canada, *Canada, Facts and Figures: Immigration Overview, Permanent and Temporary Residents, 2012*, Ottawa: Citizenship and Immigration Canada, 2012. 移民受け入れ数に関する歴史的変化，永住権を認める移民（Permanent Residents）および定住を認めない一時滞在を前提とする外国人（Temporary Residents）に関する詳細なデータが盛り込まれている。

―――, *Annual Report to Parliament on Immigration, 2013*, Ottawa: Citizenship and Immigration Canada, 2013. 移民政策の動向に関する分析，移民受け入れに関するデータ，連邦－州移民受け入れ協定に関する分析，移民の定住支援や多文化主義政策，そして移民政策とジェンダーに関する分析という 5 つのセクションにより構成されている。

Statistics Canada, *Canada's Ethnocultural Mosaic, 2006 Census*, Ottawa: Minister of Industry, 2006. 2006 年の国勢調査からヴィジィブル・マイノリティ（非白人のマイノリティ）は約 500 万人を超え，人口比では 16.2% まで上昇した。

〈二次史料〉

①書籍

Abella, Irving, & Harold Troper, *None Is Too Many: Canada and the Jews of Europe, 1933–1948*, Toronto: Lester, 1991.

Adamoski, R., D. E. Chunn, and R. Menzies, eds., *Contesting Canadian Citizenship: Historical Readings*, Peterborough: Broadview, 2002.

Avery, Donald, *Dangerous Foreigners: European Immigrant Workers and Labour*

文献ガイド　289

Radicalism in Canada, 1896–1932, Toronto: McClelland and Stewart, 1979.

Backhouse, Constance, *Color-Coded: A Legal History of Racism in Canada, 1900–1950*, Toronto: University of Toronto Press, 1999.

Belanger, Yale D., and P. Whitney Lackenbauer, eds., *Blockades or Breakthroughs?: Aboriginal Peoples Confront The Canadian State*, Montreal: McGill-Queen's University Press, 2014.

Berger, Thomas R., *Fragile Freedoms: Human Rights and Dissent in Canada*, Toronto: Clarke, Irwin and Company, 1981.

Caccia, Ivana, *Managing the Canadian Mosaic in Wartime: Shaping Citizenship Policy, 1939–1945*, Montreal: McGill-Queen's University Press, 2010.

Cameron, Elspeth, ed., *Multiculturalism and Immigration in Canada: An Introductory Reader*, Toronto: Canadian Scholar's Press, 2004.

Cook, Ramsay, *Canada, Quebec, and the Uses of Nationalism*, Toronto: McClelland and Stewart, 1986. 小浪充・矢頭典枝訳, 『カナダのナショナリズム：先住民・ケベックを中心に』, 三交社, 1994 年。

Dirks, Gerald, *Canada's Refugee Policy: Indifference or Opportunism?*, Montreal: McGill-Queen's University Press, 1977.

Epp, M., F. Iacovetta & F. Swyripa, eds., *Sisters or Strangers?: Immigrant, Ethnic, And Racialized Women in Canadian History*, Toronto: University of Toronto Press, 2004.

Fernando, Shanti, *Race and the City: Chinese Canadian and Chinese American Political Mobilization*, Vancouver: UBC Press, 2006.

Goutor, David & Stephen Heathorn, eds., *Taking Liberties: A History of Human Rights in Canada*, Toronto: Oxford University Press, 2013.

Hall, Shiva S., & Leo Driedger, eds., *Immigrant Canada: Demographic, Economic, And Social Challenges*, Toronto: University of Toronto Press, 1999.

Hawkins, Freda, *Canada and Immigration: Public Policy and Public Concern*, Montreal: McGill-Queen's University Press, 1978.

Iacovetta, Franca, *Gatekeepers: Reshaping Immigrant Lives in Cold War Canada*, Toronto: Between the Lines, 2006.

Iacovetta, Franca, R. Perin & A. Principe, eds., *Enemies Within: Italian and Other Internees in Canada and Abroad*, Toronto: University of Toronto Press, 2000.

Igartua, José E, *The Other Quiet Revolution: National Identities in English Canada, 1945–71*, Vancouver: University of British Columbia Press, 2006.

Isajiw, Wsevolod W., *Understanding Diversity: Ethnicity and Race in the Canadian Context*, Toronto: Thompson, 1993.

Janzen, William, *Limits on Liberty: The Experience of Mennonite, Hutterite, and Doukhobor Communities in Canada*, Toronto: University of Toronto Press, 1990.

Johnston, Hugh, *The Voyage of The Komagata Maru: The Sikh Challenge to Canada's Colour Bar*, Vancouver: University of British Columbia Press, 1995.

Kaplan, William, ed., *Belonging: The Meaning and Future of Canadian Citizenship*, Montreal: McGill-Queen's University Press, 1993.

Kelley, N. & M. Trebilcock, *The Making of the Mosaic: A History of Canadian Immigration Policy*, Toronto: University of Toronto Press, 1998.

Van Kirk, Sylvia, *Many Tender Ties: Women in Fur-Trade Society in Western Canada, 1670–1870*, Winnipeg: Watson and Dwyer, 1980. 木村和男・田中俊弘訳, 『優しい絆：北米毛皮交易社会の女性史, 1670-1870 年』, 麗澤大学出版会, 2014 年。

Knowles, Valerie, *Strangers at Our Gate: Canadian Immigration and Immigration Policy, 1540–2006*, Toronto: Dundurm Press, 1992. 細川道久訳, 『カナダ移民史：多民族社会の形成』, 明石書店, 2014 年。

Kordan, Bohdan S., *Enemy Aliens, Prisoners of War: Internment in Canada During the Great War*, Montreal: McGill-Queen's University Press, 2002.

Laquian, E. A., and T. McGee, eds., *The Silent Debate: Asian Immigration and Racism in Canada*, Vancouver: Institute of Asian Research, UBC, 1998.

Lenard, Patti Tamara and Christine Straehle, eds., *Legislated Inequality: Temporary Labour Migration in Canada*, Montreal: McGill-Queen's University Press, 2012.

Li, Peter S., *Destination Canada: Immigration Debates and Issues*, Toronto: Oxford University Press, 2002.

―――, *The Chinese in Canada*, Toronto: Oxford University Press, 1998.

―――, ed., *Race and Ethnic Relations in Canada*, Toronto: University of Toronto Press, 1990.

Lupul, Manoly R., *The Politics of Multiculturalism: A Ukrainian-Canadian Memoir*, Edmonton: Canadian Institute of Ukrainian Studies Press, 2005.

Omatsu, Maryka, *Bitter Sweet Passage*, Toronto: Between the Lines, 1992. 田中裕介・田中デアドリ訳, 『ほろ苦い勝利：戦後日系カナダ人リドレス運動史』, 現代書館, 1994 年。

Palmer, Howard, *Ethnicity and Politics in Canada since Confederation*, Ottawa:

Canadian Historical Association, 1991.

Pratt, Anna, *Securing Borders: Detention and Deportation in Canada*, Vancouver: UBC Press, 2005.

Roberts, Barbara, *Whence They Came: Deportation from Canada, 1900–1935*, Ottawa: University of Ottawa Press, 1998.

Roy, Patricia E., *The Triumph of Citizenship: The Japanese and Chinese in Canada, 1941–67*, Vancouver: UBC Press, 2007.

―――, *The Oriental Question: Consolidating a White Man's Province, 1914–41*, Vancouver: UBC Press, 2003.

Stoffman, Daniel, *Who Gets In: What's Wrong with Canada's Immigration Program and How to Fix It*, Toronto: Mcfarlane Walter and Ross, 2002.

Sunahara, Ann G., *The Politics of Racism: The Uprooting of Japanese Canadians during the Second World War*, Toronto: James Lorimer, 1981.

Thompson, John H., *Ethnic Minorities During Two World Wars*, Ottawa: Canadian Historical Association, 1991.

Triadafilopoulos, Triadafilos, *Becoming Multicultural: Immigration and the Politics of Membership in Canada and Germany*, Vancouver: UBC Press, 2012.

Walker, Barrington, ed., *The History of Immigration and Racism in Canada: Essential Readings*, Toronto: Canadian Scholar's Press, 2008.

Ward, W.Peter, *White Canada Forever: Popular Attitudes and Public Policy toward Orientals in British Columbia*, Montreal: McGill-Queen's University Press, 1978.

Whitaker, Reg, *Canadian Immigration Policy since Confederation*, Ottawa: Canadian Historical Association, 1991.

―――, *Double Standard: The Secret History of Canadian Immigration*, Toronto: Lester & Orpen Dennys, 1987.

Wickberg, Edgar, and Graham Johnson, eds., *From China to Canada: A History of the Chinese Communities in Canada*, Toronto: McClelleland & Stewart, 1982.

綾部恒雄編，『カナダ民族文化の研究：多文化主義とエスニシティ』，刀水書房，1989 年。

飯野正子，『日系カナダ人の歴史』，東京大学出版会，1997 年。

新保満，『石をもて追わるるごとく：日系カナダ人社会史』，御茶の水書房，1996 年。

高村宏子，『北米マイノリティと市民権：第一次世界大戦における日系人，女性，先住民』，ミネルヴァ書房，2009 年。

細川道久，『白人支配のカナダ史』，彩流社，2012 年。

―――，『カナダ・ナショナリズムとイギリス帝国』，刀水書房，2007 年。

松村昌家・井野瀬久美恵，『祖国イギリスを離れて：ヴィクトリア時代の移民』，本の友社，1997 年。

森川眞規雄編，『先住民，アジア系，アカディアン：変容するカナダ多文化社会』，行路社，1998 年。

②論文

Adelman, Howard, "An Immigration Dream: Hungarian Refugees Come to Canada," in R. H. Keyserlingk, ed., *Breaking Ground*, Toronto: York Lanes Press, 1993, pp. 25–44.

Bélanger, A., and E. C. Malenfant, "Ethnocultural Diversity in Canada: Prospects for 2017," *Canadian Social Trends*, Winter 2005, pp. 18–21.

Boyd, Monica and Michael Vickers, "100 Years of Immigration in Canada," *ibid.*, Autumn 2000, pp. 2–12.

Cunliffe, Harry, "The Liberalization of Immigration Policy from 1945 to 1956: An Insider's View," in Keyserlingk, ed., *Breaking Ground*, pp. 13–23.

Dirks, Gerald E., "Canada and Immigration: International and Domestic Considerations in the Decade Preceding the 1956 Hungarian Exodus," *ibid.*, pp. 3–11.

Errington, Elizabeth Jane, "British Migration and British America, 1783–1867," in P. Buckner, ed., *Canada and the British Empire*, Toronto: Oxford University Press, 2008, pp. 140–159.

Harper, Marjory, "Rhetoric and Reality: British Migration to Canada, 1867–1967," *ibid.*, pp. 160–180.

Hoerder, Dirk, "Ethnic Studies in Canada from the 1880s to 1962, A Historiographical Perspective and Critique," *Canadian Ethnic Studies*, Vol. XXVI, No. 1, 1994, pp. 1–18.

Iacovetta, Franca, and Robert Ventresca, "Redress, Collective Memory, and the Politics of History," in Franca Iacovetta, R. Perin, and A. Principe, eds., *Enemies Within: Italians and Other Internees in Canada and Abroad*, Toronto: University of Toronto Press, 2000, pp. 378–412.

Islam, Nasir, "Canada's Immigration Policy: Compassion, Economic Necessity or Lifeboat Ethnics?," in Katherine A. Graham, ed., *How Ottawa Spends, 1989–90: The Buck Stops Where?*, Ottawa: Carleton University Press, 1989, pp. 209–246.

文献ガイド　293

Jakobsh, Doris R, "The Sikhs in Canada: Culture, Religion, and Radicalization," in Paul Bramadat, and Lorne Dawson, eds., *Religions Radicalization and Securitization in Canada and Beyond*, Toronto: University of Toronto Press, 2014, pp. 164–200.

James, Matt, "Redress Politics and Canadian Citizenship," in H. Lazar, and T. McIntosh, eds., *Canada: The State of the Federation, 1998/99: How Canadians Connect*, Montreal: McGill-Queen's University Press, 1999, pp. 247–281.

Kage, Joseph, "The Settlement of Hungarian Refugees in Canada," in Keyserlingk, ed., *Breaking Ground*, pp. 99–113.

Lehr, John C., "Peopling the Prairies with Ukrainians," in L. Luciuk, and S. Hryniuk, eds., *Canada's Ukrainians: Negotiating an Identity*, Toronto: University of Toronto Press, 2012, pp. 30–52.

Liberati, Luigi Bruti, "The Internment of Italian Canadians," in Iacovetta, Perin, & Principe, eds., *Enemies Within*, pp. 76–98.

Minenko, Mark, "Without Just Cause: Canada's First National Internment Operations," in *ibid*, pp. 288–303.

Perin, Robert, "Writing about Ethnicity," in D. Taras, B. Rasporich, & E. Mandel, eds., *A Passion for Identity*, Scarborough: Nelson Canada, 1993, pp. 201–230.

Petryshyn, Jaroslav, "Sifton's Immigration Policy," in Luciuk & Hryniuk, eds., *Canada's Ukrainians*, pp. 17–29.

Pickersgill, J. W, "The Minister and the Hungarian Refugees," in Keyserlingk, ed., *Breaking Ground*, pp. 47–51.

Radforth, Ian, "Political Prisoners: The Communist Internees," in Iacovetta, Perin, & Principe, eds., *Enemies Within*, pp. 194–224.

Tarnocai, Charles, "The University of Sopron in Canada," in *ibid*, pp. 87–97.

Whitaker, Reg, and Gregory S. Kealey, "A War on Ethnicity: The RCMP and Internment," *ibid.*, pp. 128–147.

阿部浩己,「カナダの移民・難民法制：在外研究覚書 2005」,『神奈川法学』, 第 37 号第 2・3 号, 2005 年, 17–143 頁。

大岡栄美,「『安全』かつ『効率的』管理に向かうカナダの難民庇護政策：ハーパー保守党政権による境界再編に関する一考察」,『法学研究』, 第 89 巻第 2 号, 2016 年 2 月, 343–370 頁。

太田唱史,「加米間の『安全な第三国』協定：庇護希望者への影響」,『カナダ研究年報』, 第 24 号, 2004 年, 32–40 頁。

加藤普章，「近代国民国家と先住民：異邦人と市民のあいだ」，初瀬龍平編著，『エスニシティと多文化主義』，同文舘出版，1996 年，233-255 頁。

洪　恵子，「カナダにおける『非庇護国』政策の意義：国際的刑事裁判所の発展に対する貢献の背景という視点から」，『カナダ研究年報』，第 26 号，2006 年，23-37 頁。

住吉良人，「カナダにおける移民政策と難民問題」，『法律論叢』（明治大学），第 62 巻第 4・5・6 号合併号，1990 年 3 月，69-149 頁。

陶山宣明，「カナダの難民政策：その後」，『カナダ研究年報』，第 13 号，1993 年，90-99 頁。

田中俊弘，「カナダの戦時措置法とその問題：第二次世界大戦，ディフェンベーカー政権期の議論を中心に」，『麗澤レヴュー』，第 19 巻，2013 年 6 月，19-44 頁。

―――，「移民による帝国強化の試み：1922 年帝国移民法とカナダ」，『カナダ研究年報』，第 26 号，2006 年 9 月，59-71 頁。

田村知子，「カナダの新移民法：グローバル化と知識集約型経済への挑戦」，『国際関係研究』（津田塾大学），第 29 号，2003 年，19-36 頁。

広瀬健一郎，「スティーヴン・ハーパー首相による元インディアン寄宿舎学校生徒への謝罪プロセス」，『カナダ研究年報』，第 30 号，2010 年，65-71 頁。

細川道久，「大戦間期カナダにおける『白人』移民の選別：1922-23 年移民・植民省小委員会史料が語るもの」，『カナダ研究年報』，第 26 号，2006 年，103-109 頁。

―――，「カナダ多文化主義研究試論：イギリス帝国史の文脈から」，『カナダ研究年報』，第 20 号，2000 年，50-56 頁。

松井佳子，「オーストラリア外交における難民問題と地域的解決の模索」，『法学研究』，第 89 巻第 2 号，2016 年 2 月，289-315 頁。

本岡大和，「カナダの難民政策：再定住プログラムを中心に」，『Core Ethics』（立命館大学），Vol. 5, 2009, 487-495 頁。

第 5 章の文献ガイド

〈一次史料〉

政府報告書

Citizenship and Immigration Canada, *Annual Report on the Operation of the Canadian Multiculturalism Act, 2012-2012*, Ottawa: Citizenship and Immigration Canada, 2012. （1988 年に多文化主義法が制定され，多文化主義に関する年次報告書が定期的に刊行されるようになった。それまでは国務省（Secretary of the State）の中に設置された多文化主義担当課が不定期に国務省の年次報告書において多文化主

義政策について言及することが一般的であった。その後，多文化主義政策は国務省の後任として 1996 年に発足した民族遺産省（Heritage Canada）により担当されることになった。2008 年秋には民族遺産省の管轄に置かれていた多文化主義政策は移民政策や定住支援政策との整合性を高める目的もあり，市民権・移民省（CIC）へと移管された。そのため，市民権・移民省は移民政策に止まらず，多文化主義政策をカバーする重要な官庁へと変化してきた。この報告書は多文化主義政策を詳細に説明している。）

————, *Departmental Performance Report for the Period Ending March 31, 2012*, Ottawa: Citizenship and Immigration Canada, 2013.（市民権・移民省の予算執行，組織や人員配置，そして政策レヴューなどはこの報告書でまとめられている。組織や予算などを見るには便利なガイドである。）

————, *Inter-Action:Canada's New Multiculturalism Grants & Contribution Programs*, Ottawa: Citizenship and Immigration Canada, 2011.（カナダの民間団体が移民支援事業や多文化主義的なイベントを開催する場合，市民権・移民省がその費用を補助するというプログラムが 2010 年 6 月からスタートした。市民権・移民省はそうした事業費の半分までを補助するが各事業（プロジェクト）上限度は 1 万 5000 ドルとなっている。連邦政府は多文化主義推進のための音頭を取るが，具体的な事業の主体を民間団体や NGO に委ねるというカナダ的な取り組みの実例である。）

————, *Report on Plans and Priorities, 2014–2015*, Ottawa: Citizenship and Immigration, Canada, 2014.（市民権・移民省が追求すべき政策目標について毎年，継続的にレヴューするもので，課題や問題などを理解するには便利なものである。）

————, Evaluation Division, *Evaluation of the Multiculturalism Program*, Ottawa: Citizenship and Immigration Canada, March 2012.（市民権・移民省の政策評価部（Evaluation Division）が個別の政策やプログラムを審査したもの。予算執行方法や政策効果など多面的な考察が行われている。）

————, Evaluation Division, *Evaluation of the Historical Recognition Program*, Ottawa: Citizenship and Immigration Canada, January 2013.（市民権・移民省の政策評価部（Evaluation Division）が個別の政策やプログラムを審査したもの。ここではカナダにおいて過去に行われた特定の民族・人種に対する差別的な行為（中国系移民に対する人頭税など）を連邦政府が公的に謝罪するプログラムの評価を行っている。）

The Special Committee on Visible Minorities in Canadian Society, House of Commons, *Equality Now!*（*Report of the Special Committee on Participation of Visible Minorities in Canada*）, Ottawa: House of Commons, March 1984.（連邦下院

296

に設置された特別委員会はマイノリティの社会参加を論じた画期的な報告書を 1984
年 3 月に刊行した。当時の多文化主義政策は法的にも政治的にも枠組みが弱く，そう
した弱点を指摘，改善への提案策を明示した。）

Minister of State, Multiculturalism, *Multiculturalism: A Canadian Reality* (Report of the Third Canadian Conference on Multiculturalism), Ottawa: Minister of Supply and Services Canada, 1980. （多文化主義の内容を検討するために 1973 年に設立された委員会（CCCM, Canadian Consultative Council on Multiculturalism）は関係者を招いて審議を続けていた。この報告書は第 3 回会議において分野ごとに検討し，それをまとめたものである。1970 年代末における多文化主義政策への期待や要望などを知るには便利なガイドである。）

〈二次史料〉

①書籍

Abu-Laban, Yasmeen, and Christina Gabriel, *Selling Diversity: Immigration, Multiculturalism, Employment Equity, and Globalization*, Peterborough: Broadview, 2002.

Andrew, C., J. Biles, M. Siemiatycki, and E. Tolley, eds., *Electing A Diverse Canada: The Representation of Immigrants, Minorities, and Women*, Vancouver: UBC Press, 2008.

Bakan, Abigail B., and Daiva Stasiulis, eds., *Not One of the Family: Foreign Domestic Workers in Canada*, Toronto: University of Toronto Press, 1997.

Bell, Stewart, *Cold Terror: How Canada Nurtures and Exports Terrorism around the World*, Toronto: John Wiley and Sons Canada, 2004.

Castles, Stephen, and Mark Miller, *The Age of Migration: International Population Movements in the Modern World*, 4th Edition, Basingstoke: Palgrave Macmillan, 2009. 関根政美・関根薫訳，『国際移民の時代』，名古屋大学出版会，2011 年。

Chan, Wendy, and Kiran Mirchandani, eds., *Crime of Colour: Racialization and the Criminal Justice in Canada*, Peterborough: Broadview, 2002.

Edwards, J., ed., *Language in Canada*, Cambridge: Cambridge University Press, 1999.

Fleras, Augie, *The Politics of Multiculturalism: Multicultural Governance in Comparative Perspective*, London: Palgrave Macmillan, 2009.

Fleras, Augie, and Jean Leonard Elliott, *Engaging Diversity: Multiculturalism in Canada*, Peterborough: Nelson, 2002.

文献ガイド　297

Good, Kristin R., *Municipalities and Multiculturalism: The Politics of Immigration in Toronto and Vancouver*, Toronto: University of Toronto Press, 2009.

Grasby, Al, *The Tyranny of Prejudice*, Melbourne: Australian Educa Press, 1984. 藤森黎子訳,『寛容のレシピ：オーストラリア風多文化主義を召し上がれ』, NTT 出版, 2002 年。

Hayday, M., *Bilingualism Today, United Tomorrow*, Montreal: McGill-Queen's University Press, 2005.

Hillmer, N., B. Kordan, and L. Luciuk, eds., *On Guard For Thee: War, Ethnicity, and the Canadian State, 1939–1945*, Ottawa: Canadian Committee for the History of the Second World War, 1988.

Kallen, Evelyn, *Ethnicity and Human Rights in Canada*, Toronto: Oxford University Press, 1995.

Kymlicka, Will, *Finding Our Way: Rethinking Ethnocultural Relations in Canada*, Toronto: Oxford University Press, 1998.

Lenard, Patti T., and Christine Straehle, eds., *Legislated Inequality: Temporary Labour Migration in Canada*, Montreal: McGill-Queen's University Press, 2012.

Martin, Samuel A., *An Essential Grace: Funding Canada's Health Care, Education, Welfare, Religion and Culture*, Toronto: McClelland and Stewart, 1985.

Morris, Michael A., ed., *Canadian Language Policies in Comparative Perspective*, Montreal: McGill-Queen's University Press, 2010.

Murray, Victar, The *Management of Nonprofit and Charitable Organizations in Canada*, Markham: LexisNexis 2009.

Pal, Leslie A., *Interest of State: The Politics of Language, Multiculturalism, and Feminism in Canada*, Toronto: University of Toronto Press, 1993.

Serge, Joe, *Canadian Citizenship Made Simple: A Practical Guide to Immigration and Citizenship in Canada*, Toronto: Doubleday Canada, 1994.

Torpey, John, *The Invention of Passport: Surveillance, Citizenship and the State*, Cambride: Cambridge University Press, 1999. 藤川隆男監訳,『パスポートの発明：監視・シティズンシップ・国家』, 法政大学出版局, 2008 年。

Wallis, Maria, and A. Fleras, eds., *The Politics of Race in Canada*, Toronto: Oxford University Press, 2009.

河原祐馬・島田幸典・玉田芳史編,『移民と政治：ナショナル・ポピュリズムの国際比較』, 昭和堂, 2011 年。

関口礼子編,『カナダ多文化主義教育に関する学際的研究』, 東洋館出版社, 1988 年。

篠原ちえみ，『移民のまちで暮らす：カナダ マルチカルチュラリズムの試み』，社会評論社，2003 年。

新川敏光編，『多文化主義社会の福祉国家：カナダの実験』，ミネルヴァ書房，2008 年。

高佐智美，『アメリカにおける市民権：歴史に揺らぐ「国籍」概念』，勁草書房，2003 年。

多文化社会研究会編訳，『多文化主義：アメリカ，カナダ，イギリス，オーストラリアの場合』，木鐸社，1997 年。

富井幸雄，『憲法と緊急事態法制：カナダの緊急権』，日本評論社，2006 年。

②論文

Agocs, Carol, "Canada's Employment Equity Act: Perspectives on Policy and Implementation," in R. Joshee and L. Johnson, eds., *Multicultural Education Policies in Canada and the US*, Vancouver: UBC Press, 2007, pp. 167–187.

Banting, Keith G., "Canada as Counternarrative: Multiculturalism, Recognition, and Redistribution," in L. A. White, R. Simeon, R. Vipond, and J. Wallner, eds., *The Comparative Turn in Canadian Political Science*, Vancouver: UBC Press, 2008, pp. 59–76.

————, "Social Citizenship and the Multicultural Welfare State," in Alan C. Cairns and John C. Courtney, eds., *Citizenship, Diversity & Pluralism: Canadian and Comparative Perspective*, Toronto:University of Toronto Press, 1999, pp.108–136.

Forbes, Hugh Donald, "Trudeau as the First Theorist of Canadian Multiculturalism," in S. Tierney, ed., *Multiculturalism and the Canadian Constitution*, Vancouver: UBC Press, 2007, pp. 27–42.

Garcea, Joseph, and Neil Hibbert, "Policy Framework for Managing Diversity in Canada: Taking Stock for Taking Action," in M. Burstein, J. Biles, J. Frideres, E. Tolley, and R. Vineberg, eds., *Integration and Inclusion of Newcomers and Minorities across Canada*, Montreal: McGill-Queen's University Press, 2011, pp. 45–75.

Karim, Karim H, "*Canadian Multiculturalism: Historical and Political Contexts*," Global Centre for Pluralism. [www.pluralism.ca/images/PDF_docs/pluralism_papers/Karim_paper_pp1.pdf]

Li, Peter S., "The Multiculturalism Debate," in Peter S. Li, *Race and Ethnic Relations in Canada*, Toronto: Oxford University Press, 1999, pp.148–177.

Loescher, Gil, and James Milner, "UNHCR and the Global Governance of Refu-

文献ガイド　299

gees," in A. Betts, ed., *Global Migration Governance*, Oxford: Oxford University Press, 2012, pp. 189–209.

Patel, Shaista, "Anti-terrorist Act and National Security: Safeguarding the Nation against Uncivilized Muslims," in Jasmin Zine, ed., *Islam in the Hinterland: Muslim Cultural Politics in Canada*, Vancouver: UBC Press, 2012, pp. 272–298.

Stasiulis, Daiva and Yasmeen Abu-Laban, "Ethnic Activism and the Politics of Limited Inclusion in Canada," in Alain-Gagnon and J.P. Bickerton, eds., *Canadian Politics*, Toronto: Broadview Press, 1990, pp. 580–608.

Temelini, Michael, "Multicultural Rights, Multicultural Virtues: A History of Multiculturalism in Canada," in S. Tierney, ed., *Multiculturalism and the Canadian Constitution*, Vancouver: UBC Press, 2007, pp. 43–60.

Wilson, V. Seymour, "The Tapestry of Canadian Multiculturalism," *Canadian Journal of Political Science*, Vol. XXVI, No. 4, December 1993, pp. 645–669.

朝田恵子,「トロント市の多文化主義：移民統合の最前線としての自治体」,『大東法政論集』(大東文化大学大学院・法学研究科), 第 13 号, 2005 年 3 月, 31–63 頁。

―――,「カナダ連邦多文化主義法年次報告書：10 周年記念号 (1997–1998 年)」,『大東法政論集』, 第 11 号, 2003 年 3 月, 317–344 頁。

安達智史,「多民族社会イギリスの統合をめぐる定義：制度的人種主義からコミュニティの結束へ」(第 4 章), 安達智史,『リベラル・ナショナリズムと多文化主義：イギリスの社会統合とムスリム』, 勁草書房, 2013 年, 123–167 頁。

加藤普章,「カナダにおける国家と宗教の関係：歴史的に見た考察」,『大東法学』(大東文化大学法学部), 第 22 巻第 1・2 号, 2013 年 3 月, 3–32 頁。

―――,「カナダの多文化主義：都市レベルにおける実情と特質について」(第 1 章第 2 節 I),『民族に関する基礎研究 II：民族政策を中心に』, 総合研究開発機構 (NIRA), 1996 年, 57–77 頁。

―――,「カナダにおける多文化主義行政の枠組み」(第 3 章第 2 節),『民族に関する基礎研究：国家と民族』, 総合研究開発機構 (NIRA), 1993 年, 196–212 頁。

高野晃一,「1990 年代におけるカナダ多文化主義計画のリニューアル」,『立命館国際研究』, 第 12 号第 3 巻, 2000 年 3 月, 275–290 頁。

田村知子,「カナダ多文化主義の現実とジレンマ」, 初瀬龍平編著,『エスニシティと多文化主義』, 125–150 頁。

キース・G・バンティング,「相反する立場としてのカナダ：多文化主義と認識と再分配」,『海外社会保障研究』, No. 163, Summer 2008, 4–17 頁。

吉田謙蔵,「住宅環境をめぐる地元住民と中国系住民との対立：多文化都市バンクーバ

－での事例」,『大東法政論集』, 第 13 号, 2005 年 3 月, 83-106 頁。

第 6 章の文献ガイド

〈一次史料〉
①政府報告書
Kymlicka, Will, *The Current State of Multiculturalism in Canada and Research Themes on Canadian Multiculturalism, 2008–2010*, Ottawa: Citizenship and Immigration Canada, 2010.

②世論調査
Angus Reid Public Opinion, "More Canadians Are Questioning the Benefits of Immigration," September 9, 2010. [www.angus-reid.com]

―――――, "Canadians Endorse Multiculturalism, but Pick Melting Pot Over Mosaic," November 8, 2010. [www.angus-reid.com]

―――――, "Canadians Are Divided on the Actual Effect of immigration," January 31, 2012. [www.angus-reid.com]

Lambert, Majorie E., *Public Opinion Research: On Multiculturalism and Immigration*, Ottawa: Department of Multiculturalism and Citizenship, Policy & Research, January 1990.

Soroka, Stuart and Sarah Robertson, *A Literature Review of Public Opinion Research on Canadian Attitudes towards Multiculturalism and Immigration, 2006–2009*, Ottawa: Citizenship and Immigration Canada, March 2010.

③民間財団による報告書
The Commission on the Future of Multi-Ethnic Britain, *The Report of the Commission on the Future of Multi-Ethnic Britain* (The Parekh Report), London: Profile Books, 2000.

〈二次史料〉
①書籍
Adams, Michael, *Unlikely Utopia: The Surprising Triumph of Canadian Multiculturalism*, Toronto: Penguin Canada, 2008.

Adelman, Howard, and Pierre Anctil, eds., *Religion, Culture, and the State: Reflections on the Bouchard-Taylor Report*, Toronto: University of Toronto Press, 2011.

Bell, David V. J., *The Roots of Disunity: A Study of Canadian Political Culture* (Revised Edition), Toronto: Oxford University Press, 1992.

Bibby, Reginald W., *Mosaic Madness: Pluralism Without a Cause*, Toronto: Stoddart, 1990. 太田徳夫・町田喜義訳,『モザイクの狂気：カナダ多文化主義の功罪』, 南雲堂, 2001 年。

Bissoondath, Neil, *Selling Illusions: The Cult of Multiculturalism in Canada*, Toronto: Penguin Books, 1994.

Bloemraad, Irene, *Becoming a Citizen: Incorporating Immigrants and Refugees in The United States and Canada*, Berkeley: University of California Press, 2006.

Bouchard, G., *Interculturalism: A View from Quebec*, Toronto: University of Toronto Press, 2015.

Bouchard, G., et C. Taylor, *Fonder L'Avenir: Le temps de la conciliation*, Quebec: Gouvernement du Québec, 2008. 竹中豊・飯笹佐代子・矢頭典枝訳,『多文化社会ケベックの挑戦』, 明石書店, 2011 年。

Brian, R., and D. Johnson, *Restraining Equality: Human Rights Commissions in Canada*, Toronto: University of Toronto Press, 2000.

Cantle, Ted, *Interculturalism: The New Era of Cohesion and Diversity*, London: Palgrave, 2012.

Eliadis, Pearl, *Speaking Out on Human Rights: Debating Canada's Human Rights System*, Montreal: McGill-Queen's University Press, 2014.

Gagnon, Alain-G., *L'Age des incertitudes*, Québec: Presses de l'Universite Laval, 2011.丹羽卓訳,『マルチナショナル連邦制：不確実性の時代のナショナル・マイノリティ』, 彩流社, 2015 年。

Gagnon, Alain-G., and Raffaele Iacovino, *Federalism, Citizenship, and Quebec*, Toronto: University of Toronto Press, 2006.丹羽卓監修, 古地順一郎・柳原克行訳, 『マルチナショナリズム：ケベックとカナダ・連邦制・シティズンシップ』, 彩流社, 2012 年。

Goutor, David and Stephen Heathorn, eds., *Taking Liberties: A History of Human Rights in Canada*, Toronto: Oxford University Press, 2013.

Granatstein, Jack L, *Who Killed Canadian History?*, Toronto: HarperCollins, 1998.

Gwyn, Richard, *Nationalism Without Walls: The Unbearable Lightness of Being Canadian*, Toronto: McClelland and Stewart, 1995.

Kymlicka, Will, *Politics in the Vernacular: Nationalism, Multiculturalism, and Citizenship,* Oxford: Oxford University Press, 2001. 岡崎晴輝・施光恒・竹島博之

監訳，『土着語の政治：ナショナリズム・多文化主義・シティズンシップ』，法政大学出版局，2012 年。

—————, *Multicultural Odysseys: Navigating the New International Politics of Diversity*, Oxford: Oxford University Press, 2007.

—————, *Multicultural Citizenship: A Liberal Theory of Minority Rights*, Oxford: Oxford University Press, 1995. 角田猛之・石山文彦・山﨑康仕監訳，『多文化時代の市民権』，晃洋書房，1998 年。

Levy, Jacob T., *The Multiculturalism of Fear*, Oxford: Oxford University Press, 2000.

Loney, Martin, *The Pursuit of Division: Race, Gender, and Preferential Hiring in Canada*, Montreal: McGill-Queen's University Press, 1998.

McRae, Kenneth D., ed., *Consociational Democracy: Political Accommodation in Segmented Societies* (The Carleton Library No. 79), Toronto: McClelland and Stewart, 1974.

Pathak, Pathik, *The Future of Multicultural Britain: Confronting the Progressive Dilemma*, Edinburgh: Edinburgh University Press, 2008.

Parekh, Bhikhu, *Rethinking Multinationalism: Cultural Diversity and Political Theory*, London: Macmillan, 2006.

Ryan, Phil, *Multicultiphobia*, Toronto: University of Toronto Press, 2011.

Schlesinger Jr., Arthur M., *The Disuniting of America: Reflections on a Multicultural Society*, New York: Whittle Books, 1991. 都留重人監訳，『アメリカの分裂：多元文化社会についての所見』，岩波書店，1992 年。

Stevenson, Garth, *Building Nations from Diversity: Canadian and American Experience Compared*, Montreal: McGill-Queen's University Press, 2014.

Taras, Raymond, ed., *Challenging Multiculturalism: European Models of Diversity*, Edinburgh: Edinburgh University Press, 2013.

Taylor, Charles, *Reconciling the Solitudes:Essays on Canadian Federalism and Nationalism*, Montreal: McGill-Queen's University Press, 1993.

Taylor, Charles, K. Anthony, A. J. Habermas, S. C. Rockefeller, M. Walzer, and S. Wolf, *Multiculturalism: Examining the Politics of Recognition*, Princeton: Princeton University Press, 1994. 佐々木毅・辻康夫・向山恭一訳，『マルチカルチュラリズム』，岩波書店，1996 年。

Tully, James, *Strange Multiplicity: Constitutionalism in an Age of Diversity*, Cambridge: Cambridge University Press, 1995.

Yalden, Maxwell, *Transforming Rights: Reflections from the Front Lines*, Toronto: University of Toronto Press, 2009.

安達智史，『リベラル・ナショナリズムと多文化主義：イギリスの社会統合とムスリム』，勁草書房，2013 年。

戴エイカ，『多文化主義とディアスポラ』，明石書店，1999 年。

佐久間孝正，『多文化教育の充実に向けて：イギリスの経験，これからの日本』，勁草書房，2014 年。

―――――，『移民大国イギリスの実験：学校と地域にみる多文化の現実』，勁草書房，2007 年。

関根政美，『多文化主義社会の到来』，朝日新聞社，2000 年。

西川長夫／渡辺公三／ガバン・マコーマック編，『多文化主義・多言語主義の現在：カナダ・オーストラリア・そして日本』，人文書院，1997 年。

初瀬龍平編著，『エスニシティと多文化主義』，同文舘，1996 年。

溝上智恵子，『ミュージアムの政治学：カナダの多文化主義と国民文化』，東海大学出版会，2003 年。

宮島喬，『多文化であることとは：新しい市民社会の条件』，岩波書店，2014 年。

油井大三郎・遠藤泰生編，『多文化主義のアメリカ：揺らぐナショナル・アイデンティティ』，東京大学出版会，1999 年。

米山リサ，『暴力・戦争・リドレス：多文化主義のポリティクス』，岩波書店，2003 年。

②論文

Abu-Laban, Yasmeen, and David Stasiulis, "Ethnic Pluralism Under Siege: Popular and Partisan Opposition to Multiculturalism," *Canadian Public Policy*, Vol. XVIII, No. 4, December 1992, pp. 365–386.

Abu-Laban, Yasmeen, and Tim Nieguth, "Reconsidering the Constitution, Minorities and Politics in Canada," *Canadian Journal of Political Science*, Vol. XIII, No. 3, September 2000, pp. 465–497.

Aizlewood, Amanda, and Ravi Pendakur, "Ethnicity and Social Capital in Canada," in Fiona M. Kay, and R. Johnston, eds., *Social Capital, Diversity, and the Welfare State*, Vancouver: UBC Press, 2007, pp. 169–198.

Anderson, Christopher G., and Jerome H. Black, "The Political Integration of Newcomers, Minorities, and the Canadian-Born: Perspectives on Naturalization, Participation, and Representation," in J. Biles, M. Burstein, and J. Frideres, eds., *Immigration and Integration in Canada in the Twenty-first Century*, Montreal: McGill-Queen's University Press, 2008, pp. 45–75.

Behiels, Michael, "Canada and the Implementation of International Instruments of Human Rights: A Federalist Conundrum, 1919–1982," in Dimitry Anastakis, and P. E. Bryden, eds., *Framing Canadian Federalism: Historical Essays in Honour of John T. Saywell*, Toronto: University of Toronto Press, 2009, pp. 151–184.

Bevelander, Pieter, and Raymond Taras, "The Twilight of Multiculturalism?: Finding from across Europe," in Raymond Taras, ed., *Challenging Multiculturalism: European Models and Diversity*, Edinburgh: Edinburgh University Press, 2013, pp. 3–24.

Bouchard, G, "What Is Interculturalism?" *McGill Law Journal*, Vol. 56, No. 2, 2011, pp. 435–468.

Breton, Raymond, "From Ethnic to Civic Nationalism: English Canada and Quebec," *Ethnic and Racial Studies*, Vol. 11, No. 1, January 1998, pp. 85–102.

Clement, Dominique, "The Rights Revolution in Canada and Australia: International Politics, Social Movements, and Domestic Law," in David Goutor, and Stephen Heathorn, eds., *Taking Liberties: A History of Human Rights in Canada*, Toronto: Oxford University Press, 2013, pp. 88–113.

Cohen-Almagor, Raphael, "Liberalism and the Limits of Multiculturalism," *Journal of Canadian Studies*, Vol. 36, No. 1, Spring 2001, pp. 80–93.

Davetian, Benet, "Out of the Melting Pot and Into the Fire: An Essay on Neil Bissoondath's Book on Multiculturalism," *Canadian Ethnic Studies*, Vol. XXVI, No. 3, 1994, pp. 135–140.

Eisenberg, Avigail, "Equality, Trust, and Multiculturalism," in Kay and Johnston, ed., *Social Capital, Diversity, and the Welfare State*, pp. 67–92.

Gagnon, Alain-G., and Raffaele Iacovino, "Framing Citizenship Status in an age of Polyethnicity: Quebec's Model of Interculturalism," in Hamish Telford and Harvey Lazar eds., *Canada: The State of the Federation 2001- Canadian Political Culture(s) in Transition*, Montreal: McGill-Queens' University Press, 2002, pp. 313–342.

Gropas, Ruby, and Anna Triandafyllidou, "Religious Diversity and Education: Intercultural and Multicultural Concepts and Policies," in Anna Triandafyllidou, Tariq Modood, and Nasar Meer, eds., *European Multiculturalism: Cultural, Religious and Ethnic Challenges*, Edinburgh: Edinburgh University Press, 2012, pp. 145–166.

Kymlicka, Will, "Marketing Canadian Multiculturalism in the International Arena," in L. A. White, R. Simeon, R. Vipond, and J. Wallner, eds., *The Comparative Turn in Canadian Political Science*, Vancouver: UBC Press, 2008, pp. 99–120.

————, "The Canadian Model of Multiculturalism in a Comparative Perspective," in S. Tierney, ed., *Multiculturalism and the Canadian Constitution*, Vancouver: UBC Press, 2007, pp. 61–90.

————, "Group Representation in Canadian Politics," in F. Leslie Seidle, ed., *Equality & Community: The Charter, Interest Advocacy and Representation*, Montreal: The Institute for Research on Public Policy, 1993, pp. 61–90.

Kymlicka, Will, and Kathryn Walker, "Rooted Cosmopolitanism: Canada and the World," in Will Kymlicka and Kathryn Walker, eds., *Rooted Cosmopolitanism: Canada and the World*, Vancouver: UBC Press, 2012, pp. 1–27.

Maclure, Jocelyn, "The Politics of Recognition at an Impasse?: Identity Politics and Democratic Citizenship," *Canadian Journal of Political Science*, Vol. 36, No. 1, March 2003, pp. 3–21.

Malik, Kenan, "The Failure of Multiculturalism: Community versus Society in Europe," *Foreign Affairs*, Vol. 94, No. 2, March-April, 2015, pp. 21–32.

Meer, N., and T. Modood, "How Does Interculturalism Contrast with Multiculturalism?," *Journal of Intercultural Studies*, Vol. 33, No. 2, April 2012, pp. 175–196.

Miera, Frauke, "Not a One-Way Road?: Integration as a Concept and as a Policy," in Modood, Triandafyllidou, and Meer, eds., *European Multiculturalism*, pp. 192–212.

Modood, Tariq, and Nasar Meer, "Contemporary Citizenship and Diversity in Europe: The Place of Multiculturalism," in R. Taras, ed., *Challenging Multiculturalism*, Edinburgh: University of Edinburgh Press, 2013, pp. 25–51.

Naos, Nik, "Canadians Strongly Support Immigration, but Don't Want Current Levels Increased," *Policy Options*, July/August 2010, pp. 10–14.

Qadeer, Mohammad A., "The Charter and Multiculturalism," *Policy Options*, Vol. 28, No. 2, February 2007, pp. 89–93.

Richmond, Anthony H., "Immigration and Multiculturalism in Canada and Australia: The Contradictions and Crises of the 1980s," *International Journal of Canadian Studies*, Vol. 3, Spring 1991, pp. 87–109.

Robinson, Andrew M., "Is Canadian Multiculturalism Parochial?: Canadian Contributions to Theorizing Justice and Ethnocultural diversity," in White, Simeon, Vipond, and Wallner, eds., *The Comparative Turn in Canadian Political Science*,

Vancouver: UBC Press, 2008, pp. 41-58.

Russell, Peter H., "The Charter and Canadian Democracy," in J. B. Kelly, and C. P. Manfredi, eds., *Contested Constitutionalism: Reflections on the Canadian Charter of Rights and Freedoms*, Vancouver: UBC Press, 2010, pp. 287-306.

Tepper, Elliot L., "Multiculturalism and Racism: An Evaluation," in E. Laquian, A. Aquan, and T. McGee, eds., *The Silent Debate: Asian Immigration and Racism in Canada*, Vancouver: Institute of Asian Research, University of British Columbia, 1998, pp. 51-66.

Tunnicliffe, Jennifer, "A Limited Vision: Canadian Participation in the Adoption of The International Covenants on Human Rights," in David Goutor, and Stephen Heathorn, eds., *Taking Liberties: A History of Human Rights in Canada*, Toronto: Oxford University Press, 2013, pp. 166-189.

Walker, James W. St. G., "Decoding the Rights Revolution: Lessons from the Canadian Experience," *ibid.*, pp. 29-58.

飯笹佐代子,「多文化社会ケベック, 共存への模索 :「妥当なる調整」をめぐる論争」,『ケベック研究』, 創刊号, 2009 年, 62-74 頁。

大岡栄美,「カナダにおける多文化市民意識の再構築 : 多文化主義・イスラム系移民・社会統合」, 関根政美・塩原良和編,『多文化交差世界の市民意識と政治社会秩序形成』, 慶應義塾大学出版会, 2008 年, 57-77 頁。

梶田孝道,「『多文化主義』をめぐる多様な文脈」,『国際問題』, No. 437, 1996 年 8 月, 2-15 頁。

———,「『多文化主義』をめぐる論争点」, 初瀬龍平編著,『エスニシティと多文化主義』, 同文舘出版, 1996 年, 67-102 頁。

加藤普章,「カナダの国籍概念と選挙権 : 英国臣民からカナダ人へ」,『大東法学』, 第 19 巻第 1 号, 2009 年 10 月, 1-33 頁。

———,「カナダのナショナリズム」, 田中浩・和田守編,『民族と国家の国際比較研究』, 未來社, 1997 年, 106-131 頁。

鎌田真弓,「多文化主義の新展開 : 先住民族との『和解』」,『オーストラリア研究』, 第 13 号, 2001 年 3 月, 46-64 頁。

上坂 昇,「アメリカ的多文化主義の意味」,『国際問題』, No. 437, 1996 年 8 月, 16-28 頁。

古地順一郎,「ケベックにおける移民・文化的マイノリティとその統合政策 : 政府行動計画実施委員会 (1981-1984 年) を中心に」,『ケベック研究』, 第 4 号, 2012 年, 72-89 頁。

新川敏光，「カナダ多文化主義と国民国家」，『法学論叢』（京都大学），第166巻第6号，2010年3月，35-67頁。

関根政美，「オーストラリアの多文化主義」，『国際問題』，No. 437，1996年8月，29-41頁。

―――，「国民国家と多文化主義」，初瀬龍平編著，『エスニシティと多文化主義』，41-66頁。

田村知子，「カナダ多文化主義の現実とジレンマ」，同書，125-150頁。

チャールズ・テイラー，「多文化主義・承認・ヘーゲル」（インタビュー），『思想』，865号，1996年7月，4-27頁。

辻康夫，「チャールズ・テイラーの何を論じるべきか」，『公共研究』（千葉大学），第5巻第4号，2009年3月，82-95頁。

富井幸雄，「カナダ憲法における条約締結と議会関与：イギリス立憲主義のジレンマ」，『法学新報』，第119巻第9・10号，2013年3月，503-536頁。

中野裕二，「移民の統合の『共和国モデル』とその変容」，宮島喬編，『移民の社会的統合と排除：問われるフランス的平等』，東京大学出版会，2009年，15-29頁。

仲村　愛，「ケベック州『和解』の原理：ブシャール＝テイラー報告を読む」，『ケベック研究』，第4号，2012年，90-106頁。

成嶋　隆，「ヘイト・スピーチ再訪（1）」，『獨協法学』，第92号，2013年12月，328-296頁。

松井佳子，「オーストラリアの『アジア太平洋国家化』言説と多文化主義」，関根政美・塩原良和編，『多文化交差世界の市民意識と政治社会秩序形成』，2008年，17-37頁。

第7章の文献ガイド

〈一次史料〉

政府報告書

Office of the Auditor General of Canada, *Report of the Auditor General of Canada to the House of Commons, Fall 2009*, Chapter 2, "Selecting Foreign Workers Under the Immigration Program," Ottawa: Minister of Public Works and Government Services, September 2009, pp. 1-50. （会計検査院は毎年，特定の官庁を選び，そこが担当する政策を取り上げて監査を実施している。2009年度の調査報告書の第2章では市民権・移民省が担当する外国人労働者選定のプログラムを審査している。）

―――, *Report of the Auditor General of Canada to the House of Commons, Fall 2011*, Chapter 2 "Issuing Visas," Ottawa: Minister of Public Works and Government Services, September 2011, pp. 1–32.（会計検査院は毎年，特定の官庁を選び，そこが担当する政策を取り上げて監査を実施している。2011 年度の調査報告書の第 2 章では市民権・移民省が担当する移民を希望する外国人のヴィザ審査と発行までのプロセスを審査している。）

Okonny-Myers, Ima, *The Interprovincial Mobility of Immigrants in Canada*, Ottawa: Citizenship and Immigration Canada, June 2010.（永住権を得た移民たちがカナダ入国後，どのようにカナダ国内を移動したかを分析したもの。東部沿海部の移民たちはオンタリオやケベックへ移動する傾向が強い。）

Kustec, Stan, and Li Xue, *Recent Immigrant Outcomes: 2005 Employment Earnings*, Ottawa: Citizenship and Immigration Canada, January 2009.（永住権を得た移民たちの収入は居住地域や職種により，それぞれ収入が異なることが示された。）

Xue, Li, *Portrait of an Integration Process: Difficulties Encountered and Resources Relied for Newcomers in Their First 4 Years in Canada*, Ottawa: Citizenship and Immigration Canada, June 2007.（移民の収入などを長期間にわたり追跡する研究プロジェクト（LSIC）が開始され，この調査では入国してから 4 年間の変化を分析した。）

Citizenship and Immigration Canada, Evaluation Division, *Evaluation of the Grant to Quebec*, Ottawa: Citizenship and Immigration Canada, July 2012.（市民権・移民省の政策評価部（Evaluation Division）が個別の政策やプログラムを審査したもの。連邦政府と州政府はこれまで移民受け入れ協定を締結してきたが，その実態を分析したもの。ケベックに焦点を当てているが，ケベック以外の州についても言及されている。）

―――, *Evaluation of Ministerial Instructions (Implementation)*, Ottawa: Citizenship and Immigration Canada, December 2011.（市民権・移民省の政策評価部が個別の政策やプログラムを審査したもの。経済移民の受け入れ基準を 2006 年以降，変更してきたが，その変更を指示した市民権・移民担当大臣からの命令（Ministerial Instructions）を検討したもの。）

―――, *Evaluation of the Immigrant Settlement and Adaptation Program (ISAP)*, Ottawa: Citizenship and Immigration Canada, September 2011.（市民権・移民省の政策評価部が個別の政策やプログラムを審査したもの。移民定住支援の中心的役割を担う ISAP を分析したもの。）

―――, *Evaluation of the Provincial Nominee Program*, Ottawa: Citizenship and Immigration Canada, September 2011.（市民権・移民省の政策評価部が個別の政策やプログラムを審査したもの。州政府の立場から移民選定を定めたプログラムについ

て分析したもの。）

―――, *Evaluation of the Host Program*, Ottawa: Citizenship and Immigration Canada, September 2010.（市民権・移民省の政策評価部が個別の政策やプログラムを審査したもの。移民たちをカナダ市民がボランティアとして支援するプログラムについて分析したもの。）

―――, *Evaluation of the Language Instruction for Newcomers to Canada (LINC) Program*, Ottawa: Citizenship and Immigration Canada, March 2010.（市民権・移民省の政策評価部が個別の政策やプログラムを審査したもの。移民の言語習得や訓練を盛り込んだプログラム（LINC）について分析したもの。）

Centre for Canandian Language Benchmarks, *Canandian Language Benchmarks: English as a Second Language for Adults*, Ottawa: CCLB, October 2012.（2000 年以降，移民の定住については，移民の言語（英語）能力を正確に判定してから訓練を行うことが必要と認識された。そこで英語能力を 4 つの領域（聴解，会話，読解，そして作文）に分け，さらにそれぞれ 5 段階のレベルに区分して判定することになった。例えば移民の会話能力は高くとも，読解や作文能力が低い場合，彼（あるいは彼女）が職場において十分に機能できないことが多い。語学訓練の前に成人移民たちの英語能力の正確な把握を行う意義は大きい。）

Department of Economic and Social Affairs, Population Division, "International Migration Policies: Government Views and Priorities," New York: United Nations, 2013（ST/ESA/SER.A/342）.（国際的なヒトの移動をグローバルに分析。世界の多くの国はハイスキルの人材獲得競争を始めていることを紹介。）

Toronto District School Board（TDSB）, *Learn English as a Second Language: Adult ESL*, Toronto: Toronto District School Board, n.d.（トロント市内において児童・生徒の教育を担当する教育委員会（TDSB）は移民児童・生徒の親の英語教育にも熱心に取り組んでいる。このガイドから市内各地に親向けの語学学校を設置していることがわかる。）

OECD, *International Migration Outlook, 2012*, Paris: OECD, 2012.（OECD 加盟国における移民の流れに関するデータ，そして移民の雇用や定住支援政策，そして加盟国ごとの特徴が紹介されている。先進国において有効な移民定住政策を確立することは必修科目になったようである。）

OECD, *Settling In: OECD Indicators of Immigrant Integration, 2012*, Paris: OECD, 2012.（OECD 加盟国における移民統合の実態を所得，住宅，健康状態，教育などテーマ別に分析。移民統合のレベルを数的に分析しており，便利なガイドでもある。）

Huddlestone, Thomas, and Jan Niessen（The MIPEX Coordination Team）, *Migration Integration Policy Index III*, 2010.（ヨーロッパと北米の国における移民の定住や統合に関する国際的な共同研究。2004 年にはおもにヨーロッパの国を対象として実施したが，その後，対象国を拡大してきた。第 2 回調査報告は 2007 年，2010 年は第 3 回調査にあたる。客観的なデータに基づき統合状態を判定している。カナダは課題もあるが，対象国のなかで上位 3 位と高く評価されている。）

〈二次史料〉
①書籍

Al-Krenawi, Alean, and John R. Graham, eds., *Multicultural Social Work in Canada: Working with Ethno-Racial Communities*, Toronto: Oxford University Press, 2003.

Andrew, C., J. Biles, M. Burstein, V. M. Esses, and E. Tolley, eds., *Immigration, Integration, and Inclusion in Ontario Cities*, Montreal: McGill-Queen's University Press, 2012.

Banting, Keith G, ed., *The Nonprofit Sector in Canada: Roles and Relationships*, Montreal: McGill-Queen's University Press, 2000.

Bauder, Harald, ed., *Immigration and Settlement: Challenges, Experiences, and Opportunities*, Toronto: Canadian Scholar's Press, 2012.

Biles, J., M. Burstein, and J. Friders, eds., *Immigration and Integration in Canada in the Twenty-first Century*, Montreal: McGill-Queen's University Press, 2008.

Biles, J., M. Bursten, J. Frideres, E. Tolley, and R. Vineberg, eds., *Integration and Inclusion of Newcomers and Minorities across Canada*, Montreal: McGill-Queen's University Press, 2011.

Garcea, Joseph, *Federal-Provincial Relations in Immigration, 1971–1991: A Case Study of Asymmetrical Federalism*, Ph.D. Thesis, Department of Political Science, Carleton University, Ottawa, 1994.

Good, Kristin R., *Municipalities and Multiculturalism: The Politics of Immigration in Toronto and Vancouver*, Toronto: University of Toronto Press, 2009.

Heath, A. F., S. D. Fisher, G. Rosenblatt, D. Sanders, and M. Sobolewska, *The Political Integration of Ethnic Minorities in Britain*, Oxford: Oxford University Press, 2013.

Hollifield, James F., Philip L. Martin, and Pia M. Orrenius, eds., *Controlling Immigration: A Global Perspective*, 3rd edition, Stanford: Stanford University

Press, 2014.

Joppke, Christian, and F. L. Seidle, eds., *Immigration Integration in Federal Countries*, Montreal: McGill-Queen's University Press, 2012.

Joshee, Reva, and Lauri Johnson, eds., *Multicultural Education Policies in Canada and the United States*, Vancouver: UBC Press, 2007.

Segal, Uma A., Doreen Elliott, and Nazneen S. Mayadas, eds., *Immigration Worldwide: Policies, Practices, and Trends*, Oxford: Oxford University Press, 2010.

Tolley, Erin, and Robert Young, eds., *Immigrant Settlement Policy in Canadian Municipalities*, Montreal: McGill-Queen's University Press, 2011.

Vineberg, Robert, *Responding Immigrants' Settlement Needs: The Canadian Experience*, New York: Springer, 2012.

青木麻衣子,『オーストラリアの言語教育政策:多文化主義における「多様性」と「統一性」の揺らぎと共存』,東信堂,2008年。

浅川晃広,『オーストラリア移民政策論』,中央公論事業出版,2006年。

ジム・カミンズ／マルセル・ダネシ著,中島和子／高垣俊之訳,『カナダの継承語教育:多文化・多言語主義をめざして』,明石書店,2005年。

小林順子・関口礼子・浪田克之介・小川洋・溝上智恵子編著,『21世紀にはばたくカナダの教育』,東信堂,2003年。

近藤潤三,『移民国としてのドイツ:社会統合と平行社会のゆくえ』,木鐸社,2007年。

———,『統一ドイツの外国人問題:外来民問題の文脈で』,木鐸社,2002年。

佐久間孝正,『移民大国イギリスの実験:学校と地域にみる多文化の現実』,勁草書房,2007年。

———,『変貌する多民族国家イギリス:『多文化』と『多分化』にゆれる教育』,明石書店,1998年。

関口礼子編,『カナダ多文化主義教育に関する学際的研究』,東洋館出版,1988年。

浪田克之介・関口礼子編著,『多様社会カナダの「国語」教育』,東信堂,2006年。

宮島喬編,『移民の社会的統合と排除:問われるフランス的平等』,東京大学出版会,2009年。

宮島喬,『移民社会フランスの危機』,岩波書店,2006年。

②論文

Amin, N, "Preliminary History of Settlement Work in Ontario: 1900-Present," *Ceris Paper*, October 1987.

Chapman, Bruce, "Rational Voluntarism and the Charitable Sector," in J. Phillips, and B. Chapman, and D. Stevens, eds., *Between State and Market: Essays on*

Charities Law and Policy in Canada, Montreal: McGill-Queen's University Press, 2001, pp. 127–165.

Dart, Raymond and Brenda Zimmerman, "After Government Cuts: Insights from Two Ontario Enterprising Nonprofits," in Keith Banting, ed., *The Nonprofit Sector in Canada: Roles and Relationships*, Montreal: McGill-Queen's University Press, 2000, pp. 107–148.

Hall, Michael H., and Paul B. Reed, "Shifting the Burden: How Much Can Government Download to the Non-Profit Sector?," *Canadian Public Administration*, Vol. 41, No. 1, Spring 1998, pp. 1–20.

Haque, Eve, "Canadian Federal Policies on Bilingualism, Multiculturalism, and Immigrant Language Training: Comparisons and Interaction," in M. A. Morris, ed., *Canadian Language Policies in Comparative Perspective*, Montreal: McGill-Queen's University Press, 2010, pp. 267–296.

Moran, Mayo, "Rethinking Public Benefit: The Definition of Charity in the Era of The Charter," in Phillips, Chapman, and Stevens, eds., *Between State and Market*, pp. 251–287.

Nakache, Delphine, "The Canadian Temporary Foreign Worker Program: Regulations, Practices, and Protection Gaps," in L. Goldring and P. Landolt, eds., *Producing and Negotiating Non-Citizenship: Precarious Legal State in Canada*, Toronto: University of Toronto Press, 2003.

Sadiq, Kareem D., "The Two-Tier Settlement System: A Review of Current Newcomer Settlement Services in Canada," *CERIS Policy Matters*, No. 20, September 2005, pp.1–6.

Sharpe, David, "The Canadian Charitable Sector: An Overview," in Phillips, Chapman, Stevens, eds., *Between State and Market*, pp. 13–48.

Tate, Ellen, and Louise Quesnel, "Accessibility of Municipal Services for Ethnocultural Populations in Toronto and Montreal," *Canadian Public Administration*, Vol. 38, No. 3, Fall 1995, pp. 325–351.

Tran, Dien, "The Role of School Systems in the Process of Settlement of Vietnamese Refugees and Immigrants in Canada, 1975–2005," 『カナダ教育研究』, No. 4, 2006年3月, 1–11頁。

Vineberg, R. A, "Federal-Provincial Relations in Canadian Immigration," *Canadian Public Administration*, Vol. 30, No. 2, Summer 1987, pp. 299–317,

古地順一郎, 「ケベックにおける移民統合をめぐる政治：州政府と社会の関係を中心に

(1976-1991 年)」,『カナダ研究年報』,第 35 号,2015 年 9 月,1-20 頁。

─────,「ケベックにおける移民・文化的マイノリテイとその統合政策：政府行動計画実施委員会（1981-1984 年）を中心に」,『ケベック研究』,第 4 号,2012 年,72-89頁。

第 8 章の文献ガイド

〈一次史料〉
①政府関係資料

Citizenship and Immigration Canada, Foreign Credential Referral Office, *Employer's Roadmap to Hiring and Retaining Internationally Trained Workers*, Ottawa: Citizenship and Immigration Canada, 2010.

Internal Trade Secretariat, *Agreement on Internal Trade: Annual Report 2008/2009*, Winnipeg: Internal Trade Secretariat, 2009.

Xu, Li, *Who Drives a Taxi in Canada?*, Ottawa: Citizenship and Immigration Canada, March 2012. （医師資格を持つ移民はカナダで医師として働くことができず，大都市のタクシー運転手として労働している，という「都市神話」がある。この論文はこの都市神話について 2006 年国勢調査のデータをもとに分析したものである。この調査から高学歴の移民がタクシーの運転手になっていることもあり，興味深い内容になっている。）

Department of Human Resources and Skill Development, *About the NOC 2011*, Ottawa: Department of Human Resources and Skill Development, 2011. ［www5. hrsdc.gc.ca/NOC/English/NOC/2011/aboutNOC.aspx］（NOC はカナダ全体で約4 万におよぶ職業と職位を分類したもので，すべての職業は 4 ケタの数字で表記できるようになっている。）

Office of the Fairness Commissioner, Government of Ontario, *A Fair Way to Go: Access to Ontario's Regulated Professions and the Need to Embrace Newcomers in the Global Economy*, Toronto: Office of the Fairness Commissioner, 2013.

─────, *Annual Report 2011-2012, License to Succeed: Five Years of Progress*, Toronto: Office of the Fairness Commissioner 2012.

②オンタリオ州における専門職機関
医師

The Association of Faculties of Medicine of Canada（AFMC）, *Annual Report 2013-2014*, Toronto: The Association of Faculties of Medicine of Canada, 2014. （9 つ

314

の州（PEI 州を除く）に設立されている 17 の医学部の全国組織として AFMC が
様々な情報を提供している。）

The Canadian Post-M.D. Education Registry（CAPER）, *The National IMG Data-base Report, 2012*, Ottawa: CAPER, 2012.（カナダ以外の国で訓練を受けたり学位
を得た医師（IMGs, International Medical Graduates と呼ぶ）の資格認定を目指し
て関係機関（AFMC や連邦の人的資源・社会開発省＝HRSDC）が協力してこの組
織を 2005 年に設立した。州ごと，また専門分野ごとに IMGs の資格認定に関する詳
細なデータが紹介されている。）

College of Physicians and Surgeons of Ontario, *Registering Success, 2012: Regis-tration Report*, Toronto: College of Physicians and Surgeons of Ontario, May
2013.（オンタリオ州の内科医や外科医の資格認定を行う専門機関の報告書。外国人
医師の資格認定についても強い関心を払っている。）

Centre for the Evaluation of Health Professionals Educated Abroad（CEHPEA）,
Annual Report, 2012–13：*A Year of Growth and Development*, Toronto: Centre
for the Evaluation of Health Professionals Educated Abroad, 2013.（カナダ以外
の国で訓練を受けたり学位（あるいは資格）を得た医療専門職者（医師や看護師な
ど）がオンタリオ州でも勤務できるように支援する組織で 2007 年に設立された。
2015 年からこの組織は別の機関と交代した（The Touchstone Institute）。）

エンジニア

Professional Engineers of Ontario, *Annual Review 2013: Providing Clear Direction*,
Toronto: Professional Engineers of Ontario, 2013.

————, *Licensing Guide and Application for Licence: How to Apply for a Profes-sional Engineer Licence in Ontario*, Toronto: Professional Engineers of Ontario,
2012.

看護師

College of Nurses of Ontario, *2012 Annual Report*, Toronto: College of Nurses of
Ontario, 2012.

————, *Trends in General Class New Members, 2012*, Toronto: College of Nurses
of Ontario, 2013.

教員

Ontario College of Teachers, *2012 Annual Report*, Toronto: Ontario College of
Teachers, 2012.

————, *2013 Registration Guide: Requirements for Becoming a General Educa-tion Teacher in Ontario*, Toronto: Ontario College of Teachers, 2013.

文献ガイド　315

————, *2013 Registration Guide: Requirements for Becoming a Teacher of Technological Education in Ontario*, Toronto: Ontario College of Teachers, 2013.

————, *2010 Registration Guide: Teachers Educated Outside Ontario*, Toronto: Ontario College of Teachers, 2010 .

③全国的な資格認定に関係する民間団体

Canadian Council of Directors of Apprenticeship (CCDA), *Annual Report 2012*, Toronto: CCDA, 2012. （大工や配管工のように資格認定が必要な技能職については, 他州においても認められるような仕組み（Red-Seal と呼ばれる）が導入されている。CCDA は様々な職種の団体の州をまたぐ連絡調整機関であり，その活動内容が年次報告書にまとめられている。）

The Alliance of Sector Councils (TASC), *Who Does What in Foreign Credential Recognition: An Overview of Credentialing Programs and Services in Canada*, Ottawa: TASC, n.d. （複雑な資格認定の仕組みを概観したガイド）。

〈二次史料〉

①書籍

Kingma, Mireille, *Nurses on the Move: Migration and the Global Health Care Economy*, Ithaca: Cornell University Press, 2006. （山本敦子訳，『国を超えて移住する看護師たち：看護と医療経済のグローバル化』，エルゼビア・ジャパン， 2008年。）

②論文

Adams, Tracy L., "Professional Regulation in Canada: Past and Present," *Canadian Issues*, Spring 2007, pp. 14–16.

Augustine, Jean, "Working Toward Fair Access in the Regulated Profession," *Canadian Diversite/Canandienne*, Vol. 9. No. 1, Winter 2012, pp. 12–16.

Betts, Alexander, and Lucie Cerna, "High-Skilled Labour Migration," in Alexander Betts, ed., *Global Migration Governance*, Oxford: Oxford University Press, 2012, pp. 60–77.

Boyd, Monica, and Grant Schellenberg, "Re-accreditation and the Occupations of Immigrant Doctors and Engineers," *Canadian Social Trends*, Catalogue No. 11-008, pp. 2–10.

Crutcher, Rodney A., and Peggy Mann, "The Alberta International Medical Graduate Program," *Canadian Issues*, Spring 2007, pp. 90–95.

Dauphinee, W. Dale, "Credentials Recognition in Medicine: History, Progress and

Lessons," *ibid.*, pp. 100–103.

Elgersma, Sandra, "Recognition of the Foreign Qualification of Immigrants," Background Paper, Publication No. 2004–29-E, Revised 2012 April 2, Library of Parliament, Ottawa.

Galabuzi, Grace-Edward, "Employment Equity as Felt Fairness: The Challenge of Building an Inclusive Labour Market," *Canadian Diversite/Canadienne*, Vol. 9. No. 1, Winter 2012, pp. 22–28.

Goldberg, Michelle P., "How Current Globalization Discourses Shape Access," *Canadian Issues*, Spring 2007, pp. 31–35.

Houle, R., and Lahouaria Yssaad, "Recognition of Newcomers' Foreign Credentials and Work Experience," *Perspective*, Catalogue No. 75–001-X, September 2010.

Khan, Candy, "The Closed Door: Credentialized Society and Immigrant Experience," *Canadian Issues*, Spring 2007, pp. 63–66.

Kuptsch, Christiane, and Philip Martin, "Low-Skilled Labour Migration," in Betts, ed., *Global Migration Governance*, January 2011, pp. 34–59.

Lemay, Marie, "From Consideration to Integration," *Canadian Issues*, Spring 2007, pp. 81–84.

Owen, Tim, "International Credential Evaluation and the Labour Market Integration of Immigrants," *ibid.*, 39–42.

Picot, Garnett, and Feng Hou, "How Successful Are Second Generation Visible Minority Groups in the Canadian Labour Market?" *Canadian Diversite/Canadienne*, Vol. 9, No. 1, Winter 2012, pp. 17–21.

Stasiulis, D. K., and A. B. Bakan, "Marginalized and Dissident Citizens: Nurses of Colour," in Stasiulis and Bakan, *Negotiating Citizenship: Migrant Women in Canada and the Global System*, Toronto: University of Toronto Press, 2005, pp. 107–139.

Valiani, Salimah, "The Shifting Landscape of Contemporary Canadian Immigration Policy: The Rise of Temporary Migration and Employer-Driven Immigration," in L. Goldring, and P. Landolt, eds., *Producing and Negotiating Non-Citizenship: Precarious Legal Status in Canada*, Toronto: University of Toronto Press, 2013, pp. 55–70.

Walker, James, "International Approaches to Credential Assessment," *Canadian Issues*, Spring 2007, pp. 21–25.

大岡栄美,「カナダにおける移民政策の再構築：『選ばれる移住先』を目指すコスト削減

とリスク管理」，『移民政策研究』，第 4 号，2012 年，2-13 頁。

柄谷利恵子，「英国におけるポイント・システム：仕分け・配置・処遇をめぐる政治」，『移民政策研究』，第 4 号，2012 年，28-39 頁。

関根政美，「ポイント制と永住許可：オーストラリアの場合」，『移民政策研究』，第 4 号，2012 年，14-27 頁。

人名索引

あ 行

アダムズ，M.　183–84
アックスワージー，L.　74
アレクサンダー，C.　141
アンドリュー，C.　197, 207
イニス，H.　31
ヴァインバーグ，R.　198, 208
ヴァンクーヴァー，G.　59
ウェイナー，G.　146
ウパル，T.　141
オーガスティン，J.　232

か 行

カーン，A.　156–57
ガニョン，A.-G.　180
ガルト，A.　67
カンテル，T.　168
キムリッカ，W.　x, 165f
ギルバート，H.　21
キング，W. L. M.　49, 67, 69, 106, 202
グウィン，R.　92, 173, 175, 178, 183
グッド，C.　197
クラークソン，A.　41
グラナッティン，J. L.　92, 174–75
グレイ，H.　40
クレティエン，J.　49, 74, 107
ケニー，J.　140–41, 143, 152–53, 255

さ 行

サン＝ローラン，L.　49, 73
シフトン，C.　98
シャピロ，S.　179
ジャン，M.　41
シャンプレーン，S. de　22
シュライヤー，E.　40
シュレージンガー，A. Jr.　168, 175
セイウェル，J. T.　38
ソーベ，J.　40

た 行

ターナー，J.　31
ダラム伯（ラムトン，J. J.）　26–27
ディフェンベーカー，J. G.　50, 101
テイラー，C.　180
デュプレシ，M.　53
トルドー，J.　50, 112, 141, 172
トルドー，P. E.　vii–viii, xiii, 40, 46–47,
　49–50, 53–54, 91, 112, 136, 138, 141, 144,
　159, 169–70, 198

な 行

ノールズ，V.　102

は 行

ハーパー，S.　100, 107–08, 127, 140, 152,
　156, 160, 190, 219, 251, 255, 257
ハイダス，S.　144
パピノー，L.-J.　26
パリゾー，J.　55
バンティング，K.　197, 218
ピアソン，L. B.　49, 73, 77
ビスーンダス，N.　92, 173, 177–78, 183
ピッカースギル，J.　100, 102, 205
ビビー，R.　175–76, 183
ファインストーン，S.　144
ブシャール，G.　180
ブラウン，G.　30
ベネット，R.　49, 76
ボーデン，R.　49, 67, 70–71

ま 行

マクドナルド，J. A.　30, 32, 34, 48
マッキントッシュ，W. A.　31
マッケンジー，A.　34
マッケンジー，W. L.　26
マルローニー，B.　40, 50, 72, 99, 144, 146,
　186

319

ミーエン, A.　49

ら 行

ライアン, P.　173
リエル, L.　13, 62, 69

ルサージュ, J.　53
ルミュー, R.　104
レベック, R.　vii, 53
ローニー, M.　92, 174, 175
ローリエ, W.　35, 37, 49, 65, 66, 70–71

事項索引

あ 行

アカディア　22

アルバータ（州）　7, 10, 15–16, 21, 48, 52, 60, 74, 76, 217–18

アルバータ法　75–76

安全保障調査庁（CSIS）　113

医学教育　248–49

医師資格　228–31, 235, 246–47, 257

イスラム系移民　167, 182

イヌイット　vii, 6, 9, 12, 13, 60, 166

移民　v, viii, ix, xi–xiii, 9, 11, 23, 33, 37, 39, 86, 91–93, 95f, 140, 158, 166, 173–75, 176–77, 180, 182, 184, 195, 199–201, 204–05, 208, 212, 214–15, 220–22, 229

移民・開拓省　138, 158, 200

移民教育　114

移民システムを護る法　108

移民人口　99

移民政策　xii, 14, 82, 105, 136–37, 189–90

移民定住支援　xi, xii, 116, 158, 176–78, 195f

移民定住適用プログラム（ISAP）　xi–xii, 93, 208–11

移民・難民・市民権省　112, 141

移民・難民保護法　107, 121, 253

移民のための言語［フランス語］コース（CLIC）　213–14

移民ビザ　252

移民法　100–02, 105, 107, 199

移民法に関する規制　107

移民ホール　199, 205

医療保険制度　5, 77, 178, 210–11, 246

イロコワ同盟　20

インターカルチュラリズム　xiii, 168, 179–81, 190

インディアン　vii, 13, 20, 78, 166

インディアン関係・北方開発省（DIAND）　13, 145

インディアン法　12

インド系移民　103, 195, 205

ヴィジブル・マイノリティ　14, 97–98, 149, 151, 178, 187

ウェストミンスター憲章　66–67, 86

英国教会　26–27

英米協定　61

英領北アメリカ法（BNA法）　vi, 30, 44–47, 51–52, 75–76, 85, 104, 148, 169, 199

英領植民地　24–26, 28–30, 43, 58, 60, 69, 74–75, 85, 195, 198–99

エンジニア　234, 236, 242–43

王党派　25–26, 85

オグデンズバーグ協定　68

オタワ・プロセス　74

オヒョウ条約　68

オレゴン条約　61

オンタリオ（州）　xi, 3, 6, 10, 12, 14–16, 20, 41, 45–46, 48, 51, 57, 60, 62, 74, 79, 96, 215, 217–18, 229, 232, 234–37, 257

オンタリオ・エンジニア資格認定・規制機関（PEO）　242–43

オンタリオ看護師資格認定・規制機関（CNO）　237–38

オンタリオ教員資格認定・規制機関（OCT）　240–41

か 行

海外で教育を受けた医療専門職者の能力評価センター（CEHPEA）　250–51

改革党　50

外国人労働者　91, 95–96, 112, 116, 122–25, 128, 158, 252, 258–59

外国投資審査法　40, 72

海事警察　70

外務・国際貿易省　14

家族呼び寄せ　116–17, 207, 222

カトリック　23–24, 28–29, 45–46, 52–53, 63, 76, 82

事項索引　321

カナダ医師会（CMA）　241, 246
カナダ技能職協会理事会（CCDA）　230
カナダ・キリスト教難民定住支援協議会
　　（CCCRR）　202
カナダ経験者クラス　115, 127
カナダ言語能力判定基準（CLB）　213
カナダ国鉄（CNR）　38, 201
カナダ国境管理庁（CBSA）　64, 112-13
カナダ市民権法　106
「カナダ人」　11, 42, 107, 139, 154, 202-03
カナダ人権委員会　187, 189
カナダ人憲章　vii, 47
カナダ人権審判庁　188-89
カナダ人権法　187
カナダ人種関係基金（CRRF）　147, 154,
　　186
カナダ太平洋鉄道（CPR）　34, 38, 201
カナダ多文化主義協議会（CCCM）　142
カナダ統計庁　3, 37, 96, 184
カナダ投資法　40, 72
カナダ連邦　28, 30, 44-45, 60, 199
看護師（RN）　236-38, 244
看護師資格　227, 229, 234, 236, 240
規制された医療専門職に関する法　233
季節農業労働者プログラム（SAWP）
　　123, 125-26
北大西洋条約機構（NATO）　71
技能労働者　115, 127
9.11テロ事件　111, 113, 167
行政評議会　26
協同連邦党（CCF）　8, 39, 48, 77, →新民
　　主党
漁場警備隊　70
近代化されたアプローチ政策　219
グレイ報告書　40
経済移民　127
ケベック（州）　vi-vii, xiii, 3, 6, 10, 13-16,
　　25, 41, 45-48, 50-55, 57, 60, 62, 67, 74, 82,
　　85-86, 91, 96, 114-16, 145, 148, 165-66,
　　169, 174, 178-80, 190, 196, 216-18
ケベック解放戦線（FLQ）　53-54
ケベック党（PQ）　vi-vii, 48, 54-55, 165,
　　179

ケベック法　24
ケベック連合　50, 176
公共安全省　113
高等弁務官　67
交付金（補助金）　158-59, 187, 199, 207,
　　209, 211, 215, 217, 219-20, 232
公平さを実現する事務局（OFC）　93, 232-
　　35, 257
公用語法　52, 145, 148, 169-70
国際合同委員会（IJC）　64
国際国境管理委員会（IBC）　63
国際人権規約　187
国務省　138-40, 147, 150-51, 203-04, 208
穀物法　29
互恵通商条約　29
コミュニケーション省　144, 147
コモンウェルス　66, 72-73
雇用・移民省　139, 159
雇用衡平法　149, 187, 189
雇用・社会開発省　112, 140
雇用・労働力開発・労働省　113, 141

さ 行

サービス・カナダ・センター　232
サービス提供団体（SPO）　209, 215, 219
再定住プログラム　117
サスカチュワン（州）　7-8, 10, 16, 20, 34,
　　60, 74-77
サスカチュワン法　75-76
残余権限　45
支援保証移民　202
資格認定　v, xi, 227f
志願兵（制度）　69
自動車協定　72
市民権　129, 185
市民権委員会　129
市民権・移民省（CIC）　64, 112-14, 117,
　　121-22, 125, 127-28, 139, 141, 154-55, 157,
　　159, 172, 177, 186, 188, 198, 203, 206-07,
　　215-16, 231, 233
市民権・移民・多文化主義省　140, 143,
　　198
社会信用党　39

10月危機　54
州間通商協定（AIT）　230-31, 234
州政府権限　45
州政府選定移民プログラム（PNP）　116
自由党　34-35, 37-38, 43, 48-50, 53-55, 67,
　　70, 73, 98, 100, 107, 112, 148, 165, 172, 176,
　　179, 219
宗派教育　46, 62-63, 76
准看護師（RPN）　236-38, 244-45
準州　6
上級言語訓練（ELT）　214
条約難民　118
助成金交付　142
ジョンソン＝リード法　109
新規移住者のための言語［英語］訓練
　　（LINC）　xi, 93, 207, 212-14, 219
新市民権法（1977年）　43
迅速なる移民政策へのアクション・プラン
　　122
人的資源・移民省　204, 208
人的資源・技能開発省（HRSD）　112, 125,
　　127, 156, 159, 231-232
人頭税（ヘッドタックス）　v, 38, 103, 152
進歩党　38
進歩保守党（PCP）　49-50, 72, 79, 99, 101,
　　144, 148
新民主党（NDP）　8, 50
枢密院司法委員会　43-44
スエズ危機　73
ステープル（理論）　30-32
住み込み家事介護者プログラム　115-16
スローン・スピーチ　42
西部開拓　33-34, 37, 196, 199-200
責任政府　27
1982年憲法　vii-viii, 13, 47, 165, 186, 216
全国看護師評価サービス（NNAS）　244
全国職業分類（NOC）　255-56
戦時措置法　53, 146
先住民　vii-viii, 12, 21, 47, 145, 165-66,
　　182, 186-87
1837年の反乱　26
1818年協定　64
専門職　93, 239

専門職技師　236
専門職へ公平にアクセスすることを保障する
　　法　233
総督　40-42, 67

た　行

対外関係省　68
大陸横断鉄道　13, 33-34, 37-38, 63, 102-03,
　　195-96, 200
多元主義を推進するグローバル・センター
　　156-57
多文化主義　viii, x, xiii-xiv, 12, 47, 91-92,
　　113, 126-27, 135f, 165f
多文化主義・市民権委員会（下院）　147
多文化主義・市民権省　144, 146-47, 159
多文化主義の定義　168-69
多文化主義法　x, xiv, 91-92, 136, 143-46,
　　153, 155, 160, 170-71, 186
ダラム報告書　27
中国人（移民）　37-38, 98, 102-03, 106, 108,
　　152, 195
中国人移民法　103
徴兵制　66-67
帝国移住協定　201
鉄道協定　201
ドミニオン土地法　105
トルドー声明　141-42, 144, 146-47, 160,
　　170
トレント号事件　29

な　行

ナース・プラクティショナー（NP）　236,
　　238, 244
内閣令　100-01
ナショナル・ポリシー　32-33, 38, 85
ナショナル・マイノリティ　166
南北戦争　29, 45
難民　95, 105, 108, 110-11, 117-19, 122, 124,
　　158, 183, 201-03, 206, 212
難民改革法　108
二言語・二文化調査委員会　148, 169
日本人（日系移民・日系カナダ人）　100-
　　01, 104, 146, 186, 195

事項索引　323

ニューファンドランド（州）　7, 10, 21, 24, 28, 51, 74, 153
ニュー・フランス（ヌーヴェル・フランス）22–23, 59, 195
ニュー・ブランズウィック（州）（NB）7, 10, 21, 25, 27–28, 41, 51, 74
認定インディアン　12–13
ヌナブット（準州）　6, 13, 60, 74
ヌナブット協定　60
ノヴァ・スコシア（州）（NS）　7, 21–22, 24–25, 27–28, 41, 51, 74, 233

は　行

ハート＝セラー法　110
バイリンガリズム　145, 148, 150, 182
ハドソン湾会社（HBC）　21, 58, 62, 85, 200
バルフォア報告書　66, 86
ハンガリー難民　100, 105, 205
庇護申請者　117–18
ビジネス移民　115
百人会社　22
フェニアン　29
副総督（州総督）　41–42
フランス語教育　52
フランス語憲章　vi
ブリティッシュ・コロンビア（州）（BC）4, 8–10, 14, 16, 21, 33, 48, 51–52, 59–60, 63, 65, 74–75, 77, 96, 217–19
プリンス・エドワード島（PEI）　7, 10, 21, 27–28, 30, 51, 74–75
フレンチ・アンド・インディアン戦争　23
文化遺産省　112–13
ポイント制度　v, xi, xiii, 39, 93, 97, 99, 107–08, 115–16, 118, 121–22, 127–28, 147–49, 182, 190, 197, 204, 212, 229, 251, 253–55
ボーア戦争　49, 65, 67, 86
ホームステッド政策　33, 196, 200, 204
ポール・ユザック多文化主義賞　154
北西会社　59
北西準州　13, 60, 63, 74
北米自由貿易協定（NAFTA）　40, 124, 230

北米防空司令部（NORAD）　71
保守党　38, 40, 43, 48–50, 67, 70, 76, 101, 107, 121, 140, 147–48, 152, 172, 186, 253–54
ホスト・プログラム　xi, 93, 214–15, 220
保留地　12–13, 20, 78

ま　行

マイノリティ　vii, 51, 102, 107, 113, 140–41, 145–46, 148–49, 160, 174, 184, 186, 188
マニトバ（州）　7–8, 10, 13, 16, 20, 51, 60–62, 74, 116, 217–19, 233
マニトバ学校問題　76
マニトバ法　62
民間（慈善・支援）団体　ix, xi, 57, 82–84, 207, 209–10, 219
民族・マイノリティ団体　142–43, 150, 152, 155, 170, 196
民族遺産省　139–40, 142–43, 151, 159, 172, 186, 188, 204, 216
メティス　12–13, 34, 61–63
メトロ・トロント　78–79
メトロポリス　197, 223
メノナイト　102

や　行

ユーコン（準州）　9, 60, 74
ユトレヒト条約　21–22
ユニオン・ナショナル党（UN）　53–54
世論調査　176–78

ら　行

立憲条例（カナダ法）　25, 85
立法議会　26
立法評議会　26
リドレス運動　186
留学生　95–96, 124, 128
ルパーツランド　58, 60–61
ルミュー協定　104
ローエル・シロア報告書　77
レッド・シール制度　230
レッド・リバー植民地　62
連合カナダ　27–30, 69

連合カナダ法　27
連邦加入条約　75
連邦議会　41, 45
連邦技能職種プログラム　258
連邦騎馬警察（RCMP）　113
連邦結成　57, 65, 189-90
連邦・ケベック移民協定　115, 178
連邦最高裁判所　43-44
連邦自由党　40, 77
ロイヤリスト　→王党派
労働移動促進法　234
労働市場確認証（LMO）　125

わ　行

ワシントン条約　65
ワトキンス報告書　39

A～Z

AIT　→州間通商協定
CBSA　→カナダ国境管理庁
CCCM　→カナダ多文化主義協議会
CCCRR　→カナダ・キリスト教難民定住
　　支援協議会
CCDA　→カナダ技能職協会理事会
CEHPEA　→海外で教育をうけた医療専
　　門職者の能力評価センター
CIC　→市民権・移民省
CLB（カナダ言語能力判定基準）　213
CLIC　→移民のための言語コース（フラ
　　ンス語）
CMA　→カナダ医師会
CNO　→オンタリオ看護師資格認定・規
　　制機関
CRRF　→カナダ人種関係基金
CSIS　→安全保障調査庁

DIAND　→インディアン関係・北方開発
　　省
ELT　→上級言語訓練
FCRO（外国で認定された資格に関する事務
　　局）　231
FCRP（外国で認定された資格をカナダでも
　　認定するプログラム）　232
FLQ　→ケベック解放戦線
HBC　→ハドソン湾会社
IBC　→国際国境管理委員会
IJC　→国際合同委員会
IMGs（カナダ以外の国の医学部卒業生）
　　247, 250, 251
ISAP　→移民定住適用プログラム
LINC　→新規移住者のための言語訓練
LMO　→労働市場確認証
MIPEX（移民統合政策指標）　189, 221
NNAS　→全国看護師評価サービス
NOC　→全国職業分類
NORAD　→北米防空司令部
NP　→ナース・プラクティショナー
OCT　→オンタリオ教員資格認定・規制
　　機関
OFC　→公平さを実現する事務局
PEO　→オンタリオ・エンジニア資格認
　　定・規制機関
PNP　→州政府選定移民プログラム
PPiP（カナダにおいて保護される人々）
　　117-18
RCMP　→連邦騎馬警察
RN　→看護師
RPN　→准看護師
SAWP　→季節農業労働者プログラム
SPO　→サービス提供団体

事項索引　325

著者紹介

1955 年生まれ．慶應義塾大学法学部および同大学大学院修士課程をへて，カールトン大学大学院（カナダ）より，1986 年に Ph.D. 取得．大東文化大学法学部教授．主要著書に『多元国家カナダの実験』（未來社，1990 年），『多文化主義のアメリカ』（分担執筆，東京大学出版会，1999 年），『比較行政制度論』（共著，法律文化社，2000 年），『マイノリティの国際政治学』（共著，有信堂，2000 年）『カナダ連邦政治』（東京大学出版会，2002 年），ほか．訳書として，P. E. トルドー『連邦主義の思想と構造』（共訳，御茶の水書房，1991 年）．

カナダの多文化主義と移民統合

2018 年 11 月 7 日　初　版

［検印廃止］

著　者　加藤普章

発行所　一般財団法人　東京大学出版会

代表者　吉見俊哉
153-0041 東京都目黒区駒場 4-5-29
http://www.utp.or.jp/
電話 03-6407-1069　Fax 03-6407-1991
振替 00160-6-59964

印刷所　株式会社理想社
製本所　誠製本株式会社

© 2018 Hiroaki KATO
ISBN 978-4-13-030164-0　Printed in Japan

JCOPY〈(社)出版者著作権管理機構　委託出版物〉
本書の無断複写は著作権法上での例外を除き禁じられています．複写される場合は，そのつど事前に，(社)出版者著作権管理機構（電話 03-3513-6969，FAX 03-3513-6979, e-mail: info@jcopy.or.jp）の許諾を得てください．

加藤普章 著	カナダ連邦政治 多様性と統一への模索	A5	5400 円
油井大三郎 遠藤泰生 編	多文化主義のアメリカ 揺らぐナショナル・アイデンティティ	A5	3800 円
栗原武美子 著	現代カナダ経済研究 州経済の多様性と自動車産業	A5	5200 円
宮島 喬 著	外国人の子どもの教育 就学の現状と教育を受ける権利	46	2800 円
森 千香子 著	排除と抵抗の郊外 フランス〈移民〉集住地域の形成と変容	A5	4600 円
上林千恵子 著	外国人労働者受け入れと日本社会 技能実習制度の展開とジレンマ	A5	5600 円

ここに表示された価格は本体価格です．御購入の
際には消費税が加算されますのでご了承下さい．